孟祥林　著

城市化進程的
經濟學分析

（增訂版）

城市規模擴展及城市化過程影響因素文獻綜數
個體城市規模擴展的經濟學論証
城市群規模擴展過程的經濟學論証
城市規模擴展過程的時空比較分析
城市化進程的影響因素分析
中國城市化趨勢的判斷：城郊化和小城市的發展選擇

推薦序

　　全球化的浪潮席捲世界各地，各地區隨著科技及運輸管理的進步，使得各城市之發展要件更加透明化，城市間的發展變化互相牽連，將以往著重於國家分析轉化為城市分析，同時城市競爭力已成為一個國家現代化及經濟發展內涵重要指標之一。

　　隨著城市化（Urbanization）之發展，學者專家也紛紛提出城市化之理論架構與實證分析，尤其是中國大陸近年來經濟高度發展，城市與城市之間的競爭非常激烈，引發中外學者重要探討議題與研究的焦點。孟祥林博士的《城市化過程的經濟分析》一書，也是作者深入研究與探討，再配合其本身具有地理學、區域經濟學之專長，潛心思考，精心創作之一本好書。本書主要有以下幾項特點：

第一：綜合城市化理論與實證：作者除了運用傳統經濟理論之邊際分析、彈性分析及數理經濟學進行理論性推導，同時也找尋大陸各城市資料，進行實證分析，以驗證城市化之理論架構。

第二：建立個別城市與城市群之空間演化模型：作者引用經濟核
　　　與經濟波概念，建立城市與城市間之空間演化模型，以說
　　　明城市之產生、成長及擴展之演變，深入且有創新的探
　　　討。

第三：本書內容嚴謹豐富：將可提供重要政策選擇，作者除了第
　　　一章為導論。第二章為即描述國內外城市擴展與演化，讓
　　　讀者充分瞭解城市化意涵與其演變。第三章及第四章提出
　　　個體城市及城市群規模擴展過程之理論架構及例子，讓讀
　　　者具有理論架構去閱讀本書。第五章利用空間概念進行城
　　　市規模擴展過程之分析。第六章再深入討論影響城市化過
　　　程之因素。最後可知從中國城市化趨勢來看，小城鎮是中
　　　國大陸城市化道路之選擇，且大陸城市化水平達到60%之
　　　時間為2020-2021年。本書七章之安排內容嚴謹豐富，且可
　　　提供重要政策選擇。

　　本書作者非常用心且潛心思考，撰寫出一本具有理論與實證《城
市化過程的經濟分析》的好書。此書不僅有助於學術研究者之參考，
也可提供政府官員在政策上之參考。我誠心推薦給所有讀者。

東吳大學 商學院

邱 永 和

推薦序

　　本人很榮幸為孟祥林博士所著的【城市化過程的經濟學分析】專書寫序。本書的架構嚴謹，內容豐富，理論與實務兼備，是一本難得的著作。全書共分為七大章，第一章概論之後，從第二章城市規模擴展及城市化進程影響因素之文獻評論開始，作了完整的文獻回顧。第三、四章分別從經濟學理論中來論証城市化的因果關係，並且分析中國大陸主要城市空間擴展與成長。第五章是城市規模擴展過程的時空比較分析，仔細從時間、區域、機制三個層面來分析。第六章著墨在城市化進程的影響因素分析。最後（第七章）為中國城市化趨勢的判斷。本書從理論出發，並且以中國大陸城市化過程作實證分析，相信讀者從中可以一窺大陸近代城市化的動態發展，而達到開卷有益的求知樂趣。

東海大學 經濟系

蕭志同

序

　　一部城市文明史實際上是一部人類文明的歷史。在傳統的農業社
會中，人類雖然創造了璀璨的城市文明，但城市化進程十分緩慢，還
談不上城市化。直到近代，市場經濟體制的確立，人類才開始了真正
意義上的城市化（Urbanization）。城市化實際上是在市場的作用下，
人口及生產要素在空間集聚的過程。正是這種集聚形成的規模經濟和
範圍經濟催生了現代工業文明，工業化又反過來快速地推進了城市化
進程。城市化水平也因此成為衡量一個國家現代化程度的重要指標。

　　自19世紀中葉西方殖民主義用大炮敲開國門以後，中國便開始了
近現代城市化進程，但在此後的一個多世紀中，這一進程十分緩慢，
直到改革開放之初，中國的城市化水平也沒有超過20%。從計劃經濟
向市場經濟的轉型鑄就了城市化的進化機制，中國的城市化進程開始
步入快車道。這不僅急劇地推動了中國的現代化進程，也改變著世界
經濟格局。為此，諾貝爾經濟學獲獎者斯蒂格利茨（2000），把中國
的城市化與美國的高科技相提並論，把二者視為21世紀世界經濟發展
的兩大基本要素。在這種背景下，城市化的理論探討與實證分析，尤

其是中國的城市化成為了中外學者研究的熱點。孟祥林博士的《城市化進程的經濟學分析》一書，就是經過作者多年潛心研究的一部力作。

　　本著作是在經濟學博士論文基礎上修改而成的。孟祥林本科階段是學習地理學的，碩士期間轉向了區域經濟學研究，在博士階段他研究的領域是理論經濟學。城市化問題的經濟學研究離不開空間因素分析，眾所周知，空間分析是經濟學理論與方法的一個弱項，這也是空間經濟學迄今仍難以進入主流經濟學的一個重要原因。然而，空間分析在地理學中卻是強項，作者的地理學背景為完成這項研究工作提供了良好的學科基礎。將經濟學方法與地理學的空間分析方法有機結合起來也是本書的突出特色。正是在這種學科交叉背景下，本書主要有以下幾點創新：

　　第一，對傳統的杜能模型進行了擴展。作者認為，不僅勞動力、工資與資本是距離的函數，而且原杜能模型的常數項也應該是距離的函數。為此，作者在函數中加入了摩擦強度參數，用以表達距離城市中心遠近不同的城市區域在擴展能力上的差異，為更精確地描述城市擴張過程提供了可能。在此基礎上，作者建立了經濟要素空間區位選擇的多因素模型，運用邊際分析方法論證了由城市中心到邊緣區的地租衰減規律，並運用彈性分析法得出地租對特定區位上土地的價格富有彈性的結論。作者還在多因素模型基礎上討論了城市的最優邊界問題，認為城市的擴展實質上是居民消費的最大效用實現過程，城市的擴展邊界就是消費者的最大效用實現點。

　　第二，作者提出經濟核和經濟波概念，把城市的產生和發展過程抽象為以經濟核為中心向外逐漸輻射的過程。在此基礎上建立起了個體城市與城市群的空間演化模型，對城市的產生和成長，以及多個城市之間通過經濟波發生相互影響的過程進行了系統研究。作者還認為，經濟核以經濟波的方式向外擴展時，會形成梯度擴張力，故在分析中引入了梯度分析方法，這更加明晰地刻畫了城市的生成過程。這些研究方法及其運用具有創新性。

第三，著作建立了兩個城市之間相互關係的宏觀理論模型，用以討論一個區域內城市之間的相互影響。作者以分析邊際（平均）收益與平均（邊際）收益之間的關係為基礎，通過外部性討論了城市發展的多種情形，建立起城市半徑、城市綜合商品、土地需求量、地租水平等因素與城市外圍空間擴展之間的對應關係。作者不但用數學模型的方式，而且還通過用幾何圖形的方式對該問題進行了詳細研究。雖然這個模型還存在一些不足，但畢竟提出了研究城市間相互關係的一個新的構想，並有可能將兩城市模型擴展為多城市模型，進而為研究城市群、城市帶的生成發展規律提供一條新的理論思路。

實證研究與對策分析雖然不是該著作的重點，作者還是花費了很大精力來研究中國的城市化進程問題。作者認為，不同規模的城市發展速度不同，可以根據各自的發展速度計算出其發展趨勢。其測算結論是，未來發展趨勢最為樂觀的是人口規模在20萬～50萬的中等城市，因此，積極推動中小城市發展是我國未來城市化進程中的重要政策選擇。此外，作者還對我國城市化速度進行了測算，如果按照城市化水平年均增長率2.3%計算，我國城市化水平達到60%的時間大概在2020　2021年。

我在指導孟祥林博士的論文寫作中，曾與他反覆討論過許多問題，當時認為已經解決的問題，現在看來仍值得深入研究。在著作付諸出版之際，他又再一次作了認真修訂。真可謂"知無涯，學亦無涯"。儘管本書還存在進一步完善的餘地，但畢竟瑕不掩瑜。將該項工作付印出版，既有助於學術交流和積累，也可以更廣泛地聽取同行的意見，促進作者日後的研究工作。

沈　越

摘　要

　　本書旨在揭示個體城市、城市群發展的微觀和宏觀機能及影響因素的作用過程，並通過時空分析論證城市化進程的差異和我國城市化進程的發展方向。本書在綜述了國內外有關城市發展及其影響因素的理論後，運用邊際分析、彈性分析等微觀分析方法以及四部門分析的宏觀分析方法並結合城市發展過程的空間演變圖示，對個體城市以及群體城市的規模擴展過程進行了論述。分析認為，城市首先發生於經濟域內的經濟核，經濟核由於聚集作用與周圍腹地發生經濟聯繫，並發展成為區域內高經濟勢能的極核。經濟核演變為個體城市後發生一系列的微觀經濟過程並向周圍腹地擴展，擴展過程遵循地租衰減規律。計算分析認為，擴展的杜能模型中競租對距離的變化規律說明從經濟中心向外延伸的經濟行為存在收益極點，這個極點就是個體城市擴展的最遠邊界，並認為摩擦強度的作用差異導致了城市發展中多核心的形成以及城市不同方向的非均衡擴張。通過消費者均衡理論分析同樣得出結論：個體城市週邊空間的擴展過程就是居民戶尋求效用最大點的過程，該點就是城市擴展的最遠邊界。

在對個體城市規模擴展分析的基礎上，本書對群體城市的規模擴展進行了論述，分析中通過共生互動的宏觀經濟模型來表示兩個城市之間的經濟聯繫，認為一個城市對另一個城市規模擴展的影響可以隨邊際輸出傾向、邊際投資傾向、邊際消費傾向的變化而表現出不同的發展方向，城市化進程正是通過多種變化的複雜關係引發了城市群中規模等級有差別的個體城市的不同成長方向，加以個體城市間的相互影響與經濟上的緊密聯繫等原因形成了區域上的城市群。分析認為，城市群產生的過程就是經濟核通過經濟波對區域內其他經濟體的輻射過程，這個輻射過程遵循梯度原理。空間內要素密度的分佈不均以及動態變化過程中的疏密差異導致城市沿三維空間發展亦存在差異，加上經濟波輻射強度的差異等因素的綜合作用導致了不同水平的個體城市的形成，這些城市個體通過經濟和空間的聯系形成了域內的城市體系。

個體城市以及群體城市的空間擴展過程在不同區域的表現並不相同，所以，城市化進程的時空比較與影響因素的分析成為城市規模擴展後的另外一個研究論題。城市及城市群的空間擴展過程需要以腹地的經濟和自然條件為依託，空間內各種主客觀條件的差異導致了城市化進程時空分佈不同，這種差異可通過城市化進程不均衡指數進行對比，該指數越高則超前城市化程度越明顯。分析發現，不同規模城市的城區面積擴展速度與人口增長速度並非對稱發展，超大城市、特大城市和中等城市建成區面積的擴展速度高於城市人口增長速度，而小城市的發展狀況正好相反。通過對城市化進程影響因素的分析認為，區位、制度、人口遷移和產業結構等是影響城市化進程的主要因素：區位因素通過地價約束和運輸成本等限制城市成長並通過規模經濟收益促進城市成長；計劃和市場提供了兩種不同效率的制度安排，前者人為地設置了城市化進程，後者通過資源自由配置實現了城市化進程的能量釋放；農業剩餘勞動力轉移過程中通過土地用途的決策權衡、彈性比較以及產品收益預期等多種方式影響了城市化進程；產業結構變革可以通過影響地租曲線的躍遷影響城市化進程。諸多因素的影響以及不同區位與不同規模的城市個體和城市群的發展規律可以預示：小城鎮充分發展是我國未來城市發展的理性選擇。分析認為，不同規模的城市發展速度不同，根據各自的發展速度可以計算出其發展趨勢。未來發展趨勢最為樂觀的是人口規模在20萬 耀50萬的中等城市，如果按照城市化水平年均增長率2.3%計算，我國城市化水平達到60%的時間大概在2020—2021年。小城鎮充分發展是我國的城市化道路選擇。

關鍵字：城市化進程　個體城市　城市群　經濟學分析
　　　　　小城鎮發展

Abstract

The aim of this article is to put forward analysis of micro and macro dynamics about individual urban, group urban development and multi-factors affecting procession, in sequence differences of space-time about urbanization procession being studied. So after summarizing urban development and affecting factors inside and outside China, micro method such as elastic analysis and marginal analysis and macro method such as four sectors being applied to give analysis of individual urban and group urban, drawing method being applied at the same time. Study shows: urban first occurs in economic core within an economic area, which relating with other area in hinterland because of congerlomeration, coming into being a higher potential energy core. Individual city can spread to neighbor hinterland by the course of micro-economic obeying rent attenuation law. Calculation shows: the second differential coefficient for rent to distance in additional Thunon mode is a positive number, which shows the income minimum exists for economic behavior extension from economic to the margin, which being the farthest borderline for the city. The article also thinks that multi-core being shaped during urban development for the sake of friction intension difference and because of which imbalance expanding in different direction. The same conclusion can be drawn by way of consumer balance theory: farthest efficiency point being the farthest borderline. Counter-J curve being accord with during this procession, which being determined average production reduction along with output increasing.

Based on individual urban expansion analysis, group urban expansion is studied. During studying mutual affecting macro-economic mode being applied to express the relationship between two cities, study showing: one urban can give different affects to another one through different marginal propensity to export, marginal propensity to investment and marginal propensity to consume. As a result, complicated urban relationship and development direction for individual urban being shaped, convese adjustment is necessary for the urbanization procession, this kind of complicated relationship leads to different developing direction for urban group of different scale, the interaction between individual urban and tight economic relationship give birth to group urban. The procession for group urban is the procession of eradiating from economic core to the hinterland by means of economic wave, which obeying grads law. City with space developed by three directions because of elements density being no homolog and density diversity during the course of dynamic change, along with radiant intensity differences, many kinds of individual being shaped, all these cities construct city system by way of economic and spatial interrelations.

The procession of individual urban and group urban are not the some in different field, so the space-time comparison and affecting factors being studied sequentially. The expansion procession of individual and group urban must be on the basis on the economic and natural condition, the discrimination of objectives and subjective in space can lead to the differences for UP by time and space, which can be paralleled by urbanization balance index. Analysis shows: the expansion velocity of city area is higher than that of urban population for super megapolis, large megapolis and middling urban, small city is the reserve. Location, population migration, institution and industrial construction are the main affecting factors for UP: Location restricts urban shaping through land price restriction on the one hand and promoting urban growing up through scale economic on the other hand. Planning and marketing give forward two kinds of system arrangement, the former blocking urbanization, the latter is the reserve, especially in resource arrangement aspect. Agricultural surplus labor forces migration exerts affecting on UP through decision-making balancing for land use, elastics comparison and product expectation etc.. Industrial construction transformation also affects urbanization through rent curve transition. Influencing from many factors and the law for individual urban and group urban development lead to the conclusion that small town developing sufficiently is the choice for China. Study shows: the optimum development for urban scale in future China is the town which population scale being between 200 thousand to 500 thousand, if urbanization level being elevated by annual ratio 2.3%, Chinese urbanization level being up to 60% in 2020 -2021. Little town sufficient development is China's sensible choice.

KEYWORDS: Urbanization Procession; Individual Urban; Urban Group; Economic Analysis; Little Town Developing

目　錄

第一章

導　論[1]

　　世界的城市化進程在加速（如圖 1-1），但不同國家由於經濟發展水平及諸多因素的影響導致城市化進程有很大差異，Beier（1975）將世界各國劃分爲四類：高速城市化，即城市人口在 50%以上、居民收入較高、沒有人口壓力；剛剛進入城市化，即半數以上人口在農村、收入水平低、有人口壓力；以農村人口爲主但城市化進程很快；存在很大的人口與土地的壓力、依靠國際捐助[1]。城市化水平的高與低會影響國家在各方面事業發展中的快與慢，所以城市化越來越成爲世界各國普遍關注的問題。經濟發展水平的提高提供了農業產業向非農產業轉換的條件，產業結構向非農產業爲主導的變化成爲經濟發展的規律，在這個變化過程中，城市數量的增多和城市規模的擴大成爲最突出且直接的標誌。爲了弄清楚城市發展以及城市化進程的機理，許多學者從經濟學以外的諸多學科包括地理學、社會學等方面對其進行過不同層面的論述和解釋：城市化過程是一個空間演變過程、地域演變過程、經濟行爲主體謀求效用最大化的過程。城市化進程雖然是一個非常複雜的過程，但無論怎樣，城市化水平的提高是與經濟水平提高相關聯的，所以本書的基本觀點是城市化是一個經濟過程，但是這個經濟過程很難完全用經濟的方法進行完善的解釋。解釋城市化問題需要考慮諸多因素，從經濟學角度研究影響因素作用於城市化進程以及城市規模擴展機理就會從本質上把握城市化過程並且導出城市化進程的一般規律，進而指導城市化的實踐，這對處於轉軌經濟發展中我國的城市化實踐具有非常重要的現實意義。

---

[1]　Type I: Those countries in which the process of urbanization is well underway, the population is already more than half urban, incomes relatively high and there little prseeure of population on arable land and natural sources; Type II: These countries the urbanization experiences is more recent, over half the population is still in rural areas. Type III: This group of countries is predominantly rural but urbanizing rapidly; Type IV: These countries are dominated by severe pressures on the land in largely rural, subsistence-level-income societies.

1.1　問題的提出與研究意義

隨著我國經濟體制改革的進行，第一產業、第二產業、第三產業之間的關係和農業產業向非農產業的過渡越來越受到人們的關注。正如著名經濟學家西蒙·庫茲涅茨（1989）在他的《現代經濟增長》一書中所提到的，伴隨著經濟增長，經濟結構會發生巨大變化，這種變化主要表現爲從農業產業向非農產業的過渡，即工業化過程；城市和鄉村間的人口發生變化，即城市化過程。

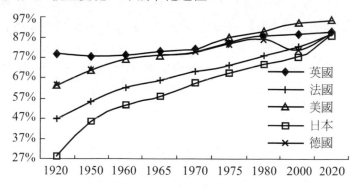

圖 1-1　世界一些主要發達國家的城市化進程

資料來源：世界資源研究所。世界資源（2000－2001 年）[M].牛津：牛津大　　　　學出版社。（2020 年爲預測數）。

新中國成立後，我國在一個很長時期內出現工業化和城市化發展不協調。1978 年以前我國城市化進程很緩慢，表現爲城市化不足。但 1990 年以後，出現了過度城市化的現象。許多國家的城市化進程表明，城市化進程過快或過慢都不利於經濟的發展，但怎樣確定合適的城市化速度是一個非常困難的問題，關鍵原因在於城市化過程受到很多因素的影響，同時各種因素相互作用的機制和過程也非常複雜。當然，在城市化過程的眾多衡量要素中最重要的一個是農村人口向城市的轉移，因此，考察城鄉人口遷移的特徵、內在規律、形成機制及其對城市化進程的影響對於準確把握城市化進程與研究城市化本身的運作規律就具有十分重要的意義。但要準確和完整地把握城市化的機理，就不能單純從一個方面去分析，除了人口這個主要因素外，還要考察包括制度、區位、產業結構變化等諸多方面，不然，問題的把握就會失真。但目前的文獻大多都是從一個側面來論證城市化進程，以至於在論述過程中過分強調一個因素而忽視了其他因素，且討論問題時單純注重空間聯繫而忽略了經濟過程，使得研究結論缺乏說服力。所以，有必要從不同角度（多種因素）和不同層面（時間的縱向跨度和空間的橫向跨度）來對城市化問題（從產生到規模擴展）進行深刻研究和解析，以便給城市化問題進行經濟過程和空間過程的綜合論證。

雖然各種非經濟因素在城市化進程中起著重要的作用，但經濟要素通過經濟過程對城市化進程的影響是最為突出的。正如日內瓦大學經濟學教授保羅·貝羅克（1991）在論述城市與經濟發展的關係時所表述的那樣，經濟變數是壓倒一切的因素，城市的長期發展主要是由經濟力量來推動的，城市化與經濟增長是一種互動關係。因此，這就更加需要從影響因素的相互關係角度尤其以經濟因素為基礎多方向來把握城市化進程。聯合國人居中心在《城市化的世界——全球人類住區報告 1996》證實了這種判斷。報告認為：在 20 世紀的後 30 年內，經濟發展水平最好的發展中國家同時也是城市化水平最好的國家。所以，十分有必要研究影響城市化進程的因素，並且有必要詳細探討這些因素對城市化進程的影響機理、城市規模擴展規律等。

基於上述思想和原因，本書將城市規模（包括個體城市和群體城市兩個層面）的擴張機制及其影響因素的分析作為研究選題，力爭在這方面能夠對我國的城市化論題的研究作出一些微薄貢獻。

1.2 研究思路和方法

1.2.1 研究思路

理論分析的邏輯起點是一套服務於特定研究目的的指標體系，城市化的研究也不例外，爲了更好、更透徹地研究城市化問題，單純停留在現象的、表面的描述是不行的，必須要選取幾個關鍵的指標進行實證研究才可能奏效。所以，本書的整個研究過程也將是圍繞著選擇的指標體系而展開的縝密論述，分析的內容和採取的方法以及如何切入核心分析是本書的核心所在。

城市化首先表現爲空間的集中，空間集中的過程也是一個集聚的過程。這個集聚的過程涉及多方面因素的作用，這些因素的綜合作用在宏觀上就表現爲城市的變化：城市數量的增長（城市群規模的擴大）和個體城市規模的擴大。本書在研究中將不側重於因素對城市化所起作用的描述，而是致力於用經濟學方法分析這些因素導致城市數量的增長和城市規模的擴張機制的研究。通過分析這些因素作用於城市化過程的微觀機理導出城市化進程的微觀機制，從而深層次地把握城市化的規律。本書在分析中主要涉及區位、制度、人口遷移、產業結構四個參量。

本書通過擴展杜能模型的建構、完全競爭下的廠商均衡分析以及消費者行爲理論分析等方法研究了個體城市規模擴展過程。本書首先以擴展的杜能模型爲邏輯基礎建立個體城市週邊空間擴展模型，以生產要素的區位選擇爲切入點展開分析，論證了經濟人利益選擇經濟行爲過程。其次，通過消費者均衡理論論證了居民戶通過個人收益效用最大化機制，通過居民點在個體城市週邊空間的區位選擇促進了個體城市週邊空間擴展的一般過程，並在此基礎上通過規模收益規律以及地租衰減規律論證了個體城市擴展的合理規模。爲了對論證過程進行充分證實，本書在理論證明之後分別以北京和南京等城市的規模逐漸擴大過程進行說明。本書分析認為，個體城市作為一個經濟體，當個體城市大到一定規模時就面臨聚集不經濟，於是在距離一個個體城市的一定地域空間外會產生另外一個城市，按照這樣的規律會有多個城市在區域內佈局，於是便產生了城市群。個體城市以經濟核和經濟波的方式在區域內形成相互影響，導致城市群不是由鬆散的而是由密切聯繫的個體城市融合而成的城市體系。本書以兩個城市經濟共生互動模型和梯度分析方法為基礎對城市群規模擴展的過程進行了深入分析，並對空間內多個城市構成的城市群進行抽象化圖示，從而使得問題形象化，以便於對城市群的一般擴展過程進行較為全面的論述。對個體城市以及群體城市規模擴展過程的分析構成了著作的主體，在此基礎上，進一步對空間內（橫向）和不同時間（縱向）的城市規模擴展過程進行了分析，通過比較論述了不同時間以及不同區域的城市規模擴展的差異。為了弄清楚造成城市規模擴展差異的原因，在著作中繼而分析了影響城市規模擴展過程差異的四個影響因素：區位因素、制度因素、人口遷移因素、產業結構因素，通過微觀經濟理論以及制度經濟理論層面對這些因素影響城市發展過程的經濟過程進行了論述。本書最後對中國城市化的趨勢進行了分析和判斷，指出城郊化是我國城市化的趨勢，小城鎮充分發展是我國城市化道路的理性選擇。本書的研究思路可以用圖 1-2 來表示。

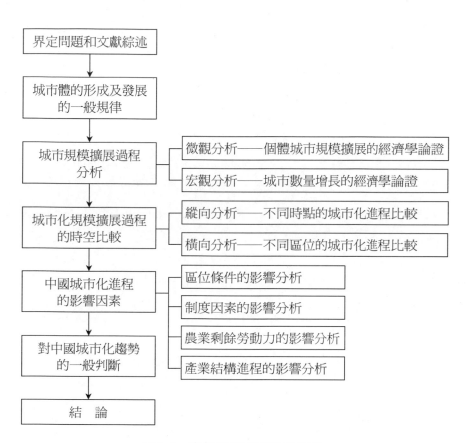

圖 1-2　文獻的研究思路結構圖

1.2.2　研究方法

1.以往研究文獻中主要使用的研究方法

美國城市規劃專家 Blumenfeld（1956）通過對聚集模式發展變化的研究得出結論：影響所有城市的空間發展變化的因數可以概括為四個方面，即城市本身、鄉村、技術和交通。由此引申開來，研究城市發展變化的方法可以概括為：①空間經濟學方法。W. Alonso 和 L. Wingo 以微觀經濟學的均衡分析方法和邊際分析方法為基礎，對城市空間的發展過程作出了經濟學解釋。其中 W. Alonso 側重於對土地價格進行分析，L. Wingo 側重於研究地租結構的空間分佈。②社會學方法。主張文化價值的空間系統決定著城市空間的發展和土地使用的狀態，文化價值是城市佈局形成過程的主要因素。社會學研究方法側重於社會關係和社會行為的解釋，其主要研究人群和個體的社會分層及其在社會空間結構中的變化，影響城市擴展過程中要素分佈的因素主要有：教育、職業、收入、種族、民族等。③行為研究方法。行為研究是從城市系統的人類活動中抽象出來的基本要素，用來解釋城市發展的動力機制。城市發展表現為人們間的一種互動，城市互動是城市空間結構生成的一種基本要素。④政治經濟學方法。城市的產生和發展是政治和社會生產方式的產物，資本累積和階級鬥爭是引發城市空間系統變動的根本原因。

2.本書研究中主要使用的研究方法

本書在研究過程中主要採用定性分析與定量分析相結合的方法，行文過程採用實證研究與原理論證交替進行。研究過程由個體到群體再到一般，通過縱向分析與橫向分析相結合使得研究不但涉及到特例，也涉及到一般，不但可以得出橫斷面的結論，也可以得出隨時間層面變化的規律，從而使得結論能夠立足現在、把握未來。在進行影響因素分析上，整個論證過程是把重點放在理論分析上，然後通過適當的資料進行證明。本書整個研究邏輯可以用圖 1-3 來表示。

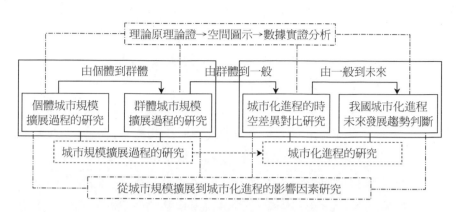

圖 1-3　文獻研究的邏輯關係與主要方法

1.3　創新和不足

　　分析表明，目前國內對城市問題的研究主要側重於空間分析和社會學分析，通過深入闡述城市發展過程中的空間經濟學原理來分析城市的宏觀和微觀成長過程的研究文獻還不豐富，所以本書在這方面作了一些嘗試。本書在實證分析的基礎上，初步釐清了各因素對城市化的經濟學機理，建立了以影響因素為解釋變數，城市化水平為被解釋變數的數學模型，初步形成了個體城市以及群體城市成長過程的微觀經濟解釋。通過經濟學的理論分析深刻論證了城市化過程的機理，為使問題的研究更加深入和細緻，本書分個體城市成長（微觀分析）和群體城市成長（宏觀分析）兩個層面進行論述，同時也論述了城市化進程的演變過程和發展狀況的時空差異，並對未來我國城市化進程的發展趨勢進行了預測。

　　本書在分析中有以下幾點創新：

　　第一，以擴展的杜能分析模型為框架建立了經濟要素空間區位選擇動態影響的多因素模型，運用邊際分析方法論證了空間內地租衰減以及城市最優邊界規律，研究中運用彈性分析法得出了地租對特定區位上土地的價格富有彈性的結論，首次以邊際（平均）收益與平均（邊際）收益之間的關係爲基礎通過外部性分析討論了城市發展的多種情形。

第二，以消費者預算線和效用理論爲基礎論述了居民點向個體城市外圍的擴展過程就是個體城市規模擴大過程的一般結論，首次將偶然成本和摩擦強度引入分析過程。建立了城市半徑、城市綜合商品、土地需求量、地租水平等因素與城市週邊空間擴展之間的對應關係，通過邊際成本與邊際收益之間的關係進行了解釋。

第三，建立了兩個城市互動影響的宏觀經濟模型，在對城市群的研究中首次運用經濟核、經濟波以及經濟跳躍核的概念，進一步引入梯度分析方法，第一次提出城市發展要素綜合密度的概念，並在城市群週邊空間的擴展論證過程中運用該參量進行論證，在分析過程中建立了以經濟核爲基礎的從個體城市到城市群形成的空間演化模型。

雖然研究過程中在諸多方面努力進行了探索性分析，但缺陷和不足還是非常明顯，主要表現在：

第一，城市化是一個非常複雜的系統問題，所以在構造城市化影響因素的模型時就十分困難。本書雖然考慮了多因素對城市化的影響，但是並沒有建構起影響城市化過程的完整的多要素模型，這需要在以後的研究中繼續深入和完善。

第二，由於能力所限，本書在建構模型時考慮的因素可能還不是很全面，這對模型結論的說服力有一定影響，同時對模型結論雖然進行了一定程度的實證分析，但由於考慮問題不是很成熟，所以分析還不是很深入，這些方面有待在以後的工作中加強。

第三，關於城市化進程的方向，很多專家從不同側面進行了研究，不少學者堅持大城市優先發展的策略。筆者在書中提出小城鎮的充分發展是國內外城市的發展趨勢，在這一點上筆者並不反對其他學者的看法。書中對發達國家以及中國不同規模的城市（鎮）進行速度比較和趨勢判斷得出的結論也不免觀點比較片面。

1.4　研究內容、資料來源、技術路線

1.4.1　研究內容

人口城市化過程是社會發展的一種必然趨勢。中國的城市化經歷了一個曲折的發展過程，表現出不同於發達國家和其他發展中國家的特點。國內外文獻已經在這方面作了很多深入和細緻的研究，但還是有許多問題值得進一步做下去，為此，本書將主要研究城市規模擴展的經濟學機制及其影響因素。全書分為兩部分核心內容：對城市規模擴展的經濟學機制分析和對城市化進程的影響因素分析。

著作內容安排大致如下：在闡述城市化進程一般規律的基礎上，對個體城市規模擴展進行分析，分過程中首先進行經濟學論證，然後引用典型城市的週邊空間擴展過程進行實證分析。以對個體城市的分析為基礎，將問題延伸到對城市群的研究，分析個體城市之間是如何相互作用而導致城市群產生的，在論證過程中引用宏觀經濟學理論進行分析，並建構出城市群空間發展一般過程的空間圖示，然後引用中外城市群空間擴展的歷史發展對問題進行實證分析，該兩部分內容構成了著作的第一部分主幹。其次按照這個邏輯，對城市問題的研究再從群體擴展到一般，分析不同區域和不同時間城市化進程的差異，本書從縱向（時間方向）、橫向（空間方向）以及機制方向三個層面對我國城市化進行了時間和空間比較。在完成這部分分析後再從四個方面，包括區位、制度、人口遷移、產業結構對城市化進程的影響進行

了分析。最後對我國城市化進程的發展趨勢進行初步探索。

1.4.2　資料來源

　　統計資料包括：1990 年全國第四次人口普查資料、2000 年全國第五次人口普查資料以及中國統計年鑒、中國人口年鑒、中國城市年鑒、中國城市統計年鑒等歷年的統計數據。

1.4.3　技術路線

　　首先是收集我國城市化進程相關要素的重要經濟統計資料，主要涉及的資料包括城市數量的橫斷面——某個時點上的空間分佈資料，縱向資料——城市化進程隨時間變化的序列資料，人口資料——主要是對城市化進程產生影響的人口遷移資料。其次，在資料收集齊全後建立各種參數資料庫，並且對資料進行初步整理。在對資料進行分析時主要是總結出城市化進程的縱向變化規律。城市化的橫向比較主要是作區域比較，從而發現城市化進程在不同區域的發展規律，進而挖掘城市化的區域特點與影響因素之間的相關性和相關程度。本書的整個分析過程以理論爲依託，以資料爲支撐，對資料的統計和分析力爭詳實、全面、突出重點。技術路線的流程如圖 1-4。

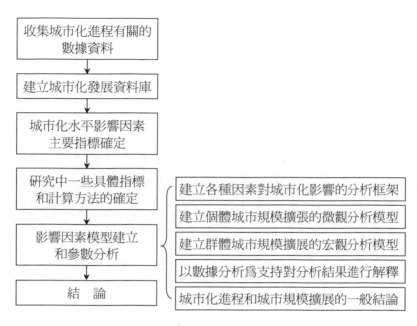

圖 1-4　技術路線流程圖

1.5　著作的邏輯框架

　　按照上述思路，本書分爲三部分共七章：第一部分是本書的第一章和第二章，爲本書的導論和文獻綜述部分；第二部分是著作的主體，包括第三章、第四章、第五章和第六章，其對個體城市、群體城市的發展過程進行了微觀和宏觀分析、時空比較和影響因素分析；第三部分是第七章，主要是對我國城市化進程的判斷和預測。

　　第一章對研究論題的研究意義、研究思路和方法、創新和不足、研究中的資料來源以及技術路線等進行了闡述，從總體上介紹了本書的邏輯框架和各部分內容之間的邏輯關係，起到了統領全書的作用。

　　第二章從國內和國外兩個層面對個體城市、群體城市規模擴展的機制及城市進程的影響因素進行了綜述。國外層面主要集中介紹了加納、赫夫、胡佛、弗里德曼、克里斯塔勒、勒施、杜能和韋伯等學者的研究成果，總結了城市從個體到群體發展的原因、機理以及區位和人口遷移等影響因素。國內研究成果大多是建立在實證研究基礎上，並且大多數理論是從國外介紹進來的，諸多學者不但研究了我國不同區域的個體城市到群體城市的發展機理，而且從人口遷移、區位以及制度等多角度分析了影響城市化進程的影響因素。所有這些理論對本書的進一步研究給予了強大的理論支撐。

第三章在簡單論述了城市發展前提和一般規律的基礎上，研究了個體城市規模擴展的經濟過程。指出個體城市的擴展過程遵循微觀經濟學原理，著作借助擴展的杜能區位理論對城市個體增長的微觀過程進行了分析，分析中主要運用了消費者行為理論、生產理論、邊際效用遞減理論以及彈性理論等。認為城市內部空間的演化不是孤立的，這個過程也伴隨了城市外部空間演化。本書在效用分析的基礎上通過消費者行為理論推出了城市成長的均衡邊界，研究認為，空間擴散在擴散方向和擴散邊界兩個方面將遵循勢能衰減和距離衰減兩個基本定律，個體城市的成長過程正是沿著這一規律進行的。南京市地價等值線的空間變化以及北京市的環狀城區的發展也可以證明以上結論。

第四章論述了群體城市規模擴展的經濟學過程。首先以兩個城市間相互作用的共生互動的宏觀經濟學模型闡述了城市群內個體城市之間的相互聯繫。城市群結構的演化有一個過程，這個過程可以通過空間擴展圖式的方法得到很好說明。其次，認為城市群的成長過程本質上是經濟從高勢能區向低勢能區進行擴展的過程，可以用梯度理論對城市群的形成作出論證。從我國不同城市群的發展過程也可以得到說明，為此，研究中對珠江三角洲城市群、滬甯杭城市群、京津唐城市群以及美國城市群的演化過程進行了論述。

　　第五章對城市化進程的時空差異進行了比較分析。研究發現，不同地區經濟發展水平的差異可能會導致不同的城市發展模式。城市化進程的特點表現爲城市化水平滯後於經濟發展水平、城市化率低於工業化率、產業結構與就業結構存在偏差。通過城市化水平不均衡指數的測算和對不同區位元的城市化進程的比較發現：我國城市化進程存在異速發展格局。同時研究認爲，我國存在自下而上與自上而下的兩種不同的城市化模式的根源在於制度不同，京津唐地區屬於自上而下的城市化模式，而蘇南地區屬於自下而上的城市化模式。

　　第六章對城市化進程的影響因素進行了分析。著作從區位、制度、人口遷移以及產業結構四個方面分析了影響城市化進程的機制。區位對城市發展的影響主要表現爲限制和促進兩個方面：限制影響表現爲運輸成本與地價約束，促進作用表現爲規模經濟與外部性；制度對城市化進程影響的作用機制表現在制度績效上，中國城市化水平較低，主要原因在於制度是影響城市化發展的社會經濟機制；人口遷移是影響城市化進程的一個實體性要素，人口遷移的根本原因在於利益驅動，人口在鄉城之間的遷移過程即爲家庭收益最大化過程，勞動力供給增加的整個過程中外出就業的收益水平會大於當地就業的收益水平；產業結構也是影響城市化進程的一個要素，產業結構的變化會影響人口在不同產業的佈局，產業結構變化可以促進城市化進程的影響因素發生作用，從而使產業結構轉換和聚集同時成爲城市化進程的動力。

　　第七章對中國城市化的趨勢進行了判斷。城市化是世界經濟發展的潮流，集中和擴散是城市化過程的兩個方向，集中型城市化一般是城市化前期的主要特徵，擴散型城市化是城市化後期的主要特徵。大量統計資料顯示，世界城市化正在經歷逆城市化階段。分析認爲，不同規模的城市發展速度不同，根據各自的發展速度可以計算出其發展趨勢。未來發展趨勢最為樂觀的是人口規模在 20 萬～50 萬的中等城市，如果按照城市化水平年均增長率 2.3%計算，我國城市化水平達到 60%的時間大概在 2020－2021 年。小城鎮充分發展是我國的城市化道路選擇。

第二章

城市規模擴展及城市化進程
影響因素研究文獻綜述

　　城市作爲一種經濟現象吸引著多個學科的專家進行研究，最開始是地理學家從空間和區域的角度進行探索，後來逐漸與理論經濟學思想結合起來，開始從經濟學理論角度把握空間中要素結構、轉移以及自身變化的方式，從而開創了用空間經濟學方法來研究城市的新思路。國外如杜能、韋伯、克里斯塔勒率先從區位角度對個體城市規模擴展問題展開了論述，進而發展到對城市群的研究，並從微觀角度的多個側面對影響城市產生和發展過程的因素進行了分析；國內如許學強、楊吾揚、梁進社、姚士謀、顧朝林等從空間分佈角度對我國城市的個體發展以及群體發展的規律進行了深入論證，諸多著述對國人研究城市問題具有開拓作用。在引入了多部西方學者的城市經濟學著作的同時，國內很多學者又從經濟發展與城市關係的角度對城市化問題展開研究，從而掀起了我國城市化進程研究的熱潮。基於本書關於城市規模擴展與城市化進程影響因素分析的研究主題，本章詳細介紹了有關城市規模擴展與城市化進程影響因素的理論，並進行了相應評價。由於全書研究中主要是從城市規模擴展和城市化進程影響因素兩個層面著手，所以在綜述過程中主要是從城市規模擴展（包括個體城市規模擴展和群體城市規模擴展兩個角度）以及影響因素兩個層面進行了研究，並全面綜述了城市規模擴展以及城市化進程影響因素的理論。

2.1　國外研究文獻綜述

2.1.1　城市規模擴展研究文獻綜述

2.1.1.1　個體城市規模擴展研究文獻綜述

最早的城市研究見於古希臘時期，思想家色諾芬最早詳細地研究了小城市繁榮與興旺的基礎，分析了商業發展對城市發展的重要意義。柏拉圖在《國家論》一書中，對人口的研究更加推進，並且最早研究了城市人口的最佳限額（現代城市理論稱之爲人口門檻），指出小城市的最適當人口數量是 5040 人。16 世紀以後，威廉‧田普（William Tempe）在《荷蘭聯邦的觀察》一書中對人口密度與經濟發展的關係進行了研究，爲城市發展及其合理規模的研究提供了重要思想。重農主義者保泰羅（Giovanni Botero）在其所著《城市論——論城市偉大之原因》一書中，對城市展開了系統分析，分析了城市存在的基礎，特別分析了農業生產與城市發展的關係。18 世紀以後，城市越來越成爲重要的經濟力量，亞當‧斯密（1776）在《國富論》一書中指出：要先增加農業產品的剩餘，才談得上建設城市。從而論證了農業充分發展是城市產生的前提的重要思想。在眾多前輩大量研究的基礎上，人們對城市的認識更加深入，但人們並不滿足於對城市的靜態研究，因此從動態方面研究城市的文獻越來越多。在研究中，分析視角逐漸從城市的產生轉變到城市規模擴展上來，即更多人開始關注城市發展變化的機理，開始從動態過程解釋城市的未來。這時對城市的研究主要側重於兩個方面：其一是關於聚集經濟作用下的城市經濟增長和影響範圍的理論分析，主要代表是 Martin J. Beckman，他在分析中用到的主要方法是將區位選擇理論與 Christaller 的中心地理論結合起來，考察了建立在勞動分工基礎上的城市聚集規模與周圍腹地的經濟影響關係；其二是對聚集效應影響下城市增長路徑的分析，主要代表是 Baumol，他運用累積性非均衡增長模型分析了聚集經濟與聚集不經濟給城市增長帶來的累積式影響。對城市研究的分析方法雖然不同，但在分析過程中都廣泛地介入了數學方法，並且運用了大量的統計資料對分析過程進行實證研究，研究結論對城市化的實踐產生了非常深遠的影響。所有這些傳統理論在研究城市內部空間結構或地域結構時，重點是研究城市的形態和土地利用，或稱城市功能分區。現在城市研究理論除研究城市土地利用外，還研究城市內部市場空間、社會空間和感應空間等。代表理論包括：

　　加納（B.J.Garner，1966）提出了商業中心空間模式。加納的商業中心空間模式是在土地價值理論的思想基礎上於 1966 年建立起來的，其通過對不同門檻職能的競標－地租分析，探討了商業中心的結構，構造出了不同等級的商業中心空間模式。模式的主要內容包括：門檻大小的系列在空間上可以表示為最高門檻的活動靠近低價峰值區，它佔據了地價最高的土地，在它的周圍，將按照門檻遞減的順序，依次環繞其他職能活動；任何商業中心的核心區，總是被那些能夠顯示商業中心最高級別的職能部門所佔據；隨著商業中心級別的提高，低級別職能部門佔據的位置將越來越被排斥到商業中心的邊緣，即地價較低的地方；在任何一個商業中心的典型職能組內，每一項職能的位置也按照門檻大小順序排列。該理論主要是研究城市內部商業網點的合理佈局問題，商業網點在城市內部的佈局過程也伴隨了城市規模的擴張過程，所以這個理論對研究城市規模擴展的微觀機制具有重要意義。

　　赫夫（D. L. Huff，1964）提出了商業零售引力模式，認為城市內部不同層次的商業中心和服務範圍的結構和空間佈局都符合克里斯塔勒的中心地理論，只是由於城市區域的人群分佈大多重疊，因此難以確定市場區空間。他認為消費者光顧零售商店的行為是交通時間或者距離的因素，交通時間越長或者距離越遠，消費者越不願意光臨此商店。該理論在大城市的規劃中對商業中心的布點具有一定意義，商業中心在距離城市中心不同區位元上的佈局選擇決定了城市擴展的速度和方向，這對城市內部規模的擴展規律具有重要意義。

約翰・穆勒（J. S. Mill）在其著作《政治經濟學原理》中提出了相互需求原理，以需求強度概念表示兩區域間的相互交易依存關係，建立了比較收益對域際交換比例的決定機制。穆勒沿襲了李嘉圖的兩個區域、兩種商品的分析模型，以區域內生產成本的耗費作為域際交換比例的限幅。其經濟學涵義是，兩種商品在兩個區域內的域內交換比例分別構成了域際交換比例的上下限幅，從需求方面規定了區域間比較優勢收益的實現條件，兩個區域之間的商品交換通過成本與收益的比較決定了其合理的交換區間，進而決定了某區域的經濟輻射範圍，這一原理對經濟區（城市）週邊空間的形成具有重要的理論指導意義。

胡佛（E. M. Hoover）用生產費用方法對城市的產生過程進行了研究，指出隨著市場地域的擴大，規模經濟帶來了生產費用的降低，但在一定地域內生產過度集聚就會出現規模不經濟，生產費用將再次上升。胡佛將邊界線（市場地域末端的送達價格）與運費傾斜線相切的點作為地域規模經濟與規模不經濟的分界點，並通過研究認為，聚集不經濟導致了城市規模擴大，由此帶來了城市週邊空間的擴展（胡佛，1990）。這種分析方法開拓了用空間經濟方法研究城市發展的地域過程的新思維，為研究城市發展的微觀經濟學過程在一定層次上奠定了理論基礎。

佩魯（F. Perroux，1955）對研究城市產生和擴展的重要貢獻在於提出了增長極理論，認為"增長極"是由主導部門和有創新能力的企業在某些地區或大城市的聚集發展而形成的經濟活動中心，恰似一個

"磁場極"，其能夠產生吸引或輻射作用，促進自身並推動其他部門和地區的經濟增長。"增長極"的產生，使人口、資本、生產、技術、貿易等高度聚集，產生"城市化趨向"或形成"經濟區域"。經濟活動在空間上集中於少數幾個城市，能比分散狀態更快、更有效，其理論從聚集角度為研究城市問題開拓了思路。

弗里德曼（Milton Friedman）於 20 世紀 60 年代發表了《區域發展政策——委內瑞拉案例研究》（弗里德曼，1961）和《極化發展的一般理論》（弗里德曼，1967）等著作，提出了中心－邊緣理論。該理論拓展了佩魯的增長極理論研究視角，把增長極模式與各種空間系統發展相融合。認為經濟活動的空間組織中，通常具有強烈的極化效應與擴散效應，中心區和邊緣區相互依存機制的形成，是通過中心區自身經濟的不斷強化而形成的對邊緣區的支配態勢。中心－邊緣結構模式分為四個部分：核心增長區、向上轉移地帶、向下轉移地帶和資源邊際區，該理論為研究城市擴展的空間結構層次提供了分析思路。

繆爾達爾（Gunnar Myrdal）於 1957 年提出了"循環累積論"。他認為空間上二元經濟產生的原因在於各地區經濟發展的差距性，這種差距之所以存在是因為存在"擴散效應"和"極化效應"。"極化效應"是指勞動力、資金、技術、資源等受到要素收益差異而發生的從落後地區向發達地區流動的現象。差距的產生會進而引起"累積性因果循環"，使發展快的地區發展更快，發展慢的地區發展更慢，從而逐漸增大地區間的經濟差距，形成地區性的二元經濟結構。繆爾達爾提出了經濟發展優先次序，認為政府應當採取不平衡發展戰略，通過發展計劃和重點投資，優先發展有較強增長勢頭的地區，以求得較好的投資效率和較快的增長速度，並通過這些地區的發展及其擴散效應帶動其他地區的發展。極化－擴散原理運用於城市經濟分析，其解釋了城市的等級擴散現象，即由中心大城市向外擴散總是以不同等級城市體系的"蛙跳"規律進行。

1991 年和 1995 年，麻省理工學院連續出版了克魯格曼的《地理和貿易》、《發展、地理和經濟理論》，1999 年又出版了《空間經濟：城市、區域和國際貿易》。這些力作不僅是關於空間經濟與國際貿易關係的最新成果，而且還建立了嚴謹而精緻的空間模型。最近十年來克魯格曼以及相關經濟學家對空間經濟的研究工作，從側面反映了空間經濟將成為經濟學的一個重要研究領域。保羅·克魯格曼認為，聚集進而導致個體城市規模擴展的原因有：①需求。規模經濟會帶來收益的增長，眾多企業聚集在一起會帶來成本的節約，較低的運輸成本使得公司聚集成為可能。克魯格曼認為，生產者願意設立在需求量大且原料運輸方便的地方，這樣的地方也是聚集最容易發生的地方。②外部經濟。外部經濟來源有三個：勞動市場共享、專業化投入和服務、知識以及資訊流動。克魯格曼在其早期著作中強調了市場對空間聚集的影響，在其最近的著作中更加突出強調了這方面的作用，尤其是對城市的影響。③產業地方化以及專業化。克魯格曼認為，一旦一個地方的專業化格局出現，這種格局就由於積累循環的自我實現機制而被鎖定。由此，市場因為活動聚集而進一步擴大。

20 世紀 40 年代，城市空間結構解釋性模式研究形成了兩大派系：一是以帕克（E. Rark）和沃思（L. Wirth）為首的芝加哥學派應用社會生態學方法對城市空間結構的研究，該學派的重要代表性成果有：土地利用結構的三大經典模式，即 1925 年伯吉斯（Bugess）的同心圓模式[1]、1939 年霍伊特（Homer Hoyt）的扇形模式[2]，以及 1945

---

[1]　伯吉斯認為，任何一個城市都是從城市中心區向週邊呈同心圓輻射擴張，土地的位置距離中心區越遠，其便利性越差。中心商業區是城市的中樞，由於這裏的可通達性好，聚集經濟集中，其地租也最高。

[2]　霍依特認為，沿著某些特定的交通路線，土地的使用模式更傾向於扇型，並且每個具有相對同質性的扇型從中心向外擴張，用途一致的土地會連接在一

年哈里斯（C. D. Harris）和烏爾曼[1]（E. L. Ullman）的多核心模式。另外，還有艾尼克森（Ellickson）的折中構造模式及田邊健一的渦旋模式等。二是從土地經濟學角度對城市空間結構的研究。代表性的成果有：1903 年赫德（M. Hard）提出的受交通通達性制約的土地地價軸狀模式，1925 年黑格（M. Haig）提出的城市土地利用形態的地租決定論，1949 年拉特克利夫（Richard Ratcliff）提出的土地利用逐層分化模式等。各種解釋性模式的多元化發展，從多層面推動了城市空間結構研究的發展。還有學者針對具體城市或區域，提出了相應理論模式。1965 年曼（Mann）在伯吉斯和霍伊特模式基礎上，提出了英國工業城市的典型結構模式；1971 年麥吉（Mcgee）提出了東南亞港口城市的典型結構模式；1960 年肖伯格（G. Sioberg）提出了前工業社會內部結構的一般模式；1980 年帕頓（J. Pattan）提出了歐美城市內部空間結構綜合模式。20 世紀 60 年代後，城市空間結構社會學及經濟學方向的解釋性模式研究也有了一定的發展，表現在對城市形態功能及土地利用的認識上，如戴維斯（Davis）提出的形態功能關係研究，以及 1964 年阿朗索（W. Alonso）提出的土地循環結構研究。這些研究把城市空間結構推向深化，研究內容具有現實性。20 世紀 60 年代後，在對城市空間結構的探索中大量運用了高科技手法，並提出了對未來城市的設想，如庫克的插入式城市及赫隆的行走城市等。

1960 年，阿郎索（Alonso）通過分析土地成本和區位成本對居住

起，用途不一致的土地會彼此排斥。居住區會按照收入和社會地位產生空間上分佈的分化，同時各自在城市的不同位置上按照不同的方向擴張，並且經濟和人口的增長會導致扇形發生演化。

[1] 哈里斯和烏爾曼認為，城市規模越大，核心越多，城市地域的發展就越專業化，行政區位、地價房租、聚集效益和擴散效益是導致城市地域結構分異的主要因素，並且城市中集聚與擴散兩種力量作用的結果一般會形成複合型的多核心結構。

區分布形態的影響，指出不同地價會導致不同的土地利用，地價是形成土地空間結構的基本因素。哈維（Harvey）以新馬克思主義的觀點指出，城市空間結構的變化是由於資本主義生產關係中新的生產形式對資本流動及再生產的需要，並進一步認為國際資本的流動是造成發達國家和新興國家城市空間變化的基本動力，資本流動會影響到城市對土地需求的變化，進而影響到地價的變動，地價變動又會影響到城市空間結構的重新組合。關於城市規模的指標測定：比較常用的單指標測定有城區人口密度、居住密度、就業密度以及城市擴展的用地面積等（Fulton，2001），同時認為，測定城市擴展的方法必須具備客觀性、獨立性以及可推廣性等（Lopez，Hynes，2003）。單指標的一種典型測定方法就是用不同城市同一歷史時期的城市用地增量來測量。除了單指標測定方法外還有多指標測定方法，這主要是從事遙感和地理資訊系統的學者多採用的方法，Galster（2002）等就曾用居住密度、城市建設用地集中度、城市建設用地集群程度、城市多核心程度、居住區到就業區的距離以及城市土地利用集中的多樣性等多個指標來測度城市週邊空間擴展的情況。從 20 世紀 60 年代起，城市規模擴展的指標開始主要採用多指標測度方法。

在對城市空間擴展的機理上，20 世紀 60 年代初期只限於經驗的解釋。許多學者認為，導致城市低密度蔓延的原因在於人們對獨戶住房的喜愛。Carruthers（2001）認為，許多相互關聯的政策因素導致了城市週邊空間的擴展。20 世紀 80 年代以後，許多經濟學者試圖建立理論模型來解釋城市週邊空間擴展的經濟學原理，Carruthers 和 Ulfarsson（2002）以美國亞利桑那州等 14 個州為樣本，採用計量經濟學方法分析得出結論認為，多中心的地方政府與高的財產價值以及較低的人口密度成正相關。此外，還有學者從城市土地利用規制方面探索了城市週邊空間的擴展問題。Fischel（1978）認為，分區制的土地利用規制是城鎮集體產權的決定因素，規制是規制者採用政治手段使其利益達到最大化的一種手段。法國的規制學派所提出的規制分析方法被廣大學者用來分析城市問題。

J. Vernon Henderson（1988）爲了考察城市產生和規模發展的機理建立了一個一般均衡模型，認爲個體城市模型的建立需要考慮三個要素：生產、消費和地方政府行爲[1]。他認爲一個城市的產出可以表達爲：$X = Ag(N)\hat{N}_0^{\alpha}\hat{K}_0^{1-\alpha}$，其中 X 表示城市的商品交易量，$\hat{N}_0$ 和 $\hat{K}_0$ 分別表示某個區域經濟活動中的勞動力和資本的投入量，$g(N)$ 是個變係數，$g(N) > 0$，其中 N 是城市中的居民數量；在消費方面由居民戶的效用函數決定，即 $U = E^1 x_1^{a_1} x_2^{a_2} \cdots x_n^{a_n} h^b$，其中 h 是家庭消費，居民個人的收入函數爲：$y = w - r\hat{K}_1 / N$；在政府行爲方面，認爲政府主要是通過影響 $\hat{K}_2$ 決定一個城市的投資水平。

2.1.1.2 城市群規模擴展研究文獻綜述

艾薩德在研究了區位對城市產生的影響之後，進一步分析了城市群規模擴展機制，認爲如果區位間相互接近、臨界等費用線相交，就會發生聚集，這個論述爲研究城市間的相互關係奠定了思維模式和理論基礎。

克里斯塔勒（Christaller，1933）在《德國南部的中心地——關於具有城市職能聚落的分佈與發展規律的經濟地理學研究》一書中提出了中心地理論，指出中心地是爲居住在它周圍地域的居民提供商品和服務的地方，它的基本功能是作爲影響區的服務中心，爲其影響區提供中心性商品和服務。城市可按其提供的商品及服務劃分成若干等級，城市群正是按照這種模式潛在地發展著自己。克氏中心地理論的

---

[1] The model of a single city consists of three components: the production sector, consumption sector, and the local government sector.

目的在於探索決定城市的數量、規模以及分佈的規律是否存在，如果存在則又是怎樣的規律。該理論的核心是城市服務功能地域網路體系規律，它說明了一定區域內的城市等級及空間分佈特徵，理論主體是三個原則和空間模型。克里斯塔勒認為，中心地的空間分佈形態受市場因素、交通因素和行政因素的制約，並由此形成了不同的中心地系統空間模型。按照不同的原則，高一級的中心地所包含的次一級的中心的數量是不同的。克里斯塔勒還認為，按照市場（如圖 2-1）、交通和行政原則所得到的係數 K（每個高一級的中心所包含的低一級的中心的數量）分別為 3，4 和 7（沃爾特·克里斯塔勒，1998）。克氏理論為後來的很多研究奠定了理論基礎：關於城市等級劃分的研究，關於城市與農村區域相互作用的研究，關於城市內和城市間的社會和經濟空間模型的研究，關於城市區位和規模以及以職能為媒介的城市時空分佈的研究等。這些理論對當代城市化進程的研究都具有非常重大的指導意義。克里斯塔勒為了驗證自己理論的正確性還進行了實證研究，其在德國南部的實證研究中，使用各中心地擁有的電話門數來測定中心性，在電話普及的初期，這一統計在一定程度上可以反映中心地的經濟活動狀態，研究結果基本符合其理論。在研究過程中，克里斯塔勒還測定了各級中心地之間的距離，結果也與其理論基本符合。

　　勒施（Losch，1940）認為城市群在空間內的發展遵循正六邊形原則，他認為六邊形既具有接近圓的優點（從中心到周邊的距離儘量近），又具有比三角形和正方形等其他多邊形運送距離更短的優點。因此，需求達到最大化，區位空間達到均衡時最佳的空間模型為正六邊形。由此勒施的最大利潤區位論是蜂窩狀的正六邊形“面”狀市場，其是按照正六邊形原則形成區域內的城市群體系。勒施的中心地系統結構是假定在區域中心存在一個共同的中心地，勒施把它稱為大城市，當區域內存在多個城市時，各城市按照市場原則形成正六邊形的景觀佈局，於是城市體系得以產生。

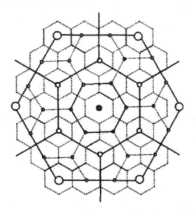

圖 2-1　市場原則下的中心地系統示意圖

　　貝利和加裏森認爲城市是按照等級體系發展的，單個城市的空間擴展會逐漸發展成爲城市群。在 20 世紀 50 年代末，貝利（Berry）和加裏森（Garrison）相繼發表三篇論文論述了中心地的等級性（Berry，Garrison，1958）、商品供給的範圍、中心職能的成立過程。他們首次採用計量手段來研究中心地，並且提出了人口門檻，對中心地理論給予了新解釋。貝利和加裏森還進一步從動態角度分析了中心地規模擴大對中心地職能佈局的作用，認爲隨著中心地規模的擴大，中心地職能數會增多，每個中心職能得到超額利潤的可能性會減少。同時隨著中心地的人口增加，市場區域規模擴大，各中心職能因規模經濟而增大，最終趨於適當規模。中心地體系的形成過程就是城市規模擴展進而城市體系的形成過程（Berry，1958）。

　　保羅・克魯格曼（Paul Krugman）、托尼・維納布林斯（Tony Venable）以及巴羅等學者以國際貿易理論、新增長理論與地理研究的結合爲出發點，將收益遞增引入對產業空間集聚的研究，創建了以新

區位理論（New Location Theory）爲核心的空間分析框架。在分析方
法上，新區位理論對生產和消費遞增的引進深化了以標準阿羅－德布
魯（Arrow-Debrew）模型爲代表的新古典主義競爭性均衡的空間分析
範式（Paul Krugman，1992，2001）。新經濟地理學對企業或廠商的
區位選擇及空間關係的演繹邏輯可以歸納爲：對規模經濟利益的追求
將促使廠商選擇集中生產，在生產成本固定不變的假設條件下，生產
廠商降低貿易成本的最優策略是靠近最大的市場，尤其是在多部門經
濟中，空間聚集具有滿足廠商間生產－消費交換需求的優勢。因此，
對貿易成本或地域貿易壁壘的規避與中心市場規模之間產生了一種
"循環誘發"的因果放大機制。當"循環誘發"機制累積到一定程
度，中心市場擴充到一定規模時，空間集聚的地區外部性會逐漸增
大，地區間貿易將呈現出貝爾德溫所謂的轂－輻組織模式（Hub-
Spoke-Arrangement），即中心市場與外部周邊地區的貿易成本低於外
部周邊地區相互之間的貿易成本，並認爲這就是經濟集聚區域空間規
模擴張的根本原因。空間近鄰效應對區域空間結構形成的影響主要表
現在：①區域經濟活動就近擴張；②影響各種經濟活動競爭；③各種
經濟活動之間在發展上相互促進。

　　根據波蘭科學院院士薩倫巴（Peter Zaremba）教授的分析，影響
城市發展的因素主要有：自然條件對城市用地發展的適合程度；城市
公用設施和運輸系統擴展的可能；現代城市土地利用。根據每一個城
市的不同區位、自然條件和城市發展方向，城市空間的擴散模式是不
同的：①集中密集發展模式。這種模式發展的條件是城市地處平原地
區，城市周圍用地條件好，這些城市具有悠久的發展歷史，且長時期
以來城市不加限制的連續向各個方向發展，使得城市內部擁擠起來，
城市的生產活動、生產服務大多集中在市中心的老城市商業街內，城
市功能混亂。②城市沿交通軸線選擇有利方向呈現帶狀發展模式。這

種模式是城市在空間擴展過程中為了有交通與管網投資利用交通幹線、工業企業與市政公共設施沿交通線走廊進行佈置，同時城市兩側可能受到地形的限制，城市的發展過程主要是沿著對外交通體系的一條主軸方向發展，因而有些城市的地域形態是以帶狀或者橢圓形發展。

弗里德曼結合羅斯托（Rostow，1971）的發展階段理論，建立了自己的與國家發展相聯繫的空間演化模型，他認為區域城市群的形成可以分為四個階段：①沿海地區出現零星的聚落和小港口，並伴隨著一部分人遷入內地；②處於工業化初始階段，空間形態產生了極大變化，出現了點狀分散的城鎮；③這一階段的中心－邊緣的簡單結構逐漸變為多核心結構，邊緣部分優良地區開始開發，逐漸形成一個區域性的大市場，這就是地區城市群發育的經濟基礎；④城市之間的邊緣地區發展很快，區域性基礎設施以及工業衛星城發展較快，城市之間的經濟、文化、科技聯繫比較深廣、密度大、負荷重，產業城市相互吸引與反饋。由此，諸多學者一致認為，城市群（Urban Agglomerations）是在特定的地域範圍內具有相當數量的、不同性質、類型和等級規模的城市，依託一定的自然環境條件，以一個或兩個特大或大城市作為地區經濟的核心，借助於綜合運輸網的通達性，發生與發展著純屬個體之間的內在聯繫，共同構成一個相對完整的城市“集合體”。

許多學者認為城市的發展源自於地域生產綜合體，其強調企業組合與部門組合配置，並認為綜合體是在一定地域範圍內，主要根據企業的工藝聯繫，實行生產聯合，組成統一體。綜合體充分利用當地的條件，以便取得最大利益。綜合體內部的聯繫主要是經濟的而不是工藝的，它是以專業化部門為核心的區域，具有地域分工職能和專業化分工的系統性。有很多學者在區域間相互作用方面進行了研究。20 世紀 50 年代，美國學者烏爾曼（E. L. Ullman，1945）首先認識到空間相互作用的三個基本觀點，即互補性、移動性和仲介機會，並進一步認識到解釋城市群發展過程的基本觀點：①互補性的概念出自於瑞典經濟學家俄林（B. Oklin），他認爲當一地有剩餘的某些要素恰爲另一地所需要時，那麼這兩地就有互補性，所以互補性存在的前提是區位或區位間的社會人文資源與自然資源的差異性；②移動性是指要素必須具有可以在兩地之間運動的性質，影響要素移動的主要障礙體現在移動時間和成本耗費上的兩極間的距離，空間相互作用遵循距離衰減規律；③仲介機會的概念是由斯拖弗（S.Stouffer）最先提出，其本質涵義是區域內的兩個區位間要素流動的關鍵在於各自對預期流動要素的吸引力，吸引力大者對要素流動產生的作用較大。當區位間影響兩個區位的要素流動沒有受到任何外部因素的影響時，兩個區位對要素的吸引勢均力敵，但如果有某個因素介入兩個區位中間時，情況就會發生變化，於是空間內的城市由於經濟地位的差異就會產生地域發展結構的差異[1]。

Hope T. Eldridge（1956）認爲城市化取決於兩個因素：集中點的乘數效應和集中規模的增長，一個區域內城市的增長不僅在於大城市自身規模的擴大而且還在於人城市數量的增多。區域內城市體的分佈表示這樣一個特點：不僅有爲數不多的大城市存在而且還有很多小城市在同一地域出現，這樣的分佈特點可以用三種數學方法描述：位序方法、對數方法和排列方法。其中對數方法可以表示爲：$N = \log x$，

---

[1]　覃成林，金學良，馮天才，袁中金.區域經濟空間組織原理[M].漢口：湖北教育出版社．1996：92-93. 覃成林認爲，城市發展的這種過程符合近鄰效應。存在近鄰效應的原因在於：從節約社會勞動出發，各區域經濟活動主體都傾向於就近選擇；區域經濟活動主體在發展過程中受到自身感知能力的限制，其獲取的決策資訊以周圍地區最多；長期形成的社會經濟聯繫的影響使得經濟組織進行發展的領域以周圍地區爲主。

式中 N 爲城市的累計百分比，x 爲城市的規模。排列[1]方法可以表示爲：$\gamma = A \cdot x^{-a}$，式中 x 爲城市的人口數量，y 爲規模爲 x 的社區內居住的城市人口數量，a 是根據城市規模分佈計算出的參數。

2.1.2 城市化進程影響因素文獻研究綜述

2.1.2.1 杜能、韋伯等關於區位對城市化影響的研究

城市作爲一個地區經濟發展的核心標誌，區位對於其發生和成長具有非常重要的作用，國外很早就有一批著名學者對該問題進行了深入研究，其中最具有代表性的是馮·杜能、韋伯、克里斯塔勒、勒施及沃爾特·艾薩德等。他們認爲城市是一種社會生產方式，它以社會生產的各種物質要素和物質過程在空間上的集聚爲特徵。社會經濟系統由不同的城鎮個體及子系統組成，城鎮之間及系統之間存在著相互作用，城市的集聚性創造大於分散系統的社會經濟效益，這是城市化的動力源泉。

杜能（Thunen）在其 1826 年發表的《孤立國對於農業及國民經濟之關係》中提出農業區位論，其採用“孤立化的方法”，只探討一個要素的作用，即不考慮所有自然條件的差異，只考察在一個均質的假想空間內農業生產方式的配置與距離城市的關係。杜能認爲，即使在相同的自然條件下也能夠出現農業的空間分異，這種空間分別源自於生產區位與消費區位之間的距離，致使各種農業生產方式在空間上呈現出同心圓結構。這種同心圓結構的中心地區就是城市產生的地方，由此闡發了區位對城市產生的決定作用的觀點（馮·杜能，1986）。

韋伯（Alfred Weber）在其 1909 年出版的《工業區位論：區位的

---

[1] 此處排列法的英文表述爲：Pareto.由於各種文獻中的譯法不一致，爲不造成混淆，在此特別說明。

純理論》一書中從經濟區位的角度探索資本、人口向大城市移動（大城市人口與產業集聚現象）背後的空間機制。在其理論中提出了運費指向、勞動費（工資率）指向以及集聚指向的理論。通過用區位因子對經濟要素流動的影響闡述特定區位經濟迅速擴展的機制。與杜能相似，其認為區位經濟迅速增長的地方就是城市最有可能產生的地方。韋伯研究的最大特點就是最小費用區位原則，他認為最小費用點就是最佳區位點，並且這一經濟機制決定了工業區位選擇及其合理佈局。同時也認為這個過程就是聚集過程，由此可以帶來內部經濟和外部經濟的發展。並且還認為聚集的產生和發展形成了經濟活動的地域分佈及等費用線，而城市就是在等費用線的交點處產生和發展起來的（阿爾弗雷德‧韋伯，1977）。

霍特林（Hoteling，1929）認為區位對城市的產生引起決定性的作用，其理論假定生產費用一定，每個企業在選擇區位時都想儘量佔有更大的市場區域，從而市場地域的位置和大小受到消費者的行為和其他企業的區位決定行為的影響，企業通過經濟行為的相互影響使其在某一區域迅速聚集，多種要素的聚集形成了區域的經濟增長點，這就是城市的最初形態。

帕蘭德（Tord Palander）在 1935 年的學位論文《區位理論研究》中提出了區位理論，其在理論中把不完全競爭概念引入區位研究中，以價格為變數研究區位空間的均衡。在運費分析的基礎上，提出了遠距離運費衰減規律。在其理論分析中不僅使用了等費用線、等送達價格線，還提出了等距離線、等時間線、等商品費用線和等運輸費線的概念。這些線由近到遠，由密集變為稀疏，線密集的地方就是各種要素聚集的地方，也是經濟實體獲益最大的地方。該理論奠定了城市產生的基礎。

艾薩德認為某區位的經濟增長點就是區位均衡的結果，在其研究中把空間納入經濟學理論的核心（艾薩德，1992），並且在其著作《區位和空間經濟學》中把杜能、韋伯、克里斯塔勒、勒施等人的理論放入一個框架中，其開創性的貢獻是把區位問題重新表述爲一個標準的替代問題，認爲可以把廠商看作是在權衡運輸成本和生產成本，就像他們做出任何成本最小化或利潤最大化決策一樣。艾薩德還從空間經濟學角度對城市的產生和發展做出了非常充分的論證（艾薩德，1991）。他論述了勞動費指向，其根據運費和勞動費的替代關係，認爲如果最佳區位不是運費最小點，則會產生區位從運費最小點向勞動力廉價地點的轉移，同時也論及了區位聚集的指向性問題，認爲城市產生的地方就是要素聚集最集中的地方，認爲如果運費指向的多數企業相距較遠且處於分離狀態，那麼臨界等費用線將不會相交，相互之間不會發生集聚，從而經濟發展也不會產生在某個相對集中的區域，城市產生也就沒有可能。

勒施（Losch，1940）在《經濟空間秩序》一書中提出了六邊形理論。另外，他還提出了與克里斯塔勒的中心地理論極其相似的模型。其通過分析和比較農業區位論和工業區位論後，進一步分析了城市區位的產生與選擇，並指出城市是非農工業企業區位的點狀集聚，大規模工業企業的發展自動就會擴大以至組成整個城市。

Niedercon（1971）構造了一個函數運算式來說明隨城市半徑變化的地租變化規律，即：$r(x) = r(O) \cdot e^{-(b/\gamma)}x$，其中 $r(O)$ 和 $r(x)$ 分別爲城市中心和城市半徑爲 X 處的地租，b 是地租曲線斜率，y 是隨土地質量而變化的一個 Cobb-Douglas 函數。

2.1.2.2 拉文斯坦等關於人口遷移對城市化影響的研究

拉文斯坦（E. G. Ravenstein）用遷移法對人口遷移問題進行了研

究，其發表的《人口遷移規律》一文是對人口遷移研究最早的一篇論文，通過研究歸納出人口遷移的七條規律（拉文斯坦，1885）：距離對遷移的影響；遷移具有階梯性；遷移流與反遷移流；城鄉居民遷移傾向的差異；性別與遷移；經濟發展與遷移；經濟動機為主等。其後許多學者開始將人口遷移與社會、經濟環境相聯繫，將人口遷移的表像與成因研究結合在一起。其中，斯脫夫（S. A. Stouffer）和吉佛（G. K. Zipf）是典型代表。斯脫夫提出仲介機會模型，把遷移與距離及仲介機會聯繫在一起，該理論與 1946 年吉佛提出的"引力模型"一起對城市化進程的人口遷移影響起到了奠基作用，以後的很多學者也因此專門致力於人口遷移與城市化進程之間關係的研究。

20 世紀 60 年代，許多西方學者將引力模型中的概念更加具體化，將引力指標定義為五種作用力的綜合影響，即個人所得、失業率、城市化程度、閒暇活動的資源以及居住地質量。美國人口學家羅理（I. S. Lowry）進一步深化了遷移理論，他用兩地非農業勞動力人數、失業率和製造業的工資率來測度引力。其模型表明：人口遷移的主流方向是從農業勞動力較多的地區流向較少的地區，從工資率較低的地區流向較高的地區。這為論證城市產生的微觀經濟過程奠定了理論基礎。

劉易斯（W. A. Lewis，1953）提出了勞動力流動與兩部門結構發展模型。1953 年，美國經濟學家劉易斯把發展中國家的經濟結構概括為現代部門與傳統部門，建立了兩部門經濟發展模型。該理論的主要觀點是勞動力從農村向城市遷移的唯一因素是城鄉收入的差距，認為只要城市工業部門的一般工資水平高於鄉村農業部門並且工資差距達到一定的比例時，農民就願意離開土地而進入城市謀求新的職業。在這個理論中隱含了一個假定，即城市部門不存在失業並且任何一個願意到城市工作的轉移勞動力都可以在城市中找到工作。人口遷移對城市化的影響過程在於城鄉之間的收入差距。分析認爲，城鄉之間的收益差導致更多的農業剩餘人口流向城市，認爲在城市具有無限吸納能力的前提下，只要農業部門的工資不超過工業部門的工資，這種勞動力的轉移過程就會持續下去。隨著工業部門的增長和就業量的擴大，勞動的供給曲線不再是平行於橫軸的直線，而是向右上方傾斜的曲線，於是傳統農業部門的勞動力源源不斷地轉移到現代城市工業中去，經濟結構因而逐漸變化，城市化進程得到推進（劉易斯，1989）。

繼劉易斯後，費景漢（J. Fei）、拉尼斯（G. Ranis）進一步對勞動力轉移問題進行了深入考察（費景漢，拉尼斯，1961；費景漢，1989，2004），他們在分析中特別重視技術變化的作用，把農業勞動力向城市的轉移同工農業的發展聯繫起來。模型認爲農業剩餘勞動力向城市的轉移分爲三個階段：第一階段，傳統農業部門存在大量的顯性失業，農業部門勞動力的邊際生產率爲零，這時從農業部門轉移出一部分農業剩餘勞動力並不會影響農業的總產量；第二階段，勞動力進一步從農業中析出會引起農業總產量的減少，這時會形成對勞動力向非農產業轉移的強大引力，從而加速工業部門擴張的規模和速度；第三階段，農業部門中的隱性失業勞動力已經被工業部門吸收完畢，農業部門完全市場化和商業化，這時工人的工資水平不再由不變制度工資決定，而是由勞動力的邊際生產率決定。這種對農業剩餘勞動力在產業間轉移的階段性分析爲城市產生過程中從擴展到均衡提供了理論基礎。

托達羅（M. P. Todaro）完善地分析了農業勞動力向城市的遷移（托達羅，1988），認爲劉易斯－費景漢－拉尼斯的理論是唯一的前提和唯一的結果相對應的理論，因爲劉－費－拉的分析認爲，只要非農產業能夠提供一個高於農業的實際工資並且這個工資的差額能夠抵補勞動力遷移到城市的較高的生活費用和其他的遷移成本，農業勞動力就會捨棄土地而進入城市非農產業。但托達羅認為這樣的分析與廣大發展中國家的實際狀況差距很大，發展中國家的實際狀況是：不僅農村中存在著失業而且城市也有大量失業人口。為此，托達羅通過對美國的深入研究建立了城鄉勞動力轉移模型，該模型中重點回答了在城市存在失業的狀況下為什麼農村剩餘勞動力還不斷地向城市聚集的問題，其理論前提是收入預期假說，認為農業勞動力向城市轉移是出於預期收入最大化的目的，城鄉工資的實際差距是農業勞動力遷移到城市的動因，在這個基礎上，托達羅引入了就業崗位概率的概念，即農業人口到城市能夠就業的概率，只要在城市中預期收入的現值比農村大，勞動力向城市遷移就是合理的（Todaro，1969）。

哈里斯（J. R. Harris）對托羅達模型進一步進行了修正，哈里斯的理論試圖把城市和農村分開，分析遷移對農村和城市各自的影響。模型假定，城市的工資率在某種程度上是外生決定的。由此，市場方式決定的工資機制會導致流向城市部門的移民數量減少，從而有較多的就業機會和較低的工資率。最低工資的上升和其他現象可以導致資本對勞動力的替代，並導致就業增長比產出增長低。哈里斯模型的研究結論是：城市就業機會創造比率的提高會提高失業水平。該理論對城鄉人口遷移誘因乃至制約因素的認識得到了進一步深入（J. R. Harris，1945，1970）。

喬根森（D. Jorgenson）認為：農業人口向非農業部門轉移的根本原因是消費結構的變化，是消費需求拉動的結果；農業人口向工業部門轉移的基礎是農業剩餘而不是邊際生產率為零。其否認農業部門存在邊際生產率等於零和低於實際工資的勞動，認為即使經濟限於低水平的均衡狀態中，人口的增加仍會帶來農業產出的增加，只有農業剩餘的出現才有可能為農業人口流向工業部門提供條件。喬根森認為農業人口向城市的遷移是影響城市產生的一個至關重要的因素，但這需要以農業產業提供剩餘產品爲前提（D. Jorgenson，1961）。

人口對個體城市的形成具有非常重要的影響，國外很多專家在這方面作出了很多嘗試，力爭找到個體城市成長與城市人口之間的關係。Clark（1951）以西方發達國家的大城市爲基礎作了關於這方面的實證研究，認爲人口與個體城市規模的擴展之間存在如下關係：$D_d = D_0 \cdot e^{-bd}$，其中 d 是距離城市中心的距離，D 是城鎮居民的人口密度。通常這個函數被表述爲對數線性關係，即：$\log_e D_d = \log_e D_0 - bd$。Stewart（1958）和 Warntz（1968）對 Clark 的工作給予了高度認可。Newling（1969）在如上工作的基礎上，進一步提出了一個二次指數函數來表達城市增長與人口之間的關系。其構建的運算式爲：$D_d = D_0 \cdot e^{bd - cd^2}$，其中 D 的涵義與 Clark 運算式中的涵義相同，D_0 表示城市中心，b 是人口密度隨距離的變化率，e 是隨距離半徑而變化的人口密度變化率，其對數運算式爲：$\log_e D_d = \log_e D_0 + bd - cd^2$。

人口遷移伴隨經濟變化對城市化水平產生影響，B.Renaud（1977）以韓國爲研究物件，考察了國民經濟短期內的變化與人口從農業向非農業遷移之間的關係。研究中將農業人口的遷出率與城市化的增長率進行對比，研究發現非農產業的增長與農業人口的遷移之間存在 80%的不一致：非農產業的增長和農業人口遷移之間有兩年左右的滯後。研究認爲，一個國家的城市化水平趨勢可以用一條對數曲線來描述，並且認爲，人口遷移水平與經濟發展水平之間存在如下關係：$Y_t = \alpha + \beta X_t + U_t$，其中 Y_t、X_t 和 U_t 分別表示遷移率、經濟發展水平和均值爲 0 的隨機變數。

2.2　國內研究文獻綜述

2.2.1　城市規模擴展的文獻研究綜述

　　我國對城市空間結構的研究起步較晚。新中國成立後，我國城市建設發展迅速，但理論研究卻滯後，直到改革開放以後，我國對現代城市空間結構的研究才逐步興起。從城市規劃、建築學、城市地理等方面陸續出現了一些研究成果。20 世紀 80 年代，代表性成果主要有：賀業矩的《中國古代城市規劃史論叢》（1986）、董鑒漢的《中國城市建設史》（1982）、葉曉軍的《中國都城發展史》（1987）等。這些學者從傳統城市空間結構的歷史演變方面進行了研究。

　　我國對城市地域結構的研究開始於 20 世紀 80 年代，既有城市地域結構的概念、類型、機制等方面的理論研究又有實證分析。20 世紀 90 年代以後，城市空間結構研究進入活躍期。研究的範圍由城市規劃、城市地理學擴展到城市經濟學、社會學、生態學等，對城市空間結構研究的廣度和深度不斷加強，研究成果向多元化發展，而且還從城市結構的不同側面展開了研究。這時期的主要成果有：王興中對西安城市社會空間結構的綜合研究；孫胤社對中國城市空間結構擴散演變的理論與實證研究（孫胤社，1994）；寧越敏對上海城市空間結構進行的研究（寧越敏，1998）；崔功豪等對城市邊緣區的研究（崔功豪，馬潤潮，1999）；胡俊對我國城市空間結構的形態、特徵和機制等方面進行的研究（胡俊，1995）；吳啓焰對中國大城市居住空間分異進行的研究（吳啓焰，朱喜鋼，2001）；江曼琦從經濟學角度提出了城市空間結構的優化方法與指標體系（江曼琦，2001）。楊吾揚在《論城市的地域結構》中提出了城市地域結構的三種模式（楊吾揚，1989）：同心圓式的城市地域理想化結構、分散集團式、多層向心城鎮體系模式。然後總結出城市地域結構的演化規律，即：團塊狀城市

→星狀城市→向心城鎮體系→城市連綿帶，並在《論城市體系》中提出了中國城市地域結構的三種類型：向心集中型、離心分散型和向心分散型。許學強、胡穎華對廣州市社會空間結構進行了深入研究，運用因子生態分析方法從城市地域結構角度劃分出五類生活區：人口密集混合功能區、幹部居住區、工人居住區、農業人口散居區和知識份子居住區。顧朝林依據我國城鎮體系分佈形態、核心城市以及城市總量的多少，將中國城市地域結構分為三種類型（顧朝林，1994）：塊狀城市密集區、條狀城市密集區和大城市為中心的城市群。姚士謀首次在分析城市群個性與共性特徵的基礎上，按照城市組合的區域空間形態劃分了四種類型的城市群：組團式、沿交通走廊帶狀、分散式和集群式（姚士謀，朱英明，陳振出，1992）。陳田根據影響城鎮體系空間結構資源、環境和城市類型差異，將城鎮體系空間結構分為四大類型，即大城市地區城鎮體系類型、地區城鎮群結構類型、以自然資源綜合開發利用為主的城鎮體系結構類型和行政－經濟區城鎮體系結構類型。根據中心城市的空間擴散效應，寧越敏把以上海市為中心的經濟空間的分別劃分成三個圈層，上海市與這些城市的經濟聯繫不是在工業方面的橫向聯繫而更多的是反映在商品流通方面（寧越敏，施倩，查志強）。

在城市規模大小的選擇上，張君輝認為，積極發展小城鎮將從根本上解決我國的人口城市化問題，可以減少人口流動對大城市的衝擊進而帶來的浪費，並且可以活躍農村市場並提高人口素質（張君輝，1995）。曹小峰也同樣認為，發展小城鎮可以使農村剩餘勞動力就地轉移，小城鎮可以對其輻射的廣大農村地區產生較大的影響，從而加速農村城市化過程，在此過程中小城鎮本身的問題可以通過充分發展得到解決。

陳彥光、周一星發表的《城市化 Logistic 過程的階段劃分及其空

間解釋》，不但發展和修正了 Northam 曲線，而且比較客觀地計算出
城市化進程的初期、加速以及後期三個階段（陳彥光，周一星，
2005）。

金相鬱以中國三大直轄市為例運用 Alonso 模型分析了城市最佳
規模，比較系統地研究了大城市發展的最佳人口規模並做了實證分
析，指出北京市、天津市、上海市的最佳人口規模分別為 1251.714
萬、951.311 萬和 1795.516 萬（金相郁，2004）。

吉昱華、馬松分析了集聚效應條件下均衡城市規模問題，在分析
中引入了總量函數模型。分析認為，對資本的補貼是影響城市發展最
重要的政策工具（吉昱華，馬松，2004）。

馮蔚東、賀國光、馬壽峰分析認為，城市人口規模演化的過程是
一個確定性與隨機性相結合的過程，是一個不斷探索並選擇新的發展
分支以求與環境變化相適應的過程（馮蔚東，1997）。

陸希剛認為，中心性城市及其影響區域之間確實存在一個合理比
例，即合理的中心度問題，合理的中心度取決於區域城鎮化水平、城
鎮系統的層級數和相鄰層級市場區的數量比較關係。根據中心度就可
以估算出區域中心城市的穩定規模（陸希剛，2005）。

2.2.2 城市化進程影響因素的研究文獻綜述

在有關文獻中研究制度對城市化的影響包括了諸多方面，研究中
主要涉及土地制度、就業制度、戶籍制度、社保制度、行政管制制度
以及市鎮設置制度等。各方面的代表研究有：林善浪對土地制度及其
績效的關係進行了詳細研究；袁志剛對中國 1978－1998 年間的就業
制度進行了詳細分析；陸益龍通過對戶籍制度的研究，闡述了控制與
社會差別的基本理論；王建華以上海市流動人口為例，對人口流動下
的城鄉社會保障制度進行了研究；孫百昌提出了比較完善的管制制度

理論並從博弈論角度進行了分析；劉君德和汪宇明從制度改革與創新角度對中國的城市制度的發展與改革進行了全面論述。

楊吾揚在其著作《區位論原理》中全面闡述了區位論思想，指出區位是地理學也是城市產生的核心基礎。陸大道關於區位思想也有多篇著述，包括《區位論與區域研究方法》、《區域發展與空間結構》等，探討了區位以及地域生產綜合體在區域經濟發展中的重要作用，一定程度上論述了區位元與城市產生與發展的關係。

劉傳江認為，制度對中國城市化進程的貢獻非常大，認為與城市化相關的制度安排通過影響非農化水平和鄉城經濟要素轉移流動水平，進而影響城市化水平，其影響可以表示為幾種不同的情形：制度安排有利於經濟的非農化和鄉城經濟要素轉移流動時，城市化發展呈現同步城市化；制度安排不利於非農化但有利於鄉城經濟要素尤其是人口轉移流動時，城市化發展呈現過度城市化；制度安排有利於經濟非農化但不利於經濟要素移動時，城市化發展呈現滯後城市化（劉傳江，1999）。

張孝德分析認為，城市化進程中政府的作用很關鍵，但是政府主導型的城市化進程容易形成城市化泡沫，因為政府主導的城市化進程容易出現不計成本的推進城市化的傾向。城市化絕不等於城市建設規模的簡單擴大化，而是需要經濟發展來填充和作為動力的城市化，城市化的核心內容應該是市場化（張孝德，2001）。

金祥榮與柯榮住提出了一個理論模型來分析制度對人口遷移的重要作用。①認為政府對人口流動的控制放鬆時，即人口流動規模變小的幅度小於制度變化的幅度時，人口變化率的變小所引起的制度變化率的變化是遞減的，這表示政府對較小幅度的人口減少的變化不敏感，而且對此作出回應的幅度是遞減的；②政府對人口流動的控制加強時，如果流動人口增加的幅度大於制度放寬的幅度，則引起的制度的負向變化越來越大，這表示政府對人口流動的增加反應敏感，而且隨流動規模增加而越來越敏感。通過分析認爲，在城鄉人口遷移規模不變且勞動就業創造率比人口自然增加率大時，制度在就業創造率較接近於自然增長率時敏感，且越接近越敏感，即制度的最大彈性將在就業創造率剛剛超出或剛剛達到自然增長率時達到；如果就業創造率具有一個較大的增加率，則制度反應遲鈍，且增加得越快，反應越遲鈍；制度對就業增長率減少變化敏感，就業增長率減少越大，制度變化越大（金祥榮，柯榮住，2005）。

　　蔡軍從城市建設的垂直監管模式、城市財政體系的設置以及城市使用制度等多個側面論述了制度對城市化進程的影響，認爲城市化進程中的制度設計與預期的城市集約化發展之間產生了背離，城市化進程中制度設計發揮了關鍵作用（蔡軍，2006）。

　　除了研究制度對城市化進程的影響外，也有很多學者以人口遷移爲切入點考察了人口遷移與城市化之間的關係。20 世紀 80 年代以來，已經出版了很多這方面的著述：仇爲之發表的《對建國以來人口遷移的初步研究》，是首篇對當代中國人口遷移問題進行專題研究的論文（仇爲之，1981），該文對 20 世紀 80 年代以來我國人口遷移的方向和規律進行了系統論述；《中國人口遷移》一書較系統地總結了新中國成立後至 20 世紀 80 年代中期的主要人口遷移活動，是一部關於人口遷移方面的比較完善的論著（田方，1986），該論著更加系統地論述了我國人口遷移的結構、方向，並對不同區域的差異進行了比較；《中國人口地理》（胡煥庸，1984）和《中國人口》叢書（孫敬之，1987，1996）對中國人口遷移的規律進行了非常系統的研究；李夢白對大城市流動人口狀況進行了較全面的總結和分析（李夢白，1991）；楊雲彥利用第四次人口普查資料抽樣資料對人口遷移狀況作了較詳實的分析（楊雲彥，1994）；彭勳從理論上探討了人口遷移的學科體系（彭勳，1992）；辜勝阻、馬俠、劉傳江等研究了人口流動與城鎮化和非農化之間的關係。辜勝阻在多篇文章和多部著作中從理論和實踐兩個層次對非農化與城鎮化進行了較為全面的論述。他們通過研究認為，農業勞動力轉移與城市化進程之間的關係在不同階段表現出不同特點，如表 2-1。

表 2-1　1949 年以來我國農業剩餘勞動力轉移的歷史進程

劃分時期		勞動力轉移
1949－1978 年緩慢轉移時期		①1949－1957 年：城市化與勞動力轉移基本同步發展； ②1958－1963 年："大躍進"和經濟調整時期，先出現農村人口向城市的轉移隨後發生向農村回流； ③1964－1978 年：勞動力緩慢轉移時期。
1979 年以來快速轉移時期	按轉移速度分	①1979－1988 年：大量農業剩餘勞動力由隱性轉變為顯性，並向非農產業轉移； ②1989－1991 年：已經轉移的勞動力發生回流，城市勞動力比重下降； ③1992 年以來：全方位大規模轉移階段。
	按轉移方式分	①20 世紀 80 年代以就地轉移為主； ②20 世紀 90 年代以來以異地轉移為主尤其是向城市轉移。

資料來源：曹士龍. 關於"農業剩餘勞動力轉移"的研究綜述[J]. 財經政法通訊，2003(2):46-50.

隨著產業結構的變化城市化水平在提高，城市化水平與產業結構之間表現出正相關關係。城市化水平與第一產業呈現負相關關係，與第二、第三產業呈現正相關關係。林玲根據近年來世界銀行《世界發展報告》和聯合國《國民核算統計年鑒》按照 23 個國家，城市化水平由高到低的順序列出了城市化水平與產業結構之間的關係（林玲，1995），認為城市化水平提高與產業結構高級化相伴而行。她認為產業結構與城市化之間的關係存在如下特點：城市化的發展始終與產業結構發展同步；在經濟的發展過程中對城市化水平起決定作用的是工業化；隨著工業化水平的提高，第三產業迅速發展，其發展的巨大潛力對城市化水平的提高所起的作用越來越大。

馮雲廷討論了城市成長過程中的三種利益機制：選擇利益、比較利益和互補利益。認為比較利益、互補利益與選擇利益是成為要素流動和城市聚集動力的相互關聯的利益序列，是形成聚集動力由弱趨強的“三級階梯”。在具有比較利益的條件下，尋求多元利益互補關係，進而優選並取得選擇利益，可使城市區位最大限度地獲得流動和聚集的社會性動力，從而影響城市的發展（馮雲廷，2005）。

李娟文、劉耀彬通過對湖北省城市規模及其擴展的分析後得出結論認為：不同地域次級體系的城市規模分佈均勻程度和演化進程相差很大，集聚經濟、經濟發展水平、投資力度和城市行政等級等要素對城市規模的垂直擴展具有較大的相關性，尤其以外來資金的投入和城市行政等級兩要素對城市規模分佈的垂直擴展影響最為顯著（李娟文，劉耀彬，2002）。

代合治分析認為，影響城市發展的因素有 12 個，分別為：人均國內生產總值、人均工業總產值、人均農業總產值、人均社會商品零售額、二三產業占 GDP 比重、人口數量、人口密度、城市人口比重、城市數量、國內生產總值、公路密度、鐵路密度，並且其通過位元序規模方法進行了詳細的研究（代合治，2002）。

2.3　對城市化研究文獻的評述

對國外研究文獻的評述：對文獻進行綜合分析表明，國外對城市化問題以及與城市化相關問題的研究主要集中在人口遷移以及城市本身的變化過程包括城市規模的擴展及其實現機制、城市之間聯繫的建立等方面。每一個方面的研究都具有很強的連貫性，對問題作用機制的研究非常透徹。但是就城市化問題而言，研究的角度還不夠全面，即研究者只是在某一方面進行深入研究，如在人口遷移問題的研究方面就非常深入，並且學者對問題的看法也基本一致。在城市規模擴展機制方面的研究包括區位理論和中心地理論，它們雖然不存在觀點分歧，但由於研究方法不同導致最後得出的結論有時存在一些差異。無論如何，歸結到一點，國外研究比較側重微觀，注重挖掘規律，從機制入手深刻剖析問題的發展過程，並且在研究中一般都初步給出問題的數學模型，這與我國大多數研究存在著很大不同。

對國內研究文獻的評述：伴隨著我國進入市場經濟運行模式，20世紀 80 年代以來對城市化問題的研究數量在增多、研究範圍在擴展、研究深度也在提高。但從總體情況看，在與城市化相關的研究中主要涉及以下幾個方面：①城市化的概念與特徵。在研究城市化問題時所有出版文獻都是要首先界定城市化的概念和特徵。據初步統計，各種類型的概念、定義不下 30 種。而對城市化本身的特徵表述則有些偏少。②城市化的起源與發展。大多學者認為，城市化起源於工業化；但也有學者認為，城市化發源於城鄉分離。但大多數文獻認為，從城市化發展歷史的角度看城市化是在工業化的推動下才發生的，沒有工業化就沒有城市化。③城市化的速度與水平。大多數學者認為，中國目前已進入城市化的快速發展階段。但以多快速度和水平為宜，有不同的看法，一般認為，城市化速度究竟多快為宜不能人為框定指標，要綜合考慮多種因素，只能在充分論證的基礎上，才能求得未來城市化發展速度水平。④城市化的方針與道路。城市化道路多年來一直是爭論的熱點問題，主要有：小城鎮論、中等城市論、均衡發展論或小城鎮模式、中等城市模式、大城市模式、多元化模式等，研究學者各持己見，很難形成一致的觀點。⑤城市化的機制與規律。不少學者對城市化的發展動力機制進行了探討，雖然從形式上有所不同，但本質上並無差別。由於對規律的理解不同，學者們在探討城市化發展規律時，雖表現大體相同，但也略有一些細微的差別。由於對城市化的研究主要集中在特定區域上，研究不同區域時得出的結論相差甚遠，這使城市化中的政府行為提供政策支援變得困難。這些研究表現出如下特點：研究以資料為支援，總結資料的變化規律，但對機理的分析還不夠；在研究中主要還是側重描述，分析的深度還不夠；分析中大多是使用地理研究方法，從經濟學原理方面進行深入論證的還比較少。實際上，城市化過程也是一個經濟學問題，所以從其發展機制上找突破點，從經濟學理論上給予論證才可以使得城市化問題從根本上得到解釋。

第三章

個體城市規模擴展的
經濟學論證[1]

1　J. Vernon Henderson. Urban Development Theory, Fact, and Illusion[M]. Oxford: Oxford University Press, 1988: 52. Cities specialize in traded good production in an economy, so that there are different types of cities; different types of cities generally have different equilibrium sizes; wages and cocts-of-living rise with equilibrium city size; high capital uasage cities need not house relativity capital intensive traded good production; the size distribution of cities is determined by the national composition of output.

城市化是一種經濟現象，是農村地域轉變為城市地域以及農業人口轉變為非農業人口的過程。本章研究認為：城市化進程遵循 S 形曲線規律，城市首先發生於經濟域內的經濟核，經濟核由於聚集作用與周圍腹地發生經濟聯繫，成為區域內高經濟勢能的極核，這便是城市發生的地方；個體城市產生後發生一系列的微觀經濟過程並向周圍腹地擴展，擴展過程中遵循地租衰減規律，按照規模經濟原則、居民點佈局過程中的效用最大化原則可以確定城市規模擴展的最遠邊界，計算分析表明，杜能模型中收益對距離的二階導數為正數，這說明以經濟核為中心向外延伸的經濟行為存在收益最小點，這個最小點就是個體城市擴展的最遠邊界，在數值上等於淨價格與運費的商。著作通過消費者均衡理論分析也得出了同樣的結論，採用此種分析方法得出的結論表明，居民戶效用最大點就是城市擴展的最遠邊界。筆者認為，個體城市在向週邊擴展的過程中符合倒 J 曲線法則，這是由城市成長過程中平均成本隨產量增加而遞減的規律所決定的，個體城市週邊空間的這種擴展過程可以用要素關聯四象限圖來表示，個體城市規模擴展的邊界規律可以用南京市以及北京市的城市發展環形等值線圖的分佈規律和擴展方式得到說明。

3.1 城市體的產生前提及發展的一般規律

學界關於城市產生的原因並沒有一致的說法，在對城市產生原因問題的分析上形成了諸多觀點，這些觀點中最典型的是：將城市首先劃分為城和市，各自功能演變的結合就是城市。一般認為城最早產生於大規模永久性防禦措施的需要，主要用於防禦野獸侵襲，後來演變為防禦敵方侵襲。最早的城還不具備宗廟、宮室、商業市場以及手工

　　業工場等近現代一般城市所應該具備的物質要素，這些職能是經濟發展高級化的產物。從現代經濟理論分析，城市是城和市的統一，城由於發源於公共職能的需要所以是公共物品，市發源於商品交易所以是商品經濟的產物，人們在特定地點按特定時間進行相互交易形成集市。市最早無固定位置，後常產生在居民點井旁，故有市井稱謂，近代以來的市引申爲一級城鎮聚落性質的行政單元。

　　根據社會發展的一般規律，社會生產最初只有農業生產，沒有製造業和城市。隨著農業的發展和剩餘產品的增加出現了交換，交換的發展促進了交易效率的提高。交易效率提高到一定程度，分工結構就會從自給自足跳到局部分工，出現半專業化的農業和半專業化的工業，導致農業產業向非農產業的最初轉變。因爲農業生產需要佔用較多的土地，而生產工業品沒有這種要求，所以農民只能分散居住，工業品生產者則選擇離農民最近的地方居住，以降低交易費用，兩種文明的差別決定了城市產生必須以分散居住向集中居住轉變，並以不同經濟主體之間存在廣泛的經濟聯繫爲基礎。如果交易效率進一步提高，在農業和製造業的分工之外以及在製造業的內部就會出現專門以制衣、修建房屋、製造家具等爲職業的製造業者。最初的製造業者之間的聯繫並不是很廣泛，他們可以選擇分散居住方式也可以選擇集中居住方式，但專業化程度的提高需要這些經濟體之間在地理區域上要相毗鄰，於是爲了節省不同非農職業者之間的交易費用，非農職業者的必然選擇就是居住在一起生產，於是出現了城市，進而不同產業之間也越發融合緊密。所以新興古典城市化理論認爲：城鄉差別是從自給自足演進到完全分工過程中必然會出現的一種狀態，這種差別繼而導致資源在不同產業和區域之間移動，城市化進程就是消除這種差別的過程。由於城市居民集中居住的交易費用係數比農村居民低得多，城市的分工水平也就由於交易效率的改善而大大提高，城市和鄉村之間的生產力和商業化等方面就會出現差距，城裡人的專業化水平增加得總是比鄉下人快。新興古典城市化理論還認爲：只要允許城鄉自由遷居，自由擇業等，城鄉之間的真實收入就會均等化。也就是說，隨著分工的深化，市場本身可以消除城鄉差別。

由此可以認爲，城市化（Urbanization）是指以人口稀疏並相當均勻的遍佈空間、勞動強度很大且個人分散爲特徵的農村經濟轉變爲其對立經濟過程和方式爲特徵的城市經濟的變化過程[1]，赫希還認爲有兩種條件可以引起城市化，首要的基本條件是供給方面以比較成本利益、生產專業化和規模經濟等爲目標進行綜合，使得某類產品的生產在優勢區位上集中，進而發展成爲城市，在交通中心往往形成綜合性的大城市也是因爲具有運輸的比較成本優勢，因而引起了眾多部門的集聚。赫希認爲有三個原則對於理解與生產有關的城市化過程及其自我發展非常重要，即最低臨界值原則、初始利益棘輪效應和循環累積因果關係。最低臨界值原則是指新建或擴建一個工廠需要有一個最低銷售額（通過盈虧平衡點分析[2]得到相關數量）的支援，只要達到這個臨界值並且給聚集區帶來比較利益，修建或者擴建工廠以生產某種特定產品就有利可圖，從而廠商才可能作出投資的決策，這些經濟行爲會相應促進城市化的發展。地域經濟狀態的這個轉化過程遵循初始利益棘輪效應原則，棘輪的特點是只能朝一個方向轉動而不能逆行，即在一個城市的各個分散決策者對未來所做的決策以這個城市目前能夠提供的各種條件爲基礎朝向福利增大的方向發展而不能反過來進行。按照這一邏輯，一個經濟勢力雄厚、基礎設施齊全的城市，就會爲城

---

[1]　沃納·赫希.城市經濟學[M].劉世慶，等，譯.北京：中國社會科學出版社. 1990: 8.

[2]　收入等於產出時廠商的產量水平，其量的確定可以通過如下計算進行：$Q^* = F / (P - V)$，其中 Q^* 是盈虧平衡點時的產量，F 是企業的固定成本，P 爲單位產品的銷售價格，V 爲單位變動成本。

市的進一步擴張提供良好的基礎。這一過程也反映出地域發展的迴圈積累規律，即工業增長與城市發展看作是一個相互聯繫的過程，每個發展階段都依賴於前一個發展階段。工業化和城市化的力量在循環因果關係中互為因果，這種循環因果關係不僅具有累積效果，而且往往以一種加速度迅速積聚，城市就是依託地域的資源聚集並在遵循循環累積作用下發生和發展的。

3.1.1　城市得以產生的前提分析

城市是人類第二次社會大分工，即農業和手工業分離後的產物，是伴隨生產力水平的提高和財富剩餘累積足以供應非農業行為存在時而在地域空間上出現的人類文明的重新分佈，這意味著農業生產力的充分發展是城市興起和成長的前提，這個前提包括兩個方面，即農業剩餘財富的出現和農業剩餘人口的析出。

3.1.1.1　個體城市產生的農業剩餘財富前提

城市是從事非農產業的非農業人口的聚集地。第一產業的充分發展促使第二、第三產業的出現進而聚集和加強了生產的社會化和專業化，繼而導致了不同產業構成在空間場所上的分工，這個分工過程決定了以非農產業為經濟核心的城市不能生產農產品，城市人口所必需的糧食需要由城市區域外部的農業產業提供，所以只有農業的發展和發達，城市的興起和成長在經濟上才有可能，農業剩餘是非農化和城鎮化的物質前提。第一，農業剩餘勞動或剩餘產品是一切分工的基礎。如果農業生產者生產出來的產品僅夠直接生產者本人消費，手工業從農業中分離出來是不可能的，這時即使有部分勞動者想專門從事非農產業但由於缺乏堅實的農業基礎而不得不重新從其他產業中回歸到農業產業中來。第二，農業剩餘產品的出現首先使內部分工開始出現，農業內部分工更細且出現專門服務於農業的"原始工業"。所以最初農業勞動和工業勞動不是分開的，農業勞動中包含了工業勞動且二者並行，工業勞動以"兼業"形式出現，這種狀況是由當時低水平的農業剩餘供給所決定的。第三，隨著農業勞動生產率的提高，剩餘產品增多，非農產業從農業中獨立出來，社會出現了生產農產品的農民和加工農產品的工人。與此相適應，農業內部分化出生產糧食的農民和生產原料（為發展以農業為基礎的非農產業提供原材料，如我國北方以畜牧產業為主的地區在農業產業鏈條延長中為增殖農畜產品而出現的農畜產品加工企業就是如此）的農民。第四，在數量上有多少農民能轉化為工人不取決於非農產業發展的願望，而完全取決於農民能生產出多少糧食並以之養活脫離農業產業的工人。如果農業產業能為其他產業提供賴以滿足其基本生存需要的足夠產品，那麼就使得農業產業中富餘的勞動力有向非農產業轉移的可能，且不會造成重覆性回歸（由於農業產業的基礎不夠導致非農產業的人口又回到農業產業），城市化進程便能成為一種可持續的過程，這為城市的發展創造了第一個必要前提。

3.1.1.2　個體城市產生的農業剩餘人口析出前提

農業生產力的發展使得農業出現了剩餘勞動力，該條件只是為城市的產生創造了可能性，要將其轉化為現實性就必須使富餘的農業勞動力從農業產業中析出，而這需要通過農產品的商品化過程來實現。農業的商品化會極大地推動勞動力的非農業化進程，具體表現在：①促使農業分工和專業化，進而加劇農業剩餘勞動力的充分釋放；②使生產要素在結構調整中進行重新組合，從而衝破生產要素流動的各種阻力；③在產品商品化過程中加強生產者之間的競爭並加強科技的應用力度；④通過建立各種機制和通道加強農業過剩勞動力向非農產業的釋放；⑤加速農業勞動者間使用生產資料的組合關係的變化，並通過農業內部勞動過程的細分來加劇農業勞動力分化；⑥加強農業產業與非農業產業間的聯繫，從而建立農業產業與其他產業之間聯繫的系統，為農業勞動力轉移提供資訊條件；⑦通過加速市場的發展來拓寬農業勞動力吸收的路徑，從而強化農業過剩勞動力的吸納能力。因此，城市現象的發生除了前面所提及的第一個前提外還必須有第二個前提，即農村還必須提供有勞動能力的剩餘人口。第二、第三產業為農業提供了新工具，促進了農業經濟的發展，農村在生產效率提高後又可以提供更多的剩餘糧食和剩餘勞動人口進城從事非農產業活動，這個重複過程不斷增加，城市化也就隨之得到發展。

我國城市化進程中存在農業剩餘人口從農業產業中析出的條件，這在以下幾個方面可以得到很好的論證：首先表現在農村人口通過養老預期實現的行為選擇對農村計劃生育進行人為的制度破壞。由於農村的養老保障與城市還存在著巨大差別，農村還主要是家庭養老模式，在農村生產力水平還比較差的情況下必須通過高生育率來維持這樣的養老鏈條，這種社會現實就與國家推行的計劃生育政策形成了衝突，農村人口正是通過這種制度破壞而在客觀上形成了大量的農村剩餘勞動力。其次表現為文明不對稱導致農村剩餘勞動力向城市遷移。農村人口從其接受教育之初就是城市文明的教育，而其成長環境又是非城市文明，這樣的文明不對稱，使得長期接受城市文明教育又不能享受城市文明的人口群體無法與農村文明相融合並致力於非城市文明的建設，這必然促使該群體衝破農村文明的圍限融合到城市文明中來，在這樣的機制下，文明不對稱的群體從農村析出使得城市有其擴張的必然性。

3.1.2　聚集及其雙向作用對城市體的空間影響

3.1.2.1　聚集的二重乘數效應與城市的產生

城市化過程是資源和要素在產業間和城鄉地域間重新配置和組合的過程，是要素聚集和時空秩序的整合過程。城市聚集[1]，從客體角度看，是生產要素或資源向優勢地理區位運動、集中的過程；從主體角度看，則是經濟行為者謀求對其最有利的地點而選擇有利區位得以發展的過程，這些區位點必須具有某種先天的區位優勢和生產效率方面的優勢。不同空間上存在的比較優勢形成勢能差，在存在利益關係的前提下經濟個體便發生相互作用，從而導致要素的實際流動。這種利益是指包括比較利益在內的一組利益序列，即"比較優勢利益－功能互補利益－機會選擇利益"共同構成的利益關係鏈，它們成為引致城市個體成長過程的社會動力結構，城市正是在這種利益結構的基礎上產生並發展的。區域內的經濟個體在具有比較利益的條件下，尋求多元利益互補關係，進而取得選擇利益，造成城市區位最大限度地獲得流動和聚集的社會動力。對於不同的城市區位來說，只有在自發基礎上形成的具備這種動力結構的城市聚集才是真正合理和有效率的，只有在要素資源結構整合過程中不斷將自己配置在效率相對較高的區位上，從而才能成為整體資源動態配置中"帕累托最優狀態"的微觀基礎。支撐城市發展的全部要素在三種動力機製作用下相互間發生作用是通過雙重乘數效應實現的，雙重乘數效應通過建立產業間的聯繫從

---

[1]　Masahisa Fujita 認為導致城市聚集的因素一般包括如下幾個方面：資源和運輸優勢、不可分割性和規模經濟、外部性和非價格因素影響以及消費和產出方面的多樣性。It is commonly agreed that the basic sources of such technological advantages are: resource and transport advantages; indivisibility and economies of scale; externalities and nonprice interactions; preference for variety in consumption and production.

而將城市成長的可能性變為現實性。雙重乘數效應,即第一層次乘數效應(第二產業的經濟增長推動城市第三產業的相應發展,即聚集作用於成長)和第二層次乘數效應(城市第三產業經濟增長形成投資環境的改善帶來新一輪工業專案投入,即成長作用於聚集),兩個層次的乘數效應交互作用,由於它們在不同發展水平的經濟增長點(城市)發揮的作用有差別,從而產生了不同形態和規模的城市。

第一層次的乘數效應——由"聚集"作用導致城市"成長"的機理。研究指出,導致城市發生和成長的聚集過程往往是與推動區域經濟發展的工業的作用相關聯,這種始發性的工業就成為推動城市成長的增長極。這些始發性的工業在成長過程中圍繞主導工業部門而組織有高度關聯的一組工業,逐漸成為城市發展的主導工業,城市主導工業一經形成,就會在聚集作用下迅速發展,並往往長期保持其作為城市經濟發展的組織地位與先導地位。造成這種結果的原因在於城市聚集經濟的生成過程存在著一種累積增長機制,即主導工業和城市的發展必然促成其他經濟部門的發展,進而吸引周圍地區的資源、經濟人文要素甚至是企業等向城市集中並產生乘數效應,於是城市在不斷擴大了的經濟規模的基礎上深度發展。城市的發展本身也需要擴大原有經濟部門的規模,規模擴大了的城市為發展門檻更高的經濟部門或企業提供了機會,區域內外的經濟體對這些發展機會的充分利用又相應促進了城市聚集的進一步發展,整個過程便是城市發展過程的第一層次的乘數效應。由此可以看出,第一層次乘數效應作用過程的關鍵,不僅僅在於工業專案數量和規模的擴展,還在於流入城市體內的再度創造的異質生產力能否與原有生產力形成同質交融,通過這種相互融合變異質的要素為同質要素,即實現異質要素同質化,同質化後的多種要素形成資源的整合和聚合,從而促成區域經濟發展的同向力,於是聚集過程與成長過程相統一,使得分散雜亂的要素成為按照一定秩序排列的爲實現特定目的（城市成長）而組成的功能整體。這是第二層次乘數效應更好地發揮作用的基礎。但是從理論上講，異質要素在同質化過程中會產生不同情況，一般而言，同質生產力較異質生產力易於相互結合，異質生產力在城市聚集時可能出現相互排斥和相互親和的可能。城市在聚集過程中實現的規模成長實際上是一個自組織過程，城市化過程中個體城市作爲一個系統對生產力要素的引入不是機械嵌入而是要借助自組織過程中經濟系統的主動優選進而進行消化與調適，使外來要素成爲個體城市系統自身的有機組成部分的過程，於是異質要素由一個外生要素被完全同質化爲個體城市成長的內生基礎。

　　第二層次的乘數效應——由"成長"引致城市成長並進一步引發"聚集"的機理。城市由一個點開始通過要素聚集逐漸成長爲一個規模龐大的地域經濟複合體，當城市形成後其聚集作用就會進一步加強，城市成長總是伴隨著城市聚集規模的進一步擴張。空間經濟理論認爲，城市成長過程就是經濟質（經濟實力或經濟能）的流動和累積過程，並且這個過程進一步創造了經濟質的流動和累積，這在空間上表現爲城市聚集規模進一步擴張，並使得城市投資環境和內部經濟與社會發展的分工得以進一步深化，深化和精細的分工使得區域內產業和部門之間的聯繫進一步加強，進而就爲新技術的研究與應用、新思想的產生以及創新人才的培養等提供了環境，繼而使得創新活動在城市域內有更加廣闊的空間，在創新活動深化和逐漸擴展到相關產業鏈條的過程中又進一步推動了城市自身的發展。城市系統成長過程中的功能創造主要表現在城市投資環境的改善，改善後的城市環境使城市成長成爲城市聚集的推動力。所以第二層次的乘數效應中的城市成長在某種程度上表現爲產業的成長，由於不同產業之間特有的關聯效應和產業本身的聚集效應，使得密切聯繫的產業部門在空間分佈上通過產業鏈條表現為明顯的集中趨勢。城市借助於這種聚集優勢不斷擴展其規模。

　　三個動因和兩個乘數的作用機制使得城市在一定的空間條件下產生，城市既是聚集作用的結果，也是通過自身的發展創造進一步聚集的條件，從而在完成初始狀態後進一步發展和壯大，這種過程可以通過簡單的模型來表示。如圖 3-1 表示了城市中兩個經濟體的聚集過程及其聚集後所產生的效應。假設兩個經濟體生產同類產品但分別處於不同市場區域，經濟體$_1$（左圖）具有需求線 D_1 和供給線 S_1，以及形成均衡的價格 P_1 和均衡的產量 Q_1，經濟體 2（右圖）具有需求線 D_1' 和供給線 S_1'，以及均衡水平時的價格為 P_2 和產量為 Q_2。如果兩個經濟體之間由於某種生產聯繫需要聚集在一起，且在同一個市場中進行生產時經濟體$_2$的供給曲線在經濟體$_1$的市場中位於 S_2 的位置（假設 D_1 不變化），這時經濟體$_1$的價格由 P_1 下降到 P_2，均衡產量在 $Q_3 < Q_1 +\ Q_2$，均衡點為 M。由於經濟體$_1$的價格下降幅度大，於是在組合市場上較經濟體$_2$有優勢，產業的這種集中方式不會形成兩個經濟體生產的最佳狀態，這種聚集是一種鬆散的聚集。如果不是這樣，經濟體$_1$的供給曲線在經濟體$_1$的市場中位於 S_1'，均衡點為 N。這時的均衡產量正好等於兩個經濟體原先市場均衡產量的和，且這時均衡價格降低到 P_3，兩個經濟體都可以從產業的聚集中得到好處，這時由於聚集會產生圖中面積為 A 的聚集收益（圖中 P_2P_3NM 圍成的面積），即由於價格下降所帶來的市場擴大會使兩個經濟體獲得比聚集前更多的收益。同時可以考慮到聚集的外部性，由於聚集可以使價格下降到 P_3 以下（如 P_4），這時由於兩個經濟體的聚集不但得到面積 A 的收益，還會得到面積 B 收益（$P_3P_3'WN$ 圍成的面積）。如果 D_1 發生變化（如變化到 P_2），由於需求水平的提高會使均衡點在 W 的位置上，這時 $A + B$ 的面積雖然會小一些，但長期收益並不小，因為兩個

經濟體的聚集會進一步帶來其他的相關產業到這裡聚集，於是會進一步重覆均衡點 N 的情形。

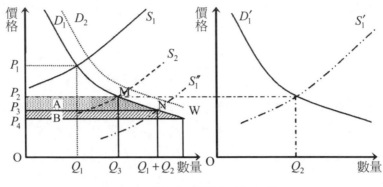

圖 3-1　聚集效應的模型化解釋

3.1.2.2　聚集的雙向效應與城市體的空間聚散

根據宏觀經濟理論，一定時期內的國民收入是由該時期的生產要素投入量 F 和要素生產率 P 所決定的。用函數表示就是：$Y = f(F,P)$。一般情況下，要素生產率是取決於既定的生產技術和生產方式，所以在技術水平一定時，要素生產率相對穩定；國民收入 Y 主要取決於生產要素的投入，生產要素的投入水平越高國民收入的增長速度就越快，即 $\partial Y/\partial F > 0$。經濟增長是要素投入的增函數，在投入要素不變的情況下勞動生產率越高生產水平就越高，生產水平是勞動生產率的增函數，即 $\partial Y/\partial P > 0$。但是在城市經濟中要素投入行為並不完全按照一般生產規律進行，尤其是個體城市發展過程中由於聚集效應的存在，使得要素的投入效率明顯受到影響。聚集作用表現為聚集經濟與聚集不經濟的雙重效應：當聚集經濟超過聚集不經濟時，即使生產技術水平不變，該城市的要素生產率也將高於其他城市，從而吸引要素流入的速度增加，促使經濟呈現累積增長，即該城市的經濟增長具有倍增效果，這使得有聚集效應時城市的增長速度遠遠超過沒有聚集效應時的正常發展狀態。聚集效應對經濟增長的影響可以運用 Baumol 的累積非均衡增長模型得到很好的說明。該模型包括兩個表示收入變動的線性公式：

$$Y_{t+1} = \alpha - \beta D_t$$
$$D_t = \gamma - \delta Y_t$$

方程中 Y 表示聚集的效果，D 表示生產消費需求，t 是經濟發展周期，D_t 表示第 t 期的消費需求，$t+1$ 表示當期的後一期，α，β，γ，δ 等都是常數項係數。第一個公式表示下期的聚集效果是本期生產消費需求的減函數，即本期的生產消費需求越高（低），下一期的聚集效果就越低（高）；第二個公式表示本期的生產消費需求是本期聚集效果的減函數，即本期的聚集效果越高，則本期的消費需求就越低。這兩個式子的綜合意義是：若本期因集聚不經濟所導致的損失增大（減小），未來的收入就會變小（變大），即下一期的聚集水平依託本期的聚集收益（損失）程度，相反，若本期聚集經濟所導致的收益增大，未來的收入就會變大。將兩個式子合併得：

$$Y_{t+1} = \alpha - \beta\gamma + \beta\delta Y_t$$

該方程可以表示下一期的收益水平是本期收益水平的函數，從方程中可以看出，若 $\beta\delta > 1$ 時，本期的收入會導致下期的收入增加，於是經濟態勢呈現累積性擴張，相反，若 $\beta\delta < 1$ 時，本期收益水平會導致下期收益水平降低，經濟發展呈退縮態勢。因此，聚集程度取決於 β 與 δ 乘積的變化。若 Y_e 是均衡收入，通過差分求解可得到實現均衡經濟增長時的 Y_e 水平爲：

$$Y_e = \frac{\alpha - \beta\gamma}{1 - \beta\delta}$$

根據該公式，在保證 Y_e 是正數的情況下，$\alpha - \beta\gamma$ 與 $1 - \beta\delta$ 必須符號相等，於是就會出現下面兩種情況（如圖 3-2）：如果 $\alpha - \beta\gamma < 0$ 且

$\beta\delta > 1$時，收入呈現規模擴張方式發展（圖中的點 A）；如果 $\alpha - \beta\gamma > 0$ 且 $\beta\delta < 1$時，收入呈現規模收斂方式發展（圖中的點 B）。

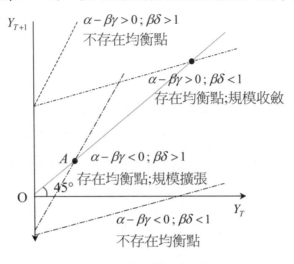

圖 3-2　聚集狀態的期間影響

　　經濟發展的這種作用規律正是聚集經濟與聚集不經濟的表現，當一個城市區域出現經濟發展的累積性擴張時即出現聚集經濟，反之則出現聚集不經濟。這個思想可以通過圖 3-3 說明，圖 3-3 中 l 線為城市經濟的均衡增長路徑，即如果城市沿著 l 增長則不存在聚集經濟也不存在聚集不經濟。m 線表示受聚集效應明顯影響時的增長路徑，聚集所產生的經濟或者不經濟用 m 線與 l 線之間的面積來表示。m 線高於 l 線時，表示聚集經濟產生，高出的部分越多表示聚集經濟越顯著；m 線低於 l 線時，表示聚集不經濟產生，低出的部分越多表示出現聚集不經濟的程度越大。當聚集效應比較明顯時，城市的收入變動將表現為第一種情況，圖中表現為累積方向，當聚集效應較小或者為 0 時表現為第二種情況，圖中表現為收斂方向。當聚集經濟效果明顯大於聚集不經濟時，由於大量要素的流入，城市的收入將大於均衡

值，圖中表現爲 m 與 l 的交點 Y_e 的右邊，城市經濟呈現出累積式加速增長態勢。當聚集經濟不明顯時，即 m 和 l 交點 Y_e 的左邊，城市經濟將呈現加速衰減態勢。圖中描述了 A、B、C 三種均衡狀態，城市的規模依次是 $A<B<C$，這時 C 較 B、B 較 A 是城市發展中更高一級別的均衡態。在 B 點時，m 右移到 m'，l 右移到 l'，因爲城市發展受聚集效應影響其規模逐漸擴展，所以有 $Y_e'>Y_e$，但是由於 l 右移到 l'，城市發展成本增大，導致 Y_e 不如 Y_e'' 水平高，因爲在 C 點均衡時，l 線沒有移動，只是由於 m 移動使得城市均衡在一個較高的水平，這時城市發展勿需像在 B 點時付出高的城市成長成本，而只是由聚集效應引發城市增長，$|CB|$ 就是城市擴展成本提高造成的規模損失。

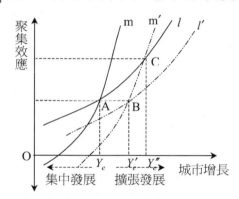

圖 3-3　城市增長與聚集效應的關係

3.1.3　城市成長過程的一般規律分析

3.1.3.1　城市化進程中慢快慢的 S 變化

根據前文，城市產生需要具備一定條件，由此造成城市的成長及其分布呈現一定規律性[1]。自從工業革命到現在，城市化進程已經走過

---

[1]　許學強，周一星，寧越敏.城市地理學 [M]. 北京：高等教育出版社，1977: 31. 根據許學強等的研究認爲：大城市對自然條件的依存關係比非特殊職能

了 200 年，城市化水平已經從當時的 5%～6%發展到目前世界平均水平的 50%和發達國家的 70%以上。美國地理學家諾瑟姆通過對各個國家城市人口占總人口比重的變化進行研究發現：城市化進程具有階段性規律，全過程是一條被拉平的 S 型曲線[1]（如圖 3-4）：第一階段爲城市化的初期階段，即緩慢城市化階段，該階段的城市人口增長緩慢，S 曲線表現較爲平緩，基本呈現水平或稍有傾斜狀態，當城市人口超過 20%後，城市化進程逐漸加快；當城市化水平超過 30%後進入第二階段，即快速城市化階段，該階段的城市化水平呈現加速趨勢，S 曲線比較陡直，這種趨勢一直要持續到城市人口超過 70%以後才會趨緩；此後爲第三階段，即緩慢城市化階段，該階段的 S 曲線形狀與緩慢城市化階段相似，城市化進程進入相對緩慢發展狀態，這一階段城市化進程較第二階段的速度明顯減慢，城市化進程表現爲停滯或略有下降趨勢。城市化進程中的 S 曲線規律只能表示城市發展過程的一般情況，並不是任何國家的城市化水平在時間軸上都表現爲一條光滑的 S 曲線，但大部分國家的資料基本上支援了這個結論。

的小城鎮要緊密得多，因此大城市地域分佈的規律性更典型。世界百萬人口以上城市的分佈，其平均緯度在 20 世紀 20 年代初是 44°34′，在 50 年代初是 36°20′，在 70 年代初是 34°50′，其具有在中緯度範圍內向低緯度方向緩慢移動的趨勢。

[1] 謝文蕙，鄧衛.城市經濟學 [M]. 北京：清華大學出版社，1996: 45. 運用 S 型曲線的數學模型對全世界大部分國家在 1800－1982 年的 180 多年間的城市化發展水平的歷史資料進行序列回歸，然後對得出的結果在座標平面內繪製成曲線，可以發現，越是發達國家，其城市化起步越早，其 S 型曲線越完整，如美國、法國和聯邦德國。而前蘇聯和日本的工業化起步較晚，於是其 S 型曲線較陡。

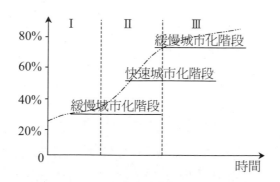

圖 3-4　城市成長過程的 S 曲線

　　清華大學的謝文薰教授（1996）認爲從一個國家或地區內部看，人口城市化之所以發生，是因爲城市人口增長速度快於農村地區，其在研究中對 S 型曲線進行了數學推導並得出城市化水平的計算公式[1]。筆者認爲，根據城市化進程的 S 曲線規律，可以推廣到一般，即隨著 C 和 r 的變化，S 曲線會表現出不同的變化形態，從而表現爲不同國家的城市化進程狀態。如圖 3-5，一般狀態下爲 L_1；如果其他條件不變，城市化起步常數 C 增大，即城市文明起步晚，則相同條件下的城市化水平較低，座標平面內相當於 L_2 線，L_1 線向右水平移動就得到 L_2，如果要達到相同的城市化水平，L_2 較 L_1 滯後，這相當於中等發

---

[1]　謝文薰通過推導得出的計算公式爲：$y = 1/(1 + Ce^{-rt})$。在此公式中 y 表示城市化水平，C 爲積分常數，表明城市化起步的早晚，C 越小表示起步越早，反之越晚，於是 $1 + e^{-rt}$ 越小，y 就越大，所以城市化起步越早城市化水平就會越高。t 表示時間，隨著時間的延長，e^{-rt} 就越小，從而 $1 + e^{-rt}$ 就越小，於是 y 就越大即城市化水平越高，r 爲積分常數，表示城市化速度的快慢，r 越大表示城市化發展速度越快，反之表示越慢，r 越大，$1 + e^{-rt}$ 就越小，y 就越大。S 曲線不但表示了城市化進程的一般規律，還表明了另外一個問題，即“城市文明普及率加速定律”，指城市化水平發展到一定水平時，城市文明隨著城市化水平的提高而在社會範圍內的普及加快，享受城市文明的人數多餘城市人口數，城市文明的覆蓋區域大於城市社區面積。城市化進程呈現城市文明的累積效應，當城市化水平很高時，高的城市化水平自身也會促進城市化水平的加速發展。

展中國家的水平,與發達國家相比較這些國家要實現相同的城市化水平需要時滯若干年;如果 C 增大的同時 r 減小,這樣就得到曲線 L_3,L_3 與 L_1 相比較不僅城市化進程滯後而且城市化速度也顯然減小,L_3 較 L_2 更加平緩,這相當於低水平的發展中國家;如果 C 減小即城市化起步早,且 r 增大即城市化的速度加快,相當於 L_4 的情形,L_4 較 L_1 更加陡直,從發達國家的城市化進程分析,這種情況仍未出現,只是在這些國家的某些階段出現過類似的情況,美國 19 世紀後期的城市化狀況就是這樣。

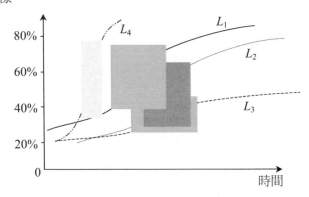

圖 3-5   城市成長過程的 S 曲線

S 曲線表明城市化進程的特定階段城市文明普及有加速規律(圖 3-5 中被矩形遮蓋的部分)。當城市化達到一定水平時(一般為 20%～30%),城市文明隨著城市化水平提高而在社會、國家和地區範圍內加速普及,享受城市文明的人口數多於城市的實際人口數,即城市文明覆蓋的區域大於城市社區面積,城市文明普及程度高於城市化程度,這時存在城市文明的溢出效應。但在城市化水平低於 10% 時,城市文明的輻射能力很弱,城市文明僅限於市民享受,即使城市居民也只能享受到低水平的城市文明;當城市化水平達到 20%～30% 時,城市輻射能力開始由弱變強,城市文明普及加速,城市區域以外的人口開始逐漸能夠享受到城市文明，這時的普及率約爲 25%～35%，即真正能夠享受到城市文明的人口較實際的城市居民多 5 個百分點。當城市化水平達 30%～40%時，城市文明的普及率爲 40%～50%，當城市化水平超過 50%時，城市文明的普及率爲 70%。這個階段是城市文明輻射力最強、城市文明普及率最快的階段，這時真正能夠享受到城市文明的人口數較真正的城市人口數多出的比例更大。城市文明並不以地域劃分，因爲這時能夠享受到城市文明的居民的居住地域已經遠遠超過實際城市空間上的地域範圍。當城市化率超過 70%時，城市文明普及率可以達到 90%以上，這意味著不住在城市裡同樣能夠享受到城市文明，這時人口和經濟不會再向城市流動，城市引力將會趨近於零或者爲負，人們會由於城市域外存在更多優於城市域內的條件且能夠享受到與城市域內無差別的城市文明而選擇在城市域外居住。這時區域的劃分只是地理空間的物理範圍的劃分，而文明程度已經沒有地域界限，這種狀況可以認爲是城市化進程的終極階段。城市文明普及率加速定律說明城市化水平的加速趨勢以及城市化過程最終會實現高度發達經濟水平基礎上打破地理空間約束障礙的結論。

所以，城市的產生和發展需要遵循特定規律。城市一旦形成，由於聚集效應和規模經濟的作用便使城市成爲區域經濟增長極，城市化過程表現出極化效應和擴散效應，這兩者都會造成城市自身擴張，擴張的速度取決於這兩個效應的大小。從英、美、日等國家的城市化進程看，在不同規模城市的共同發展中，規模經濟效益顯著的大城市是主導力量。國內也有研究發現，200 萬～300 萬人口的大城市規模經濟效應最佳[1]。

---

[1]　王小魯，夏小林. 優化城市規模，推進經濟增長 [J].經濟研究，1999(9).

3.1.3.2 城市化進程與經濟狀態對等發展

表 3-1 工業化率與城市化率的錢納里模型

人平均 GNP	城市化率	工業化率
美元	%	%
< 100	12.8	12.5
200	22.0	14.9
300	43.9	25.1
400	49.0	27.6
500	52.7	29.4
800	60.1	33.1
1000	63.4	34.7
> 1000	65.8	37.9

資料來源：錢納里.發展形式：1950－1970 年. [M]. 李新華，等，譯. 北京：
經濟科學出版社，1988.

城市化進程的規律還表現在城市化水平與經濟發展水平的對稱性
上。一般來說，經濟發展水平與城市化水平是相匹配的，H. B.錢納里
與其合作者塞爾昆在 1975 年合著的《發展形式：1950－1970 年》一
書中吸取了克拉克和庫茲涅茨的研究成果，並將研究領域進一步擴展
到低收入的發展中國家[1]。H. B.錢納里採用回歸方法分析了 1950－
1970 年間 101 個國家的經濟發展水平資料與城市化水平資料，在研究
中他們使用了三個基本的回歸方程對發展模式進行擬合，由此得出了
一個標準結構（如表 3-1），該標準結構通過對人平均 GNP100～1000
美元發展區間的經濟變化的研究得出了重要結論：最為突出的現像是
當越過人平均 GNP300 美元的臨界點之後製造業的附加價值份額才會
超出初級產業，當人平均收入水平超過 800 美元之後工業中就業份額

---

[1] C. Clark. Urban Population Densities [J]. Journal of the Royal Statistical Society,
1951(114): 490-496.

才開始超過初級產業中的就業份額。證明在一定的人平均國民生產總值水平上，有一定的生產結構、勞動力配製結構和城市化水平相適應。人平均收入 500 美元時，城市人口在總人口中占主導地位，超過 700 美元時，工業中雇傭的勞動力超過初級生產部門，當收入水平超過 2000 美元時，這些過渡過程才結束。由此，錢納里模型說明城市發展與經濟發展水平的相關性規律。從城市化的起始條件看，產業結構的變化是城市化的前提條件，而城市化進一步帶動了產業結構的變化，在經濟結構變化中工業化最先影響城市化。由於工業化的最大特點是生產專業化，從而要求生產要素的集中，反過來生產要素的集中就是最初的工業化。由此可見，工業化和城市化是經濟要素集中的兩種表現形式。

1.經濟狀況對城市化影響的國際層面分析

一般而言，城市化水平與人平均 GDP 之間呈現正相關關係，即城市化水平隨著人平均 GDP 的增長而呈現同向變化趨勢。根據表中不同國家的城市化水平與其人平均 GDP 之間的對應關係繪製出圖 3-6。研究表明，隨著人平均 GDP 的增加，城市化水平呈現顯著增加的趨勢。雖然城市化水平隨人平均 GDP 呈現一些波動，但其趨勢線表現出了很好的相關特點。

這樣的特點也充分體現在了發達國家與欠發達國家城市化水平的差異上，如圖 3-7 中的兩條曲線分別表示了發達國家與欠發達國家的城市化水平的差異。1880－2000 年間的統計結果表明，欠發達國家的城市化水平一直低於發達國家的城市化水平。正如前文所言，城市化進程中具有乘數作用，這種乘數作用使得發達國家與欠發達國家的城市化進程速度的差距有加大的趨勢。圖 3-7 中表現爲兩條曲線之間的距離有逐漸增大的趨勢，這種發展狀態與前文的論述結果相同。

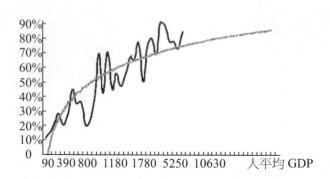

圖 3-6　城市化水平與 GDP 間的關係

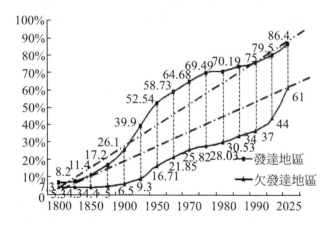

圖 3-7　1880 年以來兩類地區城市化率狀況

　　美國的城市化進程更能充分證明這樣的結論。如圖 3-8，1900－2000 年百年的美國發展過程中，城市化率的發展曲線與人平均收入的變化曲線非常吻合。在城市化進程中，城市化率的發展速度逐漸降低，而人平均收入的水平一直在提高，城市化進程呈減速增加，而人平均收入呈現加速增加趨勢。1970 年以前，美國的人平均收入水平提高的速度很慢，但 1970 年以後，人平均收入的增長速度迅速提高，所以兩條曲線之間的距離在逐漸縮小，這不但證明瞭城市化水平與經濟水平之間的正相關關係，也證明瞭城市化進程中的 S 曲線規律。

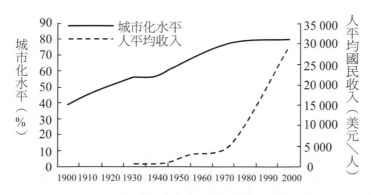

圖 3-8　1880 年以來兩類地區城市化率狀況

如果用 Δ 城市化率 / Δ GDP 衡量經濟發展對城市化的邊際帶動作用，則通過對曲線的觀察，可以知道這種作用是遞減的（圖 3-6 和圖 3-7 中曲線切線傾向遞減）。曲線的發展規律顯示，經濟發展初期，單位人平均 GDP 的增長對城市化的邊際帶動作用相對較大，但隨著經濟進一步發展，這種邊際帶動作用將逐漸減小，曲線上各點的斜率逐漸減小。這樣的變化規律可以概括爲城市化作用的城市帶動力邊際遞減規律，即國家或地區的經濟發展對城市化水平具有帶動作用，但這種作用隨著經濟發展水平的提高而逐漸減小，減小的速率依各個國家或地區的社會經濟及發展的外部條件等的不同而有所差異。在特定文化、經濟等背景下，這種帶動作用可能減小至零甚至是負值，當出現負值時則表現爲逆城市化。

2.經濟狀況對城市化影響的國內層面分析[1]

1982 年，周一星先生採用 137 個國家的城市化水平與人平均國民

---

[1] George Chadwick. Models of Urban and Regional Systems in Developing Courtries: some Theories and Their application in Physical Planning [M]. Oxford.: Pergamon Press, 1987: 32. A general relationship between urbanization and economic development of ten has been assumed, i.e. that the most highly urbanized countries are, ipsofacto, the most "developed", and that the most economically "advanced" countries must be also the most urbanized ones.

生產總值進行相關分析,得出了城市化水平與人平均國民生產總值的對數成正比的關係式,即

$$x = 0.406\ 21\lg y - 0.758\ 3$$

x 代表城市人口占總人口的比重,y 是人平均國民生產總值。之後,許學強先生用 151 個國家的資料進行回歸,也得出了相同的結論。城市化的經濟過程雖然不可分割,但從理論上講可將這個連續的過程劃分爲兩個階段:勞動力從農業部門轉入非農部門;轉入非農部門的勞動力集中在城市地域內從事非農產業,轉移到非農產業的勞動力所扶養的人口將伴隨著這兩個階段也從農村遷入城市。第二個階段由城市集聚作用促成。

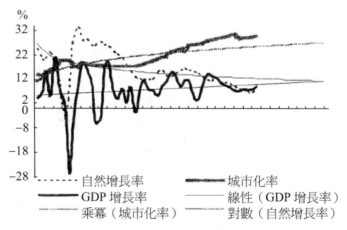

圖 3-9　中國 GDP 變化、城市人口自然增長率
及城市化率之間的關係與趨勢

圖 3-9 顯示了 1954－2003 年間我國的城市化水平、城市人口自然增長率與 GDP 增長之間的對應關係。研究表明,伴隨 GDP 增長率的波動,城市人口的自然增長呈現同向波動,圖中的三條曲線中只有 GDP 增長率與人口自然增長率之間的擬合程度最好。這說明 GDP 的變化對城市人口的自然增長存在很強的正相關,雖然城市人口的增長

波動表現與 GDP 的波動周期存在不同（存在 1－2 年的滯後），但從趨勢線看是一致的。雖然我國城市化進程的主要貢獻者已經不是城市人口的增長而是機械增長，但城市人口的自然增長也從一定程度上證明所要闡發的結論。根據三個指標 1954－2003 年的發展過程中相應指標的分析得到 2015 年的趨勢線說明，城市人口的自然增長將會進一步下降，而城市總人口與城市穩步上升的正相關發展趨勢表明未來城市人口的增長主要是機械增長，即來自遷移人口對城市人口的注入。

3.2 交易費用節約與個體城市地域空間形成

新古典經濟學認為城市的形成能夠降低交易費用[1]，從而提高經濟活動中的分工水平，高水準的分工促進了城市的有序發展。由於農業

---

[1] 楊小凱，張永生.新興古典經濟學與超邊際分析 [M]. 北京：社會科學文獻出版社，2003.在該著作中，作者認為城市成長的過程與分工的程度有關，於是按照分工程度與城市的成長之間的關係分為三種情況：效率很低時城市處於自給自足狀態；效率略有提高時出現局部的分工；效率很高時出現完全的分工。最後得出結論認為：隨著分工，在工業的發展中互不往來的社區數減少，每個城市的規模會增加。同時，在分工和城市發展的過程中，全部均衡從自給自足演進到完全分工時，會經過一些不平衡的分工結構。在這些結構中，由於工業品生產中的分工可以集中在城市以節省交易費用，所以城市工業品生產者的專業化水平、生產率以及來自市場交易的收入會高於農村居民，但城鄉之間的自由遷居會保證真實收入在城鄉之間實現均等化，這一過程稱為分工演進過程中自然的過渡性二元經濟結構。隨著交易效率的不斷提高，分工不斷朝完全專業化狀況發展，這種自然過渡性二元結構將會消失。並且還認為，出於城市居民集中居住的交易費用係數比農村居民要低得多，城市的分工水平也就由於交易效率的改善而大大提高，城市和鄉村之間在生產力和商業化等方面就會出現差距，城裡人的專業化水平總是增加得比鄉下人快。所以，從自給自足向高分工水平發展時，不平衡的分工結構就會出現。

生產需要佔用大量土地，於是就不能像不佔用或較少佔用耕地的工業那樣聚集在一個非常小的區域內行為自己。聚集在某個地區的工業企業中生產每種產品都可以產生專業化經濟的可能，且生產專業化程度越高生產效率也就越高。但是專業化過程帶來的結果使不同分工的產業之間的聯繫更加緊密，於是專業化會在貿易過程中導致交易費用的產生，專業化分工可產生雙面影響：不但有帶來生產效率提高的可能性，還有使交易費用提高的可能性。專業化經濟與交易費用節約之間會存在兩難衝突，交易效率的高低會直接影響區域經濟發展的狀況：如果交易效率很低，人們通過區域間或產業間交易所產生的回報就不能抵補為獲得這樣的交易效率而導致的付出，這時理性人會選擇自然經濟從而集聚不會發生，他們以自給自足的生產方式來滿足其生產和生活的需要，因而不會產生市場，城市也就不會出現；如果交易效率提高，分工就會從自給自足的狀況中跳出來，從而出現半專業化的農民和半專業化的工業生產者。農民進行生產需要佔用大量土地，而工業生產就沒有這種需求，這樣的生產過程就決定了農業生產只能在選擇分散居住的條件下進行，而工業生產過程由於不受農業生產過程所受到的約束，工業生產者為降低交易費用就必須選擇距離農民較近的區位佈局，以便達到降低交易費用的目的。所以，在農業和製造業分工水平較低的狀況下不可能產生城市。如果交易效率進一步提高，就會在原有的基礎上產生更加專業化的分工，更高水準的專業化分工的出現就會節省由不同職業的非農經濟行為產生中的交易費用，不同行業的生產者就會居住在一個區域裡。由於專業的製造者和專業的農民以及不同的製造業之間的分工，於是出現了城市。

所以經濟的增長和城市的擴大是一個相關的過程，每一個發展階段都依賴於前一個發展階段，在為節省交易費用而最初的集聚發生之後城市就會繼續發展下去，但是它們的位置卻變化很小（即作為特定位置的經濟核[1]而成爲城市的原始形態）。根據分工經濟和市場規模互動原理，集聚擴大了潛在市場規模。爲滿足不斷擴大的市場需求，生產必須進一步採取專業化方式，當專業程度很高以後，市場規模會進一步擴大。在此過程中集聚的優勢使得交易費用更低，交易效率不斷提高，這個過程符合循環累積原理。循環累積原理認爲：不管是什麼原因，一旦發展開始於某個地方，就會通過一個循環累積過程而不斷增長。如圖 3-10 表示了循環累積的一般過程。隨著城市化水平的進一步提高，城市的功能會進一步向服務化方向發展，城市的服務功能會不斷得到強化，個體城市空間也會得到擴展。

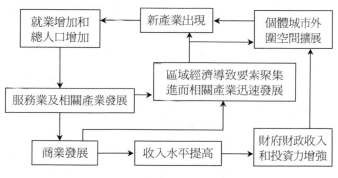

圖 3-10　循環累積與個體城市成長

區域經濟學認爲，城市化過程是均質區域變質爲結節區域最終形成網絡結構的過程。這種地域變質過程也就是經濟發展過程中現代部門不斷增加和傳統部門不斷減少的過程。城市化過程就是在整個城鄉地域傳統部門不斷減小、現代部門不斷擴大，從而宏觀上表現爲整個經濟日益現代化的過程，這種過程是通過經濟要素在空間內的遷移來實現的。要素回報率的差別是要素流動的主要原因，要素的流動促使城市化不斷發展。

---

[1]　關於經濟核的詳細分析見第四章中的有關內容。

3.3　地價變化與個體城市空間擴展的均衡分析

3.3.1　擴展的杜能模型與區位元選擇分析

　　杜能模型研究的以農業經營行為為依託經濟核心的環狀分佈規律並沒有涉及城市的發展過程，但杜能模型很好地說明農戶在特定收益水平下、在距離城市中心特定位置上的佈局問題，農戶經營行為的這種區位偏好正是城市在空間上成長其自身的利益誘導過程。杜能考慮的完全是空間和距離對收益的影響進而導致經濟行為人理性選擇的問題。杜能的農業區位論以及在其基礎上發展的土地競標地租理論是現代空間微觀經濟學的核心組成部分。杜能在 1826 年出版的《孤立國同農業和國民經濟的關係》一書中系統地建立了農業區位元論的理論模式。在其研究中，有幾個基本假定：①在大平原的中央有一個城市與周圍的農業帶組成的一個孤立地區，該區位於中緯度地區，具有同樣適宜的氣候和肥沃的土壤，適宜作物生長。在這個平原以外沒有適合耕種的土地，只有荒原，其與外部世界相隔絕從而使該城市成為一個孤立國，這是 "孤立國" 形成的起碼條件。② "孤立國" 沒有河川，馬車是產品唯一的運輸條件（這一點排除了地租變化由交通技術進步帶來的干擾）。③農村除同中心城市有關係外與其他任何市場沒有聯繫，即中心城市是唯一農產品販賣的中心，也是工業產品的唯一供應地（這一點保證了產品只能按照某個方向進行擴散而不是反過來，進而也保證了個體城市擴展過程的方向性）。④農民生產的動力是獲得最大的區位地租，即純收益，經營過程中可根據市場的供求關係調整產品的種類（這一點保證了農民經濟行為唯一的誘導因素是地租水平）。⑤市場的農產品價格、農業勞動者工資、資本的利息都假設不變（這一點排除了影響農戶區位選擇的其他因素）。⑥運輸費用同運輸量和距離成正比，運輸費用由農業生產者負擔（運費變化的規律性保障了農戶區位選擇的可預期性）。在杜能模型中，城市位置是固定的，要討論問題的根本是：距離（即農業產地與中心城市或市場的距離）是如何影響土地上每種商品的產量、勞動力利用強度和租金的。

　　傳統杜氏理論的建立分兩步：首先構造各個經營門類的競標地租，即某一農場的經營者爲了租借某一塊土地從事某種農業生產而必須支付的租金。然後將各種農業經營門類的競標曲線納入一個體系進行比較。其次是在前三個假定不變的情況下爲了研究問題方便，還假定勞動力可以自由流動，並且充分就業，人口全部居住在城市內，土地爲農場主經營，不存在聯合生產和外部不經濟的可能性，勞動的工資率爲 W，資本的利息率是 I。

　　杜氏理論可以爲勞動力分佈進而個體城市成長過程中要素聚集的區位選擇提供參考。該理論提供了收益變化隨距離變化的一般規律，從而折射出投資隨距離變化的規律，由此決定了資源在距離中心區域的不同位置上的佈局。假設農戶可供選擇經營的農產品有 n 種，第 i 種農產品的柯布－道格拉斯生產函數是[1]：

$$\tilde{Z}_i = A_i \tilde{L}_i^\alpha \tilde{K}_i^\beta M_i$$

　　該假設中認爲 A_i 是一個不變的常數，並且只有 L_i 和 K_i 對經濟過程產生影響。筆者在此基礎上建立了擴展的杜能模型，模型認爲 A 不是固定不變的，而應該是 r 的函數，所以原模型中的 A 變爲 $A(r)$，同時考慮到經濟過程中會存在更多的偶然因素使經濟過程發生偶然成本，這些偶然成本包括不適合市場需求時由於產品浪費所造成的成本增加、爲迎合消費者的新需求而捕捉市場機會形成的機會投入，距離城市中心不同區位上由於市場機會不同而形成的機會成本等多種因素

---

[1]　楊吾揚，梁進社.高等經濟地理學 [M]. 北京：北京大學出版社，1997: 88-89.

的影響，在這樣的思路下引入 $\tilde{V}(r)_i$，即在距離市中心地方 r 處生產產品的隨機投入，E 為偶然要素成本變化率，該變量是可能造成其他成本產生的機會變量，筆者在後文中將其定義為偶然成本，並且考慮 L 和 K 都是 r 的函數，擴展後的杜能模型變化為：

$$\tilde{Z}(\tilde{L},\tilde{K},\tilde{V},r)_i = A(r)_i \tilde{L}(r)_i^{\beta} \tilde{V}(r)_i^{r} M_i$$

公式中 $\tilde{Z}_i$ 是產量，$A(r)_i$ 是影響產量的變常數係數，隨 r 的增大而減小，即距離城市中心越遠對產量形成的影響越小，$\dfrac{\partial A(r)_i}{\partial r} < 0$，$\tilde{L}(r)_i$ 是隨 r 變化的勞動投入量，$\tilde{K}(r)_i$ 是隨 r 變化的資本投入量，$\tilde{V}(r)$ 是隨 r 變化的偶然要素投入量。$\tilde{M}_i$ 是土地的投入量，α、β、γ 都是小於 1 的正數且其和等於 1，擴展的杜能模型在於考察在變化的 $A(r)$ 及偶然投入 $V(r)$ 的影響下要素影響城市擴展的規律。在土地的總量給定且單位土地面積上的資本和勞動的投入量都給定的情況下，就可以有如下運算式成立：

$$\tilde{Z}_i = Z(r)_i \tilde{M}_i, \tilde{L}_i = L(r)_i \tilde{M}_i, \tilde{K}_i = K(r)_i \tilde{M}_i = V(r)_i \tilde{M}_i$$

即 Z_i 是單位面積的土地上第 i 種產品的產量，L_i 和 K_i 分別是單位面積上勞動和資本的投入量，可以得到第 i 種農作物的生產函數為：

$$Z(L,K,V,r)_i = A(r)_i L(r)_i^{\alpha} K(r)_i^{\beta} V(r)_i^{\gamma}$$

$$\alpha + \beta + \gamma = 1 \qquad\qquad (3\text{-}1)$$

通過該公式可以描述單位面積土地上各類農產品的投入與產出之間的關係（這個函數在傳統假設的基礎上增加了變常數係數以及偶然成本，由此使得影響產量的總投入因素由兩個變為三個）。

土地的經營過程即農戶的投入產出分析過程，為了考慮問題方便起見，可以將農戶的收益視為產品的銷售價格扣除運費、勞動力成本、籌投資成本以及其他偶然成本之後的餘額，並且在完全競爭市場條件下考慮農戶的經營行為。由於每一位農民都是理性的，因此都會最大化其單位土地上所能獲得的收益，完全競爭條件下，作爲既定價格接受者的農民在區位 r 的單位土地上從事 i 種生產活動所獲得的收益可以通過其對產量抉擇以及其他各種投入總量的比較獲得。記 $P_1, P_2, \cdots, P_i$ 分別是 i 種農產品的市場價格，設 t_i 是運輸第 i 種單位產品在單位距離上的運輸成本，r 是產地與市場的距離。爲了將問題做擴展分析，本書引入摩擦強度概念，摩擦強度用來表示從城市中心到城市外緣距離增加的過程中阻礙 L、K 和 V 減小的強度，即從城市中心到城市外緣 L、K、V 都在減小，但存在各種因素使這種減小變得足夠緩慢，摩擦強度就是用來表示各種綜合因素作用下使 L、K、V 減小程度變得緩慢的係數。規定 V 的偶然成本摩擦強度爲 $\xi(\xi > 1)$，且令 L、K 產生的就業摩擦強度、投資摩擦強度分別爲）$\psi(\psi > 1)$ 和 $\xi(\xi > 1)$，且 ξ、ψ 和 ζ 都是 r 的函數，一般情況下，$d\psi / dr > 0$，$d\xi / dr > 0$，$d\zeta / dr > 0$。根據這樣的假設，農場主在距離市場 r 處單位面積上經營 i 種作物的利潤函數爲：

$$\pi(L, K, V, r)_i = (p_i - t_i r)Z_i - \psi WL(r)_i - \zeta IK(r)_i - \xi EV(r)_i \qquad (3\text{-}2)$$

該運算式即爲資本和勞動力連續投入時農戶可能獲得的收益水平，該函數在實數範圍內是連續的。公式中不同部分的涵義爲：$(P_i - t_i r)Z_i$ 表示產量爲 Z_i 的農產品在市場上的銷售額除去運輸費用後的所得，$\psi WL(r)_i$、$\zeta IK(r)_i$、$\xi EV(r)_i$ 分別是勞動成本、資本利息和偶然成本[1]。公式（3-2）表現的情況較原杜能模型而言總收益曲線在座標平面內向下平移，移動的幅度與 ξ、ψ、ζ 和 V 的水平呈現正向變化關係。根據經濟學原則，考慮問題的一般出發點是投資收益最大

---

[1]　土地經營過程中農戶要選擇怎樣的經營模式以及在什麼區位經營什麼，要受到諸多條件的限制，這些限制條件中除了交通運輸成本、籌資成本外還有其他的多種偶然因素，如稅收、附近相關服務設施的撤銷、政府對土地用途的限制等，這些都會加大經營土地的成本，因爲是一些不確定因素，所以本書將其造成的成本統稱爲偶然成本。

化，根據這一點，農場主投入的勞動 L_i、資本 K_i 和偶然成本 V_i 應該使
利潤達到最大，這種利益選擇的過程可以影響其經營行為進而影響個
體城市規模的擴展狀態。為弄清楚總收益 π 受 L、K 和 V 的影響變化
規律，可以通過對 π 分別求 L、K 和 V 的偏導數得到收益最大化的 L
條件、K 條件和 V 條件，取 $\partial\pi_i/\partial L(r)_i = 0$ ， $\partial\pi_i/\partial K(r)_i = 0$ ，
$\partial\pi_i/\partial V(r)_i = 0$ 有：

$$(P_i - t_i r)\frac{\partial Z(L,K,V,r)_i}{\partial L(r)_i} = \psi W \qquad (3\text{-}3)$$

$$(P_i - t_i r)\frac{\partial Z(L,K,V,r)_i}{\partial L(r)_i} = \zeta I \qquad (3\text{-}4)$$

$$(P_i - t_i r)\frac{\partial Z(L,K,V,r)_i}{\partial L(r)_i} = \xi E \qquad (3\text{-}5)$$

應用 $\qquad Z(L,K,V,r)_i = A(r)_i L(r)_i^{\alpha} K(r)_i^{\beta} V(r)_i^{\gamma}$

對公式（3-3）、公式（3-4）和公式（3-5）變形得到：

$$(P_i - t_i r)\alpha A(r)_i L(r)_i^{\alpha-1} K(r)_i^{\beta} V(r)_i^{\gamma} = \psi W \qquad (3\text{-}6)$$

$$(P_i - t_i r)\beta A(r)_i L(r)_i^{\alpha} K(r)_i^{\beta-1} V(r)_i^{\gamma} = \zeta I \qquad (3\text{-}7)$$

$$(P_i - t_i r)\gamma A(r)_i L(r)_i^{\alpha} K(r)_i^{\beta} V(r)_i^{\gamma-1} = \xi E \qquad (3\text{-}8)$$

在這三個公式中，存在 P_i 、 t_i 、 r 、 A_i 、 L_i 、 K_i 、 V_i 、 ψ 、 ζ 、
ξ 等多個參數，其中 t_i 、 ψ 、 ζ 、 ξ 為已知，如果把 P_i 、 r 固定記作
P_i^* 、 r^* ，且在 r 固定時 $A(r)_i$ 確定，這時公式中只有 L_i 、 K_i 、 V_i 未
知，所以三式可以聯立求得唯一解，將求得的 L_i 、 K_i 和 V_i 的值，記作
$\hat{L}_i$ 、 $\hat{K}_i$ 和 $\hat{V}_i$ 。

將公式（3-6）的兩邊除以公式（3-7），得：

$$\frac{\alpha}{\beta} \cdot \frac{K(r^*)}{L(r^*)_i} = \frac{\psi W}{\zeta I} \qquad (3\text{-}9)$$

同樣用公式（3-6）除以公式（3-8）、用公式（3-7）除以公式
（3-8）得：

$$\frac{\alpha}{\gamma} \cdot \frac{V(r^*)_i}{L(r^*)_i} = \frac{\psi W}{\xi E} \text{ 和 } \frac{\beta}{\gamma} \cdot \frac{V(r^*)_i}{K(r^*)_i} = \frac{\zeta I}{\zeta E} \qquad （3-10）$$

由此可以得到 L_i、K_i、V_i 之間的比例關係，即資本與勞動、資本與偶然成本、勞動與偶然成本之間的比例關係。

即

$$\frac{K(r^*)_i}{L(r^*)_i} = \frac{\beta}{\alpha} \cdot \frac{W}{I} \cdot \frac{\psi}{\zeta};$$

$$\frac{V(r^*)_i}{L(r^*)_i} = \frac{\gamma}{\alpha} \cdot \frac{W}{E} \cdot \frac{\psi}{\xi}; \qquad （3-11）$$

$$\frac{V(r^*)_i}{K(r^*)_i} = \frac{\gamma}{\beta} \cdot \frac{I}{E} \cdot \frac{\zeta}{\xi}$$

將這個結果代入公式（3-6）、公式（3-7）、公式（3-8）得：

$$(P_i^* - t_i r^*)\alpha^{1-\beta}\beta^\beta A(r^*)_i L(r^*)_i^{\alpha+\beta-1} = I^\beta W^{1-\beta}\zeta^\beta \psi^{1-\beta} V(r^*)_i^{-\gamma} \qquad （3-12）$$

$$(P_i^* - t_i r^*)\gamma^{1-\alpha}\alpha^\alpha A(r^*)_i V(r^*)_i^{\alpha+\gamma-1} = W^\alpha E^{1-\alpha}\psi^\alpha \xi^{1-\alpha} K(r^*)_i^{-\beta} \qquad （3-13）$$

$$(P_i^* - t_i r^*)\beta^{1-\gamma}\gamma^\gamma A(r^*)_i K(r^*)_i^{\beta+\gamma-1} = E^\gamma I^{1-\gamma}\xi^\gamma \zeta^{1-\gamma} L(r^*)_i^{-\alpha} \qquad （3-14）$$

即

$$L(r^*)_i^{\alpha+\beta-1} = \frac{I^\beta W^{1-\beta}\zeta^\beta \psi^{1-\beta} V(r^*)_i^{-\gamma}}{(P_i^* - t_i r^*)\alpha^{1-\beta}\beta^\beta A(r^*)_i} \qquad （3-15）$$

$$V(r^*)_i^{\alpha+\gamma-1} = \frac{W^\alpha E^{1-\alpha}\psi^\alpha \xi^{1-\alpha} K(r^*)_i^{-\beta}}{(P_i^* - t_i r^*)\gamma^{1-\alpha}\gamma^{1-\alpha}\alpha^\alpha A(r^*)_i} \qquad （3-16）$$

$$K(r^*)_i^{\beta+\gamma-1} = \frac{E^\gamma I^{1-\gamma}\xi^\gamma \zeta^{1-\gamma} L(r^*)_i^{-\alpha}}{(P_i^* - t_i r^*)\beta^{1-\gamma}\gamma^\gamma A(r^*)_i} \qquad （3-17）$$

根據上式可以分別求出 $\hat{L}(r^*)_i$、$\hat{V}(r^*)_i$、$\hat{K}(r^*)_i$。由公式（3-15）可以知道：r^* 增大 $\rightarrow A(r^*)_i$ 和 $P_i - t_i r^*$ 減小 $\rightarrow \dfrac{I^\beta W^{1-\beta}\zeta^\beta \psi^{1-\beta} V(r^*)_i^{-\gamma}}{(P_i^* - t_i r^*)\alpha^{1-\beta}\beta^\beta A(r^*)_i}$ 增大，同時 ζ 和 ψ 對 $\dfrac{I^\beta W^{1-\beta}\zeta^\beta \psi^{1-\beta} V(r^*)_i^{-\gamma}}{(P_i^* - t_i r^*)\alpha^{1-\beta}\beta^\beta A(r^*)_i}$ 影響也是同向變化的且 $\psi > 1$、$\zeta > 1$，即若 ζ 和 ψ 對 I 和 W 的影響強度增大會導致 L 的供給量增大（$L(r^*)_i^{\alpha+\beta-1}$ 在一定的城市域 r 範圍內的供給量增大），所以 $L_i^{\alpha+\beta-1}$ 是 r 的嚴格遞增函數。但 $\alpha + \beta - 1 < 0$，所以 $\hat{L}_i$ 是 r 的減函數，

由此可以得出結論，在總效用不變的情況下隨著距離的遞增勞動力的利用強度是遞減的，在勞動力邊際效用遞減的情況下勞動力的使用數量必然隨距離增加而減少，在個體城市週邊空間擴展的過程中，勞動力向週邊擴展的力度逐漸減小 $\dfrac{W^\alpha E^{1-\alpha}\psi^\alpha \xi^{1-\alpha}K(r^*)_i^{-\beta}}{(P_i^* - t_i r^*)\gamma^{1-\alpha}\alpha^\alpha A(r^*)_i}$ 和 $\dfrac{E^\gamma I^{1-\gamma}\xi^\gamma \zeta^{1-\gamma}L(r^*)_i^{-\alpha}}{(P_i^* - t_i r^*)\beta^{1-\gamma}\gamma^\gamma A(r^*)_i}$ 具有相同的變化規律。這時由於 ζ 和 ψ 的影響會導致 L 隨 r 在座標平面內的變化曲線較原先更加陡峭，即使得 L 的減小幅度更明顯，相同經濟擴展力的城市中心使城市向外擴展的能力更弱，城市邊界範圍更小。由於 K_i、L_i 和 V_i 中任何兩個變數之間都成正比，所以 $\hat{K}_i$ 和 $\hat{V}_i$ 也是 r 的嚴格減函數，進而 $\hat{Z}_i$ 也是 r 的嚴格減函數。這些都表明了隨著區位不斷遠離市場，該區位單位面積上的投入和產出隨之減少。按照這樣的思路，地租變化也會呈現同樣過程[1]。

在 $\hat{L}_i$、$\hat{K}_i$ 和 $\hat{V}_i$ 都分別以 r 表示的情況下，第 i 種作物的地租函數就可以表示為一個關於 r 的運算式。

$$R_i(p_i - t_i r)Z_i - \psi WL(r)_i - \zeta IK(r)_i - \xi EV(r)_i$$

即

$$R_i(r) = \underbrace{\underbrace{(P_i - t_i r)A(r)_i \hat{L}(r)_i^\alpha \hat{K}(r)_i^\beta \hat{V}(r)_i^\gamma}_{\text{（除去運費後的純收益）}} - \underbrace{\psi W\hat{L}(r)_i - \zeta I\hat{K}(r)_i - \xi E\hat{V}(r)_i}_{\text{（工資、投資以及偶然因素構成的成本和）}}}_{\text{（總純收益）}}$$

$$(3\text{-}18)$$

對公式（3-18）求關於 r 的導數，得到：

---

[1]　楊吾揚，梁進社.高等經濟地理學 [M]. 北京：北京大學出版社，1997。

$$\frac{dR_i(r)}{dr} = -t_i \hat{Z}(L,K,V,r)_i$$

$$+ \underbrace{\left[(P_i - t_i r)\frac{\partial \hat{Z}(L,K,V,r)_i}{\partial L_i} - \psi W \right]}_{(=0)} \cdot$$

$$\frac{d\hat{L}_i}{dr} - \frac{d\psi}{dr} + \underbrace{\left[(P_i - t_i r)\frac{\partial \hat{Z}(L,K,V,r)_i}{\partial K_i} - \zeta I \right]}_{(=0)} \cdot \frac{d\hat{K}_i}{dr} - \frac{d\zeta}{dr} +$$

$$\underbrace{\left[(P_i - t_i r)\frac{\partial \hat{Z}(L,K,V,r)_i}{\partial V_i} - \xi E \right]}_{(=0)} \cdot \frac{d\hat{V}_i}{dr} - \frac{d\xi}{dr} \quad （3\text{-}19）$$

因爲

$$(P_i - t_i r)\frac{\partial Z(L,K,V,r)}{\partial L(r)_i} = \psi W \qquad （3\text{-}20）$$

$$(P_i - t_i r)\frac{\partial Z(L,K,V,r)}{\partial K(r)_i} = \zeta I \qquad （3\text{-}21）$$

$$(P_i - t_i r)\frac{\partial Z(L,K,V,r)}{\partial V(r)_i} = \xi E \qquad （3\text{-}22）$$

所以有

$$(P_i - t_i r)\frac{\P Z(L,K,V,r)_i}{\P L(r)_i} - yW = 0 \qquad （3\text{-}23）$$

$$(P_i - t_i r)\frac{\P Z(L,K,V,r)_i}{\P K(r)_i} - zI = 0 \qquad （3\text{-}24）$$

$$(P_i - t_i r)\frac{\P \partial Z(L,K,V,r)_i}{\P \partial V(r)_i} - \xi E = 0 \qquad （3\text{-}25）$$

根據前面的條件可以得出收益最大化的 r 條件：

$$-t_i \hat{Z}(L,K,V,r)_i + \underbrace{\left[(P_i - t_i r) \frac{\partial \hat{Z}(L,K,V,r)_i}{\partial L_i} - \psi W \right]}_{(=0)} \cdot \frac{d\hat{L}_i}{dr} = \frac{d\psi}{dr}$$

$$-t_i \hat{Z}(L,K,V,r)_i + \underbrace{\left[(P_i - t_i r) \frac{\partial \hat{Z}(L,K,V,r)_i}{\partial K_i} - \zeta W \right]}_{(=0)} \cdot \frac{d\hat{K}_i}{dr} = \frac{d\zeta}{dr}$$

$$-t_i \hat{Z}(L,K,V,r)_i + \underbrace{\left[(P_i - t_i r) \frac{\partial \hat{Z}(L,K,V,r)_i}{\partial V_i} - \xi W \right]}_{(=0)} \cdot \frac{d\hat{V}_i}{dr} = \frac{d\xi}{dr}$$

即
$$\frac{d\psi}{dr} = \frac{d\zeta}{dr} = \frac{d\xi}{dr}$$

　　該式表明，在城市週邊擴展（類似農戶經營行為的空間擴展過程）的某一點上能夠實現邊際運費摩擦強度、邊際投資摩擦強度以及邊際偶然摩擦強度相等時，經濟實體在利益最大基礎上實現短期均衡，而這一點也是伴隨經濟體向城市週邊擴展進程中的短期城市邊界，該點向各個方向的城市擴展力相同（如圖中的 E_1 點和 E_2 點分別對應的 F_1 和 F_2 點在短期城市邊界上沿各方向的擴展力都是相同的）。如圖 3-11 表示了這個過程，城市擴展邊界由邊界 1 到邊界 2 的過程就是 $\frac{d\psi}{dr} = \frac{d\zeta}{dr} = \frac{d\xi}{dr}$ 狀態逐漸調整的過程，這時的邊界 1 和邊界 2 分別對應著 E_1 和 E_2 的三要素的短期均衡。

　　另外一個角度，根據公式（3-19）得：

$$\frac{dR_i(r)}{dr} = -t_i \hat{Z}(L,K,V,r)_i - \frac{d\psi + d\zeta + d\xi}{dr} \qquad （3-26）$$

式中 $\frac{d\psi + d\zeta + d\xi}{dr}$ 的符號不能確定，$\frac{d\psi + d\zeta + d\xi}{dr} = 0$ 時得到杜能模型的 $\frac{dR_i(r)}{dr}$ 現實中由於城市的不同方向以及不同範圍內 ξ、ψ 和 ζ

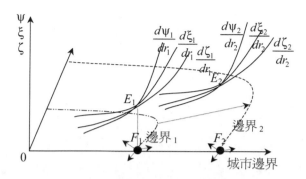

圖 3-11　城市邊界擴展與邊界摩擦強度變化

的變化不一致，這也導致城市沿不同方向的擴張速度不相同。雖然在不同半徑範圍內擴展速度不同，但是總的發展方向取決於 ξ、ψ 和 ζ 的強度對比，強度越大則由該因素導致的城市擴展能力越弱。但是一般認為，隨著城市週邊空間的擴展要素遷移摩擦係數會逐漸增大，即前文的 $\dfrac{d\psi + d\zeta + d\xi}{dr} > 0$，又因為 $t_i \hat{Z}(L,K,V,r)_i > 0$，所以有 $\dfrac{dR_i(r)}{dr} < 0$。但在此過程中，由於 $\dfrac{d\psi}{dr}$、$\dfrac{d\zeta}{dr}$ 和 $\dfrac{d\xi}{dr}$ 的變化程度以及符號的不一致，所以在城市發展的某些方向上或一定範圍內有可能出現 $\dfrac{dR_i(r)}{dr} > 0$，這就導致了城市發展中多核心的形成，這時會出現城市中由一個核心到另一個核心加速發展的空間擴展異常（這一點在哈里斯和烏爾曼的多核心城市構造模型中有論述），這些區域的地租水平很高並且聚集了高收益的商業實體。一般情況下呈現 $\dfrac{dR_i(r)}{dr} < 0$ 規律，該表達式表示了座標平面上地租是距離的減函數，所以 $R_i(r)$ 隨 r 增加而減少，在座標系中 $R_i(r)$ 是向右下方傾斜的曲線，該曲線越向左，表示農戶經濟所波及範圍越小，對於發展中的城市而言就是其規模較小。同時可以想像，距離經濟中心區由於經濟要素密集，向周圍腹地延伸過程中每跨越一小段就會伴隨一個明顯的地租變化，而越向

週邊擴展，地租隨距離的變化並不是像原來那麼明顯，需要有更大的距離變化時才會伴隨一個幅度不大的地租變化，地租的這種變化過程表明地租曲線凸向原點的向右下方傾斜的變化過程。

在上面的討論結果中，將 $\hat{L}_i$、$\hat{K}_i$ 和 $\hat{V}_i$ 代入 Z_i 從而可以得到距離市場 r 處單位土地上第 i 種產品的最優產量，記作 $\hat{Z}_i$，將 $\hat{Z}_i$ 代入 $\hat{\pi}_i$ 可以確定在 r 處經營 i 種作物單位面積上的最大利潤。

進一步，對公式（3-26）求 r 的二階導數，得到：

$$\frac{dR_i^2(r)}{dr^2} = -t_i\left(\frac{\partial \hat{Z}_i}{\partial Z_i} \cdot \frac{d\hat{L}_i}{dr} + \frac{\partial \hat{Z}_i}{\partial K_i} \cdot \frac{d\hat{K}_i}{dr} + \frac{\partial \hat{Z}_i}{\partial V_i} \cdot \frac{d\hat{V}_i}{dr}\right) - \frac{d\psi^2 + d\zeta^2 + d\xi^2}{d^2 r}$$

（3-27）

根據前文有：

$$\frac{\partial \hat{Z}_i}{\partial Z_i} > 0 \text{ 且 } \frac{d\hat{L}_i}{dr} < 0 , \quad \frac{\partial \hat{Z}_i}{\partial K_i} > 0 \text{ 且 } \frac{d\hat{K}_i}{dr} < 0 , \quad \frac{\partial \hat{Z}_i}{\partial V_i} > 0 \text{ 且 } \frac{d\hat{V}_i}{dr} < 0$$

同時因爲地域內 ξ、ψ 和 ζ 存在隨 r 變化的最大值，在這一點上投資者不會有利潤，所以有：

$$\frac{d\psi^2 + d\zeta^2 + d\xi^2}{d^2 r} < 0$$

所以

$$\frac{dR_i^2(r)}{dr^2} > 0 \tag{3-28}$$

公式（3-28）表明地租存在最小值（理論上這個最小值認爲是 0），即地域內依託核心城市成長的腹域有一個最遠範圍，這個最遠範圍就是城市成長的邊界。計算表明這個最小值的城市邊界爲：

$$r = \frac{P_i}{t_i} - \frac{\hat{\psi}WL(\hat{r}_i) + \zeta IK(\hat{r}_i) + \xi EV(\hat{r})_i}{Z_i t_i}$$

其中，$\dfrac{\hat{\psi}WL(\hat{r}_i) + \zeta IK(\hat{r}_i) + \xi EV(\hat{r})_i}{Z_i}$ 是產品單位產量上所分擔的由工資、利息以及偶然成本所組成的成本，可以定義爲 p_c，所以城市延伸的最遠範圍爲：

$$r = \frac{p_i - p_c}{t_i} = \frac{p'}{t_i}$$

式中 p' 爲產品的淨價格，所以城市的最遠擴展邊界取決於產品的淨價格 p' 與運費率 t，在淨價格既定情況下，t_i 的降低可以使 r 延伸得更遠。

在土地經營中，實際情況是同一塊土地會有衆多不同的經營者租用，土地所有者會將其土地出租給出價最高的經營者，經營者會在各種作物之間進行比較，所以各種作物選擇的結果在各區位的地租的公式表達爲：

$$R(r) = \max_i [(P - h_i r)\hat{Z}_i - \psi W \hat{L}_i - \hat{\zeta} I \hat{K}_i - \xi E \hat{V}_i] \qquad （3-29）$$

付出地租最高的土地使用者首先享有特定區位土地的使用權。這個方程式實際上看就是所有作物的競標曲線最高部分的包絡，由此可以確定從城市邊緣向外，在各個不同距離的地塊上農作物經營的種類。所有這些作物實際上形成了一個以城市爲中心的環狀分佈，第 i 種作物的市場供給是在各個區位上的產量的總和，如果第 i 種作物的分佈邊界距離城市中心的距離爲 R，且 R 是不連續的，則可以將 R 表示爲 $\sum_{m=0}^{\infty} r_m$，並且假定 $\hat{Z}_i$ 在整個區域內的分佈密度爲 $\hat{\rho}_i$。從數學上來看，這個供給量爲：

$$\int_0^{\sum_{M=0}^{\infty} r_m} 2\pi r \hat{\rho}_i (P_i, r) dr \qquad （3-30）$$

這個包絡就決定了不同性質的資源在距離城市中心的不同距離上的分布狀態，由此也就決定了資源在不同距離範圍內的跳轉機制，從而進一步決定了個體城市的空間邊緣以及邊緣的延伸或收縮動因。

根據擴展的杜能模型進一步分析，利潤對商品價格的彈性不同會導致不同類別的企業選擇佈局在到中心經濟不同的距離上，因爲價格變化會導致城市沿同方向擴張，所以 $E_{RP} > 0$。假如經濟個體佈局的區位既定，這時 $-W\hat{L}_i - I\hat{L}_i - E\hat{V}_i$ 的值就可以確定，既然在這種情況下是一個常量，不妨設其為 $-C$，則地租對價格的彈性可以表示為：

$$E_{RP} = \frac{\Delta R_i / R_i}{\Delta P_i / P_i} = \frac{\Delta R_i}{\Delta P_i} \cdot \frac{P_i}{R_i} = \frac{\Delta P_i \cdot Z_i}{\Delta P_i} \cdot \frac{P_i}{(P_i - h_i r)Z_i - C}$$

$$= \frac{P_i Z_i}{P_i Z_i - (h_i r Z_i + C)}$$

$$= \frac{1}{1 - (h_i r Z_i + C)/P_i Z_i}$$

在上述公式中，由於 $(h_i r Z_i + C)/P_i Z_i$ 項中的因子都是正數，又因為 $E_{RP} > 0$，所以分母肯定是小於 1 的數，由此可知 $E_{RP} > 1$，所以地租對特定區位元上的商品的價格是富有彈性的，即當商品的價格提高時會導致更高水準的地租。反過來，高價格或高收益的商品一般均佈局在高地租的區位上，城市中心佈局是強競爭力和高收益率的商業實體。

對於 $(h_i r Z_i + C)/P_i Z_i$，肯定有 $P_i Z_i > h_i r Z_i + C$，當商品的產量 Z_i 數量足夠大時，可以不考慮 C，於是就可以得到：

$$P_i Z_i > h_i r Z_i$$

即 $\qquad\qquad\qquad P_i / h_i > r$

這個公式中在 h_i 一定的情況下，r 越小，不等式成立的依據就越強，這表明高價位元的產品總是佈局在高租金的地方，而早期城市的這些區位上往往是距離經濟中心（城市中心）很近的區位。相對價位不高銷售量也不大的商品一般選擇遠離經濟中心的區位佈局。

3.3.2　個體城市成長的成本函數分析

個體城市的成長過程與經濟要素間的關係同企業成長的過程非常相似，所以可以借助企業的成長過程來分析城市的成長，這時需要把城市視作一個類似企業的經濟組織。傳統的微觀經濟學論認爲，由於微觀經濟活動中存在著"規模報酬遞增"的現象，從而使得廠商在擴大生產規模的同時，也獲得了單位成本降低所帶來的經濟效益，這就是所謂的規模經濟。伴隨著企業規模的進一步擴大，企業管理和監督就會出現困難，從而使得管理費用和監督費用會進一步提高，一旦這類管理和監督費用趕上和超過規模報酬遞增所帶來的益處，企業經營就會出現規模報酬遞減，或者說就會產生規模不經濟的現象。

城市的成長過程也受到成本的約束，城市成長的成本就是促使城市成長需要付出的代價，這個成本函數的變化規律與企業成本函數的變化規律相同，長期平均成本函數是與其城市規模有密切關係的，以 y_i 代表城市成長的收益，研究範圍內所有城市的收益值因爲有差異而不利於研究，爲此取 $\sum y_i$ 的平均值 $\bar{y}(\bar{y} = \sum_{i=1}^{n} y_i / n)$ 作爲研究變數，並設長期平均成本函數爲 $LAC(\bar{y})$，長期總成本函數爲 $LTC(\bar{y})$，P 爲有成形產品的綜合價格（$P = \sum_{i=1}^{n} p_i$，i 表示某種商品的價格），所以有：

$$LTC(\bar{y}) = \bar{y} \cdot LAC(\bar{y}) \qquad (3\text{-}31)$$

由總成本與邊際成本之間的數量關係，邊際成本函數爲：

$$MC(\bar{y}) = LTC'(\bar{y}) = d(LTC(\bar{y}))/d\bar{y} \qquad (3\text{-}32)$$

由公式（3-31）得：

$$LTC'(\bar{y}) = LAC(\bar{y}) + \bar{y} \cdot LAC'(\bar{y}) \qquad (3\text{-}33)$$

將公式（3-33）帶入公式（3-32）得：

$$MC(\bar{y}) = LAC(\bar{y}) + \bar{y} \cdot LAC'(\bar{y}) \qquad (3\text{-}34)$$

由基本的經濟學理論可知，若城市成長過程以追求最大收益爲目標，則城市能夠實現利潤最大化的基本條件是"邊際成本＝邊際收益＝產品價格"，即：

$$MC = MR = P \tag{3-35}$$

其中：MC 爲邊際成本

　　　　MR 爲邊際收益

　　　　P 爲產品價格

在城市成長過程中，城市之間互相襲奪資源與分割市場的行爲類似於在完全競爭的市場條件下進行企業活動，單個城市對其產品的市場價格不產生影響，只是市場價格的被動接受者。所以可以將 P 假定爲常數，有：

$$MC(\overline{y}) = P \tag{3-36}$$

將公式（3-34）帶入公式（3-36）得：

$$LAC(\overline{y}) + \overline{y} \cdot LAC'(\overline{y}) = P \tag{3-37}$$

將公式（3-37）變形後得到：

$$LAC'(\overline{y}) + \frac{1}{y} \cdot LAC(\overline{y}) = \frac{P}{\overline{y}} \tag{3-38}$$

由於公式（3-38）是一個非其次線性微分方程，解此方程得：

$$LAC(\overline{y}) = P + \frac{C}{\overline{y}} \tag{3-39}$$

其中 C 爲積分常數。在既定的價格水平下有：

$$LAC(\overline{y}) = P^* + \frac{C}{\overline{y}}$$

進一步得到：

$$LAC'(\overline{y}) = -\frac{C}{\overline{y}^2}$$

任何城市的發展都存在一個最低的基礎，假設這一水平爲 $\overline{y}^*$，如果在這個基礎上不斷發展，並考慮到這一因素的影響，那麼公式（3-39）變爲：

$$LAC(\overline{y}) = P^* + \frac{C}{\overline{y}^* + \overline{y}}$$

$LAC'(\bar{y})$ 符號由 C 的符號決定，$|LAC|$ 與 $\bar{y}^2(>0)$ 呈反方向變化，即隨著 $\bar{y}^2$ 的增大，$|LAC'(\bar{y})|$ 逐漸減小，$LAC(\bar{y})$ 曲線是一條逐漸變緩的曲線，長期平均成本與產出規模之間的關係爲雙曲線關係，這就表明長期平均成本曲線的形狀決定於積分常數 C 的符號，C 可以理解爲一定城市空間水平下城市發展的常規成本，即城市的存在必須付出的基礎成本。隨 C 的符號變化，$LAC(\bar{y})$ 表現爲以 P 爲對稱的兩條雙曲線。

(1)當 $C>0$ 時，由於 $LAC'(\bar{y})=-(C/\bar{y}^2)$，所以 $LAC'(\bar{y})<0$，說明 $LAC(\bar{y})$ 是單調遞減的，長期平均成本呈現反 J 型。

(2)當 $C=0$ 時，$LAC'(\bar{y})=0$，說明 $LAC(\bar{y})$ 爲與 $\bar{y}$ 無關的常數，即 $LAC(\bar{r})=P$，表明長期平均成本曲線爲一平行於橫軸的直線。

(3)當 $C<0$ 時，$LAC'(\bar{y})>0$，$LAC(\bar{y})$ 是嚴格單調遞增的，表明長期平均成本曲線是倒 J 型。

C 的三種不同情況所導致的三種不同長期平均成本曲線如圖 3-12 所示。由公式（3-39）可以得到，當 $C>0$ 時，長期平均成本曲線呈現嚴格下降的趨勢，說明有規模報酬遞增的現象，因而就肯定了規模經濟的存在；當 $C=0$ 時，長期平均成本曲線是一條平行於橫軸的直線，其含義是規模報酬不變；當 $C<0$ 時，表明不存在規模經濟，相反卻出現了規模不經濟的現象。

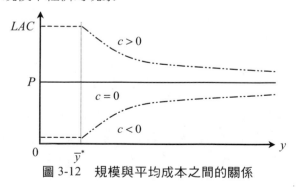

圖 3-12　規模與平均成本之間的關係

城市的成長過程也要經歷 $C<0$、 $C=0$ 和 $C>0$ 三個階段，在第一階段時，城市處於發展階段，城市聚集過程大於擴散過程，這時城市的擴展需要增加更多基礎設施，由於基礎設施的增加速度大於城市人口的吸納速度，所以 LAC 單調增加，這是個體城市發展的早期階段；在第二階段時，城市的擴展以及相應基礎設施的增加速度與吸納人口速度基本持平，所以這時的 LAC 曲線大體呈現為一條直線，這是個體城市發展的中期階段；第三階段表明城市的基礎設施已經達到一定的水平，足以吸納更多的人口，並且由於城市聚集作用導致城市的諸多要素外移，這是個體城市發展的後期階段。城市中心由於區位優勢的原因導致地價升高，以致遠遠超過原有基礎設施的生產成本，所以城市的規模越大，則 LAC 越小，城市向周圍擴展的速度越快。城市發展經過三個不同階段最終都要進入到相對成熟的狀態，這時城市發展已經到達相對較高的水平，C 對城市的影響已經不大。

3.4　居民點佈局對個體城市規模擴張的經濟分析

3.4.1　城市居民點佈局的消費者均衡分析

城市區域的擴展過程本質上是居民點（廠商）在距離城市不同區位上的選址過程，從而地價（地租）表現為對土地消費不同的一種均衡。如圖 3-13 所示，D_1 和 D_2 是兩條不同需求水平的土地需求曲線，土地的供給曲線是完全無彈性的。圖 3-13 中有三條供給曲線 $S^{均衡}$、$S^{低}$ 和 $S^{高}$，在正常情況下，土地的供給量為 $S^{均衡}$，土地的需求曲線為 D_1，這時存在一個均衡價格（E_1）。但是在土地需求量不變的情況下，如果土地的供給量降低到 $S^{低}$ 或者稍微升高到 $S^{高}$ 時，就會導致土地的價格升高（E_2）或者降低（E_3）。同樣，如果土地的供給水

平在 $S^{均衡}$ 時，但需求水平升高，也會導致土地的市場價格提高
（ E_4 ）。由於城區中不同位置的土地經濟收益預期不同，從而其需求
程度也不同。於是土地的價格會通過土地的供給需求機制表現出來，
城市土地的供給需求機制會影響到距離城市中心不同位置的地租水
平。

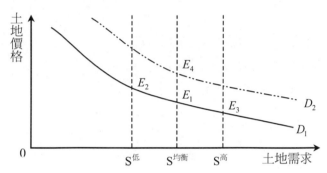

圖 3-13　城市土地的供給與需求

　　城市化過程（包括逆城市化）中，居民戶在市區的"離心"佈局
現象可以用消費者行為理論進行解釋。根據消費者行為理論，居民選
擇居住區的目的就是在收入預算的限制下最大化其效用。在西方經濟
理論中，分析消費者對某種消費品的消費時經常採用邊際效用分析方
法，設 x 和 y 為兩種消費品， Q_x 和 P_x 分別為 x 商品的消費量和價格，
Q_y 和 P_y 分別為 y 商品的消費量和價格， M 為消費者的既定收入，
MU_x 、 MU_y 和 MU_m 分別為商品 x 和 y 以及貨幣的邊際效用，由此可
以得出以下的方程式：

$$P_x Q_x + P_y Q_y = M \qquad （3\text{-}40）$$

$$\frac{MU_x}{P_x} + \frac{MU_y}{P_y} = MU_m \qquad （3\text{-}41）$$

　　按照這樣的思路可以對城市化過程中居民戶在城市中不同區位的
佈局進行考證，居民戶在城市的不同區位佈局，其考慮的出發點是用

既得收益獲得最大的效用，假設住戶的效用函數爲[1]：

$$u = N(Z, q, r)$$

根據前文有：

$$u = U(\overbrace{\underbrace{\frac{y - p(r)q - t(q,r) - \overbrace{\xi ev(q,r)}^{（偶然成本）}}{P_x}}_{（家庭總收入扣除地價、交通費和偶然成本的餘額）}}, q, r)$$

消費者的最大效用函數爲：$MaxU(Z, q, r)$

約束函數爲：$p_z Z + p(r)q_0 + t(q,r) + \xi ev(q,r) = y$

式中 y 爲城市居民戶的收入，$p(r)$ 表示土地價格，p 是住戶地點與城市中心距離 r 的減函數，q 爲居民戶消費的土地面積，p_x 爲綜合商品的價格，Z 爲居民戶對商品的消費量，t 爲交通成本，t 是 r 的增函數，v 是偶然成本，v 是 r 的減函數，μ 爲居民戶的效用函數，對 μ 的兩邊分別取 q 和 r 的一階導數。

進一步令：

$$\frac{\partial u}{\partial q} = 0$$

$$\frac{\partial u}{\partial r} = 0$$

進行整理得到公式（3-42）和公式（3-43）：

$$\frac{\partial u}{\partial q} = -\left[p(r) + \frac{\partial t + \partial v \cdot \xi \cdot e}{\partial q} \right] \frac{\partial U}{\partial Z} / p_2 + \frac{\partial U}{\partial q} = 0 \quad （3\text{-}42）$$

$$\frac{\partial u}{\partial q} = -\left[\frac{dp}{dr} q + \frac{dt + (dv \cdot \xi + d\xi \cdot v) \cdot e}{dr} \right] \cdot \frac{\partial U}{\partial Z} / p_2 + \frac{\partial U}{\partial r} = 0$$

$$（3\text{-}43）$$

將公式（3-42）和公式（3-43）整理得到公式（3-44）：

1　　楊吾揚，梁進社. 高等經濟地理學 [M]. 北京：北京大學出版社，1997: 345.

$$\frac{\partial U}{\partial q} / \underbrace{\left(p(r) + \frac{\partial t + \partial v \cdot \xi \cdot e}{\partial q} \right)}_{\text{單位產量的淨價格}:P_q} = \frac{\partial U}{\partial Z} / p_z$$

$$= \frac{\partial U}{\partial q} / \underbrace{\left(\frac{dp}{dr} q + \frac{dt + (dv \cdot \xi + d\xi \cdot v) \cdot e}{dr} \right)}_{r\text{處的土地消費需要支付的價格}:P_r} \qquad （3\text{-}44）$$

式中 $\frac{\partial t + \partial v \cdot \xi \cdot e}{\partial q}$ （一般大於 $\frac{\partial t}{\partial q}$ ）爲單位產量所承擔的淨運費，

所以 $p(r) + \frac{\partial t + \partial v \cdot \xi \cdot e}{\partial q}$ 就表示單位產量的價格，用 P_q 表示；$\frac{dp}{dr} q +$

$\frac{dt + (dv \cdot \xi + d\xi \cdot v) \cdot e}{dr}$ （一般大於 $\frac{dp}{dr} q$ ）表示由於選擇距離 r 處的土地

消費而需要支付的價格，用 p_r 表示。由此公式（3-44）就表示爲：

$$\frac{\partial U}{\partial q} / P_q = \frac{\partial U}{\partial Z} / P_z = \frac{\partial U}{\partial r} / p_r$$

同時因爲：　　$y = p_z Z + p(r) q_0 + t(q,r) + \xi e v(q,r)$ 　　（3-45）

仔細觀察就可以發現，公式（3-44）相當於公式（3-41），而公式（3-45）相當於公式（3-40），在公式（3-44）中有三個分式，左邊的分式中分子表示地皮的邊際效用，分母是地皮的價格，爲正值；中間的分式中分子表示綜合商品的邊際效用，分母是其價格，爲正值；右邊的分式中分子表示距離的邊際效用，分母爲由於位置的變化而引起的地皮和通勤費用支出的變化與在距離變化時居民戶消費的土地數量費用的和，由於 r 的邊際效用爲負，即 $\frac{\partial U}{\partial r} < 0$ ，所以

$\frac{dp}{dr} q + \frac{dt + (dv \cdot \xi + d\xi \cdot v) \cdot e}{dr} < 0$ ，即

$$\frac{dt}{dr} < -\frac{dp}{dr} q - \frac{(dv \cdot \xi + d\xi \cdot v) \cdot e}{dr}$$

該公式表明，t 對 r 的敏感程度較 p、v、ξ 對 r 的敏感程度高，而且 dv/dr 及 $d\xi/dr$ 越大，t 對 r 的相對敏感程度越強，居民戶會通過

距離選擇來增加對土地的消費，再加上一些偶然成本的影響，消費者的選擇總是趨向於租地面積不變或增加時地租隨區位變化（包括了偶然成本之後的地租）相對於交通成本更佔優勢的地段，即消費者在均衡的區位上隨著距離 r 的增加，總是趨向於減少租地費用和通勤成本，節約的成本用於擴大用地面積或者商品的消費，使得總效用的增加能補償由於通勤距離增加而引起的效用減少，只要存在補償的效用大於減少的效用，距離就會增加，直到兩者相等時消費者的選擇就會停止，這時實現了居民戶消費區位均衡，交通技術進步在這個過程中發揮著非常重要的作用。影響這種變化過程的不僅僅是土地的價格，ξ 和 v 也對這個過程產生影響，當 $\dfrac{d\xi}{dr}>0$ 相對較大時，在 $\dfrac{dp}{dr}q+$ $\dfrac{dt+(dv\cdot\xi+d\xi\cdot v)\cdot e}{dr}<0$ 的前提下，$\dfrac{dp}{dr}$ 的變化幅度會更大，這時居民戶或廠商向外擴展的能力就非常有限，但是由於 $\dfrac{dv\cdot\xi}{dr}$（其符號不確定）的作用，使得居民點或廠商不一定按照城市週邊的圈層發展規律佈局，在某些區域出現邊際收益遞增從而導致地租曲線並非單調遞減的個別現象發生。

　　由此可以得出結論：在郊區環境質量提高時會導致城市向外擴張，同時因為高收入家庭具有較平坦的價格曲線（如圖 3-14），因而會選擇居住在環境質量好的郊區，在圖 3-14 中，消費者在既定價格 P 下會選擇 B 點而不是 A 點所對應的空間位置。低收入家庭具有較陡峭的價格曲線，因而會選擇居住在離商業中心區較近的地區。由於不同消費水平的居民對居住區的選擇不同，所以不同經濟發展水平的城市向外擴展的速度也不同，若城市居民有較高的收入水平就會導致城市向外擴張，而較低收入水平的城市則不會向外擴張，消費者會選擇在城市中心集聚。

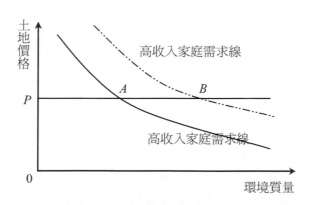

圖 3-14　城市土地的供給與需求

3.4.2　地租衰減曲線與不同居民戶的住址選擇

在城市規模迅速膨脹的情況下，城市的圈層在向外擴展，消費者原來認爲的土地成本分佈點區位就會變成現在的高成本分佈點區位，即相同區位的地租水平會增加，這就會使得原有區位上租地費用大爲增加，如果用與原來相同的支出就只能得到更少的租地面積，在其他條件不變情況下，這會使得 $p(r)$ 曲線左移（或 $p(r)$ 曲線垂直向上移，即相同的租地面積需要付出更多的租金），這時在原來區位相同地方分佈點的居民戶會覺得距離 r 擴大較比以高地租租得較少的使用面積所帶來的總效用增加的幅度會更大，居民戶就會用增加距離 r 以獲得更大的租地面積來替代短距離時獲得較少租地面積，這會使得居民戶的住宅佈局區位向城市的週邊擴展，從而促使城市規模擴大，在其座標平面內表現爲地租曲線向右平移。

正像杜能模型中一樣，如果把一個城市想像成爲平均質分佈並且只有一個中心時，實際上地租水平是按照以城市中心爲圓心的同心圓規律而分佈的，越是距離城市中心近的地方，地租水平越高；距離城市中心越遠的地方，租金水平越低，並且由市中心區到邊緣區每變化一個相同地租等級所跨越的空間距離由小逐漸增大。美國紐約地區中等家庭收入水平及其分佈的變動情況證明瞭這一點（如表 3-2）。紐約地區整個腹地從中心向郊區分為 Core Center，Inner Ring，Middle Ring 以及 Outer Ring 四個圈層，表中資料表明，就每一年而言，自中心 Core Center 向外圍 Outer Ring 的收入水平在提高；就每一層而言，自 1949－1979 年居民的收入水平都在上升，但不同圈層的收入上升幅度不同：Core Center 上升的幅度最慢，30 年間只提高了 5.31 倍，而 Outer Ring 卻提高了 7.97 倍，這說明隨著城市的發展，中高收入階層主要佈局在 Outer Ring 層，用距離換面積以取得更高的效用水平。

表 3-2　美國紐約地區中等家庭收入水平
及其分佈的變動情況（1949－1979 年）

County	1949 年	1959 年	1969 年	1979 年	1979 年/1949 年
Core Center					
Manhattan	3073	5338	8983	16326	5.31
Inner Ring					
Bronx	3612	5830	8308	14292	3.96
Kings	3447	5816	8859	14664	4.25
Hudson	3484	6151	9698	17659	5.07
Queens	4121	7176	11555	20506	4.98
Middle Ring					
Bergen	4277	7978	13579	27517	6.43
Richmond	3845	6836	11894	23842	6.20
Essex	3769	6651	10685	19931	5.29
Union	4312	7746	12593	25266	5.86
Nassau	4524	8515	14632	28444	6.29
Westchester	4353	8052	13784	27278	6.27
Passaic	3675	6432	10933	21011	5.72

表 3-2　（續）

County	1949 年	1959 年	1969 年	1979 年	1979 年/1949 年
Outer Ring					
Fairfield	3664	7371	13086	26598	7.26
Putnam	3339	6539	11996	26305	7.88
Middlesex	3725	7054	11982	25603	6.87
Rockland	3554	7472	13753	28243	7.95
Monmouth	3324	6413	11635	24526	7.38
Somerset	3667	7484	13433	29172	7.96
Morris	3758	7696	13421	29283	7.97
Suffolk	3411	6795	12084	24194	7.09

資料來源：John M. Levy. Urban and Metroplitan Economics [M]. New York: Mcgraw-Hill Book Company, 1985.

　　根據前文論述，城市發展中居民戶的這種佈局方式可以用如圖 3-15 表示[1]，曲線表示租金是距離的一個減函數，租金水平沿 $A > B > C$ 方向變化，每一個租金水平對應著一個同心圓，在整個城市區域記憶體在無數多個同心圓，同心圓由內到外存在租金的距離衰減規律。圖

---

[1] 在這裡，筆者討論的只是單中心下的城市週邊空間的地租曲線變化。可以這樣考慮，城市發展過程中在一定地域內會存在兩個或更多的城市，爲考慮問題方便，這裡只考慮三個城市的情況（如下圖），C_A、C_B、C_C 爲三個城市，A、B、C 分別爲三個城市的中心位置，A′、B′、C′ 分別爲三個城市地租降到最低位置時的情況。以城市 A 爲例，沿 AB′ 方向距離 A 城市漸遠，其地租水平逐漸降低，B′ 點是 A 城市的最低地租位置。但越過 B′ 向 B 城市靠攏的過程中，就成爲 B 城市的地租變化曲線，這時 B 城市的地租是呈增加趨勢的。地租曲線這樣一增一減，在城市之間形成倒拋物線形狀。

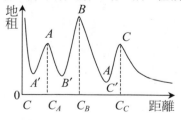

3-16 表示了四種不同消費能力的人群 l_1、l_2、l_3 和 l_4，距離在 D 以內時租金水平大於 A 的只有 l_1 能消費，租金介於 A 和 B 之間時 l_1 和 l_2 能消費，由於更多的 l_1 選擇了 D 以內的居住區域，所以為 l_2 在 D 和 E 之間選擇剩下了更多的空間。按照這種方式，租金介於 B 和 C 之間時 l_3 選擇 E 和 F 之間的居住區域，租金小於 C 時，l_4 選擇 F 之外的居住區域，所以，在消費者消費能力一定並且更多的考慮的是城市中的居住區位元的情況下，圖 3-16 中的 l_1、l_2、l_3 和 l_4 的分佈狀態實際上就是城區中居住人口貧富差異的一個區位標準。歷史資料表明，在西方發達國家大城市城區內居民早期交通不發達時的居住區正是按照這樣的原則進行分佈的，一般是富人居住在市內而窮人居住在市外。隨著城市的發展交通越來越便捷，不但公共交通設施逐漸完善，而且家庭轎車越來越普及，這時距離對於居民進入城市已經不是障礙，在交通成本允許的範圍內，更多比較富裕的住戶以居住的舒適來替代距離，用原來花費在地租上的支出購買交通工具，這時圖 3-16 表現的規律不再具有，而是恰恰相反。支出承受能力很強的 l_1，選擇在 F 之外的區位上，l_2 選擇在 E 和 F 之間，l_3 選擇在 D 和 E，l_4 選擇在 D 以內，所以圖 3-16 中 l_1、l_2、l_3 和 l_4 隨著距離的分佈規律正好相反表現。當然以上論述只是一種趨勢，至於 l_4 會不會佈局在 D 以內也不一定，因為 l_4 之所以原來佈局在 F 之外是因為充分考慮了地租和交通費用，所以，如果由於富人外遷造成 F 以內地租下降，那麼 l_4 會考慮向市中心方向遷移，如果 F 以內地租沒有下降，則 l_4 的位置不會有多大變動。

如圖 3-17 表示了地租、距離與消費能力之間的關係，圖中的地租曲線向右下方傾斜，租金是距離的減函數，而土地的消費曲線是向右上方傾斜的曲線，消費水平是距離的增函數，圖中的 L_1 和 L_2 表示兩種不同富裕水平下消費水平與地租之間的變化關係（L_2 的富裕程度高於 L_1），在同一租金水平時，消費者為提高其消費水平有遠離市中心的

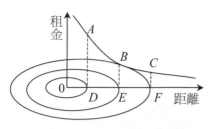

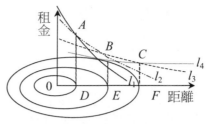

圖 3-15　土地租金與距離　　　　圖 3-16　距離選擇與土地
之間的關係示意圖　　　　　　　　租金承受關係示意圖

傾向，在與市中心相同距離的地方首先佈局的是富裕程度較高的消費者，圖上表現爲無論是在垂直方向還是在水平方向，L_2 總是較 L_1 有優先佈局的可能，雖然 L_2 以較大的距離換取了更多的消費面積，但同時也需要付出更多的交通成本。富人外遷相應的只會在原來相對穩定佈局基礎上使得城區擴大，即富人只能遷移到比原來城市規模更遠的地方，國內有些專家將該種現象叫做“城市空心化”，“城市空心化”促進了城市規模的發展，這樣的發展導致窮人居住在市中心而富人居住在市郊區，當代西方國家大城市住戶的佈局充分證明這個結論。

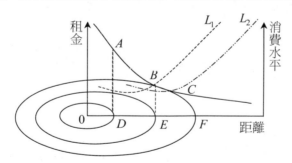

圖 3-17　地租變化、消費能力與距離的關係

如圖 3-18，顯示了距離市中心不同距離的土地使用面積的替代。根據前文論述，居民戶在市中心不同距離處布點符合消費者行爲理論。圖中 I_2 相對於 I_1 是調整後的無差異曲線，是一個更高的效用水

平，同樣l_2和l_1分別與兩條無差異曲線相對應。當交通等基礎設施條件改善時，居民戶會以距離市中心較遠處更大面積的土地消費替代距離市中心較遠處的較小面積的土地消費。圖中表現爲消費者行爲曲線外移。

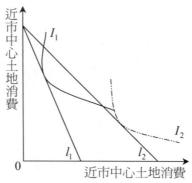

圖 3-18　市中心不同距離處土地消費替代

根據微觀經濟的效用理論，商品組合給消費者帶來的總效用可以區分爲替代效應和收入效應兩個方面，總效應與某種消費品價格的變化方向是否相同取決於收入效應與價格效應的對比。強度大的方向決定總效應方向，根據斯盧茨基方程有（考慮兩種商品的情況）：

$$\frac{\partial x_2}{\partial p_1} = \left(\frac{\partial x_2}{\partial p_1}\right)_{u=i常數} - x_1 \frac{\partial x_2}{\partial m}$$

在其他條件不變的情況下，商品x_1價格的變化對均衡數量的影響$\partial x_2 / \partial x_1$可以分解爲兩部分，第一部分是保持原有效用水平不變的條件下，商品價格變化對均衡數量的影響；第二部分是價格不變消費者收入發生變動時對均衡數量的影響，其中$\partial x_2 / \partial m$是增加一單位收入所增加的商品的消費數量，$x_1$表示價格變動一單位對收入的影響。第一部分是替代效應，第二部分是收入效應。商品x_1價格的變化對消費者在x_2上消費數量的總量的變化方向取決於替代效應與收入效應的對比。在 x_1 價格下降的條件下： x_2 若爲正常商品，則替代效應爲正且收入效應爲正，所以 x_2 的總量增加； x_2 若爲低檔商品，則替代效應爲正且收入效應爲負，但收入效應小於替代效應，所以 x_2 的總量增加； x_2 若爲吉芬商品，則替代效應爲正且收入效應爲負，但收入效應大於替代效應，所以 x_2 的總量減少。

城市地域的外展過程遵循上述原則。城市地域外展過程的本質是居民戶或廠商用低地租的土地替代高地租土地的過程。根據前文，居民戶或廠商在城市地域不同區位的佈局是其對地租、收益與通勤成本的權衡。一般情況下土地是正常商品，即土地的地租越低，居民戶的消費數量就相對越高，並且由於地租的降低而導致的居民戶和廠商收入水平的上升也會導致對低地租的土地消費數量的增加，所以收入效應與替代效應的總效應是使得土地的消費數量增加；如果由於地租價格的下降導致居民戶和廠商在沒有消費很大土地面積時就得到很高的報酬，則收入效應會導致居民戶和廠商對土地的消費數量的減少，這時的總效應就不如前一種情況時大；當由於地租水平的下降給居民戶和廠商帶來的收入水平變化很顯著時，收入效應就遠遠超過了替代效應，這時居民戶和廠商對土地的消費數量不但不會增加反而會下降，這就是吉芬商品的情況，該種情況下城市的擴展速度就相對較慢，城市化進程進入相對成熟階段。

根據前文分析，地租水平與商業行爲實體的盈利水平呈現正相關，於是在距離市中心的不同區位上佈局了不同性質和盈利水平的商業實體。個體城市的這種空間變化過程導致城區不同區位的產業分佈以及個體城市發育的不同類型：當城市核心地區發揮主導優勢作用時，城市表現爲城心密集型，城市核心區發展速度最快，城市中心區爲中高服務級別；當城市功能逐漸向外擴散時，城市發育成近城心幹線型或幹線過渡型，這時交通幹線對城市的內部空間格局的分化產生主要作用，會分佈一些中等或中低等服務級別的商業主體；個體城市最終會發展爲廣佈城市，其將爲城市群的產生奠定空間基礎（如表 3-3）。

表 3-3　城區商業服務地域類型及特徵

類型	分佈區域	分佈行業的區位商業與級別特徵
城心密集型	城心占絕對優勢	A 型及 D_2 種業種，中高服務級別
城心與近城心幹線型	城心、周邊幹道、要道	A、C 型高級商業服務級別
中環幹線型	中環幹線分佈	B 型業種，較高的服務級別
外緣型幹線及過渡型	中外環帶分佈	B_2 型業種，中等服務級別
離心分散型	城心區域之外分散分佈	B 型業種、中低服務級別
廣佈型	全域分散分佈	D 型業種，特化程度不高，服務等級低

資料來源：陳忠暖.昆明市城市商業地域結構探討與調整對策芻議 [J]. 人文地理，1999(12):21-25. 表中內容解釋：①城心聚集 A 包括城心特化 A_1：大商廈、金銀首飾、大中百貨；城心周邊 A_2：皮件買賣、大醫院、鮮花、照相；向心 A_3：紡織、服裝、禮品、鞋帽、家電、燈具。②離心 B 包括強離心 B_1：汽配、菜市、旅店、五交化；中環 B_2：家具建材、自行車。③非城心局部聚集 C 包括幹線特化 C_1：批發市場、賓館；局部聚集 C_2：玩具、自選商場。④均勻 D 包括均勻 D_1：美容、藥店、冷飲、文具、麵包糕點、縫紉、洗染、糧油；弱向心 D_2：書店、文印、錄音錄影；弱離心 D_3：小吃、小百貨、土雜、影視。

3.4.3　居民戶佈局中的級差地租影響

根據馬克思級差地租理論的基本思想，級差地租是根據租地質量等級不同或地理位置有差別的土地而繳納的歸土地所有者佔有的超過平均利潤以上的那一部分超額利潤。級差地租的存在需要有兩個條

件：①自然條件和投資不同而產生的生產率的差別；②土地經營權的
壟斷。前文論及的城市地租衰減規律實際上就是城市的級差地租在市
區不同區位上的反映。城市級差地租存在以下特點：由土地位置優劣
差別而形成的級差地租是城市級差地租的主要形式；商業級差地租是
城市級差地租的典型形態；城市土地投資的地租效應擴散性越強（即
一個區位的地租擴展方向會影響鄰近區位的地租向相同方向變化），
城市級差地租的累積性就越大（即一個區位的地租一旦向一個方向擴
展就會不斷地沿該方向進行下去）。城市居民點佈局實際上就是以級
差地租爲成本而進行的一次收益成本分析，收益就是消費者購買並且
享受了土地及其以上的建築後所取得的效用。這裡的成本除了居民點
到市中心的交通費用外，主要的是級差地租，消費者爲了獲得預期效
用必須按照 P 的價格預先支付級差地租，所以消費者支付的不是級差
地租本身，而是按照一定的級差水平支付的一定利息水平上的折現
值，即：

$$P = R \cdot [(1+i)^n - 1] / [(1+i)^n \cdot i]$$

　　式中 P 是土地價格，也是消費者必須支付的費用，R 是地租，i
是利息率，n 是時間（一般以年計）。在一定時期內 i 是一定的，所
以影響消費者行爲決策的主要變數是 R。由於城區中不同區位的級差
地租水平存在很大差別，因此，居民點佈局與級差地租水平存在很大
的相關性，這在前文中已經有詳細說明。以天津市爲例，天津市地價
的分佈形態爲馬鞍形，即從華界大胡同、東馬路、日租界旭街（今和
平路）到法租界勸業場一帶爲一條高地價山脈，地處這條山脈兩端的
東北角一帶和勸業場一帶爲兩個高峰區。天津市地價由這一山脈和兩
峰向四邊逐漸降低，沿海河一帶、解放路、大沽路是一條次高峰帶，
與和平路、東馬路走勢相同。天津市地價高峰地帶均爲租界、華界商
業最繁華地區，其特點爲租界與華界各有一個地價高峰區，而且彼此

由一條繁華商業街相連，價格相近；而華界與租界最低地價相差很
大。近代上海市的地價分佈也呈現近似的情況，以 1925 年的上海市
公共租借地爲例，城市土地價格在交易中形成了多層次的等級差別：
外灘頭等地產每畝 25 萬～35 萬；頭等洋行地產每畝 14 萬～25 萬；
中區大商店地產每畝 7 萬～15 萬；普通店地產每畝 2 萬～13 萬兩白
銀；外國住宅每畝 0.45 萬～2.5 萬；最遠至碼頭沿浦等地每畝 0.5 萬
～2.5 萬；頭等工廠地產每畝 0.5 萬～1.8 萬；普通工廠地產每畝 0.2
萬～0.6 萬；界外田地每畝 0.02 萬～0.3 萬。

表 3-4   地價水平與城市規模之間的對應關係

等級	地價區間 （元/平方米）	城市數	按照城市規模劃分的城市數				
			超大城市數	特大城市	大城市	中等城市	小城市
I	$V \geq 550$	15	7	3	4	1	0
II	$400 \leq V < 550$	15	3	6	3	3	0
III	$300 \leq V < 400$	36	0	11	12	12	1
IV	$200 \leq V < 300$	46	0	2	10	24	10
V	$100 \leq V < 200$	135	0	0	5	65	65
VI	$V < 100$	270	0	0	3	44	223
合計		517	10	22	37	149	299

資料來源：劉幼慈，等.我國城市地價評估模型及其空間分佈規律研究 [J]. 中
國人口資源與環境，1998(1): 20-25.

從地域分佈上看，地價與城市規模間存在很大正相關，劉幼慈等
根據運用城市地價模型分析了我國 1992 年 517 個城市的地價水平
（如表 3-4），充分論證了這一結論，研究結果顯示，城市的級別越
高其所佔據的地價區間越高，超特大城市和大城市的地價一般都在
500 元/平方米和 300 元/平方米以上，小城市的地價一般都在 400 元/
平方米以下。研究結論中的地價水平距目前已經有十年之遙，雖然地
價水平有了很大變化，但變化規律依然存在。中等城市的地價在各個

區間都有分佈，這就使得城市居民在佈局居民點時會充分考慮自己的承受能力以及進行成本收益比較，在部分高地價承受能力較強的廠商或居民戶向城市中心區聚集的同時，一些對高地價承受能力不強的居民戶或廠商會向城市的邊緣區遷移，逆城市化現象出現就成為必然。

3.5　個體城市擴展合理規模的確定

3.5.1　規模確定的規模收益方法分析

如圖 3-19，城市成長的狀態可以用規模收益方法進行說明。城市發展涉及的要素很多，為了在平面座標系內說明問題方便，將所有要素抽象成 M 和 N 兩種。根據規模收益原理，在 M 和 N 兩種要素按照一定比例在城市區域聚集時，由於要素間結合方式不同而產生不同的經濟效果，即三種不同的狀態：規模收益遞增（圖中的 $A-B$ 段）、規模收益不變（圖中的 $C-D$ 段）、規模收益遞減（圖中的 $D-E$ 段）。三種狀態下兩種要素結合形成的資源外溢程度不同。在規模收益遞增狀態時，由於要素結合會產生更加豐裕的促使城市擴張的經濟結果或環境，這將導致城市規模快速擴展，宏觀上表現為城市地域的擴展、機械人口的增加、城市土地利用效率的提升以及地租水平的提高；在規模收益不變狀態時，資源聚集所產生的效用增加剛好彌補城市存在所需要的消耗，於是城市的規模不會擴張或緩慢擴張；在規模收益遞減狀態時，城市發展所需要的經濟耗費已經超過要素聚集時所產生的經濟增加，城市呈現收縮趨勢或極度緩慢擴張。從理論上講，三種狀態下無論收益多寡最終都會導致城市的擴張，只是擴張的速度不同。但當城市淨經濟增長為負時，城市發展就會表現為快速萎縮。不同區位的自然、經濟環境的差異會導致城市成長的基礎和發展的速

度不同，在城市的發展進程中，要素聚集發展所促成的資源進步狀態
不同，因此城市發展的擴張或消亡速度也存在很大的差異。

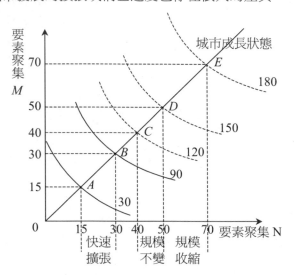

圖 3-19　規模收益與城市成長狀態

　　根據前文，城市的發展是諸多要素整合發展的產物，在從其產生
和成長的整個過程中無不遵循經濟學原理，從這個角度來說，城市的
發展過程類似於企業的發展過程，企業的發展存在一個合理的規模，
所以城市也存在一個合理規模的問題。筆者在此將城市比作一個企
業，城市的成長經濟與企業的成長經濟一樣，生產理論表明企業的發
展存在一個適度規模，城市的成長同樣也存在一個適度規模。因此，
可以通過構造城市成長經濟函數來說明城市成長過程中的經濟性，如
果用 Q 表示城市產出，R 表示資源，U 表示城市自組織帶來的資源配
置效用，則城市成長過程的經濟性可以通過單位資源的產出 $Q(R,U) =$
$Q \cdot U / R$ 來表示，該指標的增量可以視爲是由資源和城市的自組織效
用來實現的，即：

$$dQ(R,U) = \frac{\partial Q(R,U)}{\partial R}dR + \frac{\partial Q(R,U)}{\partial U}dU$$

$\frac{\partial Q(R,U)}{\partial R}$ 表示資源的邊際經濟性，$\frac{\partial Q(R,U)}{\partial R}dR$ 表示由資源的邊

際經濟性帶來的城市經濟，$\frac{\partial Q(R,U)}{\partial U}$ 表示組織的邊際經濟性，

$\frac{\partial Q(R,U)}{\partial U}dU$ 表示由城市的自組織帶來的城市經濟。$dQ(R,U) < 0$ 時，

表示城市成長不經濟，城市成長的不經濟是由城市資源及其自組織效
率所造成的，$dQ(R,U) > 0$ 是城市規模擴張。

　　通過平均成本與平均產出之間的關係更能清楚地說明這個問題。
起初城市的人平均產出（AP）隨著人口的增加而增加，在人口的規模
達到一定程度時城市的人平均產出隨著城市人口的增加而減小。另
外，城市的人平均投入（AC）起初隨著人口的增加而遞減，但當達到
某一規模後逐漸上升，所以城市的規模只能介於某個範圍，即城市的
發展存在著合理規模（如圖 3-20）。城市擴展的合理規模可以用四項
指標表示（如圖 3-21）：城市的平均收益、平均費用、邊際收益、邊
際費用。關於圖中的一些解釋如下：S_O 爲城市的最小規模（平均費用
與平均收益的最初交點）；S_A 爲城市的最低成本規模（平均費用最低
點）；S_B 爲人平均最大效益規模（平均收益與平均費用之差最大
處）；S_C 爲城市最大收益規模（城市平均收益最大處）；S_D 爲社會
最適規模（邊際收益與邊際費用的交點）；S_E 爲城市最大規模（平均
收益與平均成本的交點）。平均收益與平均費用分別反映了城市在發
展中人平均的綜合性收益與費用，通過對不同規模城市的測算分別得
到其數值，在座標面內連接各點就構成平均收益與平均費用曲線。這
幾條曲線的發展速度是不一樣的。隨著城市發展規模的擴大，平均收
益曲線開始時上升很快，當城市發展規模超過外部約束條件所能提供

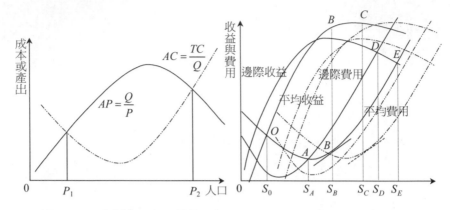

圖 3-20　城市擴展合理規模圖解　　圖 3-21　城市最佳規模示意圖

的可能時，則開始呈下降趨勢；平均費用曲線一開始呈緩慢下降趨勢，但很快就一直上升，不再下降，這種變化規律是城市發展內在規律的直觀表達。邊際收益與邊際費用分別表示城市每增加單位人口數以後，平均收益或平均費用的正（或負）增量，這兩條曲線一般呈現的狀態為：當平均費用開始下降時，邊際費用開始上升，但始終小於平均費用；當平均費用轉為上升時，邊際費用加速上升，並大於平均費用。在假設平均收益增長率隨城市規模擴大而降低的前提下，當平均收益增長率降為零時，其曲線就到了一個轉捩點，邊際收益曲線與此趨勢相同，但變化率與轉捩點位置不同；當平均收益增長時，邊際收益大於平均收益；當平均收益下降時，邊際收益小於平均收益。依據上述各種曲線的變化關係可得到幾種城市發展的合理規模：一是城市的最低成本規模，當平均費用曲線到達最低點處，此時，平均收益與平均費用之差最大；二是城市最大收益規模，當平均收益曲線到達最大處，此時城市的平均收益最大；三是社會最適規模，指邊際收益與邊際費用交點所對應的規模。這說明如果再給城市增加一個單位的人口，由此而增加的收益就抵消不了因此而增加的費用，這既是城市最大的經濟規模，也是對區域貢獻最大的規模。由於在不同發展目標

下所追求的重點不同，因而，上述幾種合理規模都可稱作一定意義上
的最優城市規模。

3.5.2　規模確定的地租空間衰減方法分析

3.5.2.1　生產要素的時空均衡與均衡地租形成

聚集經濟利益的存在爲廠商和居民帶來了超額利潤，爲追求利潤
的最大化，更多的廠商與居民的集聚與競爭最終會導致利益的均等化
和數目的最大化。這一過程中，不僅生產者、消費者之間進行了區位
競爭，而且生產者與消費者之間也進行著區位競爭，產品市場、要素
市場也因此需要調整與協調，最終實現生產要素的時空均衡。

在完全競爭條件下，通過市場交換，生產要素在各個行業之間分
配流動從而得到了更爲有效地配置，當市場出清時社會資源就達到帕
累托最優配置。在存在聚集經濟時，資源的空間流動與配置則可以進
一步提高資源的利用效率。在城市經濟中，社會資源的時空有效配置
實際上就是土地要素與其他社會資源的最佳配置問題。當實現社會資
源的時空有效配置時，可流動的要素和產品通過市場交換達到供求均
衡，從而確定均衡的要素與產品的價格，而土地要素則因爲空間聚集
和其他要素與產品市場的均衡達到最佳利用，從而實現租金收入即土
地價格的最大化。

城市成長過程中土地的供給是有限的，與其他經濟要素不同的是
它可以獲得經濟租金，即支付給生產要素的報酬超過爲獲得該要素供
應所必須支付的最低報酬的部分[1]。地租的支付對廠商而言是一種成
本，土地的供給是缺乏彈性的，因而其價值完全由需求來決定。廠商
對土地要素的需求是由其邊際產出及產品價格決定的。在競爭均衡

---

[1]　M・歌德伯戈，P・欽洛依.城市土地經濟學　[M]. 國家土地管理局科技宣教
　　　司，譯. 北京：中國人民大學出版社，1990: 47.

時，廠商的經濟利潤爲 0。即 $p^*y - c(y^*) - r = 0$。其中 p 爲土地價格，y 土地數量，c 爲除土地以外的其他投入，r 爲地租。所以在社會資源得到均衡配置時，除土地外，可流動要素與產品價格既定，產量 y^* 及成本 $c(y^*)$ 取決於所在區位的聚集狀況，區位越有利，聚集經濟利益越明顯，則廠商的經濟利潤越高，地租支付能力也就越強。所以區位不同，地租也就不同，這就形成城市級差地租。當社會資源實現空間的有效配置時城市的土地得到了最佳利用，聚集經濟效果得到了最佳發揮，城市總差別地租達到最大（如圖 3-22）。圖中表示了經濟租的五種狀態：狀態$_1$ 表示城市土地的供給完全有彈性，這時廠商按照一般生產要素的平均收益水平獲得商業地租，經濟租爲 0；狀態$_2$ 表示城市土地的供給完全無彈性，這時的經濟租達到最大值；狀態$_3$ 表示土地的供給在達到一定數量以上時地租才表現出與土地供給數量的彈性，在這一水平時無彈性，這時經濟租佔有相對較多的份額，而轉移收入的份額較小；狀態$_4$ 表示，土地供給在一開始就需要提供一個水平的轉移收入，即在一定的轉移收入水平下土地供給無限彈性，而超過這一水平時才表現爲一定程度的彈性，這時轉移收入占有較大的份額；狀態$_5$ 表示城市土地的供給有一定的彈性，但不是完全彈性，這時的經濟租水平介於前兩種狀態之間。經濟租的水平越高，使得廠商在該點佈局產業所需要付出的成本越高，不能支付高經濟租的廠商就會佈局到距城市中心較遠的區位上，從而通過經濟租限制催生了城市規模的擴展。

在以上五種狀態下城市規模擴展的速度表現爲：狀態$_2$ > 狀態$_3$ > > 狀態$_5$ > 狀態$_4$ > 狀態$_1$。

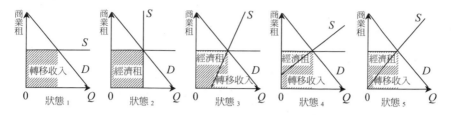

圖 3-22　土地資源的供給彈性與經濟租狀態

　　從理論上看，租金這個詞可用來表示租用任何東西而付的報酬，但在經濟學中，租金是與供給非彈性的生產要素相聯繫的。土地就是這種生產要素的一個典型。使用土地的報酬被稱爲商業租金，但商業租金有兩種成分：轉移收入與經濟租金。轉移收入是對土地消耗的補償；經濟租金則是一種反映土地稀有價值的支付，是商業租金中扣除轉移收入剩下的那部分。大多數農業用地的地租中都包含有轉移收入和經濟租金兩種成分，但其比例卻是隨土地供給的彈性而變化。如果土地是大量的，土地供給就是相對有彈性的，地租中轉移收入的比例就比較高，經濟租金的支付就相對較低。但在農業集中經營區，土地的供給在相當程度上是非彈性的，結果就是經濟租金佔有了地租的大部分。當土地供給是完全非彈性的時候，商業租金由經濟租金構成，轉移收入可忽略不計了。若土地供給有一定彈性，則經濟租金與轉移收入同時包括在商業租金中，二者的比例是由彈性的大小決定的，彈性越大，轉移收入比重越高。當土地供給是完全彈性時，商業租金中就只剩下了轉移收入，經濟租金可以忽略不計了。

3.5.2.2　地租均衡與城市邊界的確定

　　研究顯示，城市規模成長過程中存在棘輪效應（即擴大之後就不能再縮小），在城市規模成長過程中，存在著一種自強化機制，這種自強化機制促使城市規模的邊界不斷擴大，從而產生所謂的棘輪效應。城市規模棘輪效應的產生源於產業關聯引發的乘數效應，這種乘數效應使得城市經濟表現出明顯的倍數成長、外延的擴張力和擴張傾向。大城市具有現代化、專業化和社會化的多種產業部門，能夠實現聚集經濟效益，這是乘數效應機制發揮作用的基礎條件。現代工業生產要求企業和產業之間協作配套，以集中佈局形式發展，某一工業企業的建立和發展必然產生乘數效應，並帶動有關部門和企業向城市聚集。隨著城市規模的擴大，隨之會產生更多的聚集經濟優勢。大城市往往比中小城市具有更強的產業結構轉換能力，產業結構轉換決定了城市規模經濟的自我增長和自我發展能力，從而使城市經濟在生產要素組合的組織和創新方面一般都具有較強的可更新性和自生性，並能激發出大量的機遇。同時由於大量適宜的知識和技能的聚集，大城市將成為區域經濟產業轉換的焦點和主要載體，並在城市規模發展到一定程度後，人們可以在某種程度上免受或者少受自然資源多寡的約束，從而不斷獲得新的發展。這是大城市規模增長不可遏止的重要內在原因之一。

但是城市的發展不是沒有邊界的，總是存在一個界限，即從成本和收益角度而言的城市成長的邊界。從機會成本分析，只有當地租支付超出農業地租時，農業用地才有可能轉為城市土地。所以在完全競爭的條件下，城市邊界的地租將等於農業地租。因此，由競租函數所決定的城市的均衡租金曲線與農業地租共同決定了城市的總規模。如圖 3-23 表示了城市隨其腹地內地租變化的趨勢而出現的城市規模擴展的一般過程，R_c 為城市的租金曲線，隨著與市中心距離的增加而減少，R_a 為農業地租曲線，在 X_0 為城市均衡邊界、R_c 一定時，城市用地的大小主要取決於機會成本 R_a 的大小。當 R_a 上升時，城市範圍將縮小，反之城市範圍將擴大。

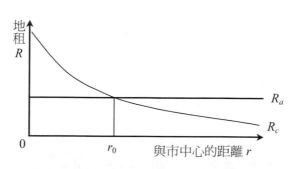

圖 3-23　地租水平與城市的擴展

　　當城市整體聚集經濟利益提高時，城市內各個區位的外部利益也相應提高，所以其可支配收入也相應提高。在兩個城市中假設 城市$_1$ 的聚集經濟效果大於 城市$_2$，在這種情況下，城市$_1$ 就會比 城市$_2$ 有更大的城市邊界。所以在其他條件不變的情況下，聚集經濟利益的提高將直接導致城市範圍的擴大（如圖 3-24）。這是區域內表現為兩個或多個不同規模的城市聚集在一起共生發展。

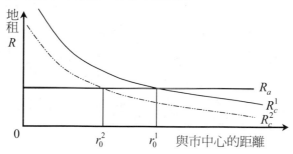

圖 3-24　地租水平與城市的擴展

　　所以城市週邊空間的擴展過程就是在尋找地租均衡，但在地租均衡的尋找過程中受到多種因素影響，這除了城市週邊空間地租的形成外，還有消費者對商品的消費，由此城市邊界的確定實質上是受多種因素影響下城市擴展對土地消費量的一個一般均衡，這個一般均衡可以通過如下的關聯圖形（如圖 3-25）加以描述。圖中 r 表示距離市中心的距離，$Z(r)$ 表示對 r 處綜合商品[1]的消費量，$q(r)$ 表示 r 處土地的消費數量，$q(r)$ 表示 r 處的土地的租金。消費者消費商品所得到的總效用為 $u = U(Z(r), q(r))$。這時有下面的幾個關係成立：

$Z(r)$ 與 $q(r)$ 呈反向變化，即 $\partial Z(r)/\partial(r) < 0$

$Z(r)$ 與 r 呈反向變化，即 $\partial Z(r)/\partial(r) < 0$

$R(r)$ 與 r 成反向變化，即 $\partial R(r)/\partial r < 0$

$R(r)$ 與 $q(r)$ 成反向變化，即 $\partial R(r)/\partial q(r) < 0$

給定狀態：$A(Z(rA), q(rA))$ 和 $A'(Z(rA'), q(rB'))$，$r_A < rA'$，有：

$$q(rA') > q(rA) \text{ 和 } Z(rA') > Z(rA)$$

根據關聯圖形可以得出：

$$R(rC') < R(rC)$$

所以，較大的 r 對應著較低水平的 $Z(r)$、較低水平的 $R(r)$ 以及較高水平的 $q(r)$。

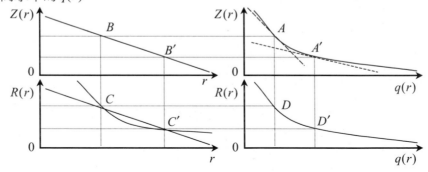

圖 3-25　城市週邊空間中影響要素的關聯示意圖

這個變化過程同樣可以通過邊際成本與邊際收益的關係和城市擴展的圈層關係建立起對應。如圖 3-26，假設在區域記憶體在區域 A 和

---

[1]　因為城市發展過程中會有多種商品存在，所以在考慮對城市發展的影響時不能單獨考慮某一種商品。為簡便起見，將眾多商品抽象為一種商品，即綜合商品。

區域 *B*（圖 3-26-1），*A* 區存在 A_1、A_2、A_3、A_4、A_5 五個級別的擴展狀態，*B* 區同樣存在 B_1、B_2、B_3、B_4、B_5 五個級別的擴展狀態，每種狀態所對應的環形線表示兩個區域的城市向外擴展過程中 $MC = MR$ 的位置，由此對於不同規模的城市，其向外擴展過程中，影響範圍與城市規模呈同向變化。

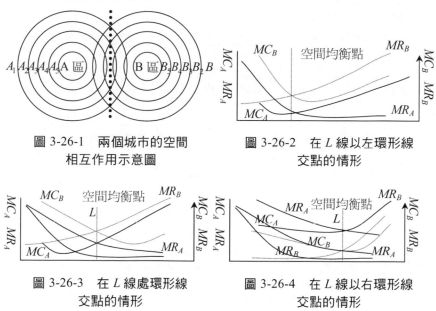

圖 3-26-1　兩個城市的空間
相互作用示意圖

圖 3-26-2　在 *L* 線以左環形線
交點的情形

圖 3-26-3　在 *L* 線處環形線
交點的情形

圖 3-26-4　在 *L* 線以右環形線
交點的情形

　　圖中兩個區域的環形線交點的地方表示兩個城市同時實現了 $MR = MC$，即 $MR_A = MC_B$，通過邊際成本與邊際收益之間的曲線關係來進行說明就是：兩個同級別的環形線的交點位於 *L* 直線處，不同級別的環線的交點位於 *L* 直線左邊或者右邊。①當環線的交點位於 *L* 線的左邊時，如圖 3-26-1，這時分別實現 $MR_A = MC_A$ 和 $MR_B = MC_B$，但是由於這時環線的交點靠近 *A* 區域，所以 *A* 區域的城市向外擴展時增加單位距離所消耗的成本相對於 *B* 區域的較小，所以這時圖 3-26-1 中的 *L* 線左邊的 MC_B 位於 MC_A 之上，但是 $MR_A = MC_A$ 和

$MR_B = MC_B$ 同時在 L 線處實現。越過 L 向左進行時雖然兩個區域的邊際成本都在增加，但 MR_A 卻減小得很快，以至 MR_B 超前 MR_A 很多；②當環線的交點位於 L 線上時，如圖 3-26-2，這時為兩個同等級別的城市擴張環線的交點，不失一般性，$MR_A = MR_B$ 且 $MC_A = MC_B$，為了說明問題方便，在圖 3-26-3 中，MR_A 與 MR_B 並沒有重合，同時 MC_A 與 MC_B 也沒有重合。實際上這時 MR_A 與 MR_B 及 MC_A 與 MC_B 應該分別重合為一條曲線。③當環線的交點位於 L 線的右側時，如圖 3-26-4，這時正好與圖 3-26-2 的情形相反，圖中顯示，MC_A 在 MC_B 之上。由於不同級別的城市在擴展過程中邊際成本與邊際收益的對比導致其規模範圍不能無限制地擴展，所以，其最大擴展邊界取決於兩個級別的城市各自的邊際成本與邊際收益的相對變化。根據這樣的邏輯，只有高級別城市的影響域能夠覆蓋和影響低級別城市的影響域而不能反過來，同等級別城市的影響域可以相互影響。

3.6　中國典型城市空間擴展過程例析

3.6.1　南京市地價等直線空間分佈與外圍空間形態變化擴展

圖 3-27 為南京市的地價等直線分佈圖，這是根據南京市城區不同地點採樣調查資料而得到的商業地價繪製而成的地價平面圖。經過對調查數據的篩選和取捨進行匯總歸納後的研究結果顯示，地價樣點的地價值基本上分佈在 150 元/m^2～1900 元/m^2 之間。為了更加清晰地表現南京市地價從市中心到周邊地區的地價變化規律，筆者在繪製地價等值線圖時以 150 作為商業地價等值線分隔區間，即在平面地價圖上每隔 150 畫出一個等值線，按照這樣的設計將整個地價水平分成

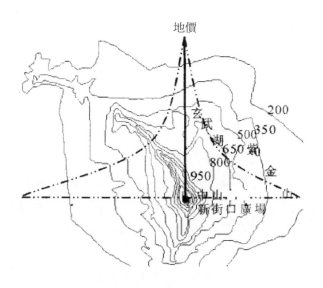

圖 3-27　南京市地價等值線及其變化

200、350、500、650、800、950、1100、1250、1400、1550、1700 和 1850 共 12 個等值線值。繪製商業地價樣點圖時，將與這 12 個等值線值相同或相近的地價樣點連接在一起形成一條閉合的曲線，最終形成 12 條商業地價等值線。從等值線的空間分佈看，南京市的地價等值線在城市中心區比較密集，從市中心到邊緣區逐漸變得稀疏，即從市中心區到城市邊緣地帶相同地價所能夠涵蓋的城區面積逐漸增大，這不但說明市區由內到外單位面積的土地所創造的產值在減小，也反映出市中心地區的地價對區位因數的反應強烈；到了遠離市中心的區域，地價對區位因子的反應比較平緩，地價的變動幅度也相對減小，從而等值線的間隔也比較稀疏，這表明地價的分佈有很強的向心性，地價的梯度由市中心到邊緣也在減小。為了表現地價變化的這種趨勢，筆者在圖中加入了橫軸和縱軸，橫軸方向表示到城市中心的距離，縱軸方向表示地價水平，在座標平面內分佈的地價隨距離變化的曲線為減函數曲線，這正好驗證了杜能環理論、居民點佈局的地租相關性以及個體城市發展中的地租衰減規律。不僅如此，研究顯示住宅地價與商業地價的等值線存在著很大的不同，市中心區域商業地價的等值線不僅比住宅地價的等值線高而且分佈也比住宅地價的等值線密，變化幅度也相對較大，隨著距離市中心距離的增大，區位因子對各種類型用地地價影響越來越小，週邊地區商業地價與住宅地價的等值線雖然有所不同，但密集程度和變化幅度都差不多。這顯示，雖然商業區位選擇與住宅區位選擇在變化規律上存在諸多相似，但由於商業行為是盈利行為，而住宅選擇是純消費行為，所以商業行為的區位選擇更主要的是考慮盈利水平，而高盈利一般與高地租是相伴隨的，所以商業行為的區位佈局主要選擇在了地租相對高的市中心區域，這也導致南京市中心的商業布點與居民戶布點存在了比較明顯的區分，而越向市區週邊發展，商業地價與居民戶地價的差別越小，這時的商業選址與居民戶選址的區分就不是非常明顯了。這與擴展杜能模型分析中 ERP 彈性分析所得結論完全吻合。

3.6.2 北京市環狀擴展與沿廊道推進的空間形態變化

北京市的發展模式可以概括為以交通幹線為軸的網路放射狀成長模式，同心圓式蔓延、局部扇面式擴展、廊道式輻射、飛地式增長和黏合式填充等城市發展模式中的幾種地域擴展方式在北京市的城市擴展方式上幾乎都有表現，且在不同時期、不同方位上幾種方式並存。城區的擴展呈規則的環狀方式向周邊擴展，在擴展方式比較規則的城市中心區之外存在若干以"飛地"或衛星城鎮為中心的孤立城鎮，包括西北部的昌平、南口，東北部的順義、首都機場，南部的大興和西南部的良鄉。城市主要依託增長核心在點效應為主的條件下呈環狀向外擴展。局部扇面方式的城市增長主要是依託交通廊道沿交通線向外呈輻射狀增長，局部扇面擴展和廊道式輻射主要是廊道效應作用的結果，城區向外延伸的廊道主要有京昌路、京石高速公路、京津唐高速公路、京通線、機場路、立湯路等，這幾條交通線成為城區向外延伸的主要軸線。隨著中心市區與衛星城鎮之間的用地比例的增加，中心市區和衛星城鎮之間不斷有新的中心填充進來，形成新的增長核心。核心之間、核心與廊道之間的黏合填充是點效應與廊道效應共同作用的結果。

北京市的空間發展正在形成明顯的圈層：第一層是以三環以內的市區為中心的內圈層，目前已經進入相對穩定發展期；第二層圈層是從四環到五環附近，伴隨交通網絡的完善，該區已經進入城郊化快速發展時期，目前為止，中圈層已經形成八個城郊化開發扇面（如圖 3-28）：清河-沙河扇面、北苑-小湯山扇面、望京-首都機場扇面、通州扇面、亦莊-馬駒橋扇面、南苑-黃村扇面、西客站-良鄉扇面、石景山-門頭溝扇面；第三層是遠郊區縣，外圈層已經沿主要廊道進入城郊化階段，城郊化土地開發的主要廊道包括京昌高速公路廊道、機場高速路廊道、京通快速路廊道、京津塘高速公路廊道、京開高速公路廊道和京石高速公路廊道。

與南京市地價等值線的分佈一樣，北京市的圈層發展特點也可以通過地價等值線的發展表現出來。從地價等值線圖上可以看出地價峰值區主要集中在二環附近的幾個區域，在全市範圍內基本呈現圈層式的結構形態，地價在空間分佈上具有一定的連續性，地價由中心向外衰減的同時在部分地區出現突起，原因在於隨著北京市城市建設的發展逐漸出現了一些住宅開發的熱點地區，這些地區由於各種優勢條件導致其地價遠遠超出周邊地區，從而導致地價等值線分佈不規則。不但如此，北京市在城市發展過程中，市區地價的梯度比較大、衰減較快，郊區地價梯度比較小、衰減較慢。這與前文論及的地租空間衰減速度逐漸減弱的規律相一致。從整體上看，地價指向大都是由市區指向週邊，在一些特殊區域會出現逆轉或反向。地價的變化規律表現了北京市未來的發展方向。

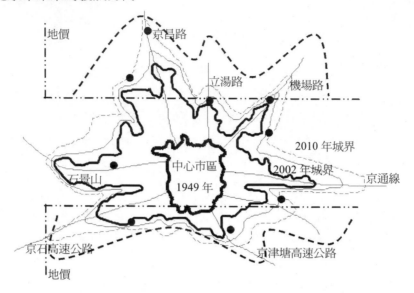

圖 3-28　北京市 1949－2010 年城市發展及趨勢

第四章

城市群規模
擴展過程的經濟學論證

在前面分析了個體城市規模擴展的經濟過程後，本章將進一步論述群體城市規模擴展的機制。群體城市是在個體城市的基礎上通過相互聯繫和融合而形成的。爲了深入群體城市規模擴展的機制，本章首先建立兩個城市共生互動的宏觀經濟模型，認爲一個城市的輸出對另一個城市的國民收入影響是正方向的，即一個城市向另一個城市的商品輸出可以帶來兩個城市的經濟增長。在個體城市規模擴展的過程中，由於城市間的相互影響和經濟上的緊密聯繫形成了區域上的城市群。爲了挖掘城市群由點到面的空間擴展過程，本章在提出和論述經濟核概念的基礎上，分析認爲城市群產生的過程就是經濟核通過經濟波對區域內其他經濟體的輻射過程。這個輻射過程遵循梯度原理。筆者爲了說明這一點，提出了城市發展要素綜合密度的概念，並對其進行分析，指出空間內要素密度的分佈不均以及動態變化過程中的疏密差異導致了城市沿三維空間發展的差異，再加上經濟波輻射強度的差異形成水平而不同的城市個體，這些城市個體通過經濟的和空間的聯繫形成城市體系。京津唐、滬甯杭、珠江三角洲以及美國城市群的發展過程等都是遵循這樣的發展規律而形成的。通過這樣的論述將個體城市與城市群的空間發展過程統一了起來。

4.1　中國的主要城市群及其在全國的地位

1957 年，法國學者戈特曼提出了"大都市帶"的概念並研究了其形成的基本條件，認爲這些條件包括區域內有比較密集的城市；區域內有相當多的大城市形成了自己的都市區，而且核心城市與都市區週邊地區有密切的社會聯繫；有便利的交通走廊把核心城市連接起來，各城市間沒有間隔，聯繫緊密；必須有相當大的總規模，人口在 2500

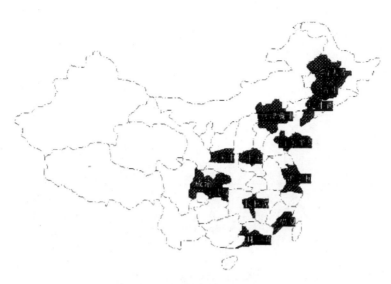

圖 4-1　中國主要城市群分析

萬人以上；屬於國家的核心區域，具有國際交往樞紐的作用。如果按照這一標準衡量的話，我國目前只有京津唐、滬甯杭和珠江三角洲地區具備形成這種大都市群的初步條件。除了這些大都市群，目前也發展了中級以及小規模的城市群[1]（如圖 4-1），這些城市群以及城市群

---

[1]　滬甯杭城市群包括上海、南京、無錫、常州、蘇州、鎮江、揚州、南通、杭州、寧波、嘉興、紹興、舟山 12 個地級市及湖州市區；京津冀城市群包括北京、天津、唐山、秦皇島、廊坊等地級市；遼中南城市群包括遼寧省中南部的瀋陽、扶順、本溪、遼陽、鞍山、丹江、營口、大連、阜新、盤錦、錦州、葫蘆島 12 個地級市；山東半島城市群包括山東省的青島、煙臺、威海、濰坊、東營、淄博、濟南、泰安、萊蕪、濟甯、棗莊 11 個地級市及日照市區；珠江三角洲城市群包括廣州、佛山、中山、江門、珠海、東莞、深圳、惠州、汕尾、汕頭、揭陽 11 個地級市；吉中城市群包括長春、吉林、四平、遼源、通化、白山 6 個地級市；武漢城市群包括武漢、黃石、鄂州 3 個地級市及孝感市區；長株湘城市群包括長沙、株洲、湘潭 3 個地級市；關中城市群包括西安市和咸陽市區、渭南市區及興平、華陰等；中原城市群包括鄭州、洛陽、開封、新鄉、焦作、許昌、平頂山、漯河、濟源 9 個城市；福廈城市群包括福州、廈門兩個地級市和莆田市區、泉州市區、漳州市區及南安、晉江、石獅、龍海等；成渝城市群包括成都市、德陽市區、綿陽市區、

中的核心城市在國家以及地區的經濟發展中發揮了非常重要的作用
（如表 4-1 和表 4-2）。

表 4-1　2002 年全國主要城市 GDP 占全國 GDP 的比重

城市	比重（%）	城市	比重（%）	城市	比重（%）	城市	比重（%）	城市	比重（%）
上海	5.19	北京	3.05	廣州	2.68	深圳	2.21	天津	1.78
武漢	1.47	瀋陽	1.17	大連	1.04	重慶	1.03	成都	0.99

表 4-2　2002 年中國主要城市群基本指標及其在全國的比重

城市群	城市數（個）	土地面積（萬平方千米）	GDP（億元）	年末總人口（萬人）	單位面積產值（萬元/平方千米）	人均GDP（元/人）	GDP 占全國的比重
滬甯杭	49	10.0	20444.8	7570.6	2040.4	27005.5	19.5
山東半島	30	7.3	7014.2	3897.4	956.9	17997.2	6.7
中原	23	5.9	3326.0	3895.8	565.6	8537.6	3.2
京津冀	21	16.9	8995.0	5968.5	531.9	15070.6	8.6
遼中南	19	8.2	4862.2	2808.0	595.1	17315.5	4.6
珠三角	18	5.5	9565.3	2624.9	1748.7	36440.2	9.1
武漢	16	5.8	2977.5	3056.2	513.4	9742.6	2.8
吉中	14	8.8	2130.2	1871.6	242.1	11381.7	2.0
關中	8	5.5	1514.4	2165.9	273.4	6991.8	1.5
長株潭	7	2.8	1430.4	1249.7	509.0	11446.5	1.4

　　表 4-1 和表 4-2 顯示主要城市群中的核心城市在全國經濟中都佔
有相當比重，上海占到 5.19%，北京占 3.05%，城市群的發展在對區
域經濟的拉動中扮演著重要角色。依託核心城市興起的城市群在全國
經濟中的作用就更大，滬甯杭城市群可以占全國的 19.5%，珠江三角
洲城市群占 9.1%。所以城市化進程中不但要重視發展單個城市及其規

　　廣漢、簡陽、資陽、重慶和涪陵等；哈大齊城市群包括哈爾濱、牡丹江、雞
西、七台河、雙鴨山、佳木斯、鶴崗、伊春、大慶、齊齊哈爾等。

模的擴展，還要充分重視城市群規模的發展，發展城市群經濟，研究由單個城市發展爲城市群的共生互動機理。通過經濟發展過程中的複雜系統優勢創造和創新區域經濟發展。

4.2　簡單城市群下的城市互動共生的宏觀經濟模型

　　城市群中個體城市之間通過經濟要素相互滲透產生影響，於是個體城市相互融合形成規模有差異的城市群，特定區域範圍內多個個體城市之間發生相互作用的機制是非常複雜的，很不容易展開討論。爲說明問題方便，本書只考慮兩個城市之間經濟發展的相互影響。爲了說明兩個城市在發展過程中對其經濟的相互影響，特別作如下假定：兩個城市之間的物價相同；經濟要素在不同城市相互之間的流動不受任何因素的干擾，即經濟要素從一個城市（定義爲 U）的流入（流出）和從另一個城市（定義爲U'）的流出（流入），除了受經濟規律的約束外不受制度因素等的影響；每個城市只有對本身的投資而沒有對另一個城市的投資。模型中字母表示的意義如圖 4-2，Y 和 Y' 爲城市的國民收入，C 和 C' 爲消費，I 和 I' 爲投資，G 和 G' 爲政府支出，X 和 X' 分別爲兩個城市向對方城市的輸出，即 X 爲 U 向 U' 的輸出，X' 爲U'向 U 的輸出，若 $X-X'>0$ 則表示 U 有淨流出，若 $X'-X>0$ 則表示U'有淨流出。C_a 和 C_a' 分別爲兩個城市的自發消費數量，X_a 和 X_a' 分別爲兩個城市的輸出數量，$S_y(S_y>0)$ 和 $S_y'(S_y'>0)$ 分別爲兩個城市居民的儲蓄傾向，$X_y(X_y>0)$ 和 $X_y'(X_y'>0)$ 分別爲兩個城市的輸出傾向，G_a 和 G_a' 分別爲兩個城市的自發支出，I_a 和 I_a' 分別爲兩個城市的自發投資，$G_y(G_y>0)$ 和 $G_y'(G_y'>0)$ 分別爲兩個城市的支出傾向，$I_y(I_y > 0)$ 和 $I_y'(I_y' > 0)$ 分別為兩個城市的投資傾向。本書只考慮最簡單的情況，這樣根據宏觀經濟理論的四部門定理建立以下方程：

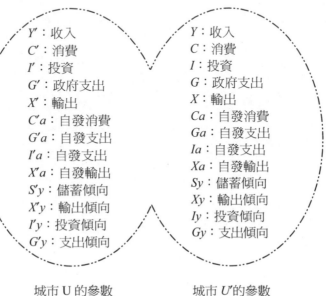

$$Y' : 收入$$
$$C' : 消費$$
$$I' : 投資$$
$$G' : 政府支出$$
$$X' : 輸出$$
$$C'a : 自發消費$$
$$G'a : 自發支出$$
$$I'a : 自發支出$$
$$X'a : 自發輸出$$
$$S'y : 儲蓄傾向$$
$$X'y : 輸出傾向$$
$$I'y : 投資傾向$$
$$G'y : 支出傾向$$

$$Y : 收入$$
$$C : 消費$$
$$I : 投資$$
$$G : 政府支出$$
$$X : 輸出$$
$$Ca : 自發消費$$
$$Ga : 自發支出$$
$$Ia : 自發支出$$
$$Xa : 自發輸出$$
$$Sy : 儲蓄傾向$$
$$Xy : 輸出傾向$$
$$Iy : 投資傾向$$
$$Gy : 支出傾向$$

城市 U 的參數　　　　　　城市 U'的參數

圖 4-2　相互影響的兩個城市的參數集合

收入方程：

$$Y = C + I + G + (X - X')$$
$$Y' = C' + I' + G' + (X' - X) \quad\quad (4\text{-}1)$$

消費方程：

$$C = C_a + (1 - S_y)Y \ ;$$
$$C' = C_a' + (1 - S_y')Y' \quad\quad (4\text{-}2)$$

政府支出方程：

$$G = G_a + G_yY \ ;$$
$$G' = G_a' + G_y'Y' \quad\quad (4\text{-}3)$$

投資方程：

$$I = I_a + I_y Y \;;$$
$$I' = I_a' + I_y' Y' \tag{4-4}$$

進流出方程：

$$X = X_a + X_y Y \;;$$
$$X' = X_a' + X_y' Y' \tag{4-5}$$

由公式（4-1）、公式（4-2）、公式（4-3）得到如下方程組：

$$(S_y - X_y - I_y - G_y)Y + X_y'Y' = C_a + I_a + G_a + X_a - X_a' \tag{4-6}$$
$$X_y Y + (S_y' - X_y' - I_y' - G_y')Y' = C_a' + I_a' + G_a' + X_a' - X_a \tag{4-7}$$

由於 C_a、C_a'、I_a、I_a'、G_a、G_a'、X_a、X_a' 等都是常數，所以分別令：$C_a + I_a + G_a + X_a - X_a' = A$（後文將 A 簡稱爲 U 的自主水平，$A' > 0$）$C_a' + I_a' + G_a' + X_a' - X_a = A'$（後文將 A' 簡稱爲 U' 的自主水平，$A' > 0$）

所以有：

$$(S_y - X_y - I_y - G_y)Y + X_y'Y' = A$$
$$X_y Y + (S_y' - X_y' - I_y' - G_y')Y' = A'$$

解方程組得到：

$$Y = \frac{(S_y' - X_y' - I_y' - G_y')A - X_y'A'}{(S_y - X_y - I_y - G_y)(S_y' - X_y' - I_y' - G_y') - X_y X_y'}$$
$$Y' = \frac{-X_y A + (S_y - X_y - I_y - G_y)A'}{(S_y - X_y - I_y - G_y)(S_y' - X_y' - I_y' - G_y') - X_y X_y'} \tag{4-8}$$

爲敍述方便設 $D = (S_y - X_y - I_y - G_y)(S_y' - X_y' - I_y' - G_y') - X_y X_y'$，這時可以得到：

$$k_1 = \frac{dY}{dA} = \frac{S_y' - X_y' - I_y' - G_y'}{D} \;; k_2 = \frac{dY}{dA'} = \frac{-X_y'}{D}$$

$$k_1' = \frac{dY'}{dA} = \frac{-X_y'}{D}; \quad k_2 = \frac{dY'}{dA'} = \frac{S_y - X_y - I_y - G_y}{D} \quad （4-9）$$

根據公式（4-9），D 值符號造成的 U 和 U′ 之間相互影響的方向結果見表 4-3。

表 4-3　D 值與相應指標符號變化對城市發展產生的影響

	U 的自主水平提高產生的影響				U′ 的自主水平產生的影響				
	對自身的影響			對 U′ 的影響	對自身的影響				對 U 的影響
D > 0	$S_y' \uparrow$	$X_y' \downarrow$	$I_y' \downarrow$	$G_y' \downarrow$	$X_y \downarrow$	$S_y \uparrow$	$X_y \downarrow$	$I_y \downarrow$	$G_y \downarrow$	$X_y' \downarrow$
D < 0	$S_y' \downarrow$	$X_y' \uparrow$	$I_y' \uparrow$	$G_y' \uparrow$	$X_y \uparrow$	$S_y \downarrow$	$X_y \uparrow$	$I_y \uparrow$	$G_y \uparrow$	$X_y' \uparrow$

注：↑ 表示與相應指標呈正相關且促進相應城市的經濟發展，↓ 表示與相應指標呈負相關且阻礙相應城市的經濟發展。

上述 4 個 K 值分別表示了不同含義，k_1 為 U 的自主水平的變化所帶來其自身收入水平的變化；k2 為 U′ 的自主水平的變化所帶來的 U 的收入水平的變化；k_1' 為 U 的自主水平的變化所帶來的 U′ 的收入水平的變化；k_2' 為 U′ 的自主水平的變化所帶來其自身收入水平的變化。k 值為正表示正向變化，k 值為負表示負向變化。不同情況下 k 值符號如表 4-4。分析顯示，在 D 已經確定的情況下，根據 k_2 和 k_1' 的符號就可以確定每個城市的自主水平對對方城市的影響，與 D 的符號相反（ D < 0 時，$k_2 > 0$，$k_1' > 0$；D > 0 時，$k_2 < 0$，$k_1' < 0$），這時對對方城市的影響水平取決於自身的輸出傾向，輸出傾向越高則影響程度越大。但是每個城市對自身收入水平的影響方向不但取決於 D 的符號，還取決於對方城市的淨儲蓄傾向（筆者在本書將 $S_y' - X_y' - I_y' - G'$ 和 $S_y - X_y - I_y - G_y$ 並稱為淨輸出傾向）。當 D 與對方城市的淨儲蓄傾向的符號同向時，k 值為正；反之符號為負。雖然變化情況比較複雜，但有一點可以確定，即是對方城市的淨儲蓄傾向越高則對本方

城市的影響越顯著，因為這時本方城市對對方城市輸出的產品就越多，從而促進本方城市的發展。即對方的淨儲蓄傾向產生的影響為正數時，會使本方城市的收入水平正向顯著變化，這時表示由於種種因素導致本方城市的出口水平提高；對方城市的淨儲蓄傾向為負數時，表示對方城市對本方城市輸出產品增多，從而促進對方城市的經濟增長並對本方城市的經濟發展產生負面作用。

表 4-4　不同情況下 k 值符號

指標符號		k 值符號	
D < 0	$(S_y' - X_y' - I_y' - G_y') < 0$	$(S_y - X_y - I_y - G_y) > 0$	$k_1 > 0; k_2 > 0; k_1' > 0; k_2' < 0$
		$(S_y - X_y - I_y - G_y) < 0$	$k_1 > 0; k_2 > 0; k_1' > 0; k_2' < 0$
	$(S_y' - X_y' - I_y' - G_y') > 0$	$(S_y - X_y - I_y - G_y) > 0$	$k_1 > 0; k_2 > 0; k_1' > 0; k_2' < 0$
		$(S_y - X_y - I_y - G_y) < 0$	$k_1 > 0; k_2 > 0; k_1' > 0; k_2' < 0$
D > 0	$(S_y' - X_y' - I_y' - G_y') < 0$	$(S_y - X_y - I_y - G_y) > 0$	$k_1 > 0; k_2 > 0; k_1' > 0; k_2' < 0$
		$(S_y - X_y - I_y - G_y) < 0$	$k_1 > 0; k_2 > 0; k_1' > 0; k_2' < 0$
	$(S_y' - X_y' - I_y' - G_y') > 0$	$(S_y - X_y - I_y - G_y) > 0$	$k_1 > 0; k_2 > 0; k_1' > 0; k_2' < 0$
		$(S_y - X_y - I_y - G_y) < 0$	$k_1 > 0; k_2 > 0; k_1' > 0; k_2' < 0$

進一步分析，對於一個城市而言，淨輸出為：

$$\overline{NV} = X - X' \tag{4-10}$$

對雙邊取公式（4-10）的微分：

$$\frac{d\overline{NV}}{dA} = \frac{dX}{dA} - \frac{dX'}{dA} \tag{4-11}$$

根據公式（4-5）有：

$$\frac{dX}{dA} = X_y \frac{dY}{dA}; \frac{dX'}{dA} = X_y' \frac{dY'}{dA} \tag{4-12}$$

所以：

$$\frac{d\overline{NV}}{dA} = X_y \frac{dY}{dA} - X_y' \frac{dY'}{dA}$$

即：

$$\frac{d\overline{NV}}{dA} = \frac{X_y(S_y' - X_y' - I_y' - G_y') - X_y'(-X_y)}{D} = \frac{X_y(S_y' - I_y' - G_y')}{D}$$

（4-13）

該式由於參數變化的複雜性，不能確定其符號。現在考慮最簡單的情況，令 $I_y' = 0$ 且 $G_y' = 0$，這時有：

$$\frac{d\overline{NV}}{dA} = \frac{S_y' X_y}{D}$$

該公式的符號隨 D 的符號的變化而變化，當 $D > 0$ 時，$d\overline{NV}/dA$ > 0，U 城市的自發水平的增大會導致淨輸出的增大；當 $D < 0$ 時，$d\overline{NV}/dA < 0$，U 城市的自發水平的增大會導致淨輸出的減小。如果 $I_y' \neq 0$，$G_y' \neq 0$，並且導致 $d\overline{NV}/dA > 0$，這時說明 U' 城市的出口傾向、政府支出傾向以及投資傾向的水平造成的效果使 U 城市的自主性支出與從 U 流入的產品呈同向變化，這時 U 城市的發展會導致 U' 城市得到更多的利益。

為簡化計算過程，進一步令 $I_y = 0$ 且 $G_y = 0$，在單獨考慮一個城市的輸出對另外一個城市的影響時，可以通過一個城市的收入對另一個城市的輸出傾向的導數來表示，根據公式（4-8）得到：

$$\frac{dY}{dX_y'} = \frac{S_y'}{D^2}(AX_y + A'X_y - A'S_y)$$

$$\frac{dY'}{dX_y} = \frac{S_y}{D^2}(A'X_y' + AX_y' - AS_y')$$

表 4-5　輸出傾向變化對城市發展產生的影響

X_y' 對 Y 產生的影響	X_y 對 Y' 產生的影響
$S_y'\uparrow$　$X_y\uparrow$　$S_y'\downarrow$	$S_y\uparrow$　$X_y'\uparrow$　$S_y'\downarrow$

注：↑表示與相應指標呈正相關且促進相應城市的經濟發展，↓表示與相應指標呈負相關且阻礙相應城市的經濟發展。

　　如果 $dY/dX_y' > 0$，則表示 U 城市的收入水平是 U' 城市的輸出傾向的增函數，這時 U' 城市的加權輸出傾向為正，所以無論從哪一個城市的角度看，一個城市的輸出對另一個城市的國民收入的影響都是正方向的，即一個城市向另一個城市的商品輸出可以帶來另一個城市的經濟增長。如果 $dY/dX_y' < 0$，則表示 U 城市的收入水平是 U' 城市的輸出傾向的減函數，這時 U' 城市的加權輸出傾向為負，所以無論從哪一個城市的角度看，一個城市輸出的變化對另一個城市的國民收入的影響都是負方向的，詳細結果見表 4-5。個體城市之間正是通過這樣緊密的相互關係連接成為一個緊密的城市群。

4.3　<u>個體城市間的相互作用及中心性強度距離衰減</u>

　　烏爾曼認為，區域之間產生相互聯繫的機理可以透過需求關係影響的發生過程進行解釋，從供需關係的角度出發，兩地間的相互作用需要一個前提條件，即它們之中的一個有某種東西提供，另一個對此種東西恰有需求，烏爾曼將這種關係稱為互補性，這種互補性是空間相互作用的基礎。兩地之間的互補性導致了貨物、人口、資訊在地區之間的移動和流通，從而影響城市的輻射力。城市的輻射力決定於城市綜合實力，即透過與周圍區域進行資源交流而產生的有利於自身成長的影響力，它與城市的規模、效益與外界通達程度密切相關。城市之間發生相互作用的方向一般是沿著某一條軸線進行的,但城市之間如果受到某些干擾因素影響時這種相互作用的方向就會改變。

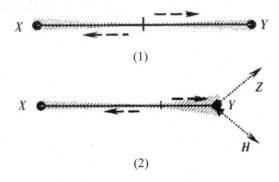

圖 4-3　地區內空間的相互作用

如圖 4-3,X 和 Y 是軸線的兩點(假如是兩個城市),表現出兩者具有一定程度的空間聯繫,這種相互聯繫表現為兩端最大,中間呈現弱型狀態(圖中表現為兩端厚中間薄,中間的資源被吸引到兩端)。但如果圖中有 Z 點和 H 點介入 X、Y 的一端,並且由於 Z、H、Y 三者較接近,關係較為密切,這就大大限制了 X、Y 之間的原要素均衡佈局,X 和 Y 之間的雙向作用關係就會演變為 X、Y、Z、H 之間的作用關係。這種作用關係可能導致 X 和 Y 兩個城市成長的速度不同(Y 要快於 X,因為變化了吸引路徑後的 Y 對資源具有更大的吸引力)。由此,不同衰減率水平、不同區域狀況下(包括區域的地貌類型、交通狀況、經濟發展水平以及土地資源的豐富程度等),城市的影響域和擴展域不同。不同城市擴展域的差異可以用城市擴展強度 S_m 表示,計算公式為:

$$S_m = e_m / D_N$$

式中 S_m 表示 m 城市的擴展強度,e_m 表示城市的綜合實力(中心性強度),D 為節點到城市的距離,K_m 為城市綜合實力的參考係數，N 為衰減強度。為了測算 S_m 值，筆者選取各城市市區的 GDP、城市非農業人口、社會消費品零售額、建成區面積以及外商直接投資五個主要指標為計算依據，通過計算五個指標的幾何平均值得到各城市的中心性強度，計算公式為：

$$e_m = \sqrt[5]{a_1 \cdot a_2 \cdot a_3 \cdot a_4 \cdot a_5}$$

然後得到城市的擴展強度為：

$$S_m = \sqrt[5]{a_1 \cdot a_2 \cdot a_3 \cdot a_4 \cdot a_5} / D^N$$

根據前文對南京市以及北京市地價等值線空間變化的規律的分析，可以確定區域內兩個城市間的相互作用隨距離變化的影響強度並不是單調衰減的，而是在一定範圍內加速衰減，當越過一定範圍後（一般認為當距離越過 300*km* 時，衰減程度開始減低），才呈減速衰減趨勢，即距離越遠衰減的程度越低，距離衰減因數隨距離變化取不同的數值，為此計算過程中將衰減指數 N 分別設定在 1.5、1.7、1.9、2.0、2.1 等幾個等級，根據這個思路計算出來的我國主要城市群中核心城市在不同距離處的擴展強度如表 4-6。

表 4-6　我國主要城市群的核心城市的擴展力 S_m 值

核心城市	$D=100$ $N=1.5$	$D=150$ $N=1.7$	$D=200$ $N=1.9$	$D=250$ $N=2.1$	$D=300$ $N=2.0$	$D=500$ $N=1.9$	$D=1000$ $N=1.8$
北京	146.6912	29.3122	6.2294	1.3512	1.6299	1.0923	0.5840
天津	107.5224	21.4854	4.5661	0.9904	1.1947	0.8007	0.4281
太原	14.1790	2.8333	0.6021	0.1306	0.1575	0.1056	0.0564
瀋陽	60.7551	12.1402	2.5800	0.5596	0.6751	0.4524	0.2419
貴陽	11.3870	2.2754	0.4836	0.1049	0.1265	0.0848	0.0453
鄭州	22.8430	4.5645	0.9701	0.2104	0.2538	0.1701	0.0909
呼市	9.5873	1.9158	0.4071	0.0883	0.1065	0.0714	0.0382
哈爾濱	3787	6.8696	1.4599	0.3167	0.3820	0.2560	0.1369
上海	197.7219	39.5093	8.3965	1.8213	2.1969	1.4724	0.7871
長沙	20.9930	4.1949	0.8915	0.1934	0.2333	0.1563	0.0836

表 4-6　（續）

核心城市	$D=100$ $N=1.5$	$D=150$ $N=1.7$	$D=200$ $N=1.9$	$D=250$ $N=2.1$	$D=300$ $N=2.0$	$D=500$ $N=1.9$	$D=1000$ $N=1.8$
南京	48.4459	9.6806	2.0573	0.4463	0.5383	0.3608	0.1929
杭州	47.6738	9.5263	2.0245	0.4391	0.5297	0.3550	0.1898
銀川	1.0456	0.2089	0.0444	0.0096	0.0116	0.0078	0.0042
廣州	103.3315	20.6480	4.3881	0.9518	1.1481	0.7695	0.4114
成都	41.5762	8.3079	1.7656	0.3830	0.4620	0.3096	0.1655
重慶	48.6921	9.7298	2.0678	0.4485	0.5410	0.3626	0.1938
武漢	58.8199	11.7535	2.4979	0.5418	0.6536	0.4380	0.2342
昆明	3.2291	0.6452	0.1371	0.0297	0.0359	0.0240	0.0129
西安	37.0464	7.4027	1.5732	0.3412	0.4116	0.2759	0.1475
合肥	17.1473	3.4264	0.7282	0.1580	0.1905	0.1277	0.0683
蘭州	16.6455	3.3261	0.7069	0.1533	0.1849	0.1240	0.0663
金華	6.9199	1.3828	0.2939	0.0637	0.0769	0.0515	0.0275
烏魯木齊	15.3443	3.0661	0.6516	0.1413	0.1705	0.1143	0.0611

注：本表結果根據 2001 年《中國城市統計年鑒》的統計資料計算得到。

　　根據計算結果可以看出，雖然不同城市群的核心城市在同一距離處的擴展強度有不同，但其共同變化趨勢是：隨著距離的增加城市的擴展強度都在減小。城市群中的核心城市由於其中心性強度以及擴展力的不同而導致不同範圍的影響域，如果定義 $S_m \geq 2$ 為與核心城市有緊密聯繫的區域，$2 \geq S_m \geq 0.5$ 為與核心城市的強烈影響區域，則我國主要城市群中核心城市的影響域計算結果如表 4-7。

表 4-7　我國主要城市群核心城市中心性強度及其作用範圍估計

核心 城市	所在 城市群	緊密聯繫 距離(km)	緊密聯繫區域	強烈影響 距離(km)	強烈影響區域
北京	京津唐	390	京、津、冀、魯、晉	950	豫、蒙、遼
天津		380	京、津、冀、魯、晉	680	遼、冀、蒙中、豫

表 4-7（續）

核心城市	所在城市群	緊密聯繫距離(km)	緊密聯繫區域	強烈影響距離(km)	強烈影響區域
太原	晉中	260	太原	420	蒙南、陝東以及晉中、陽泉
瀋陽	遼中南	290	遼、吉、蒙東	660	京、津、黑、冀東
貴陽	黔中	250	貴州、安順、遵義	450	雲、川
鄭州	中原	180	豫、冀、鄂、魯	400	晉、皖北、蘇北、魯西、鄂北
呼市	呼包	200	呼市、遼、冀	400	呼市、包頭、鄂爾多斯
哈爾濱	哈大齊	230	黑、吉、內蒙	480	吉、蒙東
上海	滬甯杭	480	滬、蘇、浙、皖	1000	魯、豫、鄂東、湘、贛、閩
長沙	長珠潭	240	長沙、珠洲、湘潭	400	湘、鄂北、豫南
南京	滬甯杭	250	蘇、皖、浙	600	浙、贛北、鄂東、魯南、豫東
杭州		170	浙、滬、蘇南	500	蘇、皖、贛北
銀川	銀川	200	寧、青	200	銀川、吳忠、青銅峽
廣州	珠二角	290	粵、桂	650	瓊、贛南、湘、閩南
成都	四川盆地	290	川、貴、雲	500	渝、黔北、陝南
重慶		250	渝、川東	510	黔、川、鄂西、陝南
武漢	鄂東	280	鄂、皖、豫、湘北	600	湘、贛、蘇
昆明	滇中	180	滇、貴、川	400	黔西、川南
西安	關中	250	陝、晉、青、寧	440	豫、晉南、寧、隴北、川北
合肥	皖中	250	皖、贛、鄂	400	合肥、巢湖、蕪湖、馬鞍山

表 4-7（續）

核心城市	所在城市群	緊密聯繫距離(km)	緊密聯繫區域	強烈影響距離(km)	強烈影響區域
蘭州	河湟谷地	160	甘、青東	400	寧、青北
金華	浙中	200	浙北、浙南、贛	400	金華、永康、蘭溪、義烏、東洋
烏魯木齊	北疆	180	北疆	340	新

注：表中的距離爲計算數與地圖距離量算數據估算數的平均數，所以只是一個大概距離。

4.4　聚集均衡、經濟核遷移與城市群的空間擴展

　　個體城市由於地域之間經濟以及其他多種因素的影響會發生相互作用，要素在不對稱聚集的過程中由於受到強度不同的經濟輻射的影響，會導致個體城市從原發區位逐漸遷移以及逐漸成長爲更高級別的城市。表達國家或區域城市規模分佈規律的理論主要有兩種：首位城市法則和位序規模法則。首位城市法則在小的發達國家和欠發達國家表現比較明顯，位序規模法則在發達國家和歷史悠久的國家表現比較典型。中國是歷史悠久的國家，城市化進程中形成了規模、數量、等級有差別的城市序列，用位序規模法則能較好地刻畫城市人口的規模分佈。位元序規模法則即一個城市的規模和該城市在國家所有城市按人口規模排序中的位元序之間所表現出來的對應關係規律，如果用 r 表示城市的位序，用 X_r 表示位序爲 r 的城市的規模，則不同規模的城市之間的關係可以用如下的關係來表示：

$$X_1 \geq X_2 \geq X_3 \geq \cdots\cdots \geq X_r \geq \cdots\cdots \geq X_n$$

　　不同位元序的城市的規模一般主要受到城市人口多少的影響，所以表示城市規模的變化關係時一般通過城市規模與其相應的人口間建立函數關係來表示，位元序規模法則常見的表達形式爲：

$$P_i = P_l R_i^{-q}$$

　　式中，R_i 爲城市 i 的位序，P_i 爲位序爲 R_i 的城市人口規模，P_l 爲理論上的首位城市人口，q 爲 Zipf 維數[1]，可以通過計量方法求得。研究顯示，城市位元序規模曲線是一條從左上方向右下方傾斜的曲線，即城市的位元序與城市的規模呈反向變化關係。城市的位序不是固定不變的，當城市化水平提高時，由於不同區位的城市的進步基礎不同，原來位序水平高的城市可能位序水平會變低，同時，同一用地規模的城市的位元序規模可能也會相應變低。如圖 4-4 所示，曲線的變化趨勢顯示，隨著城市化水平的提高，同一規模等級的城市的位元序在降低，所以中國的城市的位元序規模曲線隨時間演進有近似平行向前推移的特點。圖中有第 T 年、第 $T+1$ 年、第 $T+2$ 年、第 $T+n$ 年……第 $T+r$ 年等幾條曲線，自左下向右上城市化水平逐漸提高。城市在同一用地規模時，隨著城市化水平的提高，城市的位序也在降低，圖中 $r_1 > r_2 > r_3 > r_4 > r_5$ 即證明了城市化水平提高狀態下相同用地規模的城市的位元序水平在降低的結論。

---

[1]　對 q 的解釋：爲對一個城市群進行考察，需要設置一個人口尺度以便從大到小篩選城市，可以認爲城市數目 N 是人口尺度 P 的函數，二者之間存在如下關係：$N = AP^{-D}$，A 爲常數，D 爲分維。q 具有分形性質，是分維的倒數，即 $q = 1/D$，表示城市規模分佈的集散程度。D 較小 q 較大時，城市規模分佈分散，不同等級的城市的規模差異較大，城市的等級結構明顯；D 較大 q 較小時，城市規模分佈集中，城市規模的差異較小，城市等級結構並不明顯。根據前文提及的克里斯塔勒的中心地理論，城鎮等級體系應該是一個階梯狀的等級圖式，但研究顯示，這種等級圖式在現實中幾乎是不存在的，但爲了從理論上研究和闡發城市發展的規律性問題，中心地等級分析方法被普遍採用。

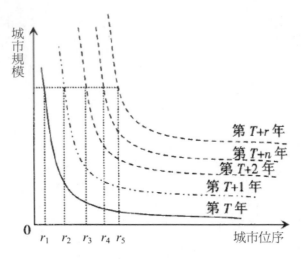

圖 4-4　城市位序規模關係發展規律

　　城市的位序在發生變化，城市本身的結構也在發生變化，其中最重要的參數就是城市域內的人口密度狀態。隨著社會經濟的發展，城市的規模不斷擴大，城市的內部結構也在不斷變化。這在西方國家的城市發展中表現得非常明顯。美國的 Milwaukee 的城市發展過程特點充分證明了這一點（如圖 4-5）。在 1880 年時，其城市的人口密度曲線非常陡峭，並且城市規模僅僅限於 5 英里（1 英里 = 1.609344 公里）範圍內，這時城市的規模非常小。隨著經濟發展和技術進步，1920 年的人口密度曲線表示的城市規模得以擴大，並且城市人口增加很快，城市的範圍擴大到 10 英里處，城市人口的密度曲線開始有所減緩，但仍然很陡峭。1963 年，市中心由於城市規模的擴大變得過分擁擠，城市發展過程中的規模優勢迅速下降，大批人口向城市週邊擴展，這時城市已經擴張到將近 20 英里的範圍，從曲線變化可以看出，這個時期市中心的人口密度開始下降，並且城市的規模向外延伸很快，城市人口的密度曲線明顯減緩。2000 年時的人口密度曲線有所減緩，城市規模再次擴大，但是城市規模擴大的速度不如 1963 年以前快，這時的城市已經進入相對成熟階段。圖中是用城市的人口密度來表示城市的規模的，人口密度越高，城市的規模越小；反之，城市的人口密度越小，城市的規模就越大，隨著城市規模的擴大，城市的人口密度被拉平。

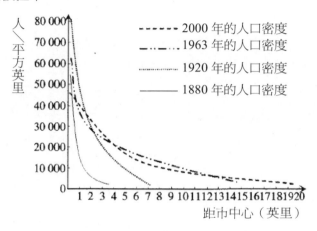

圖 4-5　**人口密度與城市的空間範圍**

　　城市區域內人口密度的變化在外觀上呈現為城市空間的擴展，這個擴展過程表現為以 *CBD* 為中心遵循邊際成本遞增和邊際收益遞減規律。*CBD*（Central Business District）是城市生產和交易的中心，隨著城市的成長，*CBD* 的聚集規模也在不斷擴大。聚集經濟作為城市規模的函數，在一定範圍內由於規模經濟的原因其遞增的速度會增加。但隨著規模的增大，聚集成本也會不斷增大，這就會逐漸出現規模不經濟。出現聚集經濟規模不經濟的地理邊界就是在聚集經濟作用下所導致的城市最遠邊界，在這個邊界內聚集經濟的效果由 *CBD* 到邊界逐漸減弱，當規模超出邊界時就出現規模不經濟。但其他區域同時正在進行的聚集經濟不會因此而停滯，在空間中的其他區域會以同樣的方式形成另外一個 *CBD*，這個 *CBD* 會以同樣的方式演繹其他 *CBD* 已經或正在發生的經濟過程。由此，在區域內的不同點首先是由於聚集作用形成經濟增長的"核"，核與其腹地之間的經濟增長速度當然會存在很大的差異，這個差異就形成區域經濟的差異化發展狀況。同時區域內會由於空間要素分佈的非均質性而在區域內佈局不同質的核，這些不同質的核會在更大的域內造成異速發展特徵。筆者將上述的發展過程稱爲經濟核跳躍，經濟核的跳躍過程可以由圖 4-6 來表示。圖 4-6 中表示了在半徑爲 *R* 的區域 *S* 上規模收益和成本節約之間的變化關係。圖 4-6 中有三條線，–*TC* 表示由於聚集的作用所造成的成本節約，成本節約的數量在聚集發生的初期逐漸增大，隨著聚集作用的加強，成本節約的優勢逐漸表現出來，但聚集規模到達一定程度後這種優勢開始弱化，於是成本節約逐漸減少以至最後出現聚集成本增加，曲線先下降後上升，表現爲一條 *U* 形線。*TR* 線表示由於聚集作用所造成的聚集收益的增加，開始時緩慢增加，經過迅速增加階段後達到高峰（這一點出現在城市的邊界上），以後聚集收益開始減少以至出現負增長。*NR* 線爲 *TR* 減去 *TC* 的差值，其先上升後下降，當越出 *S* 的邊界後出現聚集規模不經濟。示意圖表示了區域 *S* 上非均質要素分佈與區域經濟行爲的一般過程，這樣的經濟發展過程會由於經濟要素的方向性聚集形成區域經濟發展的非均質。當經濟由核發展到 *S* 的邊緣出現不經濟時，*S* 邊緣以外的區域不會因此不發展，相反會由另外一個核以同樣的機制沿著相反的方向進行發展，於是在 *S* 的邊緣外一定的範圍內會分佈很多這樣的核，這些核由於各自的經濟影響力不同會導致大小不同的 *S* 形成，最終在整個經濟腹地形成了異速發展經濟格局，即經濟核增長速度快，而經濟核以外的腹地增長速度慢，與該經濟核同時成長的其他腹地的經濟核與該經濟核形成競相發展的趨勢。但是在多個或多級經濟核共同促進腹地經濟的發展過程中，可認爲是經濟波對腹地內經濟體產生作用的過程，每個經濟區域的邊緣會成為經濟發展的弱波地區，而經濟核所處的地域會形成經濟發展的強波地區，於是區域經濟腹地的經濟發展在宏觀上表現為不同強度的波形的疊加。

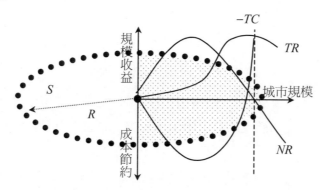

圖 4-6　經濟核的輻射力衰減過程

圖 4-7 表示了經濟核的密集程度及其等級差別對腹地經濟的影響。圖 4-7 中展示了每一個經濟核由核到腹地邊緣經濟輻射力逐漸降低的過程，這個變化過程可以由波形曲線表示出來，但是核的等級不同以及核間的距離不同造成波形線有差別。筆者在本書中將聚集作用形成的經濟核定義為強核，將由不同強核的影響域疊加而形成的經濟發展程度比較高的區域定義為弱核，強核對應波峰，表示經濟發達區域，曲線的高度表示了經濟的發達程度。圖中強核$_1$與強核$_2$之間存在一個兩者都不能影響的區域，該區域對應的波谷很低，表示該區域的經濟很不發達。強核$_2$與強核$_3$的輻射區域正好併合，所以該區所對應的波谷較低。強核$_4$輻射力最大，對應的波峰最高。由強核$_4$與強核$_3$的輻射域疊加成的弱核所對應的波谷與強核$_3$對應波峰的經濟發展水平相差不大，顯示強經濟核的輻射域內有可能形成較弱的經濟核，即弱強核。

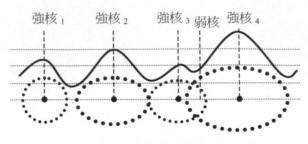

圖 4-7　經濟核與經濟波

　　以上只是討論鄰近的經濟核對其腹地以及由此而形成的對其他經濟核的影響，從而形成的單一經濟波影響。事實上一個經濟核所受的影響不僅僅來自鄰近的經濟核，與其空間距離較遠的上一層級的經濟核仍然會產生影響，於是腹地內來自不同級別的經濟核所產生的經濟波的影響就會疊加，疊加後的經濟波產生的影響會較沒有疊加以前產生的影響更大，從而在增長速度上具有放大效果。如圖 4-8，表示了在大強核影響下經濟波變形。圖中陰影區域表示大強核所影響的城市發展腹地，可以看出，大強核的輻射範圍掩蓋了所有經濟核的經濟域，大強核的經濟波為 經濟波$_3$，經濟波$_1$是沒有強核影響下的經濟波，經濟波$_2$是大強核影響下的經濟波，其在大強核的影響下較經經濟波$_1$有很多變形，可以看出，靠近大強核的位置經濟波相對向增高方向變形，遠離大經濟核的位置相對向降低方向變形，即在大強核的影響下，腹地內各經濟核的增長能力發生了相對變化，在 經濟波$_3$的影響下，經濟核的原先增長排序要進行重新設計。

　　城市群腹地的這種由經濟核衍生出來的核跳躍（城市地域）的進化過程受到技術進步、交通條件改善、要素成本變化、產業結構變化等的影響，由於不同區位的技術進步程度、產業結構狀態、交通條件以及要素聚集狀態等不同，從而城市腹地的擴展狀態也不同。現實中城市內各個產業的進步狀況是不一樣的，技術進步的不平衡必然引起

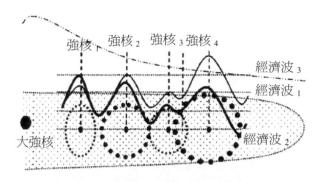

圖 4-8　大經濟核影響下的經濟波變形

城市產業結構的變動，所以各產業對市中心聚集利益的依存性和區位偏好也會發生相應變動，進而城市內部的聚集均衡和土地利用也會發生變化。圖 4-9、圖 4-10、圖 4-11 顯示了幾種不同狀況下個體城市規模擴展的狀況，這種規模擴展伴隨著核跳躍，進而促進經濟地域內城市群的產生，尤其是存在不同進步狀況的產業時，如當其中一個產業技術進步快於其他產業的技術進步狀況時，競租曲線的移動將導致城市規模擴大的區別更大。城市規模是伴隨地租曲線的向外平移而擴大規模的，即圖中地租曲線越向右，城市的規模就相應越大，每次向右跳躍的幅度越大，城市地域擴展的速度就越快。

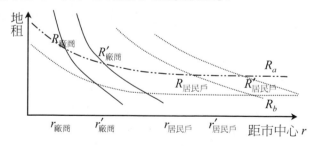

圖 4-9　技術進步導致的城市競租曲線躍遷

生產技術進步是影響城市群規模的重要因素之一。當城市地區的整體生產技術取得進步時，該城市中的廠商可以在相同的投入情況下

獲得更大的產出，在其他要素不變時就會有更多的廠商進入該城市，

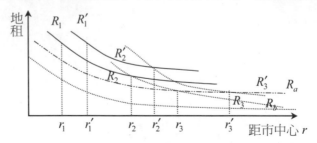

圖 4-10　交通條件改善時城市空間的變化

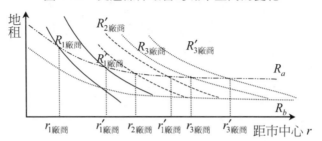

圖 4-11　要素成本變化導致的城市擴展範圍變化

　　並進一步導致人口、資源的大量流入。由於整體生產技術的提高，廠商在該城市佈局可以獲得更高的城市聚集利益，於是會有更多的廠商在該區域佈局，以便從聚集中獲得更多收益。廠商數量的增加和規模的擴大導致對勞動力需求的增加，城市在開放經濟條件下，聚集均衡時各地的工資率也會達到一種均衡狀態，經濟發展處於均衡狀態時該城市的工資水平會上升，較高的居民收入水平會影響其競租水平和選址行為。圖 4-9 表示了廠商和居民戶伴隨技術進步而作出的區位選擇，對於相同的地租水平 R_a，在技術進步情況下由於廠商和居民戶能夠在距離市中心更遠的地方佈局，競租曲線分別由原來的 $R_{廠商}$、$R_{居民戶}$ 變化到 $R'_{廠商}$ 和 $R'_{居民戶}$，技術進步導致居民戶和廠商的消費水平變化，進而導致城市規模的變化。城市規模的變化導致在擴大了的基

礎上新經濟核的產生，於是域內經濟核的數量會更加多。如果地租曲線不是 R_a 水平而是 R_b 水平（ $R_a > R_b$ ），則城市規模擴展的速度會更快。技術水平的變化對城市化進程的影響主要表現在技術水平的上升對經濟活動的總體規模、產業結構、企業空間組織形式的變化等方面。技術溢出導致生產協作形式的變化，對城市化具有實質促進作用的技術有三種：先進的工業技術、便捷的交通運輸技術以及發達的通訊技術。瑞典學者哈特斯特朗（T. Hagersterand）在 20 世紀 50 年代曾經從空間角度對技術的擴散進行了研究，認為一種技術的創新會在一個區域內產生優勢，進而在創新者與周圍區域之間產生位勢差（梯度差），為了消除這種差異便在創新區與周圍區域之間發生擴散，這種擴散採取三種方式，即近鄰擴散、等級擴散和位移擴散。近鄰擴散，即呈現同心圓方式以技術創新地為中心向周圍地區連續擴散；位移擴散，即通過創新者自身的移動將技術傳播到新的地方；等級擴散，即呈現跳躍式的從創新中心區向周圍其他地區的輻射。

與生產技術對城市形態變化的影響相類似，交通條件的改善也會同樣導致城市聚集要素佈局的變化，其影響機制與生產技術沒有多大差別，交通技術不僅影響著城市的聚集規模，而且影響著城市群的空間佈局。交通技術既定條件下，單位物品的運輸費用既定，通過空間的市場競爭，個體城市的均衡規模得以確定，城市中心利益既定時，居民與廠商在各個區位上可能獲得的聚集利益也相對確定。隨著交通條件的改善，如上所述的均衡會被打破進而實現新的均衡。首先是由於交通條件的改善，原有區位上的相關運輸費用會降低，商品的供求量會提高，城市的輻射範圍會擴大，商業或消費的聚集利益也會相應提高，因而在固定的區位上由於交通運輸條件的改善會使地價上升。同時交通運輸技術的進步對居民和廠商的區位偏好會產生影響，對服務業、製造業和居民戶會產生不同的影響，從而導致地租曲線外移，城市規模相應擴大。如圖 4-10，在原來的交通條件下，地租曲線由 R_1 逐漸變遷到 R_2 再變遷到 R_3，在 R_a 的地租包洛水平下，城市的影響範圍分別為 r_1、r_2、r_3，在交通條件改善的條件下，如果地租包洛曲線不變化，則城市的影響範圍分別為 r_1'、r_2'、r_3'，如果地租包洛曲線變化到 Rb 水平，則城市的擴展範圍更大。在要素成本發生變化時所導致的城市空間範圍擴展的機制與交通條件改善取得的效果基本相同，如圖 4-11。

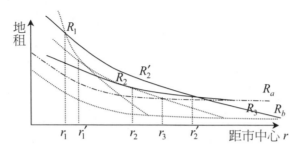

圖 4-12　產業間關係變化對競租曲線的影響

產業結構對個體城市進程的影響在服務業和製造業的地租曲線變化上的表現有所不同。對於服務業，其對市中心的依賴性和敏感性很強，由於交通運輸技術的進步使得市中心的人口、商品和資訊的彙集作用加強，所以，服務業的競租曲線變得更加陡峭（如圖 4-12 中的 $R_1 \rightarrow R_1'$）。但是技術進步對製造業的影響就有所不同，交通運輸技術的改善降低了對服務業以及成本的約束，從而可以以廉價的用地換取高效率的生產，這時的廠商會趨向於距市中心較遠的土地（如圖 4-12 中的 $R_2 \rightarrow R_2'$）。對於居民戶，交通運輸技術的改善增加了其可支配收入，從而改變了其消費效用和消費偏好，使其競租曲線變得非常平緩（如圖 4-12 中的 $R_3 \rightarrow R_3'$）。產業結構對個體城市規模擴展的影響表現在隨產業結構變化而出現的地租曲線由城市中心區域向週邊區域的疊代，如圖 4-12，在產業結構低水平條件下，如產業結構比重排序為第一產業 > 第二產業 > 第三產業以及第二產業 > 第一產業 > 第三產業的情況下，個體城市在 R_1、R_2、R_3 的疊代過程中城市規模逐漸由 r_1 到 r_2 再到 r_3，在產業結構升級條件下，如 R_2 水平升級到 R_2' 水平，城市規模可以擴展到 r_2' 的範圍甚至更遠。

4.5 不同階段的城市群體結構的演進過程分析

城市群體結構的演化遵循城市增長和區域經濟發展的規律。弗里德曼通過研究空間組織變化的規律提出空間結構演化的四階段模式：沒有系統獨立地方中心階段→簡單強大的中心和發展滯緩的廣大週邊地區→單一的全國中心和強大的週邊次中心→功能上互相依賴的城市系統，並認為區域經濟的持續增長推動著空間經濟逐漸向一體化方向發展。城市群體空間的演化由簡單到複雜、由鬆散到密切、由不穩定到穩定。城市群體結構演化主要體現在其生長形態的變化上，在自然和社會經濟條件均一的理想狀態下，城市群形態應為圓形。由於條件因素的不均一性，特別是交通條件和交通設施的較大差異，使城市群形態呈現很大程度的變形，形成團聚狀生長形態、帶狀生長形態、星狀生長形態（如表 4-8）。

表 4-8　城市群的發展過程及各階段的特點

擴展階段	聚集程度	空間結構	擴展方式	聚集形態
多核心相對孤立膨脹	聚集占絕對優勢	經濟要素相對聚集	相對獨立、均勻	多核心成團簇狀
單核心中心定向成長	開始出現城鄉梯度	經濟要素不平衡聚集	大多沿交通軸線發展	多個城市呈帶狀

表 4-8（續）

擴展階段	聚集程度	空間結構	擴展方式	聚集形態
向心與離心同步擴展	集聚與擴散勢均力敵	不平衡聚集城市加劇	城市發展方向不確定	城市成組發展
連綿區多層次複合發展	分散傾向佔據主導	要素分佈恢復平衡	城市空間面積拓展	形成城市連綿區

4.5.1 城市群的空間擴展過程

城市群的形成過程，即城市空間的擴展過程。城市群空間的形成和擴展經歷了多中心孤立城鎮膨脹階段→城市空間定向蔓生階段→城市間的向心與離心擴展階段→城市連綿區內的複合式擴展階段。個體城市形成後，集聚對城市空間的擴張起主導作用，城市的擴展（如圖 4-13）和聚合（如圖 4-14）多依自然地形和交通設施發展。隨著擴展距離的延伸，同心圓膨脹的邊際效益下降，沿交通線的擴展成為這一時期的主導，城市擴展表現出明確的空間指向，中心城市已被擴展軸聯繫在一起。城市群空間軸向擴展到一定程度時，大中城市數量開始增加。此時城市的空間擴展既受自身向心力和離心力作用支配，也受區域城市影響力的制約。在向心力發展過程中城市間的吸引範圍不斷襲奪、削弱或加強，城市群體內部的聯繫進一步密切，位移擴展和跳躍式擴展並存。兩個或多個都市之間由於引力加強和影響空間的鄰近，會出現互為影響區域、互為空間環境的局面，從而形成大、中、小規模城市交錯存在和發展的城市連綿區。大都市沿交通走廊的擴展使它們進一步聚合，同時新生的次級交通走廊也成為城市群擴展的短軸方向，其可波及至城市化發展的低谷區，從而形成互動式的擴展局勢。

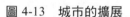

圖 4-13　城市的擴展　　　　圖 4-14　城市的聚合

4.5.2　城市群地域結構的演變規律

正如前文論及，城市首先產生於"核"，然後延展爲城市地域，進而成爲依託腹地而成長的個體城市，多個個體城市之間的相互影響繼而成爲密集的城市群。城市群地域結構的遞變是"入侵"和"掠奪"的結果，在城市群中所出現的城市結構、社會結構、規模結構、職能結構的排列組合和分異分化等都是入侵現象的結果。由於人流、物流、資金流以及資訊流的輸入，城市群地域結構就會加速改變初始相對的平衡狀態，其分化和重新整合導致了新的城市群地域結構。系統理論強調，一定系統的結構實際上是結構要素之間的相互關聯的耦合系統，結構要素常常改變彼此之間的關聯方式，城市結構也因而發生遞變，當結構要素之間的相互聯繫以新的方式耦合時，結構就在整體上發生了改變。

城市群地域結構的改變不是平面變化而是一個遞進上升的立體化演進過程，城市群地域結構的類型取決於城市群區域的各城市之間的關聯方式所決定的功能地域結構的合理性，各城市功能地域結構的市場化聯繫越密切，城市群地域結構類型越有利於發揮城市群的整體功能，城市群地域結構演化可以分爲如下階段：①分散發展的單核心城市階段。分散的城市間規模等級差別小，大多數城市沿區域交通幹線分佈；城市間的功能聯繫僅僅限於狹窄的交通沿線地帶的城市之間，遠離交通線的其他城市與交通線的主要城市間僅有微弱的功能聯繫；城市的專業化聯繫差，各城市周圍被不同的農業地帶環繞。這是城市群地域結構發展的最初階段，城市的成長主要表現為單核心向外蔓延發展。②城市組團階段。交通幹線中心城市的側向聯繫滲透幹線發展，對於城市群地域結構的質的轉變非常重要。起初的側向聯繫首先從重要的城市中心開始，並與遠離交通線的邊遠城市相連接，這在很大程度上優化了兩個中心城市和邊遠城市間的功能地域結構。隨著滲透幹線的延伸以及在滲透幹線上較大規模城市的建立，各城市市場區域進一步擴大，城市以內城為中心向外擴展，這時城市的聚集和擴散作用得到加強，由於聚集和擴散作用的進行，區域交通幹線上的中心城市發展成為區域性的大都市，其功能的逐步完善以及區域內更大範圍的聯繫的緊密性的加強，使得單一都市向組團城市發展。③城市組群擴展階段。位於滲透幹線上的城市繼續受到較高城市的輻射功能，自身又部分作用於次級城市擴散，這時的城市開始扮演地區中心的角色。隨後邊遠城市的交通支線得以建立，除了通過滲透幹線的聯繫外，它們之間的直接聯繫也開始得到發展，繼而更小的城市便通過起初的幹線開始得到擴展，並且它們之間的直接聯繫也開始逐步建立，不同等級的城市之間的聯繫由於其聚集和擴散功能的加強，將試圖改進其正在形成的城市群交通網絡中的地位，從而使城市群出現了由不同功能地域結構組成的城市組群。④城市群形成階段。城市組群間的綜合交通走廊的發展以及城市群等級系統的出現是城市群成熟的重要特徵。這時產業結構與產品結構梯度轉移的波及效應逐漸明顯，不同等級城市間縱向聯繫的行政隸屬關係逐步淡化，同一等級城市間的橫向聯繫進一步加強，城市群的地域結構的功能組織方式日益優化。城市體系的形成過程及相應的規模擴展與收斂間的關係如圖4-15所示。

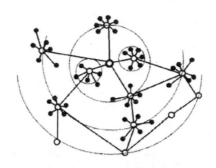

圖 4-15 城市體系的層次聯繫示意圖

　　城市群在平面空間內的產生過程可以用圖 4-16 來表示。城市群首先由單個的城市產生，其次在此基礎上發展為城市群。如圖 4-16，城市群的產生過程可以由六個階段構成，圖中每個階段分別用一個圖形來描述，同時根據前文關於聚集導致的個體城市規模擴展與收斂中 α、β、γ、δ 之間的關係分別給出城市聚集與收斂的分析曲線（圖 A～圖 F）。第一階段（圖 4-16-1），整個地域內經濟要素平均質分佈，經濟要素在地域內的流向是雜亂無章的，圖中的箭頭方向是無序的，這時區域內沒有一個起主導作用的經濟核心，所以這時對於區域內所有點的成長機會都是均等的，這時的區域內各個經濟點的要素聚集機會也是均等的，在宏觀上並沒有發生有方向性的聚集，圖 A 中的兩條分析曲線幾乎是平行的，即其中任何一個都不會相對另外一個占主導；第二階段（圖 4-16-2），區域經濟發展的基礎條件開始發生變化，某些區位點在聚集經濟要素等方面開始顯示優勢，所以本來均質分佈的經濟資源開始有方向地向這些區位點聚集，於是在區域內出現了一些經濟核，圖中的箭頭表示經濟要素有方向選擇的開始向經濟核聚集，這時由於區域內的方向性聚集，圖 B 中分析曲線的收斂強度大於發散強度，分析曲線表現為收斂線斜率較大，擴展線斜率較小，但沒有與 45°線相交，即不會形成一個均衡的城市發展規模；第三階段（圖 4-16-3），區域內經濟核的發展速度還是不同的，這些經濟核中的一部分在未來發展中可能會被另外的經濟核所覆蓋，區域經濟的發展狀況表現爲對周圍資源的強烈聚集，這些經濟核便成爲初級的城市，圖中的箭頭表示區域內的資源開始方向性的集中並向個別經濟核聚集，這時區域內已經發生明顯的聚集過程，所以圖 C 中的分析曲線沒有表示出擴展線，而只有收斂線，但這時收斂線的斜率還較小，在縱軸上的截距也比較小，說明這時城市的收斂強度還處在初期；第四階段（圖 4-16-4），初級城市的出現使得區域內經濟發展的速度開始產生分化，並產生更高一級城市的要求，於是緊鄰的多個初級城市會在頻繁的經濟往來中對各方都相對合理的區位點上佈局中等城市或者大城市，而原來的初級城市基本呈環狀圍繞在大城市的周圍，圖中的箭頭表示初級城市的資源向高一級的城市集中，圖 D 的分析曲線圖上的城市收斂線的斜率開始增大；第五階段（圖 4-16-5），大城市發展爲特大城市，相鄰的特大城市之間相互產生影響，這些特大城市級別相當，分別爲不同區域的經濟增長擔負著職能，但其職能不能被次一級的城市所取代，它們相互之間的聯繫（關鍵在於級別相同）很緊密，並逐漸發展爲城市群，圖中的箭頭表示兩個特大城市之間產生的相互影響，這時圖 E 中的分析曲線已經沒有了收斂線，但擴展線的斜率還比較小，勢均力敵的兩個城市中的一個不能融合另外一個；第六階段（圖 4-16-6），城市群（特大城市）的功能已經很複雜，要素的過度聚集造成城市發展的規模不經濟，客觀上需要將某些專項職能分散到次一級的大城市甚至是中等城市，於是逆城市化開始出現，逆城市化造成一些伴生職能的城市出現，於是城市群的範圍進一步擴大，圖中三個黑點表示多個特大城市已經集中連片，箭頭表示城市群內特大城市的職能開始分散到周圍低一級的城市，這時圖 F 的擴展線的斜率已經很大，表示 Y 的變化能夠產生一個更大的 Y_T，城市的擴展強度達到相當高的程度。

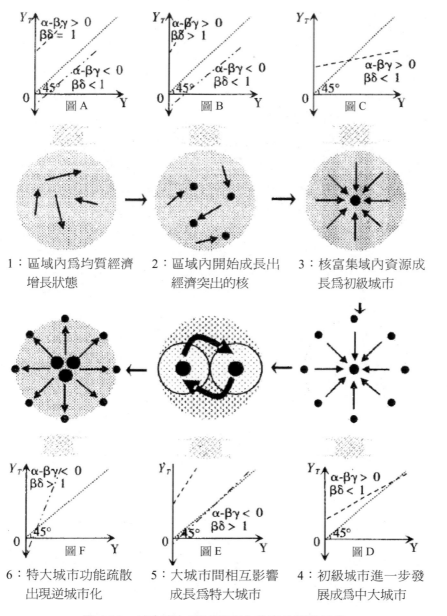

圖 4-16　城市群在區域平面上的產生過程示意

　　城市的空間擴展過程表現出很強的方向性，這是城市擴展過程的經濟選擇。如圖 4-17、圖 4-18、圖 4-19 表示了城市形成過程的三個階段，根據成本節約原則，城市首先產生在交通樞紐的地方，圖中的兩條粗實線表示了相互交叉的兩個交通主幹線，借助於優越的位置城市逐漸發展，同時在腹地內開始有次一級的交通線路出現，這些次一級的交通線路進而產生出更次一級的交通線路，於是在城市的整個區域內開始形成縱橫交織的網絡，這些網絡進一步促進著城市功能的完善。城市發展的方向性選擇使得城市週邊空間在不同方向上以及在同一方向上呈現開發過程的時間序列。城市發展過程中交通成本存在著巨大的空間差別，從而導致地價的巨大差異，並且呈現不同方向上地價的巨大差異，再加上土地地價的不均衡，所有這些使得城市的發展沿著經濟運行成本最節約的方向進行，沿主要交通通道發展就成為城市週邊空間擴張的首要選擇，一般靠近建成區和交通線的土地開發成本相對較低，於是城市擴展就呈現"攤大餅"模式——由城市中心向城市週邊擴展，並且在擴張的路徑上首先選擇了交通最為便捷的主要交通幹線，其次是沿著次要交通幹線，最後將各個交通線打通，呈現"指狀網絡"模式並導致城市區域的擴展。

 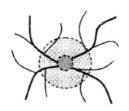 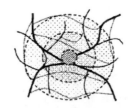

圖 4-17　城市擴展　　　圖 4-18　城市擴展　　　圖 4-19　城市擴展
　　第一階段　　　　　　　第二階段　　　　　　　第三階段

　　城市開發在一定規模內隨著城市規模的擴大，城市開發的平均成本就會減少，但開發超過一定水平時，開發成本就會隨規模增大而增

加，城市規模發展過程的平均成本變化呈現 *U* 型規律（如圖 4-20），
這顯示任何城市與經濟發展水平互相適應都存在最佳邊界。超過這個
邊界，城市規模的進一步擴張就成爲不經濟的伸展。研究顯示，靠近
建成區的土地比遠離建成區的土地更有可能被開發。同時，由於基礎
設施的規模經濟效益，城市成塊開發的可能性遠大於城市分散開發。
土地開發成本的空間變化對城市空間發展呈集聚模式起到了積極的作
用。

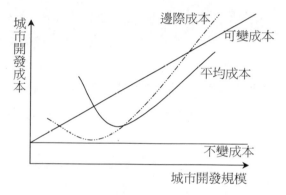

圖 4-20　城市規模擴展及其開發成本的變化

4.5.3　城市群空間發展擴展模式圖示分析

根據對中外城市群的發展過程及其空間聚集狀態的分析，城市群
空間發展擴展模式可以抽象爲集中型發展模式和多核心分散發展模式
兩種狀態，對於每種狀態筆者都通過圖示方法進行了論述。

1.集中型的城市發展模式

20 世紀 70 年代初期，德國和美國的地理學家 D. Bruman 和 Jack
Williams 在他們合著的《Cities of the World》一書中，引用了城市集
聚群體一詞，闡述的重要觀點是：世界上許多特大城市的附近區域，
由於地理位元置的優越條件，城市用水、用地和動力的方便會爲促成

成本節約而有方向性的聚集在一起。他們同時認為在德國的魯爾區、法國的巴黎盆地和美國的五大湖區等地區都是處於該原因而形成了城市群的聚集，這種初級形式的聚集會隨著時間的推移，逐漸形成以超級城市為核心的集中型的發展區域，這種形式的城市群發展模式一般被認為是集中型的城市群發展模式。集中型發展的城市群中只有一個中心城市，中心城市依託發達的交通網絡與次一級的城市相連接，形成以中心城市為核心、網絡密集的不同等級的城市所組成的城市體系，城市群中不同等級的城市之間通過交通幹道和信息傳輸網絡相互交織在區域內形成網絡結構。如圖 4-21，表示了集中型城市的發展格局，發展過程中首先產生中心城市，繼而在中心城市周圍依靠交通線建立起結點，這些結點將來會發育成不同等級的城市，由於結點所發揮作用的不同在將來會發育成不同級別的城市。結點位於主要的交通幹線上，在結點中有一些結點所起的作用非常大，在諸多結點中扮演著非常重要的角色，在圖中為了與一般的結點相區別標注為大結點。結點之間由於經濟發展上的需要逐漸建立連接，圖中用較細的實線相連接，於是整個地域內的城市相互連接發展為城市群，城市群中各城市之間的聯繫不間斷，分佈也相對均勻。

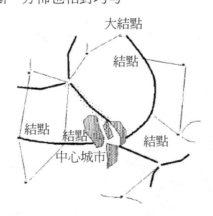

圖 4-21　集中型的城市發展模式

2.多核心分散型的城市群發展模式

多核心即城市群內部存在多個規模相當的中心城市，各中心城市之間交通條件便利。每個核心城市都具有自己的城市體系，所以多核心的城市體系相當於多個集中型城市群構成的複合城市群，相同級別的多個核心城市在發展中勢均力敵，各自形成以地理分區爲依託的圈層體系並且各自以其輻射範圍的差別形成大小不同的城市圈。這些中心城市在發展中會產生一定的經濟聯繫，在相互聯繫中城市群的規模會逐漸擴大，繼而在城市群發展的後期會形成城市帶。如圖 4-22，分別用區域中心表示了三個中等規模的城市群，三個城市群之間通過交通幹線相聯繫，在交通幹線的兩側分佈有低級別的城鎮（城市），這些城鎮（城市）通過低層次的交通線相聯繫，城市群中的城市在整個區域內的分佈密度不相同，每個區域中心周圍的低級別的城市相對比較密集，其圍繞三個核心形成相對較分散的三個小城市群，空間上表現爲多核心。

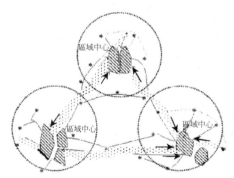

圖 4-22　多核心分散型的城市群發展模式

4.5.4　城市群擴展過程的梯度分析

城市群以首位城市爲中心向下依次推移，城鎮的規模、分佈密度以及等級依次降低，在形成城市群的各個經濟核之間的引力和斥力的作用下，區域內最終形成均勻分佈的格局。但是由於各個經濟核的生長機會和成長能力不均衡，於是各自之間產生相互作用的強度也不同，從而產生城市規模和分佈的梯度差異（梯度是用來表示經濟發展水平的差距以及經濟由高水平地區向低水平地區轉移的空間變化歷程）。在世界範圍內，普遍存在經濟發展的不平衡問題。這種客觀存在的經濟梯度，不僅影響著國家、地區間經濟全面、協調發展，同時在梯度推移過程中還會對區域間的產業結構、生產力佈局以及整個經濟運行產生深遠影響。由於地區間經濟發展水平不同，從而使產生的差異具體表現為根據各地區技術水平的高低而形成的不同產業梯度，即各地區的產業結構層次存在明顯的階梯狀差異。由於這種產業梯度的存在以及各地區產業結構不斷升級的需要，產業在各國或地區間呈現出從高向低轉移的梯度轉移規律，一地區相對落後或不再具有比較優勢的產業可以轉移到其他存在產業梯度的地區，成為其他地區相對先進或具有相對比較優勢的產業，從而提高吸收方的產業結構層次與水平，這就是產業結構在地區間的梯度轉移規律。產業的梯度轉移規律推動著城市分佈的地域擴展，從而推進了城市化水平的提高。

本書引入的梯度概念是指區域之間總體水平的差異。如果一個區域的主導部門是興旺部門則認為是高梯度區域，經濟發展依據產品周期循環的順序由高梯度向低梯度區域轉移，這種轉移主要是通過城市系統來進行的，這是因為創新主要發生在城市（大城市），由此梯度轉移按照如下方式進行：創新首先從發源地向周圍相鄰的城市推移，其次向發源地較遠的第二級城市推移，最後向第三級城市推移，於是創新從發源地推移到所有的城市。

城市群的擴展過程可以假設為是在一種力的作用下得以實現的，這種力可以定義為梯度力，梯度力的大小決定了城市群擴展的速度，梯度力的方向決定了城市群的擴展方向。為了研究方便，假定空間中有一點，其離開原點的距離用矢徑來表示，記做 r，其離開原點的速度是矢徑 r 對時間的一階導數，即：

$$V = \frac{dr}{dt} = \frac{dx}{dt}i + \frac{dy}{dt}j + \frac{dz}{dt}k$$

若以 u、v、w 分別表示向量 V 在直角座標 x、y、z 上的投影，則有：

$$V = ui + vj + wk$$

即

$$u = \frac{dx}{dt}, \ v = \frac{dy}{dt}, \ w = \frac{dz}{dt}$$

為了研究方便，本書假設城市內的要素是平均值的，影響城市發展的諸多要素可以假設為一個綜合要素，其密度為 ρ，並且城市發展力沿著 x、y、z 三個方向發展，x 和 y 為水平方向，是城市群在水平方向上範圍的擴張，表現為城市擴散，z 表示垂直方向，其使城市要素趨於密集發展。假設在城市中有一為 δV 的空間，$\delta V = \delta x \cdot \delta y \cdot \delta z$，該空間內所包含的要素為 $\rho \delta V$，在該確定的空間內要素隨時間的變化率為 $(\partial \rho \delta V)/\partial t$。城市發展過程中要素變化表現為在 x、y、z 方向上隨時間的進出。

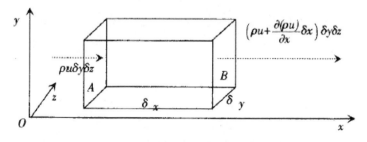

圖 4-23　區域要素輸入輸出示意圖

如圖 4-23，單位時間內通過 A 面從左側進入 δV 的要素和通過 B 面流出 δV 的要素的質量差為：

$$\rho u \delta y \delta z - \left(\rho u + \frac{\partial(\rho u)}{\partial x} \right) \delta y \delta z = -\frac{\partial(\rho u)}{\partial x} \delta v$$

同理可得：

$$\rho v \delta x \delta z - \left(\rho v + \frac{\partial(\rho v)}{\partial y} \right) \delta x \delta z = -\frac{\partial(\rho v)}{\partial y} \delta v$$

$$\rho w \delta x \delta y - \left(\rho w + \frac{\partial(\rho w)}{\partial z} \right) \delta x \delta y = -\frac{\partial(\rho w)}{\partial z} \delta v$$

所以單位時間內要素從 x、y、z 軸三個方向進出 δV 空間的要素差總值為：

$$\frac{\partial \rho}{\partial t} \delta v - \left(\frac{\partial(\rho u)}{\partial x} + \frac{\partial(\rho v)}{\partial y} + \frac{\partial(\rho w)}{\partial z} \right) \delta v$$

即
$$\frac{\partial \rho}{\partial t} = -\left(\frac{\partial(\rho u)}{\partial x} + \frac{\partial(\rho v)}{\partial y} + \frac{\partial(\rho w)}{\partial z} \right) \qquad (A)$$

城市中某點垂直向上的要素數量可以表示為：$F = \int_0^\infty \frac{\partial \rho}{\partial t} dz$，則該式對時間的偏導數為：

$$\frac{\partial F}{\partial t} = \int_0^\infty \frac{\partial \rho}{\partial t} dz$$

將 A 式代入得：

$$\frac{\partial F}{\partial t} = -\int_0^\infty \left(\frac{\partial(\rho u)}{\partial x} + \frac{\partial(\rho u)}{\partial y} + \frac{\partial(\rho w)}{\partial z} \right) dz$$

$$= -\int_0^\infty \left(\frac{\partial(\rho u)}{\partial x} + \frac{\partial(\rho u)}{\partial y} \right) dz - \int_0^\infty \frac{\partial(\rho w)}{\partial z} dz$$

$$= -\int_0^\infty \rho \left(\frac{\partial u}{\partial x} + \frac{\partial v)}{\partial y} \right) dz - \int_0^\infty \rho \left(\frac{\partial \rho}{\partial x} + \frac{\partial \rho}{\partial y} \right) dz - \int_0^\infty \frac{\partial(\rho w)}{\partial z}$$

$$= -\int_0^\infty \rho \left(\frac{\partial u}{\partial x} + \frac{\partial v}{\partial y} \right) dz - \int_0^\infty \left(u \frac{\partial \rho}{\partial x} + \frac{\partial \rho}{\partial y} \right) dz - (\rho w)_\infty \qquad (B)$$

B 式中的各項所表示的意義分別為：

(1)城市要素擴展水平流。 B 式中第一項為水平散度項，其中 $\left(\dfrac{\partial u}{\partial x}+\dfrac{\partial v}{\partial y}\right)$ 為水平散度，表示要素相對考察範圍的聚散程度，該項表示研究區域地面以上要素聚散的總和。若以聚集為主，則 $-\displaystyle\int_{0}^{\infty}\rho\left(\dfrac{\partial u}{\partial x}+\dfrac{\partial v}{\partial y}\right)dz<0$ ，表示該區域沿水平方向流出的要素在減小，於

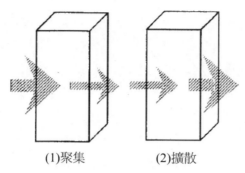

(1)聚集　　　(2)擴散

圖 4-24　要素流動的城市聚集和擴散的影響

是該區域的聚集程度提高，即 $\dfrac{\partial F}{\partial t}=\displaystyle\int_{0}^{\infty}\dfrac{\partial \rho}{\partial t}dz>0$ ，這相當於城市成長的初期階段，以聚集要素為主。若以擴散為主，則 $-\displaystyle\int_{0}^{\infty}\rho\left(\dfrac{\partial u}{\partial x}+\dfrac{\partial v}{\partial y}\right)dz>0$ ，於是該區域的聚集程度降低即 $\dfrac{\partial F}{\partial t}=\displaystyle\int_{0}\left(\dfrac{\partial \rho}{\partial t}\right)dz<0$ ，這相當於城市成長的中後期階段，城市發展進入逆城市化，要素流出多，城市發展能夠到更遠的地域範圍。

(2)城市擴展要素密度流。 B 式中的第二項為密度流項，其中 $-\left(u\dfrac{\partial \rho}{\partial x}+v\dfrac{\partial \rho}{\partial y}\right)<0$ 是要素密度流的變化。若 $-\left(u\dfrac{\partial \rho}{\partial x}+v\dfrac{\partial \rho}{\partial y}\right)<0$ ，即密度是沿著 V 的方向減小的，則 $-\displaystyle\int_{0}^{\infty}\left(u\dfrac{\partial \rho}{\partial x}+v\dfrac{\partial \rho}{\partial x}\right)dz>0$ ，該區域的要素

密度升高，這是因為該區域以密度大的要素置換了密度小的要素，導致該區的聚集程度提高（如圖 4-24(1)），這是城市成長的初期階段，城市依託城市中心的凝聚力迅速發展。反之若 $-\left(u\frac{\partial\rho}{\partial x}+v\frac{\partial\rho}{\partial y}\right)>0$，則說明要素密度是沿著 V 的方向增加的，則 $-\int_{0}^{\infty}\left(u\frac{\partial\rho}{\partial x}+v\frac{\partial\rho}{\partial y}\right)dz<0$，密度小的要素取代了密度大的要素，該區域的要素聚集程度減小（如圖 4-24(2)），這是城市發展的後期階段，城市的發展導致其對其他城市的發展產生更大的影響。

(3)城市擴展要素垂直流。如果該區域有上升運動，$W>0$，$\rho\cdot W>0$，表示該區域有要素從地面輸送到高空，則該區域的要素質量增大，導致要素的聚集程度提高。城市發展到一定程度後由於地域範圍的限制導致城市的土地資源過度緊張，這時的城市有向高空發展的傾向，城市發展的高空趨勢帶來了要素在區域內的迅速聚集，這相當於城市發展的初期和中期階段。反之若 $W<0$，則 $\rho\cdot W<0$，表示該區域有要素從高空向下輸送，則區域的要素質量減小，區域擴散程度加強，這相當於城市發展郊區城市化階段。用主成分分析法可以對不同城市群中有等級差別的城市在整個城市群發展中的作用進行分析，通過確定其相應的能級並進行排序從而可以發現城市群發展過程中的梯度存在。如表 4-9，表示了珠江三角洲不同城市的能級梯度，城市群發展過程中正是通過這種有梯度的能級序列輻射這個區域的經濟而發展的。

表 4-9　珠江三角洲城市群不同城市能級分佈

層級	城市	能級
第一層級	深圳、廣州	143.22～190.3
第二層級	東莞、株海、佛山	12.14～28.53
第三層級	中山、江門、惠州、汕頭、肇慶、湛江、茂名	−80.06～−32.94

資料來源：趙全超，王波.對珠三角經濟圈城市群能級梯度分佈結構的實證研究 [J]. 西北農林科技大學學報（社會科學版）. 2005(5): 60-65.

4.6　不同城市群的成長過程圖解

4.6.1　珠江三角洲城市群的發展過程圖解

珠江三角洲依託以廣州市為核心的多個不同等級的城市形成了珠江三角洲城市群。珠江三角洲的城市化進程可為三個時期：緩慢發展時期（新中國成立後至 1978 年）、工業發展主導時期（1978－1992年）和第三產業興起時期（1992 年至今）。1978 年與 1949 年相比，城市只增加了佛山、江門、肇慶、惠州 4 個，除廣州外沒有形成一個超過 20 萬人口的中等城市，1978 年僅有 32 個建制鎮。1978 年的農村經濟改革、大力發展鄉鎮企業和實行對外開放等政策的推行，極大地促進了珠江三角洲城市化的進程，城鎮人口迅速增加，城鎮結構和佈局發生了根本性變化，深圳、珠海、中山、東莞、台山、番禺等相繼設市，城市個數從 5 個增至 12 個，建制鎮也增至 374 個。進入 20世紀 90 年代，可持續發展的理念越來越得到社會的認可，區域經濟發展由注重工業轉變為第二、第三產業並舉，強調城市意識。這個階段，珠江三角洲城市數目由 12 個增至 26 個。三個階段的發展形成了珠江三角洲的現在城市群發展格局，珠江三角洲城市群的空間結構呈現以廣州市為核心（一頭）、深圳市和珠海市為兩尾、惠州市和湛江市爲兩翼的"鳥"型發展格局。在這個格局中，廣州市和深圳市處於城市群的第一層級，空間地域上在經濟圈內處於相對獨立的地位，以強大的影響力和聚集力輻射著區內經濟的發展（如圖 4-25）。與城市群的發展階段相適應，珠江三角洲的城市群也表現爲三個層次的圈層依次遞進發展模式，每個次一級的圈層發展依託高一級別的城市圈向周圍腹地擴展，並與每個圈層相對應，圖中用三個箭頭表示，箭頭的方向表示城市圈的擴展方向，箭頭的位置表示城市圈層的發展邊界。廣州市作爲一個特大城市和我國華南地區最大的河口港，其聯結陸路和水路，爲港口、鐵路、內河、公路等多種交通運輸方式聚散的要衝之地，成爲珠江三角洲經濟區域發展中發揮空間聯繫的重要中心城市。從產業和貿易的關聯看，廣州市是珠江三角洲的工業中心和貿易中心，是珠江三角洲城市群的經濟核，其輻射的經濟波影響著整個區域的經濟發展格局，這是圖中的第一個圈層。依託城市群在區內形成東莞、珠海、佛山等次級城市，這些城市與廣州市、深圳市共同成爲整個城市群的支柱。這些次一級的中心城市形成的城市群使城市之間能夠優勢互補，充分利用城市群產生的規模效應和整合優勢，創造產業結構的深度整合和產業結構的優化，並進一步使城市群的規模效應得到進一步提高，這是圖中的第二個圈層。城市群的第三個圈層包括中山、江門、惠州、汕頭、肇慶、湛江、茂名等城市，這些城市規模不大，大多屬於中小城市，發展中各有特色，充分利用其資源優勢，是城市群發展的基礎資源。珠江三角洲呈現鳥狀的空間佈局是由其產業特徵決定的，該區是受中國香港地區和中國澳門地區經濟輻射最爲直接的區域，區域經濟之間的相互影響使得雙方的經濟結構產生了很強的互補性。同時由於地緣關係，粵港澳的一體化經濟發展大多數都是沿著中國香港地區-深圳-珠江三角洲內地和中國澳門地區-珠海-珠江三角洲內地的區域經濟關聯傳導路徑進行擴散的。中國香港地區→深

圳→珠江三角洲內地和中國澳門地區→珠海→珠江三角洲內地經濟關
聯的兩條傳導路徑，使得深圳和珠海兩個城市在地域空間內成為直接
決定和影響珠江三角洲地區空間結構的形成和運動形態的關鍵節點，
以此為基礎，珠江三角洲城市區域就形成了鳥狀的區域城市外部空間
結構主導運輸路徑和城市群空間發展的模式。

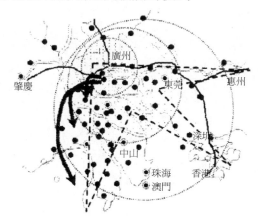

圖 4-25　珠江三角洲城市群的擴展

4.6.2　滬甯杭城市群發展歷程圖解

　　滬甯杭城市群以上海市為核心，包括了蘇錫常、杭嘉湖、寧
（波）紹地區和寧鎮揚四個城市集聚地帶，16 個中心城市[1]，沿著長
江發展軸構成了中國經濟發達的最大城市群區域（如圖 4-26）。該城
市群中，上海市是一級核心城市，南京市為次級核心城市，空間上呈
以海岸線為底邊、以南京市為頂點的三角形，城市群的潛在擴展方向
指向內陸腹地。該城市群中既有特大城市，也有大中城市，城市群的
發展遵循一般規律。一般而言，大城市群區集聚程度越來越高，城市

1　　這 16 個城市為：上海、蘇州、無錫、常州、鎮江、南京、揚州、泰州、南
　　通、杭州、嘉興、湖州、寧波、紹興、舟山、台州。

化區域不斷擴大，首位城市的人口規模就越來越大。根據經濟規模效
應的一般規律，工業化初期與發展過程中，城市空間主要表現在集聚
程度的提高，在工業化成熟階段，城市空間擴展一方面繼續集聚，用
地高度集約化；但另一方面又表現在城市空間不斷向週邊擴散的過
程，即城市化區域不斷擴大，同時首位城市的人口規模越來越大，各
種工業、商業、交通和科技文化的集中程度更加明顯。這種集聚過程
（尤其表現在城市人口、用地規模的擴大）在經濟發達地區的城市群
區域特別突出，最近十多年滬甯杭地區城市群中各個城市的擴大證明
了這一點。

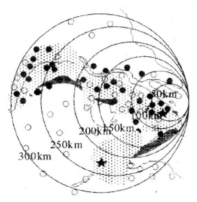

圖 4-26　滬甯杭城市群擴展

　　圖 4-26 中將該城市群分成了四個空間層次，第一層次包括上海
市、蘇州市、嘉興市等，其距離上海市 100 公里範圍，經濟上與上海
市有緊密的產業聯繫；第二層次從第一層次向外延伸 50 公里左右，
包括無錫市、南通市、寧波市、湖州市等，其為上海市以及第一層次
的城市提供產業配套服務；第三層次為再向外延展到 200 公里，包括
常州市、杭州市、紹興市等；第四層次為 200 公里以外的區域，包括
南京市、鎮江市、揚州市等，其基本上為新的經濟中心，受上海市的

輻射影響不大。城市群的四個層次依託產業聯繫和經濟互補在區域內形成複雜的城市體系。城市群內的不同城市各自發展起了奠基於資源和空間優勢上的產業鏈，其呈現出不同的經濟發展水平。城市的 GDP 由城市群的核心區域到邊緣逐漸減小：上海市為 6000 億元，蘇州市、無錫市、杭州市、南京市和寧波市為 1500 億元；常州市、南通市、紹興市、台州市、嘉興市為 800 億元；鎮江市、泰州市、揚州市、舟山市以及湖州市低於 800 億元。該區由於獨特的地理優勢，城市群由沿海向內陸逐漸延伸，空間上的梯度推進與經濟上的梯度躍遷基本對稱。城市邊緣區空間結構形成與演變的主要動力是生產力佈局和區域性基礎設施的建設（如表 4-10），特別是沿著交通走廊的軸線發展。由於生產力佈局的郊區工業化、城市化的進程加快，同時大城市的用地與環境問題日益緊張、嚴重，迫使城市發展在空間上尋找出路，城市周圍的邊緣地帶（特別是交通幹線穿行的地區）自然就成為了新的工業選址、開發區建設和新的居住區發展的理想地帶，這無疑促使了城市人口、用地規模地不斷擴大，從而使集聚效應越來越明顯，首位城市的人口增長更加迅速。

表 4-10　滬甯杭城市群區城市擴大過程建成區人口規模

城市	建成區人口規模（萬人）				建成區用地面積（km^2）			
	1980 年	1985 年	1993 年	2010 年	1980 年	1985 年	1993 年	2010 年
上海	610.8	687.1	810.5	1202.1	167.9	210	265.9	489.5
南京	113.6	191.9	215.2	427.6	116.2	124	156.8	233.8
杭州	85.5	101.8	114.0	171.7	90.1	96	102.1	126.1
蘇州	51.8	63.4	81.4	139.5	34.2	41.5	58.6	105.8

注：1980 年、1985 年以及 1993 年資料是根據相關統計資料，2010 年資料採用移動平均方法進行預測。

從微觀上看，滬甯杭城市群的發展表現為沿交通走廊的發展而成為城市連綿區，滬寧鐵路沿線在該城市群發展中的作用特別明顯。滬

滬杭地區經濟發達，不同等級的城鎮都存在一定的數量，但由於本區
內縱橫交織的發達交通網絡體系尚未完全形成，交通幹線的骨架網絡
以及多層次的其他運輸方式也不完善，特別是鐵路建設遠遠不能適應
本區城市群區域化、現代化的發展需要，僅有滬甯、滬杭兩大東西向
的鐵路交通線，南北方向的交通線從整體上還沒有形成，所以南北縱
向與其他城市聯絡幹線缺乏，這些基礎設施條件導致本區的城市群發
展模式的特點呈沿著鐵路分佈，筆者稱之爲交通走廊式（廊道式）的
城市發展地帶。從上海市到南京市首先形成了我國第一個城市密集分
佈的 "城市鏈" ，城市之間的距離越來越小（如表 4-11 和表 4-
12），在這樣的城市群中作爲個體城市的經濟核之間的聯繫就更加密
切，有時同等水平的經濟核甚至是不同等級的經濟核之間的界限已經
不是非常明確了。

表 4-11　滬甯杭城市群部分城市的影響域和擴展域

單位：公里

城市	綜合實力	影響域	建成區	規劃區	理論區	影響地區
上海	0.3982	276.72	15.00	20.00	56.02	滬甯杭所有城市
南京	0.1177	150.48	8.16	10.88	30.46	常州、無錫、江陰、宜興
江陰	0.0429	90.87	4.93	6.57	18.39	常州、無錫、宜興、張家港、蘇州、常熟
宜興	0.0324	78.96	4.28	5.71	15.98	無錫、常州
常熟	0.0329	79.51	4.31	5.75	16.10	張家港、蘇州、無錫、江陰、常州
張家港	0.0338	80.67	4.37	5.83	16.33	江陰、常熟、無錫、常州、蘇州
無錫錫山	0.0997	138.49	7.51	10.01	28.03	上海、江陰、宜興、常熟、蘇州、常州
蘇州吳縣	0.0762	121.07	6.56	8.75	24.51	上海、江陰、宜興、常熟、蘇州、常州

表 4-11（續）

城市	綜合實力	影響域	建成區	規劃區	理論區	影響地區
常州五進	0.0721	117.73	6.38	8.51	23.83	南京、江陰、宜興、常熟、蘇州、常州
杭州蕭山	0.0940	134.43	7.29	9.72	27.21	蘇州

表 4-12　滬甯杭地區部分城市土地擴展速度比較

城市	1985－1994 年		1994－1998 年		1985－1998 年	
	年增面積（km²）	年均增幅（%）	年增面積（km²）	年均增幅（%）	年增面積（km²）	年均增幅（%）
無錫	3.53	8.35	4.98	6.71	3.98	9.40
杭州	2.20	3.62	22.13	27.48	8.33	13.72
寧波	2.83	9.60	2.25	4.09	2.65	9.00
蘇州	2.44	7.41	6.00	10.90	3.54	10.72
溫州	1.95	15.77	11.00	36.67	4.74	38.21
汕頭	2.39	19.91	14.88	44.40	6.23	51.92
廈門	2.42	9.07	4.38	9.02	3.02	11.32

4.6.3　京津唐城市群空間結構模式圖解

　　京津唐地區從城市群規模分組來看，目前是兩頭大中間小，從該城市群地域空間結構模式來看，三個特大城市沿鐵路線佈局，已經形成了多中心組團式的空間分佈格局，而每個中心城市又形成了單心圈層式結構，即圍繞省、市、區由內向外的全部地域分爲各具功能又相互聯繫、有機組成的 “市-郊-縣-鄉鎮” 四個層次（如圖 4-27）。從空間上看，城市群中個體城市的空間分佈從北京市到唐山市由密集轉爲稀疏。所以從總體上看，把該地區的城鎮理解爲規模高度集中的都市連綿區更爲恰當。理論認爲城市連綿區由若干個大城市區組成，每個大城市區可由兩部分組成：城市化核心區以及周圍腹地與城市核心區有緊密經濟聯繫的地區，主要表現在發達的城市經濟向周圍地區的擴

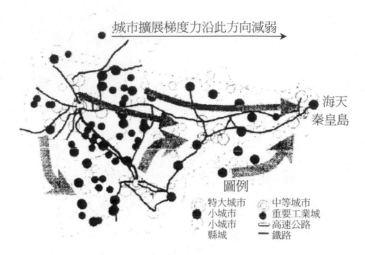

圖 4-27　京津唐城市群的發展

散和滲透，這符合經濟輻射過程的經濟核躍遷原理，從而可使農村的非農業活動就近利用城市的市場、技術、資金、資訊等有利條件，進而逐步達到互補協調發展。京津唐城市群的結構符合城市群發展的一般原理，京津唐城市群從空間結構分析由三個城市圈組成：北京圈城市群、天津圈城市群和冀東城市群。北京圈城市群以北京市為核心，主要包括北京市周圍的城鎮以及冀北地區和廊坊市北部的城鎮，這些與首都有密切聯繫的小城鎮群按其在城市群中的重要程度也可以劃分為不同的層次：①北京近郊重要城鎮，包括燕化、通鎮、黃村、昌平、門頭溝、長辛店、廊坊及燕郊，其中燕山石化區、通鎮、黃村、昌平等正在發展為北京市的衛星城；②作為各縣經濟、文化、行政中心的縣城，有香河、順義、密雲、平谷、懷柔、延慶、房山等。天津圈城市群以天津市為核心，包括天津市範圍內的小城鎮以及廊坊南部的永清縣、大成縣、文安縣等，在空間上分為三層：①天津近郊區和遠郊區的衛星鎮包括楊柳青、大南河、軍糧城、成水沽等；②市轄範圍內各縣的縣城，包括靜海、甯河、武清、寶坻、薊縣以及廊坊的永

清、霸縣、文安、大成等；③縣域內的一些城鎮和建制鎮。冀東城市
群主要由兩個子城鎮群組成，一個是唐山市城內的城鎮群，另一個是
秦皇島市城內的城鎮群。三個層次的城市群在空間上由西北向東南梯
級降低，越向東南則受到來自西北高級城市群的影響越小，所以城市
的規模越小，城市的數量也越少。

4.6.4　美國城市體系空間分佈的發展

美國城市體系的空間分佈經歷了三個發展階段：大城市時期（19
世紀末以前）、城市帶時期（19 世紀末－20 世紀 40 年代）和大城市
區時期（20 世紀 40 年代至今）。從 19 世紀後期開始美國城市系統的
發展重點主要是大城市，這些大城市的特點是：每個大城市都有各自
的發展腹地且通過較小城鎮與腹地相連；大城市與腹地的經濟聯繫基
本上是第二、第三產業與第一產業之間的協作，主要是腹地的農、礦
產品在中心城市實現銷售加工；大城市之間的經濟聯繫還處在初級階
段。美國的城市帶時期是指 19 世紀末、20 世紀初美國北部大城市之
間由於經濟橫向聯繫縱深發展而導致的新型空間經濟體系，這種經濟
體系以製造業帶的充分發展得以建立。美國的城市帶，即東北大西洋
沿岸從波士頓經紐約、費城、巴爾的摩到華盛頓的 "波士華" 城市
帶，以及五大湖南岸及周圍地區，包括匹茲堡、奧爾巴尼、布法羅、
克利夫蘭、底特律和芝加哥在內的 "芝匹茲" 城市帶。這些由多個城
市帶構成的複合城市帶中的核心城市及其周圍的衛星城市共同形成了
大工業區，各工業區由於共同集中或依賴於製造業生產活動並在職能
上互相提供產品，導致了由生產活動互相關聯的網絡系統組成的大規
模城市群的產生。

政府有關城市發展的政策，尤其是促使城市郊區化的一系列政策
的對美國城市發展的影響最大，其中比較顯著的是規模宏大的州際高

速公路計劃和潛在影響較大的住房貸款政策。許多企業利用政策導向，形成"標準化住宅區"和"郊區多功能購物中心"等典型的開發模式，從而導致了城市大規模向外蔓延。由於美國自身的經濟和文化特點，美國城市帶的形成具有明顯特殊性，表現爲內在作用爲主的自我發展和城市化進程的跳躍性。美國城市化進程幾乎不受外在偶然因素干擾，城市化進程主要是由經濟發展的內在動力自發導致。美國經濟活動偏於東北部，商業貿易一直是城市化的主要動力，20 世紀以後，工業文明和高科技的迅速發展使得太平洋沿岸的城市化水平迅速提高。區域經濟發展進程中，經濟帶呈現梯度遞進由東部和東北部逐漸向西部遷移。與此同時，城市也由小到大發展，並且相互之間發展成爲相互依託的城市體系。城市的發展進程呈現由發散到收斂、城市空間分佈由點到線再到面的內在發展過程，但在整個發展過程中不同區域間並非是均勻替代的，而是在城市地域擴展中呈現跳躍發展。在東西部地區城市發展模式的差異上，東部地區經歷了傳統農業→工業→城市化水平提高的過程，西部地區則超越了農業的充分發展階段直接過渡到現代城市充分發展的階段。

從美國城市化過程中區域人口的在東、中、西部的分佈比例可以看出，自 1790 年以來，美國不同區位的人口比重呈現出不同的變化趨勢：中北部先上升，到 1880 年以後則一直是下降趨勢；南部和東北部地區自 1790 年以來一直呈現下降趨勢，南部地區從 1960 年開始有上升的跡象，而西部地區 1840 年以來一直保持持續上升趨勢。東北部地區的人口比重下降的同時其他地區的人口比重在上升，說明美國的人口正在經歷重新佈局，城市的擴展模式大致如圖 4-28 所示，城市發展的梯度是由東向西的，由東部的波士頓、華盛頓、克里夫蘭等向中部和中西部延伸。在人口重新佈局的過程中，非大都市區、大都市區、中心城市以及郊區等人口的聚集程度各有不同的表現，其中非

大都市區變化幅度較小，中心城市的變動幅度也不大，郊區和大都市
區的變動最爲明顯，美國城市正在經歷重新佈局也再一次得到論證。

美國不同城市人口增長的幅度有顯著差別，東北部的城市包括波士
頓、華盛頓、巴爾的摩、匹茲堡等雖然每年增長的速度都在上升，但
上升的速度在減慢，而紐約、洛杉磯的城市人口增長速度一直在增加
（如表 4-13，表 4-14 和表 4-15）。

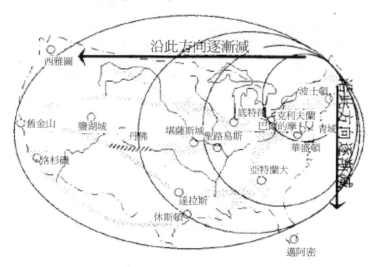

圖 4-28　美國城市群擴展過程

表 4-13　1860－1910 年美國主要城市人口增長

城市	1860 年	1870 年	比 1860 年增長%	1880 年	比 1870 年增長%	1890 年	比 1880 年增長%
紐約	1174779	1478103	25.82	1911698	29.33	2507414	31.16
費城	565529	674022	19.18	847170	25.69	1046964	23.58
波士頓	177840	250526	40.87	362839	44.83	448477	23.60
巴爾的摩	212418	267354	25.86	332313	24.30	434439	30.73
華盛頓	61122	109199	78.66	177624	62.66	230392	29.71

表 4-13（續）

城市	1860 年	1870 年	比 1860 年增長%	1880 年	比 1870 年增長%	1890 年	比 1880 年增長%
匹茲堡	77923	139256	78.71	235071	68.80	343904	46.30
洛杉磯	4385	5728	30.63	11183	95.23	50395	350.64

資料來源：根據美國人口普查的資料整理得到。

1860－1910 年間，美國的七個大城市的城市人口增長變化很顯著，洛杉磯的變化在這些城市中最為突出，其城市人口增長速度由 1860－1910 年分別為 30.63%、95.23%、350.64%、103.35%、211.48%，其他城市也有不同程度的變化，其中巴爾的摩、紐約呈現加速上升趨勢，年均上升為 1.11%和 2.26%，增長率的增長速度為 0.57%和 8.42%。波士頓、華盛頓、匹茲堡呈減速上升趨勢，增長率的增長速度分別為-17.76%、-13.71%、-24.91%、-25.35%。城市化水平的這種速度分佈格局表現出東北部減速上升、中西部加速上升態勢，城市化進程由東北部向西南部推進。

表 4-14　1860－1910 年美國主要城市人口增長

城市	1900 年	比 1890 年增長%	1910 年	比 1990 年增長%	平均每年增長%	增長率的增長幅度%
紐約	3437202	37.08	4766883	38.68	2.26	8.42
費城	1293697	23.57	1549008	19.73	1.11	0.57
波士頓	560892	25.07	670585	19.56	2.06	-13.71
巴爾的摩	508957	17.15	558485	9.73	0.98	-17.76
華盛頓	278718	20.98	331069	18.78	3.02	-24.91
匹茲堡	451512	31.29	533905	18.25	3.60	-25.35
洛杉磯	102479	103.35	319198	211.48	8.92	47.17

資料來源：根據美國人口普查的數據整理得到。

分析美國沿海和內陸地區的人口變化也可以反映出其對城市發展的影響方向。根據密歇根大學人口研究中心的統計資料，20 世紀 80

年代美國"沿海"都市化地區的人口增長速度普遍很高並明顯快於"內陸"地區；美國南部和西部的人口增長速度下降的地區主要集中在其"內陸"部分，其中南部內陸地區在 1985－1990 年間人口增長速度下降最爲嚴重，中、小都市化地區的人口增長速度微不足道，非都市化地區的人口增長速度爲−3.0%，從而導致 20 世紀 80 年代後期南部地區人口的低增長局面。

表 4-15　1950 年後美國不同區域人口增長速度

單位：%

區域類型	1950－1960 年(A)	1960－1970 年(B)	B-A	1970－1980 年(C)	C-B	1980－1990 年(D)	D-C
總人口	1.8	1.3	−0.5	1.1	−0.2	1.0	−0.1
非大都市區	0.7	0.7	0.0	1.4	0.7	0.4	1.0
大都市區	2.6	1.6	−1.0	1.0	−0.6	1.2	0.2
中心城市	2.2	0.6	−1.6	0.1	−0.5	0.6	0.5
郊區	4.7	2.3	−2.4	1.7	−0.6	1.3	−0.4

資料來源：根據美國人口普查的數據整理得到。

與此同時，南部和西部"沿海"那些小都市化地區和非都市化地區的人口發展也呈下降趨勢，東北部和中西部的那些小都市化地區和非都市化地區也表現出不同的"沿海－內陸"人口發展模式。總的來說，20 世紀 70 年代中西部（即"內陸"部分）那些小都市化地區的人口增長速度要比東部的同類地區慢，20 世紀 80 年代的人口增長速度更慢；而那些非都市化地區的人口增長速度很慢，隨後是負增長。相比之下，東北部的那些小都市化地區和非都市化地區 20 世紀 80 年代後期的人口增長速度則呈上升趨勢（如表 4-16）。

表 4-16　1970－1990 年美國沿海－內陸都市化地區人口變化情況

單位：%

地區		內陸			沿海			沿海較內陸		
		1970－1980年	1980－1985年	1985－1990年	1970－1980年	1980－1985年	1985－1990年	1970－1980年	1980－1985年	1985－1990年
中西部	大都市化地區	+1.2	+0.8	+2.2	−2.6	+1.4	+1.2	−3.8	0.6	−1
	其他都市化地區	+5.6	+0.5	+1.6	+5.2	+1.6	+3.9	−0.4	+1.1	+2.3
	非都市化地區	+7.4	+0.2	−2.0	+10.1	+1.9	+3.0	2.7	+1.7	+5.0
南部	大都市化地區	+28.4	+16.0	+4.6	+20.7	+10.1	+11.5	−7.7	−5.9	+6.9
	其他都市化地區	+19.4	+7.8	+1.3	+22.9	+10.3	+8.1	3.5	+2.5	+6.8
	非都市化地區	+15.1	+4.5	−3.0	+18.0	+5.4	+3.5	2.9	+0.9	+6.5
西部	大都市化地區	+39.6	+16.4	+7.3	+17.1	+10.0	+12.8	−22.5	−6.4	+5.5
	其他都市化地區	+42.8	+11.6	+11.7	+26.6	+11.3	+9.3	−16.2	−0.3	−2.4
	非都市化地區	+30.7	+9.2	+2.1	+30.4	+8.9	+7.8	−0.3	−0.3	+5.7
合計	大都市化地區	+9.1	+5.6	+3.4	+7.5	+6.1	+7.1	−1.6	+0.5	+3.7
	其他都市化地區	+14.8	+5.1	+2.5	+16.2	+7.3	+6.8	1.4	+2.2	+4.3
	非都市化地區	+12.6	+2.9	−1.9	+17.3	+5.0	+4.2	4.7	+2.1	+6.1

資料來源：The Population Studies Center, the University of Michigan.

第五章

城市規模
擴展過程的時空比較分析

個體城市以及群體城市的空間擴展過程需要依託腹地的經濟和自然條件，由於空間內各種主客觀條件的差異導致城市化進程的時空分佈不同，所以分析城市規模的擴展過程只是進行一般論述而不進行時空比較就非常不完善，本章就是致力於這方面的深度研究，首先從時間層面對我國不同時間段內的城市化進程進行了比較，認為城市化進程表現出偏常態不對稱發展：①城市化水平落後於經濟發展水平；②城市化率低於工業化率；③產業結構與就業結構有偏差。其次採用城市化進程不均衡指數論證了城市化進程的時間差別，分析中通過城市人口增長速度以及建成區面積擴展速度兩個指標進行，分析顯示：雖然不同城市在不同時期的發展狀態有差異，但在大部分時間內省會城市中的多數是人口增長速度小於城市建成區面積的發展速度；城市規模的擴展與城市本身的基礎規模及城市所處地理位置的不同而表現出不同的發展趨勢，超大城市、特大城市和中等城市的建成區面積的擴展速度高於城市人口的增長速度。最後，比較了自下而上與自上而下的兩種不同機制的城市化進程，並且分別以蘇南地區與京津唐地區的城市化實踐進行了證明。

5.1　不同時點的城市化進程比較：時間層面分析

5.1.1　城市化進程的軌跡

5.1.1.1　不同階段的城市化進程狀況

在計劃經濟與市場經濟的背景下，我國的城市化進程是不相同的。傳統體制下計劃指令取代市場機制配置資源，整個社會的人口、資源與資金流動配置根據中央計劃統一進行。市場經濟條件下，城鄉屬於一個相互依賴和相互約束的經濟體系，城市聚集的規模和邊界不

僅取決於城市自身的優勢，還取決於鄉城經濟各自的發展狀態：①
1949－1957 年是我國城鎮化短暫健康發展的階段。新中國成立後的最
初幾年我國並沒有立即採取計劃經濟體制，而是進入了一個過渡階
段，這一時期社會經濟發展較爲協調，開始了"一五"計劃，進行了
大規模工業建設和城市建設，圍繞著 694 個重點建設專案實施了"重
點建設，穩步前進"的城市發展方針，新建了 6 個城市，大規模城市
擴建了 20 個，一般規模城市擴建了 74 個，城鎮人口的年平均增長率
爲 7.06%，所增加的城鎮人口中機械增長占到 56%，城市化水平年平
均增長 0.53 個百分點，城市人口的機械增長使得城市化穩步推進。②
1958－1960 年是城市化"大躍進"階段，三年大躍進期間重工業產值
年平均增長 49%，輕工業年平均增長 14%，城鎮人口的年平均增長率
高達 9%（分析表明主要還是來自機械增長），城鎮人口比重從 1957
年的 13.08% 猛增加到 1960 年的 16.61%，年平均上升 1.2 個百分點，
這時期由於第二產業的迅猛發展拉動了相關產業的進步，城市化進程
超常規發展。③1961－1976 年間是反城市化階段，大躍進期間農村人
口過度流入城市，一方面造成了農村勞動力的減少，影響了農業生
產，糧食供給不足，第一產業的發展速度顯著下降；另一方面，造成
了城鎮人口過度膨脹，使城鎮基礎設施緊張，城鎮人口口糧供給短
缺。城鎮和農村的非均衡發展使得城市資源發生耗竭性消費，使得決
策層對城市化放慢速度。在這種情形下政府規定：1960－1961 年，除
安排大中專院校畢業生及少數復員軍人外，不再增加新職工，並規定
今後三五年內一切企業、事業和機關單位停止從農村招收工人，並且
在此基礎上逐步減少城市人口。1961 年 6 月，中央決定在 1960 年年
底人口的基礎上，三年內必須減少 2000 萬人，從 1961 年到 1963 年
全國共精簡員工 2546 萬人，其中 1641 萬人從城鎮回到農村，三年內
城鎮人口減少了 2600 萬人，城市人口大規模返回到鄉村。1966 年的

"文革" 又進一步推動了反城市化浪潮，當時採取的主要措施是用行政力量和思想動員迫使知識青年下鄉。④出於對國際政治形式的嚴峻估計，進行 "三線" 建設，沿海工廠大量內遷，1977 年城鎮人口比重下降到 17.6%。這期間由於兩次束縛城市化進程的政府決定不但延緩了城市化進程的速度，還使城市化退回到以前的低水平。⑤ 20 世紀 80 年代以後，城鄉人口流動進入控制鬆動階段，1980 年國務院批轉《全國城市規劃工作會議紀要》，制定出 "控制大城市的規模，合理發展中等城市，積極發展小城市" 的方針。從 1983 年起，實行市領導縣體制和整縣改市政策，這使得小城市的發展速度加快，城市數量從 1978 年的 193 個增加到 1991 年的 479 個，城市人口比重也上升到 26.4%。1984 年國家又降低了設鎮標準並且放寬了戶籍管制，鄉改鎮的步伐隨之加快。建制鎮 1983 年爲 2968 個，1991 年就突破 1 萬個，1999 年更是達到 19184 個，縣改市在 1992－1994 年形成高峰，在 1997 年停止，在這個時期內城市數量獲得較快增長，建制鎮的數量也在 1999 年越過峰值出現回落。2000 年，國家進一步鬆動了城鄉人口流動管制，規定凡在縣級市區、縣人民政府駐地以及縣級以下小城鎮有合法固定住所、穩定職業和生活來源的農民都可以轉爲城鎮戶口，並在子女入學、參軍、就業等方面享受與城鎮居民同等待遇。對進鎮落戶的農民，保留其承包土地經營權，允許依法有償轉讓。這次對農業戶口居民進城政策的鬆動加大了農民進城的熱情，使城市化進程速度開始持續加快。

5.1.1.2　不同階段的城市化進程比較

在實施改革開放政策前，中國的經濟發展戰略選擇是重工業優先發展的道路，爲保障工業化的累積，城市化必須人爲控制在一定水平內，以便有比較大的農村經濟規模支援重工業優先發展戰略的實施。

當時施行的控制城市化水平的措施一方面表現爲對城市數量的嚴格控制，另一方面表現爲通過特定的制度安排造成城鄉之間相對分割。這樣就間接地通過控制城鄉資源的流動限制了城市的發展速度。衆多制度中一個與大多數發展中國家不同的制度安排是中國特有的戶籍制度，這個制度人爲地把城鄉人口的分佈割裂開來，使人口的自由遷移被禁止，城市化過程因而未能隨著經濟增長得以推進，這一時期的城市化不能反映經濟發展和產業結構變化的需要。城市增長主要表現爲數量的增加，城市內涵擴張的機制沒有發揮作用，大城市發展相對緩慢。從城市內涵擴張途徑看，城市人口的增加同樣是受到整個經濟發展戰略所制約的，實際上計劃經濟時期的主要城市化戰略就是控制城市人口，其實施手段是通過戶籍制度以及嚴格的移民政策以達到保持城市人口的可控制規模。計劃經濟體制下的城市層級是按照當時的城鄉關係確定的，即爲了最大限度汲取農業剩餘而形成的城市發展模式。城市是仰賴其向農村伸出的觸角而獲得的農業剩餘得以發展的，即城市的發展是依賴型的或者是再分配型的。總體來看，這時期的城市化表現爲：城市化進程受到高度集中的計劃經濟體制的制約，致使政府成爲城市化的主體動力機制；城市化沒有形成強化對非農勞動力的吸引；由於制度的束縛，勞動力在很大程度上只能做到職業轉化而不能進行地域轉換。

　　從歷史演變看，隨著區域產業政策的階段性變動，社會資源的流向也明顯隨之變動，從而城市聚集呈現階段性和區域性特徵，如表 5-1。

表 5-1   區域政策的歷史演變及其對資源流向和城市發展的影響[1]

年份	區域政策	工業投資佈局與資源流向	城市發展的區域性
1953－1957 年	利用原有的工業基地進行改、擴建，從而建立新的工業基地	投資重點是：遼、黑、吉、京、晉、冀、豫、川、陝、甘	中西部及東北部城市開始迅速發展
1958－1965 年	東北、華北、華東、華南、華中、西南、西北七大協作區形成完整的工業體系	國家投資重點進一步向內地傾斜，全國"遍地開花"	內地工業城市進一步發展
1966－1975 年	按一、二、三線進行整體戰略佈局，集中力量進行"三線"地區	投資重點是：川、貴、陝、甘、青、甯、桂、鄂、湘、晉	"三線"建設降低了城市發展的推進
1976－1980 年	缺乏明確的區域政策	投資重點向東部地區轉移	內部相對停滯，東部地區城市快速發展
1980 年以後	缺乏明確的區域政策	東部投資力度繼續加快	東西部城市化發展差距增大

　　1978 年以後城鄉之間的壁壘逐漸被打破，加以鄉鎮企業的大力發展，城市化進程突出表現爲小城鎮迅速擴展、人口就地轉移的特點。由於這個時期處於計劃經濟向市場經濟的轉軌時期，城市化進程表現爲隱性城市化和準城市化的特點。隱性城市化的原因在於兩個方面：其一是由農業轉移到城市的人口尚未取得正式的城市居民的地位，其二是居住在農村但已經從事非農產業。這些居民由於身份沒有變化但職業已經發生變化，他們表面上還是農民但實質上已經是城市化中的一個重要參數。準城市化正好相反，因爲雖然小城鎮已經迅速發展起來，但相應的硬體設施還未來得及跟上，建制鎮的居民雖然已經將身份轉化爲城市人口，但仍然沒有完全脫離農業，這部分居民可以定義

爲兼業城市人口，其對城市化的貢獻表現爲準城市化。

5.1.2　城市化進程偏常態不對稱發展

研究顯示，城市發展獨特軌道的中國城市化進程表現出多方面的特點，筆者將其概括爲我國城市化進程中偏離常態發展的三個不對稱，這個不對稱是相對於世界城市化進程的一般狀態而言的，主要表現在：城市化水平停滯後於經濟發展水平；城市化率長期低於工業化率；產業結構與就業結構出現嚴重偏差。

1.城市化水平停滯後於經濟發展水平

從表 5-2 中可以發現，42 個低收入國家在 1992 年平均 GNP 爲 390 美元時，城市化水平已經達到 27%，而我國當年人平均 GNP 已經 470 美元，城市化水平卻也只有 27%。根據世界銀行《1997 年世界發展報告》，1995 年中國人平均 GNP 爲 620 美元，城市化率爲 30%，同年人平均 GNP 在 500 耀 730 美元之間的 11 個國家平均城市化率卻高達 42.5%，兩者相差 12.5 個百分點，若與錢納里的標準模式相比（如表 5-3），1995 年時中國城市化水平比標準模式低 14.5 個百分點。制約要素在不同區域之間流動的政策措施阻礙了我國城市化進程的速度。

表 5-2　1992 年部分國家的經濟發展水平和城市化水平

國家和地區	42 個低收入國家			67 個中等收入國家		23 個高收入國家			
	平均	中國	印度	平均	韓國	平均	美國	日本	德國
人平均 GNP（美元）	390	470	310	2490	6790	22160	23240	28190	23030
城市人口比重（%）	27	27	26	62	74	78	76	77	86

資料來源：世界銀行.1994 年世界發展報告 [M]. 北京：中國財政經濟出版社，1994.

表 5-3　中國城市化水平與錢納裏標準形式對照表

標準結構（1964）		中國（換算爲 1964 年）			中國停滯後程度
人平均 GDP（美元）	城市化率（%）	年份	人平均 GDP（美元）	城市化率（%）	
小於 100	12.8	1978 年	70.6	17.9	−5.1
100	22.0	1983 年	96.3	21.6	0.4
200	36.2	1992 年	200.1	27.6	8.6
250	39.3	1994 年	249.1	28.6	10.7
300	43.9	1995 年	268.1	29.6	14.5

資料來源：錢納裏.發展的型式 1950－1970 年 [M]. 李新華，等，譯. 北京：經濟科學出版社，1988.

2.城市化率長期低於工業化率

城市化是世界各國經濟發展的普遍規律，前文已述及，錢納里的統計分析說明了工業化率與城市化率之間的關係，當人平均 GNP 小於 100 美元時，工業化率與城市化率水平基本相當，隨著工業化水平的提高，城市化率逐漸高於工業化水平，當人平均 GNP 大於 1000 美元時，城市化率大約是工業化率的 2 倍，新中國成立半個世紀以來，我國的發展情況是城市化率一直低於工業化率，低城市化水平導致我國經濟增長乏力，也導致過多的剩餘勞動力滯留在農村。如圖 5-1 描述了新中國成立以來我國工業化率與城市化率之間的對比關係，曲線的發展趨勢顯示，雖然工業化率與城市化率之間的變化趨勢非常吻合，但工業化率遠遠超過城市化率的狀態自新中國成立以來一直沒有改變，在工業化程度有一個大幅度增長的年份城市化水平的變動也非常平緩。在新中國成立初的幾年內，城市化率與工業化率的偏差還比較小，但進入 20 世紀 60 年代以後，這種差距就一直保持在一個較高水準。

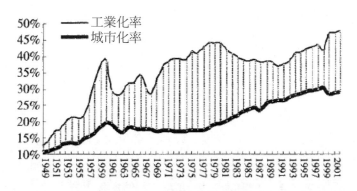

圖 5-1　新中國成立以來我國工業化和城市化水平比較

　　新中國成立後，我國的城市化水平實際上有兩個加速階段：1949
－1977 年的增長階段和 1977 年到現在的增長階段，但兩個增長階段
的城市化水平均落後於工業化水平。從停滯後的程度看，1949－1977
年的城市化停滯後於工業化的程度呈現擴大趨勢，1977 年到現在城市
化停滯後於工業化的程度呈現縮小趨勢。1949－1977 年的增長階段，
因國家實行工業化趕超戰略，城市數量和城市人口並沒有隨之增加，
表現為缺乏城市化支援的工業化基礎。1977 年到現在的增長階段，一
方面以鄉鎮企業為主的農村工業蓬勃發展，但隨著經濟結構的升級，
第二產業產值比重趨於減少；另一方面，該時期主要是城鎮數量增
多，城市人口統計口徑擴大，各地紛紛興起城鎮熱，但小城鎮並沒有
聚集人氣和工商業，城市化進程表現為缺乏工業化和人口規模支援的
過度城鎮化。

　　3.產業結構與就業結構的偏差

　　從 20 世紀 50 年代起，我國在產業結構和就業結構發展上就存在
著很大的偏差，這可以從 20 世紀 50 年代以來的統計結果得出結論。
1952 年人平均 GDP70 美元，其中農業的貢獻率為 60%，在就業人口
中 83.5%從事農業；1957 年，農業對 GDP 的貢獻下降為 46.8%，而

農業就業的份額下降爲 81.2%，僅下降 2%。1957－1977 年的 20 年間，農業對 GDP 的貢獻下降了 12%，農業中的就業水平只下降了 7%，同期比較，工業對 GDP 的貢獻上升了 20%，而就業份額只上升了 5%。這說明，從 1952 年起，我國就業結構的差距正在擴大，農業勞動力轉移的速度停滯後於農業產值對 GDP 貢獻率下降的速度，同時工業勞動力增長的速度停滯後於工業產值對 GDP 貢獻率上升的速度。

表 5-4　世界同等收入水平下的城市化比較

國家	實際人平均 GDP（美元）	工業化水平（%）	城市化水平（%）	農業勞動力比重 A（%）	農業產值比重 B（%）	C = B/A
中國	3570	51	32	72	20	0.28
保加利亞	3860	33	69	13	10	0.77
危地馬拉	3840	19	40	52	24	0.46
印度尼西亞	3450	42	37	55	16	0.29
牙買加	3470	36	55	25	8	0.32
約旦	3430	30	73	15	5	0.33
哈薩克斯坦	3290	30	60	22	13	0.59
拉脫維亞	3650	33	73	16	9	0.56
巴拉圭	3870	22	54	39	23	0.59
菲律賓	3670	32	56	46	20	0.43

資料來源：根據 2001 年世界銀行統計數據整理得到。

　　如果將我國的產業結構與發達國家進行比較就會發現，我國的產業結構存在著明顯差距，我國產業結構的不合理性充分表現在第一產業和第二產業的比重偏高，第三產業的比重不僅低於發達國家，而且遠遠低於中等收入國家的水平。隨著經濟的發展，產業結構在變化，但就業結構變化並不是十分明顯，在產業結構和就業結構間存在著明顯的偏差。1999 年我國第一產業、第二產業、第三產業在國民經濟中

的比重分別爲 17.7%、49.3%、33%，同時各產業吸納的勞動力占全
社會勞動力比重分別爲 50.1%、23%和 26.9%，產業結構和就業結構
之間的偏差分別爲-32.4%、26.3%和 6.1%，各產業之間存在的偏差非
常大（如表 5-4）。分析結果顯示，在發展中國家我國的 C 值是最低
的，接近印度尼西亞的程度，而保加利亞的 C 值可以達到 0.77，大多
數發展中國家的 C 值都在 0.4 以上，這說明我國的農業產業中累積著
比世界發展中國家平均水平高很多的農業剩餘勞動力，在城市化進程
中需要把他們轉移到其他產業中去。

　　庫茲涅茨的研究顯示，工業化的起始階段人平均 GDP 較低時，
農業的人平均勞動力相對值 VPL（產業產值比例/該產業勞動力佔有
比例）會有所降低，而第二產業的人平均勞動力相對值會有所上升。
隨著人平均 GDP 的增加，農業則會隨著勞動力的大量析出和先進生
產技術的推廣，人平均勞動力的相對值會逐漸上升，同時其餘產業則
相對下降，爲了能夠更加充分地說明問題，採用人平均勞動力相對值
指標進行分析，計算結果如表 5-5。在計算過程中，首先計算出 1978
－2000 年間的各產業的勞動力就業比重和產值比重，其次，再用產業
的產值比重除以相應產業的勞動力就業比重，得到各產業的 VPL 指
標，VPL 表現爲三種狀況：① VPL > 1 顯示在高產值情況下吸納了較
少的勞動力資源，從計算結果可以看出第二產業和第三產業長期以來
表現得非常明顯，這時一方面說明相應勞動力數量創造的產值密度
大，另一方面也說明高的勞動生產率在排擠就業，產業結構轉換不利
於創造鄉－城勞動力轉移。② VPL < 1 顯示較多的勞動力創造了較少
的產值，該產業存在著較多的剩餘勞動力，第一產業表現非常突出，
這時的就業狀態下存在著更多的邊際產出爲 0 的就業者，雖然這有助
於就業水平的提高，但存在著潛在失業者。無論是 VPL > 1 還是
VPL < 1 都存在著不同程度的就業偏差，都需要產業結構升級逐漸消

除這種偏差。③只有 VPL = 1 時才表示產業結構和就業結構基本沒有偏差，而這樣的情況在我國的經濟發展中幾乎不存在。

表 5-5　第一產業、第二產業、第三產業相對值指標歷年變化

年份	勞動力在各產業之間的比例			產值在各產業間的比例			各產業相對產值指標		
	L(1)	L(2)	L(3)	V(1)	V(2)	V(3)	V(1)/L(1)	V(2)/L(2)	V(3)/L(3)
1978	73.300	12.500	14.200	28.100	48.100	23.800	0.383	3.848	1.676
1985	62.400	20.900	16.700	28.300	43.000	28.700	0.454	2.057	1.719
1991	59.700	21.400	18.900	24.400	42.000	33.600	0.409	1.963	1.778
1997	49.900	23.700	26.400	18.700	49.200	32.100	0.375	2.076	1.216
2000	43.100	28.150	28.750	16.850	46.150	37.000	0.391	1.639	1.287

資料來源：根據 1978－2000 年《中國統計年鑒》的統計資料整理得到。

　　城市化進程就是在產業結構變化過程中發生經濟要素的空間集聚與分化過程，歸根到底取決於一個國家或地區的工業化水平，工業化不是產業的概念而是生產力的概念，必須從內涵和外延兩個層面認識工業化的涵義。工業化的內涵反映的是在工業社會時代社會生產發展的客觀規律，由這個內涵所決定的工業化的外延有兩個：一是產業結構的多元化、高度化，二是人口的城市化。第一個外延反映的是工業化必然導致產業結構的變化，第二個外延反映的是產業結構的變化必然導致就業結構的變化。伴隨產業結構的變化必然引起農業勞動力和城市勞動力所占人口比重的變化，表 5-6 顯示了世界部分地區的這種比重的相對變化情況，分析顯示，發達國家（地區）的 β 值已經接近 1，而發展中國家的 β 值還很大，農業勞動力變動額遠遠高於城市人口變動額。

表 5-6　部分國家地區的城市化與勞動非農化的演變[1]

國家和地區	觀察時間	農業勞動力份額變動△P_a	城市人口比重變動△P_u	β = △P_a/△P_u
英國	1801－1851 年	-13.00	18.10	1.39
	1801－1901 年	-25.90	46.00	1.78
美國	1840－1910 年	-31.70	34.80	1.10
	1840－1970 年	-58.70	62.70	1.01
日本	1950－1980 年	-37.40	41.00	1.10
韓國	1950－1980 年	-40.10	42.60	1.06
巴西	1950－1980 年	-30.60	31.80	1.04
印度	1951－1981 年	-1.50	6.40	4.27
中國臺灣地區	1950－1980 年	-36.60	37.20	1.02

　　歷史資料反映，這些國家和地區在什麼時候農業勞動力份額下降得多，城市人口比重也就增加得多，而且城市人口比重的增長幅度總是大於或略等於農業勞動份額的降低幅度。城市化進程隨不同時期的政策變化而呈現相同方向的波動。

表 5-7　1952－1999 年中國農業勞動力與城市人口比重變化比較

|△P_a/△P_u|	觀察時期	農業勞動力份額變動△P_a	城市人口比重變動△P_u
0.4073	1952－1960 年	－17.80	7.25
0.1580	1960－1970 年	15.00	－2.37
0.1675	1970－1980 年	12.00	2.01
0.8069	1980－1990 年	－8.70	7.20
0.9687	1990－1999 年	－9.90	9.59
0.7078	1952－1999 年	－33.40	23.64

　　從中國城市的演進過程看，根據工業化的第二個外延，人口城市化演進的實質過程是就業結構的城市化，即農業勞動力向城市產業的

1　陳頤.中國城市化和城市現代化 [M].南京：南京出版社，1998：56.

轉移，其直接表現就是農業勞動力就業份額的減少和城市人口比重的增加。我國自 1952 年以來農業勞動力份額變動和城市人口變動趨勢顯示（如表 5-7），20 世紀 80 年代以前，城市人口的變動程度大大低於農業勞動力份額的變動程度，$\triangle P_a / \triangle P_u$ 由 20 世紀 50 年代的 0.4073 降低到了 70 年代的 0.1675，說明我國城市化發展受到嚴重抑制。但 20 世紀 80 年代以後情況發生了積極的變化，比值顯著提高，90 年代已經接近於 1。如果考慮進城打工的農民和在城市居住半年以上的流動人口，這個比值會超過 1，說明這個時期我國城市化發展較快，城市化的演進過程與農業勞動力份額的變動基本相適應。

5.2　不同區位的城市化進程比較：區域層面分析

5.2.1　城市化進程的區域差異與省際差異

城鎮化在不同地區、不同省、市、區之間的差異是由地理位置、人口增長、社會經濟發展水平等因素決定的。爲充分論證城市化水平的區域差異，筆者採用城市化水平不均衡指數方法來說明，城鎮化不平衡指數即用來比較某一地區的城鎮人口在全國城鎮總人口中占的比重與其他指標在全國總體指標中占的比重的關係，本書只考慮總人口、國內生產總值、工業總產值、農業總產值、第三產業總產值、總面積等指標，因爲這些指標與區域城市化水平相關程度很大。計算方法如圖 5-2，圖中縱座標爲省、市、自治區城鎮人口占全國城鎮人口的比重，橫座標爲省、市、自治區總人口占全國人口的比重。點位落在對角線以上，則表明縱座標大於橫座標，亦即該省城鎮化發展對於其人口增長而言超前，點位至對角線的垂直距離越遠，則超前量越大；反之，位於對角線以下的省、市、自治區，其城鎮化發展則落後於人口增長；點位落在對角線附近點位至對角線的垂直距離小於橑 $\sqrt{2}/2$ 則顯示該省城鎮化發展與其人口增長大致平衡。點到至對角線的距離 d 為：

$$d = \sqrt{d}/2(Y_i - X_i)$$

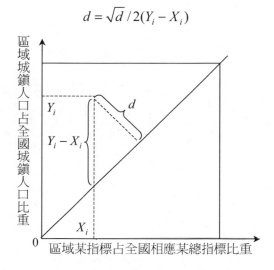

圖 5-2　城市化不均衡指數計算方法示意圖

全國對 32 個省、市、自治區而言的城市化不均衡指數為：

$$I = \sqrt{\sum_{i=1}^{31} d_i^2}/31 \text{（只考慮中國內地的 31 個省份）}$$

　　城市化水平不均衡指數越大，表示該區域的城市化水平相對於其他指標而言更超前，城市化現實水平相對較高；如果是 1 或者接近於 1，則表示城市化水平與相對應的其他參照指標較對稱；如果是負數則說明該區的城市化水平相對於資源的利用狀況還存在巨大的城市化潛力。按照此種方法計算全國各省的城市化不均衡指數如表 5-8。計算結果顯示，北京、天津、遼寧、黑龍江、上海、浙江、廣東等省市的城市化不均衡指數較高，超前城市化明顯，其中廣東省的超前城市化最為突出，其城市化水平不均衡指數高達 2.3758。內蒙古、吉林、江蘇、福建、山東、湖北等省的城市化水平不均衡指數相對較低但仍然爲正數，說明這些區域存在一定程度的超前城市化，但不是很明顯。除了以上而外的其他省份的城市化水平不均衡指數均爲負值，城市化水平落後於資源的利用現狀。

表 5-8　2003 年我國城鎮化水平省際差異比較

省區	城鎮化率	點位到對角線的距離					
		總人口	國內生產總值	工業總產值	農業總產值	第三產業業總產值	總面積
北京	77.54	0.8535	−0.1752	−0.5694	1.0737	−1.1657	1.5055
天津	71.99	0.5340	−0.0976	−1.0537	0.6511	−0.3465	1.0060
河北	26.08	−1.1067	−1.0306	−0.1534	−1.7126	−0.6236	1.2693
山西	34.91	−0.0991	0.5520	0.7445	0.8327	0.5176	0.5821
內蒙古	42.68	0.2087	0.5205	0.9222	−0.0019	0.5849	−6.9766
遼寧	54.24	1.1167	0.0947	−0.0122	0.7454	−0.0294	2.3893
吉林	49.68	0.5293	0.7327	0.6725	0.3280	0.8547	0.6359
黑龍江	51.54	0.8200	0.5203	0.8578	1.1124	0.9004	−0.4801
上海	88.31	1.3064	−1.0661	−2.8702	1.6296	−2.2095	2.1827
江蘇	41.49	0.5193	−1.5569	−3.9306	−0.6200	−1.3363	3.8920
浙江	48.67	0.8375	−0.9332	−1.9861	0.4410	−0.7731	2.6733
安徽	27.81	−0.8249	0.3182	1.1584	−0.9339	0.5764	1.4858
福建	41.57	0.2467	−0.6602	0.0345	−0.7526	−0.8403	1.2682
江西	27.67	−0.5789	0.2831	0.9715	−0.4175	0.1606	0.4987
山東	38	0.1528	−0.9749	−1.6129	−1.2722	−0.6171	4.0700
河南	23.2	−1.9246	−0.4769	0.3789	−2.3629	0.2402	2.0286
湖北	40.22	0.3040	0.5701	1.1543	0.4863	0.7999	2.2978
湖南	29.75	−0.6981	0.2239	1.5671	−0.5577	0.1160	1.3334
廣東	55	2.3758	0.1888	−3.0714	2.5607	−0.1153	5.8794
廣西	28.15	−0.5952	0.4280	1.0921	−0.4333	0.4435	0.1524
海南	40.11	0.0390	0.1027	0.3125	−0.4053	0.0556	0.2168
重慶	33.09	−0.1775	0.3972	0.7600	0.3824	0.2992	0.9413

表 5-8（續）

省區	城鎮化率	點位到對角線的距離					
		總人口	國內生產總值	工業總產值	農業總產值	第三產業總產值	總面積
四川	26.69	−1.2900	0.4584	1.6631	−0.6352	0.7385	−0.2248
貴州	23.87	−0.6975	0.5543	0.7562	0.1049	0.6300	−0.0332
雲南	23.36	−0.8804	0.0994	0.6448	−0.4108	0.2156	−1.3285
西藏	18.93	−0.0708	−0.0095	0.0624	−0.0694	−0.0283	−8.8637
陝西	32.26	−0.2534	0.5577	0.7893	0.4465	0.5097	0.2353
甘肅	24.01	−0.5013	0.2185	0.2409	0.0172	0.2570	−2.0714
青海	34.76	−0.0168	0.0816	0.1117	0.1115	0.0586	−5.0625
寧夏	32.43	−0.0385	0.0832	0.0792	0.0556	0.0839	−0.1101
新疆	33.82	−0.0898	−0.0039	0.2861	−0.3941	0.0426	−11.3932
全國不均衡指數		0.1508	0.1039	0.2421	0.1698	0.1252	0.6410

　　除了用城市化水平不均衡指數可以描述區域之間城市化水平的差異外，還可以用非農業人口占全國總人口的變動指數來進行描述。該指標是以某區域非農業人口變動總數占全國總人口變動量的比值來進行測算的，指標越高表示的是該區域的人口變動越大，於是對城市化的貢獻也就越大，所以它表示該區域對其他區域城市化的貢獻程度，而並不表示該區域的絕對城市化程度。如表 5-9，分析結果顯示，有些地區的變動指數在減小，如北京、天津、山西、內蒙古、遼寧、吉林、黑龍江、上海、湖北、陝西、新疆等省市，其他省市的變動指數則呈現上升趨勢。變動指數下降說明這些區域對全國城市化進程貢獻的推力呈現弱化趨勢，變動指數上升則說明情況相反。在全國各個省市中，有些省市的變動指數一直在 100 以上，說明這些區域在全國的城市化進程中一直保持較大的貢獻，如河北、江蘇、浙江、安徽、福建、江西、河南、廣東、廣西等。

表 5-9 各省、市、區非農業人口占全國總人口變動指數[1]

地區	1956－1980 年	1981－1990 年	1991－2003 年	地區	1954－1980 年	1981－1990 年	1991－2003 年
北京	133	80.2	78.1	湖北	131	115.0	93.0
天津	92	78.3	70.4	湖南	111	105.2	102.4
河北	77	108.0	131.0	廣東	91	132.9	133.5
山西	104	112.8	89.2	廣西	99	133.4	134.1
內蒙古	238	90.8	83.3	海南	－	77.9	95.6
遼寧	113	90.5	81.0	重慶	－	－	97.1
吉林	113	95.1	77.0	四川	91	102.1	107.3
黑龍江	148	93.0	77.0	貴州	130	85.0	93.8
上海	66	80.2	79.3	雲南	82	94.7	103.9
江蘇	80	113.2	133.9	西藏	65	65.9	113.4
浙江	61	115.0	105.4	陝西	92	104.9	93.1
安徽	102	103.1	102.0	甘肅	95	100.4	94.4
福建	102	93.1	123.8	青海	177	102.5	80.6
江西	165	99.1	102.9	寧夏	152	110.5	100.9
山東	84	152.9	129.3	新疆	225	92.6	85.6
河南	92	108.0	114.4				

　　因爲城市人口的增加包括兩個方面：城市自身人口的自然增長和區域人口遷移所造成的城市人口機械增長，由於不同省市之間城市化水平出現極大的差異，所以有必要挖掘城市人口增長的主要來源，爲此，筆者分析了 1954－2003 年間的不同省市人口自然增長率的統計資料。分析結果顯示，所有省市的城市人口自然增長率都呈現下降趨勢，結合前文已經得出的結論，可以斷言，城市化水平提高的原因不在於城市人口的自然增長，而在於城市人口的機械增長。因爲不同省市的城市化現狀存在巨大差異，而農村人口的非農化效率也迥然不同，分析結果如表 5-10。

---

[1]　靳潤成. 中國城市化之路 [M]. 上海：上海學林出版社，1999: 233.

表 5-10　新中國成立後全國不同省份歷年城鎮人口自增率 RS[1]

單位：‰

年份	全國	京	津	冀	晉	蒙	遼	吉	黑	滬	蘇	浙	皖	閩	贛
1954	24.8	32.2	28.0	20.5	22.2	37.9	35.9	38.0	32.2	45.5	24.5	26.0	26.7	24.8	18.3
1960	-4.6	23.9	17.0	4.7	13.1	20.0	20.3	22.4	22.1	20.8	0.2	11.6	-57.2	9.8	10.8
1965	28.4	16.2	18.2	24.2	23.6	30.7	29.1	30.8	32.4	11.3	27.4	28.4	34.6	33.8	29.5
1970	25.8	14.3	15.9	20.2	22.9	26.1	21.5	26.8	29.0	8.9	23.8	20.2	30.7	27.5	24.0
1975	15.7	3.4	7.3	10.6	15.4	17.2	9.8	12.9	16.6	3.4	11.4	13.2	18.2	22.3	26.0
1980	11.9	9.3	7.3	14.0	10.5	11.6	8.7	10.0	8.6	5.3	8.1	9.3	15.3	9.3	12.2
1985	14.3	6.9	8.2	11.8	11.0	11.5	6.6	6.6	6.5	6.0	5.0	6.6	10.2	12.1	10.9
1990	14.4	7.2	9.8	13.6	16.0	14.0	8.8	12.5	13.3	1.6	14.0	9.0	18.2	17.7	17.1
1995	10.6	2.8	4.0	7.6	10.5	10.5	6.0	6.8	7.9	-1.3	5.8	5.9	9.7	9.3	11.7
2000	7.6	0.9	1.6	5.1	7.5	6.1	2.4	4.2	3.1	-1.9	2.6	4.2	7.4	5.8	9.5
2003	6.5	0.9	1.5	5.3	6.7	3.7	1.3	3.2	2.5	-0.5	2.2	3.8	6.0	5.8	8.7

表 5-11　新中國成立後全國不同省份歷年城鎮人口自增率 RS[2]

單位：‰

年份	魯	豫	鄂	湘	粵	桂	川	州	雲	陝	甘	青	寧	新
1954	26.0	28.2	15.8	20.3	24.9	20.9	19.7	30.7	21.2	23.8	21.2	30.9	29.4	14.5
1960	-4.1	-25.6	-5.0	-9.9	3.1	-10.1	-42.2	-19.4	-2.1	15.4	-25.8	-27.7	2.7	12.5
1965	25.3	27.7	25.1	31.1	29.3	33.4	31.0	26.3	31.0	21.7	33.0	39.7	38.8	30.6
1970	26.6	27.9	22.2	21.6	26.6	27.0	29.6	25.0	20.4	22.5	31.5	32.5	33.9	28.5
1975	14.1	16.0	12.9	16.7	16.9	22.3	22.4	18.2	23.0	13.5	13.5	23.7	28.7	24.4
1980	7.5	13.7	13.4	10.8	17.3	19.4	6.2	15.1	13.6	8.2	11.4	15.5	20.2	13.7
1985	5.9	14.1	12.3	11.7	14.3	19.9	8.2	8.9	13.5	10.1	12.9	9.7	13.3	13.4
1990	11.3	18.4	14.3	16.7	16.5	13.6	11.5	15.2	15.7	17.0	14.5	16.9	18.8	18.3
1995	3.4	8.1	9.3	5.9	12.4	11.0	9.9	14.3	12.7	9.4	14.2	15.1	13.8	12.5
2000	4.5	7.1	3.7	4.7	9.9	7.9	5.1	13.1	11.5	5.3	8.0	13.1	11.9	12.2
2003	4.6	6.0	2.2	4.9	8.2	7.0	3.9	10.8	10.6	4.1	6.1	11.7	11.6	10.9

---

[1] 　莊亞兒，張麗萍.中國常用人口資料集中 [M]. 北京：中國人口出版社，2003.
[2] 　莊亞兒，張麗萍.中國常用人口資料集中 [M]. 北京：中國人口出版社，2003.

5.2.2 不同規模城市的異速發展實證分析

異速增長（AllometricLaw）描述的是一個系統中某一部分（X）的相對增長率同整個系統和系統中的另一部分（Y）的相對增長率保持不變，即爲一個固定的常數 b。用公式表示即：

$$\frac{\frac{\Delta y}{y}}{\Delta t} = b \frac{\frac{\Delta x}{x}}{\Delta t}$$

當 $\Delta t \to 0$ 時，得到

$$\lim_{\Delta t \to 0} \frac{\frac{\Delta y}{y}}{\Delta t} = b \lim_{\Delta t \to 0} \frac{\frac{\Delta x}{x}}{\Delta t}$$

即

$$\frac{dy}{dt} \frac{1}{y} = b \frac{dx}{dt} \frac{1}{x}$$

等式兩邊同乘以 *dt* 並積分得 $\ln y = \ln a + b \ln x$ （其中 *lna* 爲積分常數），即 $y = abx$ ，式中 *a* 爲大於零的常數，*b* 爲異速增長係數，其反映了兩個變量的增長率之比有三種情況：① $b > 1$ ，表示 *y* 的增速大於 *x*；② $b = 1$ ，表示 *y* 和 *x* 的增速相同；③ $b < 1$ ，表示 *y* 的增速小於 *x*。在城市的研究中，異速增長法不但能用來分析首位城市人口與城市體系人口之間的相對增長關系，更主要的是能用來分析城市體系內部各部分之間的相對增長關系。根據這個思想可以對我國不同規模的城市發展速度進行分析，但筆者認爲分析中很難確定城市發展中各部分之間的冪函數關係，爲了研究方便對上述公式進行了變化，變公式中的比例分析方法爲差值分析方法，即：

$$\frac{\frac{\Delta u_i}{u_i}}{\Delta t} - \frac{\frac{\Delta u_j}{u_j}}{\Delta t} = \delta_{ij}$$

$$當 \Delta t \rightarrow 0 時有 \lim_{\Delta t \rightarrow 0} \left(\frac{\frac{\Delta u_i}{u_i}}{\Delta t} - \frac{\frac{\Delta u_j}{u_j}}{\Delta t} \right) = \delta_{ij}$$

即

$$\frac{du_i}{u_i} - \frac{du_j}{u_j} = \delta_{ij}$$

式中的 i、j 分別表示城市群中不同的發展區域，δ_{ij} 同樣會出現三種情況：① $\delta_{ij}b > 0$，表示 ui 的增長率高於 uj；② $\delta_{ij}b = 0$，表示兩者的增長率相同；③ $\delta_{ij}b < 0$，表示 uj 的增長率高於 ui。

　　為了詳細分析我國城市的異速發展狀況，筆者分兩個層次，首先分析我國省會城市的狀況，其次以全國所有不同等級規模的城市為分析物件，比較不同規模的城市的發展狀況。由於城市統計資料可獲得性的原因，兩個層次的研究截取資料的時間斷有所差別，第一層次分析的具體方法是首先計算出每個城市建成區的環比增長速度，其次計算出全國總的環比增長速度，最後用每個城市的增長速度除以相應年份的總的環比增長速度，得到各城市的異速增長指數，結果如表 5-12。第二層次的計算方法與第一層次相似。第一層次的分析顯示，省會城市中大部分是人口增長速度小於城市建成區面積的發展速度（表中表現為負數），北京（1997－2000 年間人口增長速度快於城區擴展速度）、石家莊、瀋陽、哈爾濱、上海、南京、杭州、合肥、福州、南昌、濟南、廣州、南寧、成都、重慶、昆明、烏魯木齊等城市屬於這種情況，天津、呼和浩特、海口、西安、西寧、長春、貴陽等城市的部分年份也屬於這種情況。從發展趨勢看，近年來建成區的擴展速度明顯加快，其他城市包括太原、鄭州、武漢、長沙、蘭州、銀川等與上述情況正好相反，人口的增長速度快於建成區規模的發展速度（表中表現為正數）。第二個層次的分析顯示，城市規模的擴展與城市本身的基礎規模及城市所處地理位置的不同而表現出不同的發展趨勢，超大城市、特大城市和中等城市的建成區面積的擴展速度高於城市人口的增長速度（表中表現為負數），大城市和小城市則相反（表中表現為正數）。從地理位置看，東部城市和西部城市的建成區發展規模快於城市人口的增長速度，中部城市相反。自 1994 年以來，大城市、小城市和中部城市的人口增長速度一直快於城區面積的增長速度，而超特大城市、特大城市、中等城市和西部城市的人口增長速度小於城區的發展速度，這些顯示我國城市進程中存在著畸形的城市發展過程。

表 5-12　中國主要城市人口增長速度與建成區面積
擴展速度的差值（以 1990 年為參照）

市名	1991 年	1992 年	1993 年	1994 年	1995 年	1996 年	1997 年	1998 年	1999 年	2000 年	2001 年
北京[1]	0.008	−0.028	−0.038	−0.033	−0.028	−0.026	0.010	0.017	0.023	0.013	−0.031
天津[2]	0.004	0.003	0.003	0.003	−0.008	−0.014	−0.014	−0.009	−0.009	0.003	0.002
石家莊[1]	0.013	0.000	−0.003	−0.010	−0.004	−0.006	−0.005	−0.005	−0.005	−0.004	0.009
太原[3]	0.009	0.010	0.013	0.015	0.017	0.017	0.017	0.010	0.010	0.012	0.013
呼市[2]	0.011	0.003	0.001	0.005	−0.002	0.003	0.006	−0.029	0.010	0.005	−0.028
瀋陽[1]	−0.126	−0.061	−0.040	−0.035	−0.017	−0.025	−0.022	−0.019	−0.017	−0.022	−0.028
長春[2]	0.011	0.011	0.012	0.008	0.034	0.004	0.006	0.007	0.001	0.001	−0.002
哈爾濱[1]	0.006	0.005	0.006	0.005	0.006	−0.052	−0.043	−0.037	0.001	0.001	−0.020
上海[1]	−0.013	−0.047	0.003	−0.038	−0.052	−0.052	−0.036	−0.064	−0.050	−0.044	−0.030
南京[1]	−0.006	−0.030	−0.035	−0.027	−0.019	−0.031	−0.033	−0.029	−0.033	−0.030	−0.009
杭州[1]	−0.035	−0.075	−0.082	−0.073	−0.054	−0.035	−0.028	−0.087	−0.076	−0.069	−0.015
合肥[1]	−0.007	0.000	0.000	−0.007	−0.012	−0.065	−0.050	−0.039	−0.032	−0.030	−0.025
福州[1]	−0.008	−0.047	−0.057	−0.052	−0.051	−0.047	−0.046	−0.047	−0.056	−0.049	−0.046
南昌[1]	0.013	0.015	0.016	0.020	0.022	−0.026	−0.018	0.017	0.020	−0.004	−0.001
濟南[1]	0.001	−0.007	−0.008	−0.010	−0.006	−0.002	−0.001	0.001	0.001	−0.001	−0.016
鄭州[3]	−0.029	0.032	0.055	0.048	0.031	0.021	0.018	0.018	0.011	0.008	0.005
武漢[3]	0.001	−0.021	0.015	−0.004	0.053	0.044	0.039	0.035	0.068	0.061	0.056
長沙[3]	0.017	0.017	0.015	0.018	0.019	0.018	0.018	0.013	0.014	0.012	0.007

表 5-12（續）

市名	1991年	1992年	1993年	1994年	1995年	1996年	1997年	1998年	1999年	2000年	2001年
廣州[1]	0.011	−0.021	−0.030	−0.028	−0.058	−0.048	−0.042	−0.039	−0.037	−0.043	−0.057
南寧[1]	0.015	0.018	0.020	0.008	−0.003	−0.006	−0.006	−0.008	−0.010	−0.012	−0.024
海口[2]	−0.116	−0.076	−0.055	−0.023	−0.009	−0.002	0.003	0.006	0.009	0.013	0.017
成都[1]	0.035	0.005	−0.004	−0.010	−0.063	−0.059	−0.055	−0.085	−0.080	−0.085	−0.074
重慶[1]	−0.129	−0.078	−0.059	−0.068	−0.033	−0.025	−0.024	0.003	0.001	0.000	−0.002
貴陽[2]	0.019	0.018	0.015	0.018	0.017	0.021	−0.003	0.000	0.003	0.006	−0.001
昆明[1]	0.001	0.007	0.011	−0.033	0.007	−0.008	−0.023	−0.025	−0.009	−0.011	−0.008
西安[2]	−0.010	−0.010	−0.009	−0.002	0.002	0.004	0.021	0.019	0.003	0.005	−0.023
蘭州[3]	0.360	0.106	0.015	0.017	0.019	0.019	0.019	0.019	0.019	0.019	0.038
西寧[2]	0.010	0.008	0.007	0.009	0.006	0.008	−0.010	0.012	0.023	0.022	0.021
銀川[3]	0.569	0.336	0.235	0.190	0.151	0.131	0.111	0.096	0.087	0.086	0.067
烏市[1]	0.000	0.005	0.003	0.006	−0.032	−0.022	−0.014	−0.079	−0.067	−0.056	−0.062

資料來源：根據 1991−2002 年《中國城市統計年鑒》有關資料計算。城市右上角的數位表示不同的涵義，其中 1 表示人口增長速度小於城市建成區面積發展速度的情況；2 表示部分年份中出現城市建成區規模發展速度快於人口增長速度的情況；3 表示人口的增長速度快於建成區規模發展速度的情況。

表 5-13　人口增長速度與建成區面積增長速度
差值不同規模城市狀況比較（以 1993 年為參照）

	1994年	1995年	1996年	1997年	1998年	1999年	2000年	2001年	2002年	2003年
全部城市	0.0198	−0.0064	0.0029	0.0006	−0.0001	0.0002	0.0001	0.0001	0.0001	0.0001
超大城市	−0.0370	−0.0136	−0.0232	−0.0197	−0.0027	−0.0177	−0.0168	−0.0185	−0.0173	−0.0164
特大城市	−0.0091	−0.0012	−0.0118	−0.0089	−0.0017	−0.0088	−0.0086	−0.0097	−0.0094	−0.0091
大城市	0.1531	0.0612	0.0259	0.0311	0.0021	0.0240	0.0218	0.0230	0.0210	0.0193
中等城市	−0.0766	−0.0209	−0.0164	−0.0156	−0.0012	−0.0123	−0.0112	−0.0119	−0.0108	−0.0100
小城市	0.0785	−0.0139	0.0315	0.0191	0.0028	0.0173	0.0166	0.0184	0.0175	0.0167
東部城市	0.0067	−0.0221	0.0027	−0.0031	−0.0003	−0.0026	−0.0024	−0.0026	−0.0024	−0.0022
中部城市	0.0397	0.0162	0.0063	0.0082	0.0006	0.0065	0.0060	0.0064	0.0059	0.0055
西部城市	0.0187	−0.0062	−0.0054	−0.0052	−0.0011	−0.0053	−0.0052	−0.0058	−0.0056	−0.0054

資料來源：根據 1991−2002 年《中國城市統計年鑒》根據有關資料計算。

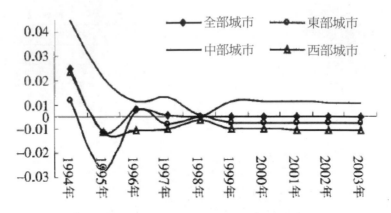

圖 5-3　人口增長速度與建成區面積
增長速度差值不同地帶城市狀況比較

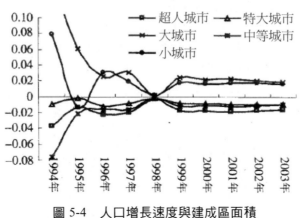

圖 5-4　人口增長速度與建成區面積
增長速度差值不同規模城市狀況比較

　　通過對 1994－2003 年間中國不同規模城市的發展狀況（如表 5-
13、圖 5-3 和圖 5-4）分析同樣可以得出結論，城市的規模越小發展
速度越快，並且小城市發展狀況存在明顯的差別。周一星認為：①三
個階段的城市發展呈馬鞍趨勢，且平均增長率的標準差比較發現第一
階段城市發展的總體差異較大，後兩個階段城市發展的總體差異較

小；②各階段都存在規模與平均值的負相關關係；③各階段相比較發現，前兩個階段相比較顯示規模級越高則平均增長幅度下降越大，後兩個階段相比則出現相反情況，總體顯示特大城市的規模增長的起伏比中小城市大。

　　不同區位的城市發展速度不同，宏觀上表現為東、中、西三大地帶的城市增長數量上的差異，統計顯示（如表 5-14），城市成長數量在東部與中部、東部與西部的差距一直保持在較高的水平，但呈現差距縮小趨勢，20 世紀 60 年代中期到 90 年代中期，中部地區城市發展較快，期間中部城市比重一直超過東部城市比重（如圖 5-5）。

表 5-14　中國東中西城市化水平差距演變

年份	東部地區		中部地區		西部地區		東中差距 百分點	東西差距 百分點
	城市（個）	比重（%）	城市（個）	比重（%）	城市（個）	比重（%）		
1949	69	52.7	50	38.2	12	9.1	14.5	43.5
1952	67	43.8	54	35.3	32	20.9	8.5	22.9
1957	73	41.5	73	41.5	30	17.0	0.0	24.4
1962	73	37.6	82	42.3	39	20.1	-4.6	17.5
1965	67	39.9	69	41.1	32	19.0	-1.2	20.8
1970	67	37.9	76	42.3	34	19.2	-5.1	18.6
1975	67	36.4	83	45.1	34	18.5	-8.7	17.9
1978	68	35.4	84	43.8	40	20.8	-8.3	14.6
1980	78	35.0	100	44.8	45	20.2	-9.9	14.8
1985	113	34.7	133	40.8	80	24.5	-6.1	10.1
1990	181	38.8	193	41.3	93	19.9	-2.7	18.4
1995	290	45.3	234	36.6	116	18.1	8.8	27.1
1997	300	44.9	247	37	121	18.1	7.9	26.79
2000	293	44.3	247	37.3	122	18.4	7.0	25.9
2002	266	40.3	227	34.4	167	25.3	5.9	15.0

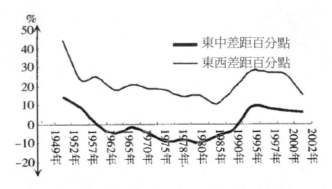

圖 5-5　東中部、東西部城市化水平速度差距變化

　　考察工業革命以來世界各大城市在不同時期的地域擴展情況發現，城市空間的擴展並非均衡地向外推進，而是存在著加速期、減速期和穩定期三種變化狀態，所以我國城市化進程的區域差異也並非偶然。世界範圍內城市化進程不同時期的城市地域擴展速度、方向和形式表現出明顯的周期性特徵——異速發展。究其原因，在於一個國家經濟發展水平的區域分佈差異以及不同時期內區域經濟發展變化的周期性更迭。我國 1985 年以來城市國民收入水平與建成區面積擴展波形非常相似，國民收入增長率曲線的波動帶動面積增長曲線的波動，並大於面積增長曲線的波動幅度，這說明經濟規模擴大或緊縮必然導致城市擴展的周期性變化。如圖 5-6 分別對城建面積、國民收入、固定資產以及非農人口四個指標從年平均增長速度和比上年增長速度兩個方面進行了分析，無論從哪個方面看，四個指標的曲線走勢都是一致的。圖 5-6 中上半圖顯示四個指標的年平均增長，下半圖表示四個指標的比上年增長。從年平均增長趨勢看，四個指標的變化趨勢是一致的，城建面積增長速度的快慢與其他指標表現爲同步發展。從比上年增長趨勢看四個指標的變化趨勢出奇的吻合，曲線的波峰與波谷是完全同步的。這是因爲一個國家經濟發展的周期性以及一個國家不同區域經濟發展的周期性充分反映在了城市發展的空間差異上。

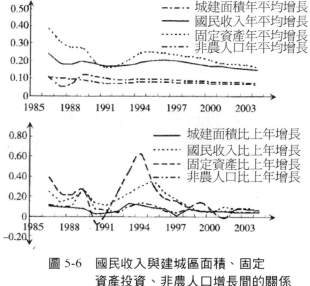

圖 5-6　國民收入與建城區面積、固定
資產投資、非農人口增長間的關係

5.3　不同模式的城市化進程比較：機制層面分析

5.3.1　自下而上的蘇南城市（鎮）化模式

　　蘇南城鎮化模式是一種自下而上的城鎮化模式。一般指蘇錫常
（江蘇省南部的蘇州、無錫、常州三市及所轄的十二市縣）的農村地
區，通過自籌資金發展以鄉鎮企業為主體的非農業生產活動，其先實
現了農村人口向非農職業的轉化，進而通過發展小城鎮實現了農村地
域的城鎮化。蘇南城鎮化模式產生的直接動因：①蘇南地區人多地
少，人地矛盾尖銳。蘇南農民為求生存，將種植業、畜牧業、手工業
結合起來，形成家庭副業。②解放後錯誤的人口政策使蘇南人地矛盾

加劇，加上"左"的路線下批判農村中傳統的產業分工，自留地、家庭副業被砍掉，經濟作物的生產及其多種經營成為"以糧為綱"的障礙被砍掉，導致農民增產不增收。因此，在特殊的社會經濟背景和條件下，為求生存，蘇南人結合傳統的工商業基礎和鄰近大中城市等優勢條件，開始在農村創辦社隊工業。蘇南城鎮化模式的歷史條件：① 高度集中的計劃經濟體制下，由於計劃工作缺乏科學性、超前性，從而使生產部門內部、生產和生活消費之間多方面出現了嚴重的不協調，為社隊工業的"拾遺補缺"提供了可能；② "文革"期間，城市裡工廠"停產鬧革命"，工廠、企業間的合作關係被攪亂，生產受到了嚴重影響，這為蘇南社隊工業的發展創造了條件；③ "文革"給蘇南農村"下放"了大批的城市老工人、新知青，使蘇南社隊工業的發展增加了技術力量。

蘇南城鎮化模式的社會經濟背景：① 蘇南所處的長江三角洲是我國經濟最為發達的少數地區之一，自然條件、地理條件優越；② 蘇南早在明代就是商賈雲集之地，鴉片戰爭以後，隨著上海市被譬為通商商埠，蘇南廣大地區成為我國近代工業和民族工業的發祥地和搖籃，有商品經濟的傳統基礎；③ 農業發達，是歷史悠久的"魚米之鄉"，使這裡的廣大農民比較早地解決了吃飯問題，使資金積累和勞動力富裕成為可能；④ 蘇南農村地處我國最大的城市群中心地域，除蘇錫常之外，東鄰上海市，南接杭州市，西連南京市，使蘇南農村與以上海市為中心的大中城市有著千絲萬縷的社會聯繫，緊緊依託大中城市的地緣優勢為蘇南城鎮化模式的形成和發展提供了極好的外部條件。

蘇南城市化經歷了不同的發展階段，歸納起來可以分為農村體制改革為主、城鄉體制改革並重、外向型經濟推動等幾個特徵鮮明的階段。農村體制改革為主（1978－1983 年）：在計劃經濟體制下，蘇南地區與全國的城市發展策略一樣，強調限制城鎮尤其是縣城以上的城市人口規模，強調農村剩餘人口的就地城鎮化。所以該時期城鎮化的主要陣地是在廣大的農村地區。家庭聯產承包責任制實施後，農業生產率大大提高。隨著農業的迅速發展和耕地資源的日益短缺，農村剩餘勞動力的問題逐漸顯現出來。1978 年以後的幾年中，國家政策鼓勵鄉鎮企業發展。之後，國家又鼓勵農民自帶口糧，按"離土不離鄉，進廠不進城"的精神，將鄉鎮企業集中起來，建立小城鎮。由於計劃經濟時代長期實行的城鄉二元化發展政策和工農業產品的剪刀差政策，導致城鎮以前所未有的速度發展。在進入城市仍然存在種種壁壘的情況下，農民進入小城鎮也未嘗不是一種可以接受的選擇。於是就地城鎮化的道路揭開了"蘇南城鎮化模式"的序幕。

城鄉體制改革並重（1984－1991 年）：1984 年經濟體制改革的重點由農村轉向城市，為進一步進行經濟結構調整，建立了適合我國經濟發展和國情的勞動密集型輕工業。其中輕工業非常適合廣大具有原料優勢、勞動力優勢的農村鄉鎮企業的發展。這時期蘇南小城鎮具備了工業擴散的要求，域內的企業發展狀況產生了明顯變化。鄉鎮企業的發展通過"以工補農、以工建農"的形式，加快了農業現代化進程，為農業剩餘勞動力的轉移進一步提供了條件。該階段國家允許農民自帶口糧進城辦第三產業，實現了初步異地城鎮化；之後又出臺政策降低設立建制鎮和市的標準。蘇南地區開始了撤縣設市、撤鄉設鎮，使部分農村人口由於建制鎮的設置而就地轉為城鎮人口，城鎮化水平大幅度提高（如表 5-15）。

外向型經濟推動（1992 年以後）：20 世紀 90 年代中期以後，隨著國際經濟全球化的影響及國內市場經濟體制的逐步建立，城市經濟體制改革深化及國有經濟的優化重組，競爭的進一步激烈化和市場的逐步規範，鄉鎮企業的原先各種比較優勢漸漸失去，再加上鄉鎮企業已經基本完成了私有化的過程，其對農村剩餘勞動力的吸納能力逐步減小。同時，小城鎮就業崗位減少，在生活質量上與鄉村地域差別不大，導致農民進鎮的願望已經不是十分迫切。因而鄉鎮企業已經不再是推動地區城鎮化的主要經濟力量，小城鎮作爲城鎮化人口主要集聚空間的角色也在弱化。

表 5-15　蘇南地區的不同階段的企業性質、
主要行業及特徵、發展模式的變化

發展階段	性質	行業	特徵	發展模式
20 世紀 90 年代前	集體企業	機械、紡織、服裝	勞動密集爲主、就地發展且大多隸屬社區政府、規模小	側重域內協作、產品主要面向國內市場
20 世紀 90 年代後	民營、三資企業	機械、紡織、電子、制藥	資金密集、集中於工業區發展且大多與社區政府關係不大、規模大	吸納域外資金和技術、產品面向國外市場

5.3.2　自上而下的京津唐城市化模式

京津冀北地區又稱爲"大北京"地區，地跨北京、天津、唐山、保定、廊坊、秦皇島、承德、張家口、滄州 9 個城市，由京津唐和京津保兩個三角形地區組成。土地面積近 7 萬平方千米，總人口 4000多萬。它既是我國首都所在地，又是我國特大城市最集中、科技和教育最發達的地區，亦被稱作"首都圈"。從歷史上看，北京市是典型的消費型城市，它的建設和發展是依靠全國的資源集中。天津市是保衛京畿的軍事重地，隨著 19 世紀後期洋務運動的興起，官辦軍事工業成爲天津市近代化的發端。到 20 世紀 40 年代，天津市成爲了僅次於上海市的第二大工業城市。唐山市是京津唐都市圈的"北翼"，工業以能源、冶金、海洋化工、建材、機車製造而著名，被譽爲中國近代工業的搖籃。從歷史的演變來看，在行政區劃上京津冀所在的華北地區城市體系是在推行郡縣制的基礎上初步統一的。華北地區城市體系的正式形成經歷了兩個階段，即首先以北京市爲政治核心，按照行政管理和控制層次組織區域城市體系，在這個階段，城市之間的關聯性較弱，城市之間功能相互獨立，自成體系。其次，1860 年天津市開埠後，華北區域城市系統進入了由經濟關聯活動組織的階段。開埠後，天津市經濟的繁榮使其成爲華北區域經濟的中心。天津市對華北地區市場網絡的組織功能使其在華北城市體系中成爲與北京市同等重要的節點城市。

　　京津冀北地區是行政指向和大都市擴展帶動型的城市化，是我國自上而下城市化的主要模式。中國行政中心的乘數效應使各級行政中心均成爲城市化網絡上的重要節點，因此一般情況下，在政治、經濟和文化方面，首都具有全國意義，省會具有全省意義，縣城具有全縣意義。北京市是我國的首都，天津市是我國直轄市之一，保定市曾經是河北省的省會，因此行政指向型的城市化在本地區表現得非常明顯，其中最爲典型的就是北京市的城市發展。新中國成立以來，在"變消費城市爲生產城市，北京市作爲新中國的首都，必須加強現代工業的基礎，壯大產業工人的隊伍"等思想的指導下，國家在北京市重點投資發展冶金、化工和機械三大工業部門，僅僅在 20 世紀 50 年代就先後建設了石景山、西苑、清河、北苑、酒仙橋、東壩、定福莊、垡頭、南苑、豐台 10 大工業區。改革開放之前，北京市在各階段經濟發展速度都遠高於全國平均水平；改革開放之後，明確北京市是"全國的政治中心和文化中心"，由於其作爲首都的特殊的政治地位，雖然其開放程度不及上海市、天津市，但憑藉自己的政治優勢，對外資仍有相當的吸引力，因此改革開放以來其經濟發展速度並沒有放慢。1979－1994 年 GDP 增長率仍然高於上海市和天津市。京津冀北地區是以京津兩個特大城市爲核心的"啞鈴型、雙核心"的區域。

因此隨著產業結構的調整，大城市的若干產業專案擴散到周圍地區，從而使專案接受地的工業化進程加快，城市化過程加速，表現出大都市擴展帶動型的城市化。大城市衛星城的發展就屬於這種類型。

5.3.3 兩種不同城市化模式的制度經濟學論證

5.3.3.1 自下而上城市（鎮）化的制度經濟學分析

行為特點：自下而上城市（鎮）化是以農村非農產業發展為主體，以農村人口與勞動力轉化與空間集聚為表徵，以農村小城鎮發育壯大為中心的農村地域轉化為城市地域的過程。鄉鎮企業的發展、勞動力的轉化和小城鎮的建設構成了自下而上城鎮化的實質內容。城鎮化模式主要是在市場力量的誘導下由私人主體（主要是農民家庭和個人）自發倡導、組織與實行的。主要表現出如下特徵：①制度創新主體的私人化和地方化。發端於 20 世紀 70 年代末的農村改革給了農民流動遷徙和重新選擇職業的權利，在獲利機會的誘導下，中國農民以流動打工和在就近小城鎮安家立業的方式，自發興起、組織和推進了中國自下而上的城市（鎮）化進程，農民家庭和個人以及其他民間力量逐漸打破了中央政府和省市級政府作為城市（鎮）化發動和投資主體的壟斷地位。農民群體（或個人）和農村社區政府共同參與，城鎮化以跨區轉移的“民工潮”和在本地興建“農村小城鎮”的方式在全國範圍內迅速展開。②制度安排的非正式性。城鎮化是一個持續的制度創新過程，每一次創新的實現都會形成一種新的制度安排，在非正式的制度安排中，雖然也會存在外部效果問題，但“搭便車”現象很少發生，私人主體的個人行為所形成的制度創新合力十分重要。③制度變遷的漸進性。自下而上的城鎮化是在市場力量的誘導下漸進發生的，它是農民為了回應城鎮化出現的獲利機會、在追求收益最大化的動力支配下自發倡導和組織促成的。其發展進程表現出較為明顯的漸進性特點：人口城鎮化進程呈均速上升趨勢；城鎮化推進以最基層的小城鎮為主要載體；政府修改制度規則不求一步到位。

影響因素：決定和主導自下而上城鎮化模式因素包括政策、資金和農民群體的作用。①政策的影響可以分為三個層次：國家的方針政策指明發展的方向和道路；國家主管部門的政策包括農民進入城鎮落戶、入城農民辦理暫住人口、調整建制鎮標準等直接與城鎮化有關；地方具體政策實際操作著當地人口移動和城鎮化過程。②資金量的大小和來源影響著經濟發展和城鎮化的方向與速度，在市場經濟下，資金更多的是靠自身實力。③農民主體行為是推動自下而上城鎮化發展的重要力量，尤其在經濟水平不高、集體經濟薄弱地區表現更加突出。三種因素對城市化的影響可以用圖 5-7 來表示。

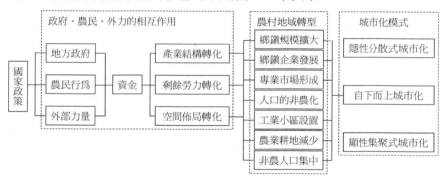

圖 5-7　政策、資金和農戶主體行為對自下而上的城市化的影響

5.3.3.2　自上而下城市化的制度經濟學分析

中國傳統時期的城市化以高度集權的計劃體制和城鄉二元分離為背景，走了一條由政府自上而下強制安排的道路：①實行嚴格的"准入限制"並設置了一整套"城市偏向"的制度規則。新中國成立以後，為了從農業部門抽取更多的原始資本累積並保證其不被城鎮建設過多擠佔，政府對農民進城實行嚴格的"准入限制"，對城鎮居民實行高福利保護。這些"准入限制"和"城市偏向"的制度安排主要通過戶籍管制、糧油定向供應、城鎮就業統包、定向福利發放等途徑得以實現。②政府在城市化的決策中占絕對的支配地位,通過行政集權對城市化實行供給壟斷,私人主體對城市化的需求受到人爲抑制而長期處於隱性狀態。在城鎮的制度安排中,農民不可能對是否向城鎮轉移或流動作出主動的選擇和決定。政府行爲是影響和控制城市化進程的最重要的變數。③政治力量是城市化進程的決定力量。傳統時期的中國城市化受到政治運動的影響並受政治力量的支配。政府是城市化進程中制度的壟斷提供者,高層領導的統治偏好形成了城市化過程中的各項制度替代和轉移,過分偏好於用政治手段替代經濟手段來行使政府管理職能。

政府對城市化進程的推動集中表現在三個方面:一是政府利用其所在地的行政中心職能,不斷強化城市的經濟功能和文化功能,使行政中心所在的中心城市成爲經濟要素聚集的中心,自下而上構築了政治中心和經濟中心二位元一體的城鎮網絡。中央政府以直轄市爲依託,省政府重點發展省會城市,縣政府主要發展城關鎮,鎮政府把鎮企業集中於鎮,鄉政府把鄉級企業集中在鄉所在地,村辦企業主要集中在村政權所在地,每級政府都把非農產業集中在自己周圍,以便集中有限的生產要素重點發展政權所在地的城鎮或非農產業聚集點。政府充分利用行政權力干預所在地的經濟發展和城鎮建設,在行政中心區域內極力發展較爲完善的產業體系,圍繞政府駐地形成規模不同的城鎮體系。二是政府通過制定相應的政策和城鎮設置標準引導城鎮的發展。政策因素對城市化有很強的制約或促進作用,政府可以根據某種目標採用"運動"方式進行高速度的城市化。三是改革開放以來,國家宏觀經濟體制向市場經濟轉型,受經濟全球化影響與綜合國力的競爭,政府把城市化作爲經濟社會發展的戰略目標納入國家現代化進程，不斷推動城市化發展。

綜述前文，自下而上與自上而下的兩種城市化模式存在多方面的差異，本書中筆者主要從以下幾個方面進行比較分析（如圖5-8）。

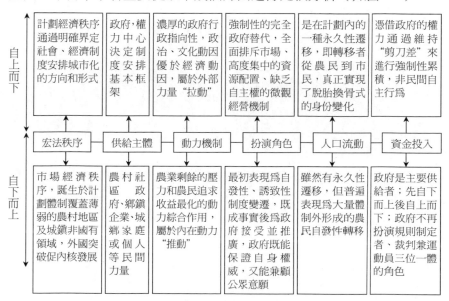

自上而下	計劃經濟秩序通過明確界定社會、經濟制度安排城市化的方向和形式	政府，權力中心決定制度安排基本框架	濃厚的政府行政指向性，政治、文化動因優於經濟動因，屬於外部力量"拉動"	強制性的完全政府替代，全面排斥市場、高度集中的資源配置、缺乏自主權的微觀經營機制	是在計劃內的一種永久性遷移，即轉移者從農民到市民，真正實現了脫胎換骨式的身份變化	憑借政府的權力通過維持"剪刀差"來進行強制性累積，非民間自主行為
	宏法秩序	供給主體	動力機制	扮演角色	人口流動	資金投入
自下而上	市場經濟秩序，誕生於計劃體制覆蓋薄弱的農村地區及城鎮非國有領域，外國突破促內核發展	農村社區政府、鄉鎮企業、城鄉家庭或個人等民間力量	農業剩餘的壓力和農民追求收益最化的動力綜合作用，屬於內在動力"推動"	最初表現為自發性、誘致性制度變遷，既成事實後為政府接受並推廣，政府既能保證自身權威，又能兼顧公眾意願	雖然有永久性遷移，但普遍表現為大量體制外形成的農民自發性轉移	政府是主要供給者；先自下而上後自上而下；政府不再扮演規則制定者、裁判兼運動員三位一體的角色

圖5-8　自下而上與自上而下城市化模式差異比較

根據前文，兩種不同模式的城市化過程的驅動力是不同的，總體而言，京津唐模式的城市化是行政指向（如圖5-9）和大都市擴展帶動型的城市化，蘇南模式的城市化是開發區帶動和地方驅動型的城市化。京津冀北地區是以京津兩個特大城市為核心的"啞鈴型、雙核心"的區域，隨著產業結構的調整，大城市的若干產業專案擴散到周圍地區，城市化過程加速，表現出大都市擴展帶動型的城市化。

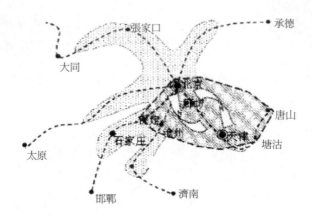

圖 5-9　行政指向下京津冀城市空間關係

第六章

城市化
進程的影響因素分析

在論述了城市規模擴展及城市化進程時空差異的基礎上，本章將從區位元、人口遷移、制度和產業結構四個影響城市化進程時空差異的因素進行探索，研究認爲：區位因素對城市化的影響綜合表現爲區位三角形，在地價和運輸成本約束城市成長的同時通過規模經濟收益促進城市成長；計劃經濟和市場經濟提供了兩種不同效率的制度安排，計劃經濟通過不合理的制度安排人爲阻礙了城市化進程，市場經濟通過資源自由配置實現了城市化進程的能量釋放，通過形成合理的制度安排促進了城市化進程；農業剩餘勞動力轉化爲城市人口的動因是不同產業和區域間的收益比較，這個比較過程通過土地使用的決策權衡、商業農戶與自給農戶基於彈性分析的產品預期等多種方式進行，當比較收益有利於農業剩餘勞動力鄉城轉移時就會促進城市化進程；產業結構變革是城市化的主線之一，城市化過程就是產業結構不斷由低層次向高層次演進的過程，主導產業是城市產生和進步的基礎，產業狀況、產業創新、產業政策都從不同側面影響著城市化進程。

6.1　城市化進程的區位影響

影響城市發展的區位因素很多，包括一定區域的自然資源狀況、交通運輸條件以及政治經濟宗教等。自然資源的開發是城市產生和發展的主要區位因素，包括礦產資源、水資源、生物資源、氣候資源等，這些條件成爲城市產生的重要約束。城市作爲一個經濟過程是貨物與人員的集散地，需要有方便的交通條件，而在不同的交通運輸時代，城市產生的區位不同，交通運輸線路的變化也會對城市的分佈產生巨大影響。早期我國南方城市多沿江河發展，但隨著船型的增大，航道的遷移，許多城市的對外口岸都由沿河沿江向沿海發展；北方城市多在大道匯合處，隨運輸方式呈現出由驛道到公路再到鐵路的變化，隨著城市區位因素的變化，許多城市開始分佈在沿線及鐵路樞紐地區。除此而外，政治、軍事、宗教等對城市的影響也很複雜，早期和中世紀的城市主要作爲一個地區甚至一個國家的政治、軍事和宗教中心，軍事和宗教對城市區位的影響在城市形成的歷史上有很大作用。

6.1.1 城市化進程中廠商空間行為的區位三角形解釋

"區位[1]"源於德文的 standort，在 1886 年被譯爲 "location"，區位的主要涵義是某事物所佔有的場所，它研究人類活動的空間選擇及空間內人類活動的組合，主要探索人類活動的一般空間法則。區位理論有兩層基本內涵，其一是人類活動的空間選擇，其二是空間內人類活動的有機組合。前一種情況是區位主體已知，根據區位主體本身固有的特徵出發來分析適合該區位主體的可能空間，然後從中優選最佳區位；後一種情況是大的區位空間已知，依據該空間的地理特性、經濟和社會狀況等因素來研究主體的最佳組合方式和空間形態。區位的研究要首先從區位因子入手，區位因子或者區位因素是指影響區位主體分佈的原因，考慮經濟因數中的成本因子是區位理論研究的傳統思維。

韋伯的區位模型在解釋工業企業的選址方面取得了很大的成功，但在一些方面還不完善，穆斯（Moses）對這一理論進行了完善。穆斯是第一位研究要素替代效應對廠商區位選址影響的經濟學家，其討

---

[1] 也有人這樣解釋，區位除 Situation 或 Position in Space 外，還應該有放置的意思。區位包括點、線、面等幾何要素。學界一般認爲區位包括 6 大因子：自然因子、運輸因子、勞力因子、市場因子、集聚因子以及社會因子。

論問題的抽象模型是穆斯-韋伯區位三角形（1958）。假設在一個區域中存在多個點，但是能夠產生直接聯繫的只有爲數不多的點，這些點之間產生聯繫時按照交易成本最小原則佈局，圖 6-1 的區域中存在一個區位三角形，在這個區位三角形中有假設存在 F_1、F_2、F_3 三個點，該三點是市場區域中任意多個點能夠直接發生聯繫的點，分別表示廠商 K 的投資品$_1$、投資品$_2$ 和產品市場，d_1、d_2、d_3 分別表示廠商 K 到投資品$_1$、投資品$_2$ 和產品市場的距離，廠商爲生產產品必須合理選擇既定的兩種投資品。曲線 l 表示廠商 K 到產品銷售地 F_3 的等成本範圍（市場區），即廠商在這條線上的任意一點佈局到 F_1 和 F_2 的成本都是相同的。現在假設 d_3 已經固定，這時投資品$_1$ 和投資品$_2$ 的總成本就成爲影響廠商區位的因素。如果將廠商在兩種投資品方面的支出費用固定爲 C，則可以將其表示爲廠商到兩個點的運輸成本以及爲購買兩種投資品而支出的價格費用的和，即：

$$F_1(P_1 + t_1d_1) + F_2(P_2 + t_2d_2) = C$$

式中 F、P、t 分別表示商品數量、商品價格、運費率。廠商 K 可以佈局在曲線 l 上的不同位置（圖中以廠商 K 在 l 上移動的兩個位置來表示），K 在不同的位置時雖然總成本 C 是一樣的，但對 F_1 和 F_2 產生的影響卻不同，因爲兩個投資品中的任何一個承擔的成本高就意味著其競爭力下降，所以任何一個區位的投資品都不會在競爭中放棄對其有利的機會，從圖中可以看出，曲線 l 上存在無數滿足要求的點，但 A 和 B 是兩個極端的位置，在 A 點，投資品$_1$ 的成本最小而投資品$_2$ 的成本最大；在 B 點時正好相反。這時廠商就必須對兩種投資品進行選擇，通過廠商的區位改變運費支出從而相應改變投資品的組合，兩種投資品組合數量最優的點就是廠商的最佳區位。由於在區位 A 時投資品$_1$ 的支出最小而投資品$_2$ 的支出最大，於是廠商 K 可以在曲線 l 上由 A 向 B 移動，即通過增加投資品$_2$ 來替代投資品$_1$，以便使兩種投資品的數量組合最大。

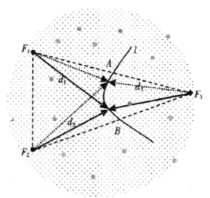

圖 6-1　區位分析下的引力三角形

根據上面的方程可以得到：

$$\lambda_1 = \frac{\partial C}{\partial d_1} = F_1 t_1 \text{ 和 } \lambda_2 = \frac{\partial C}{\partial d_2} = F_2 t_2$$

這兩個運算式的涵義為成本 C 隨距離 d 的變化率，這時 λ_1 和 λ_2 中哪個比較高則會在距離上表現出較大的優勢，其產品的延伸距離就不會很遠。

其實把上面的公式稍微做一下變化就可以得到如下的表達：

$$d_1 = \frac{C - F_1 P_1 - F_2 P_2 - F_2 t_2 d_2}{F_1 t_1}$$

在這個公式中，將 d_1 表示為 d_2 的函數。C、F_1、F_2、P_1、P_2、t_1、t_2 等都已經給定並且都是正數，所以 $-F_2 t_2 < 0$，公式中只有 d_1、d_2 兩個變量。該公式表示了 d_1 是 d_2 的減函數，在座標平面內表示出來的曲線是單調下降的。由此可以推出，廠商區位選擇過程的本質就是預算線在座標平面內左右移動的過程。

圖 6-2 中縱軸表示投資品 M_1，橫軸表示投資品 M_2，廠商 K 在曲線 l 上由 A 到 B 滑動的過程可以與圖 6-2 中座標平面內預算線的擺動

相聯繫。兩種投資品相結合的預算組合點的集合形成圖中的包絡線，K 就需要佈局在包絡線上的一點，這一點同時必須位於等產量線上，即這個包絡線與廠商 K 的產量線相切的點就是廠商的最佳區位選擇。廠商在區域經濟發展中的佈局方式決定了城市的發展速度和方向，進而決定了產生城市的經濟核[1]的最初區位佈局。

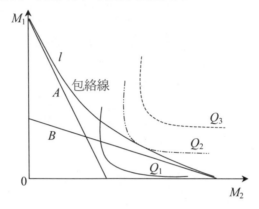

圖 6-2　兩種投資品下的收益均衡

6.1.2　區位因子對城市產生機制的經濟學分析

6.1.2.1　運輸成本與地價約束對城市成長的限制

城市作為一個腹地的經濟中心，其成長和發展的規模受到運輸成本的制約，城市與周圍經濟主體發生的經濟關係也要受到運輸成本的制約。運輸成本透過影響區域的純收益進而影響要素向中心城市集聚。將前文分析中的杜能模型簡單化可以表示為 $S_i = P_i - C_i - tr_i$，其中 C 為單位產品的成本，t 為運費率，r_i 為第 i 種產品的銷售距離，P 為

---

[1]　經濟核，這是筆者在本文中的一個新概念。可以這樣認為，這是城市產生的原始形態，經濟核進一步擴展就逐漸演變為城市，或者說城市就是由一個或多個經濟核發展而來的。本書以後的章節中還會採用這個概念並會對之進行詳細解釋。

單位產品的售價，S_i 為衡量第 i 種產品經濟效益的純收入，$\partial S / \partial r = -t$，邊際收益為負。在 $r = 0$ 處即靠近市中心地方收益最大，即 $S_0 = P_i - C_i$，在 r 最大處即城市輻射範圍的邊緣 S_i 最小，位於兩個極端狀態之間的所有狀態會形成一個不同收益水平的收益系列，現假定在 r_{k+1} 和 $r_{k-1}(r_{k+1} > r_{k-1})$ 之間存在一點 k，則一定有 $S_{k+1} < S_k < S_{k-1}$，即單位面積的純收入隨著距離的增加而減小（如圖 6-3）。

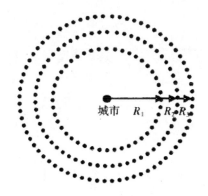

圖 6-3　距離成本與城市腹地的範圍示意圖

　　根據這個邏輯，由於邊際收益遞減，所以城市腹地向外擴展存在極限，這個極限就由城市內的經濟行為所能獲取的純收益來決定。假設 $q(p,r)$ 是區域內每個消費者所需要的商品數量，距離城市 r 處存在 $\rho(p,r)$ 的人口密度且連續，考慮到消費者消費商品的行為是一個連續的過程，則距離中心城市 R 處的所需要的商品數量為：

$$Q = \int_0^R 2\pi r \rho(p,r)q(p,r)dr$$

由此在距離 R 處出售商品所獲得的純收益為：

$$\pi(R) = \int_0^R 2\pi r \rho(p,r)q(p,r)(p - tr)dr - C(Q(p,r))$$

在 p（記作 p^*）固定的情況下求對距離 R 的導數，得：

$$d\pi(R)/dR = 2\pi r\rho(p^*,r)q(p^*,r)(p^*-tr) - C'(Q(p^*,r))2\pi r\rho(r)q(p^*,r)$$

在這個方程中除了 r 是變數外，其他都是常量，所以該公式顯示了對距離 r 的邊際收益是以運費率 t 為斜率的向右下方傾斜的曲線，這樣就再度證明了邊際收益遞減。在商品的邊際收益為 0 的地方廠商的收益最大，即 $d\pi(R)/dR = 0$，也就是

$$(p^*-tr) - C'(\int_0^R 2\pi r\rho(p^*,r)q(p^*,r),dr) = 0$$

即
$$p^* = tr + C'(Q(p^*,r))$$

該式的右端為邊際成本，這顯示最優的市場半徑應該使供應位於 R 處的消費者最後一個單位商品的邊際成本等於其市場價格 p，即商品的價格中包含了運費和隨產量變動的邊際成本，邊際成本越高，商品的價格就越高；距離越遠，商品的價格就越高。在比較遠的市場區內銷售產品時就缺乏競爭優勢。如果廠商的生產成本由固定成本 F 與產出成比例增長的可變成本（用 v 表示）組成，則可以得到：

$$\pi(R) = \int_0^R 2\pi r\rho(p^*,r)q(p^*,r)$$

$$(p^*-v(q(p^*,r))-tr)dr - F$$

對該公式仍然求利潤對距離的導數並使 $d\pi(R)/dR = 0$ 得：

$$p^* - v(q(p^*,r)) - tr = 0$$

即
$$R = (p^*-v(q(p^*,r)))/t$$

由此可以說明市場半徑 R 隨產品的價格 P 呈線性增加，隨可變成本的比例係數 k 呈線性減少，而與運費率呈反比，商品的價格越高，在相同距離時其獲利水平就越高，於是商品的銷售範圍就延伸得越遠。在商品價格固定的情況下，可變成本越高，商品在銷售過程中的開銷越大，商品銷售利潤為 0 的點就距市中心越近。商品的價格、運費率以及變動成本的水平共同決定了廠商的區位。

　　除了運輸成本外，區位影響的另一個重要約束來自於交通便利性
程度不同從而影響地價，城市交通影響地價進而影響城市增長。城市
發展中經濟主體依據收益最大化原理根據其佈局區位的不同可以分爲
消費地指向、原料地指向等，其中重點考慮的因素爲運輸成本。交通
設施的建設可促進土地的開發，使城市土地升值，所以通達性是土地
利用過程中首先要考慮的因素。不具備交通通道的地塊一般很難被用
於大規模開發。Czamanski 構築了一個針對城市功能的 "通達性指
數"，認爲所有類型城市土地地價與 "通達性指數" 之間都有極高的
相關性，最高可達 100%。研究顯示，高地價點主要出現在道路交通
網的結點上，地價沿城市對外交通幹道延伸明顯，但是不同的交通幹
線對不同區位地價的影響情況不一致。如鐵路對居住用地地價產生一
定的排斥區，而對工業用地地價則產生吸引區，圖 6-4 顯示了公路和
鐵路隨與居住區和工業區距離的變化所表現出的不同的變化規律。圖
示顯示居住區在距交通線相同距離時公路沿線較鐵路沿線的地價高；
對工業區的影響則有些不同，在距交通線一定距離內鐵路較公路地價
高，但超出一定範圍後公路沿線則表現出一定的優勢。地價的這種分
佈特點會影響到廠商的佈局，從而決定了城市的發展方向以及中心城
市對其腹地經濟要素的影響程度，進而導致城市的地域分佈狀態呈現
很大差異。

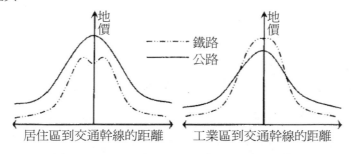

圖 6-4　交通幹線對不同區位地價的影響

6.1.2.2 規模經濟與外部性對城市成長的促進

城市成長是在"城市核"周圍諸要素的影響下進行的，促使城市成長的經濟體（企業等）在城市成長中扮演著非常重要的角色，這些經濟體在判斷其是否向城市周圍延伸或是否向其他城市滲透時受到規模經濟和外部性等的影響。向經濟核聚集的經濟體如果獲得由於要素聚集而帶來的規模經濟和正外部性收益則會促進城市的成長。規模經濟影響：假如來自集聚的節約大於運輸成本的增長，那麼擁有日產量為 M_A 的大企業將吸引（集聚）位於距離 d 處的日產量為 M_B 的小企業。設單位產品的重量為 G，運輸單價為 p，總的運輸成本為 $GdpM_B$。設集聚產生的單位產品的收益增大為 $\pi(M_A)$，當產量為 M_A 時所產生的收益增大總值為：

$$T(M_A) = M_A \cdot \pi(M_A)$$

當小企業聚集到大企業時生產上所產生的收益增加為：

$$T(M_A + M_B) = (M_A + M_B)\pi(M_A + M_B)$$

此時，由於兩個企業的集中所造成的成本節約數額（把運費也視作成本節約）為：

$$TC(M_A, M_B) = (M_A + M_B)\pi(M_A + M_B) - M_A\pi(M_A) + GdpM_B$$

所以有：

$$\frac{dTC}{dM_B} = \pi(M_A + M_B)\pi_B{}' + Gdp$$

該式表示邊際成本節約，只要 $\frac{dTC}{dM_B} > 0$ 聚集就會發生，而在此式中 $\pi(M_A + M_B) > 0$，$Gdp > 0$，所以只要 $\pi_B{}' > 0$ 聚集就肯定會發生，當 $\pi_B{}' \leq 0$ 時必須滿足條件 $\left|\pi(M_A + M_B)\pi_B{}'\right| < |Gdp|$ 才有可能發生低水平的聚集，這時如果固定 p 和 G，則有：

$$d > \frac{\left| \pi(M_A + M_B)\pi_B' \right|}{|Gdp|}$$

也就是說，這時發生聚集的條件需要滿足區位地理界限值，即只有企業 M_B 能夠由於聚集產生的費用減少足夠產生收益增加時聚集才可能發生，這需要企業 M_B 位於距離為 $\frac{\left| \pi(M_A + M_B)\pi_B' \right|}{|Gdp|}$ 的區位之外。根據這樣的機制，可以證明規模收益效應影響了廠商的區位選擇。

外部性影響：假設有兩個經濟行為主體 A 和 B，各自發生經濟行為所獲得的收益為 π_A 和 π_B，所付出的成本分別為 C_A 和 C_B，在 A 和 B 各自發生經濟行為的時候會產生相互影響。如果其中一方經濟的行為使得對方付出成本較小時同樣獲得目前的收益甚至更大，即[1]：

$$\pi_A'(C_A'(C_B)) \geq \pi_A(C_A(C_B))，其中 C_A' \leq C_A$$

這時 π_A' 的行為者較 π_A 存在外部收益，$\pi_A' - \pi_A$ 的差額即為 π_A' 超出 π_A 的收益額。城市成長過程中諸經濟體發生作用的這種外部收益是經常存在的。由於這種外部收益的存在使得更多的經濟主體聚集在一起，成為城市發生和發展的驅動力。關於空間集聚與外部經濟，應該追溯到一個世紀之前的英國經濟學家阿弗里德·馬歇爾的論述。馬歇爾闡述了廠商集聚進而導致城市成長的三個優勢：能促進專業化供應商隊伍的形成，尤其能提供不可貿易的特殊投入品；為有專業技術的工人提供了一個公共市場，有利於勞動力共用；獨特的非正式資訊擴散方式有助於知識外溢。

---

[1] 為了方便說明問題，這是筆者的一個定義。$\pi_A'(C_A'(C_B))$ 表示 C_A' 是 C_B 的函數，且 C_A' 隨 C_B 的變化而變化，π 是變化的對應成本下的函數。

6.2 城市化進程的制度影響

6.2.1 影響中國城市化進程的制度變遷[1]

前文述及，在城市化過程中，推力與拉力、聚集和擴散總是相伴隨的，大、中、小城市是並存發展的。但在不同的階段，起主導作用的方面和方式是不同的。在城市化初期和中前期，以聚集爲主，大城市超先發展；中後期以後，以擴散爲主，小城鎮化成爲主導模式。無論對經濟主體作理性還是不完全理性的假設，在不同區位間總是存在著由比較優勢形成的勢能差；在不同的利益主體間、不同生產力系統之間存在著利益關係。只要不人爲地阻斷，就必然促使經濟要素向高效率的區位流動和聚集，從而在動態中實現或接近"帕累托最優"。城市化過程作爲一種經濟現象不僅受到經濟規律的約束，還受到制度的約束，城市化進程中的這種人爲影響在一定程度上阻礙了城市化進程。

我國的城市化進程，在 20 世紀 80 年代以前，城市化方針是嚴格控制城鎮人口，尤其是嚴格控制大城市人口；20 世紀 80 年代後則明確提出"小城鎮化"方針；2001 年以來，不再提"以小城鎮化爲重點"，而改提"小城鎮大戰略"。因此，理論界就把小城鎮化概括爲城市化的中國模式。在 20 世紀 80 年代以前，中國實行的城鄉分割制度被專家們稱作由政府命令和法律引入實行的自上而下的強制性制度。這一制度是以戶籍制度爲核心和起點，與口糧供給、就業、住房、產權等制度相配套的制度系列。這些制度通過系統內的運行而相

---

[1] 劉君德認爲，市制制度對城市的發展也起著非常關鍵的作用。所謂市制是指城市的管理體制，包括城市的行政組織機構、職能結構、行政管理方式和行政運行機制的總和，是國家政治體制的重要組成部分。劉君德還認爲制度就是生產力，當原有的市制已經出現明顯制約效應並偏要維持現狀，只能延誤城市發展的機遇和窒息城市發展的活力。

互維護、相互強化，影響了中國的城市化進程。在戶籍制度方面：
1951 年頒佈《城市戶口管理暫行條例》，1953 年開始以"勸阻"的
方式限制農村人口流入城市，1957 年發展為禁止農村人口進城，1958
年實施《中華人民共和國戶口登記條例》，以法律形式確立了全國統
一的城鄉分離的戶口登記制度。在人口遷移制度方面：1964 年開始執
行《公安部關於處理戶口遷移的規定（草案）》，1977 年正式頒佈了
這一規定。《公安部關於處理戶口遷移的規定（草案）》完整、明確
地表達了城鄉隔絕的原則：對農村遷往市鎮、農轉非以及從其他市遷
往直轄市嚴加控制；對鎮遷往市、小市遷往大市以及從一般農村遷往
市郊、鎮郊農村適當控制；對從市鎮遷往農村、市遷往鎮、大市遷往
小市，以及同等市之間、鎮之間、農村之間的遷移不予控制。這樣，
人口登記制度轉化為城鄉隔絕制度，經濟要素流動和聚集渠道被人為
地堵塞，從而使城市的聚集效應得不到應有的發揮，進而城市化進程
受阻。在口糧供應制度方面：在 20 世紀 80 年代以前，糧食在我國屬
嚴重短缺的生活必需品，糧食供給實行政府和生產隊兩種壟斷，生產
隊壟斷只向隊裡人口供糧，是自給自足式，政府壟斷只向城市居民供
應，不向非城市戶口的農民（即使入城）供應，糧食供應制度使得沒
有城鎮身份的人口在城鎮無法找到生活的基本依託，因而阻塞了人口
的鄉城遷移通道。在住房供給制度方面：城市居民的住房除極少數繼
承遺產外，絕大部分由所在單位無償提供，農民進城得不到住房，即
使有錢也無處買，因為城市住房是非商品的公有財產，不准買賣，非
城市居民到城市無法找到安身之所，因而又從另外一個角度阻塞了城
鄉人口的遷移。在產權制度方面：農村實行以土地為核心的集體所有
制，所有權、佔有權、使用權、處置權和收益權等統歸於生產隊，雖
然少量自留地的經營權剝離給了農民家庭，但這也絲毫改變不了產權
制度對農民的束縛，因為城市土地等非農生產資料屬於城鎮非農部門

所有，農民離開其生產隊就變得一無所有，無處就業。在就業制度方面：農民只能在生產隊從事集體農業生產勞動，城市用工只招收本市戶口的勞動者。農村就業依賴於土地，城市就業決定於計劃。政府總是企圖在城市實現充分就業而將“剩餘勞動力”滯留於甚至排向農村，同時國家對流動人口實行嚴格限制的管理制度，這些都遏制了城市化進程。

6.2.2　制度安排對城市化進程的作用機制

以羅納德·科斯（Ronald H. Coase）和道格拉斯·諾斯（Douglass C. North）爲代表的新制度學派以大量的歷史和現實爲依據，指出人是在由現實的制度賦予的制度約束中從事社會經濟活動的。制度、天賦要素、技術和偏好是經濟理論的四大基石，其中制度是很重要的。制度安排和制度變遷在城市化中的核心地位主要體現在以下四個方面：①透過有效率地推進農業發展的制度安排促進農業生產效率和農業產出水平的提高，從而使得農業部門在維持本部門再生產的同時產生農業產品剩餘和要素剩餘，爲非農產業和城市化的健康發展提供動力；②透過有效率地推進非農產業發展的制度安排促進國民經濟的工業化和非農化，從而爲吸收農業剩餘創造必要的拉力；③透過有效率的經濟要素流動制度安排，使農業部門的要素流出的推力（在開放經濟中還包括外地過剩要素進入的制度安排）和非農業部門的要素流入的拉力形成集聚的合力；④透過有效地推進城市建設制度安排促進城市基礎設施和城市房地產的開發，以滿足城市非農產業和人口集聚的現實需要和不斷增長的需要。

城市化水平 U 是經濟非農化水平 N 和城鄉經濟要素流動水平的函數，即：

$$U = f(N, M) \text{ 且 } \frac{\partial U}{\partial N} > 0, \ \frac{\partial U}{\partial M} > 0$$

於是可以得到全微分爲：

$$dU = \frac{\partial U}{\partial N} dN + \frac{\partial U}{\partial M} dM > 0$$

城市化相關的制度安排 I 通過影響非農化水平和鄉城經濟要素轉移流動水平，進而影響城市化水平 U，其影響可以表示爲幾種不同情形：制度安排有利於經濟的非農化和城鄉經濟要素轉移流動時，城市發展呈現同步城市化；制度安排不利於非農化但有利於鄉城經濟要素尤其是人口轉移流動時，城市發展呈現過度城市化；制度安排有利於經濟非農化但不利於經濟要素移動時，城市發展呈現停滯後城市化。

根據這個分析邏輯對我國的城市化歷程進行判斷，可以這樣認爲：改革開放前，中國處於集權的計劃經濟的制度環境下，中央政府一方面憑藉行政權力提供強制性的自上而下的制度安排，在使得工業獲得長足發展的同時，卻人爲地抑制了農村要素的流出；另一方面，嚴格限制了城市化發展的要素來源渠道和配置方式，城鄉隔離式的經濟要素流動抑制型制度形成了中國由 "農村－工業" 和 "城市－工業" 兩大封閉運行的系統所構成的 "工業國家、農業社會" 的二元結構，由此形成了抑制城市發展的制度格局。20 世紀 70 年代末期以來，以漸進增量改革爲特色的二元改革改變了純計劃經濟的制度環境，農村推力顯性化，城市也存在結構性拉力，然而要素流動制度供給仍然停滯後於制度需求。這種制度供求的非均衡狀態使城市拉力和農業推力未能形成要素重組與集聚的合力。在此情況下，農業剩餘要素雖然已經從農業中析出，但在很大程度上仍然停滯留於農村，而其餘部分雖然進入城市，但卻因爲制度因素原因而未能深入城市正式運行中。

可見，城市化作爲一種社會結構變遷，其進程不僅體現爲表面的數量增長，更重要的是表現在增長的動力機制或制度安排上。中國城市化水平的低下，主要原因不在於經濟發展或工業化水平的低下，而在於制度影響城市化發展的社會經濟機制。因此，研究中國城市發展問題以及未來城市化進程，不能局限於城市化進程表面的數量增長分析，而應該更多的注意到影響城市化進程的制度安排以及變遷上。

　　制度對城市化進程的影響機制還可以用圖示的方式進行表述。圖6-5 中，YY 線表示低水平城市規模時城鎮總人口的數量，$Y'Y'$ 線表示高水準城市化時城鎮的總人口數量。OD 線表示城市和小城鎮之間具有合理的人口比例關係，這裡稱之為比例關係分割線，表示了在不同城市規模下城市（城鎮）總人口在城市和城鎮之間的分割比例，這是一條比例不變的城市和城鎮人口的分割線，不存在制度約束的情況下，沿著此線發展城市和城鎮規模將按照同比例擴張，即城市的規模擴展時城鎮人口也相應比例的擴大，這時城市人口的擴展是按照經濟規律自發形成的人口城鄉轉移，這樣最終將實現城市規模與人口規模相對稱。但是如果存在制度約束，則會出現城市和城鎮發展速度不相同的情況，並進而會朝向與制度約束嚴格的相反方向發展。在存在二元分割的城鄉體制下，比例關係分割線為 OD'，此時小城鎮人口占城鎮總人口的比重（或數量）為 OA'，城市人口所占比重（或數量）為 OB'，顯然小城鎮的人口數量少而大城市的人口數量多，這種事實與不同規模城市容納人口的能力正好相反。進一步分析，在城鄉要素完全自由流動的體制下，聚集效益或謀求更好的發展機會使人口不斷向城市流動，比例關係分割線 OD' 向上移動，意味著城市人口占城鎮總人口的比例不斷增大。如果制度約束不變而 YY 線外移則表示城鎮總人口增加，城鎮人口和城市人口會同比例的擴張，分別由 OA' 增加到 OC 和由 OB 增加到 OC'。當城鎮總人口增加到 $Y'Y'$ 而城市人口數量不變時，意味著比例關系分割線向反時針方向轉動，即小城鎮人口占城鎮總人口比重相對降低，或城市人口占城鎮總人口比重相對增大。
1984 年以前，雖然農村人口和企業向城市的移動受到政策的限制，但
這些要素向小城鎮移動也同樣受到限制，表現在圖上就是 OD 線仍沿
著原來的軌跡向前發展。這一期間 YY 線向右上方平行移動主要是由
城市和小城鎮人口的機械增長引起的。1984 年以後，要素向城市的流
動依然受到限制，但向小城鎮的移動限制在很大程度上已被打破，加
上 20 世紀 80 年代中期出現較多的農業剩餘人口，從而使 OD 線不斷
沿順時針方向轉動，呈現出小城鎮人口比重不斷增大的發展特徵。當
然，OD″ 仍然是在有偏向的制度設計下所形成的一條彎曲的比例分割
線，其結果當然正好與前文所述相反，小城鎮由於吸納了大量農業富
裕人口而呈現迅猛發展趨勢。

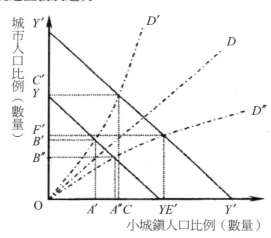

圖 6-5　人口比例關係變化圖

6.2.3　城市化進程中制度績效的經濟學分析

6.2.3.1　城市化進程中的制度約束和貢獻

新制度經濟學認為，制度是影響經濟增長的四個關鍵因素中最重

要的，提供一種有效的個人刺激制度是促進經濟發展的決定性因素，是人們在探求效率的過程中完成自主性制度化的過程[1]。

　　高度集中的計劃經濟運行機制下制度安排及城市化績效：20 世紀 50 年代，我國在經濟基礎薄弱的情況下快速建設和發展國民經濟，提出了用農業和輕工業補貼重工業發展的戰略決策，從而提出了重工業優先快速發展的工業化道路。為了保障這一戰略的有效實施，中央政府不得不強制實行高度集權的計劃經濟運行機制，在這種機制下實行了與之相應的制度安排，包括高度累積、農產品統購統銷以及農村的人民公社制度，從而形成了重工業高投入和經營粗放、城市新增就業機會減少的局面，進一步的結果就是城市建設低投入下的城市化發展停滯後以及城鄉人口流動控制制度和戶口、就業、福利的一體化。工業是政府的 "保護" 和 "輸血" 物件，農業則成為了 "抽血" 和 "犧牲" 的物件。這種重工業優先發展的工業化模式、農村一大二公的人民公社制度、城鄉隔離的二元戶籍管理制度和勞動力計劃配置就業制度對城鄉人口和勞動力遷移形成了巨大的轉移阻礙，嚴重阻礙了中國城市化進程。

　　市場配置資源機制作用下的制度安排及城市化績效：20 世紀 70 年代末 80 年代初的農村改革，使得廣大農村剩餘勞動力顯性化。形成了由農業向非農產業、由農村向城鎮轉移的推力，農民擇業自由度提高，非農產業較高的比較收益也促使了農業勞動力向非農產業大量轉移，城鄉隔離的二元社會經濟結構開始被打破。自發性的農村非農產業發展帶動農村城鎮迅速發展成為中國城市化進程在市場配置資源

---

[1]　青木昌彥認為，制度通常採取自發秩序的形式，如習俗、慣例、文化信念或來自自發秩序的規則，如規範、自我實施合同等為自主性制度化。因為制度化是自主發生的，制度在博弈的外生規則下進行自組織，制度是改變博弈的精心設計的產物。

情況下的一種新模式。實際上這種新的制度安排順應了經濟發展的規律，是經濟發展勢能的一次巨大釋放。這種資源配置方式如果在 20世紀 50 年代推行就不可能迅速發展重工業產業，但高度集中的計劃經濟運行機制以及相關的制度安排實質上是強制性的改變了農業和工業間、農村與城鎮之間經濟發展的正常轉移和交換關係，從而形成了彼此封閉的二元經濟結構。政府憑藉農副產品統購統銷制度維持的價格"剪刀差"強制在不同群體之間進行剩餘產品的轉移，農民喪失了自主經營和按勞取酬的地位，這不但阻礙了城市化進程而且還破壞了產業均衡發展；而城市居民享受著"城市偏向"和"制度利益"。市場配置資源起基礎性作用的條件下的城市化及相關的制度安排主要包括：農村實行的聯產承包責任制、市場機制推進和戶籍制度改革而促成的經濟制度流動要素制度的創新、民營工商業發展環境的改善、城市發展中的收益者付費制度等。

　　制約城市化進程的制度根源：從新中國成立開始，我國城市化進程就一直處於緩慢發展狀態，這其中制度因素所起的作用非常大。①透過戶籍制度對不同的人群進行分類，進而進行分別限制，這阻礙了城市化進程中的要素供給。改革開放後對勞動力的異地流動實行了政策放寬，但出臺了包括收取城市增容費等一系列政策，實際上對農民進城的限制仍然沒有放鬆。②用城市發展"計劃化"替代城市化。突出表現就是片面地將城市化理解爲城市規模的擴大，從而造成了城市規模片面擴大過程中的負面效應。③制度供給存在問題，制度供給取決於制度績效。長期經濟發展過程中採取用農業和輕工業來補貼重工業發展的政策，城市居民享受著"制度利益"，從而使制度創新造成了過多的收益預期縮水。所以政策的實施從來沒有一步到位，而是採取"避重就輕"曲線前進的制度變遷方式，一方面希望城市吸納農業剩餘勞動力，另一方面又希望維護著人口流動的城鄉壁壘，其結果阻礙了城市化發展進程。

6.2.3.2 城市化進程中制度績效的理論分析

關於制度效率的經典解釋：制度經濟學認為制度是人們在趨利避害過程中形成的行為規則，是一種公共物品，是順應人們各種實踐活動目的的手段。制度確立了人們之間利益分配的權利，一種制度確立了在其約束下的利益分配權後，必然導致憑藉其權利而得到的利益數量與種類的不同。享有支配權、控制權的群體必然在利益分配中比被支配者、被控制者佔有優勢，從而得到的利益種類和數量較多。有激勵有效率的制度應該是使每個人的權利和義務都盡可能明確，同時又使勞動和收入盡可能相關和對稱，只有如此才能提供充分、長期且穩定的激勵，從而使人們最大限度地努力從事工作和勞動，同時又有嚴格的約束條件，使人們對自己的行為、決策充分地承擔責任。相反，一個無效率的制度必然是權利和義務邊界模糊的制度，在這種制度下，靠侵權而牟取利益的可能性極大，因而必然損害效率，使激勵趨於最小。制度的效率還表現在個人努力與其報酬的接近程度上，個人努力與報酬越接近，制度激勵作用就越大、越有效；個人努力與報酬越偏離，制度激勵作用就越無效。個人努力與報酬偏離太大，個人不但會失去工作積極性，還會排斥和抵觸這種制度。

制度的效率體現在有資訊傳遞作用。資訊傳遞的範圍、速度、質量和數量表徵著制度效率，由此也成為衡量一個制度先進程度的基本尺度之一。長期穩定並受到強有力的保護的制度有助於形成人們長期預期，從而形成人們的長期行為，否則，將造成人們行為的短期化。制度的功能或作用之一就是為了降低交易費用，制度使人們行為有序、有預期、有激勵導向，從而減少混亂無序，以節約交易費用。在制度變遷中，同樣存在著報酬遞增和自我強化的機制。這種機制使制度變遷一旦走上了某一條路徑，它的既定方向便會在以後的發展中得到自我強化。

諾斯指出：“人們過去做出的選擇決定了他們現在可能的選擇”。沿著既定的路徑，經濟和政治制度的變遷可能進入良性循環的軌道，也可能順著原來的錯誤路徑往下滑，還可能會被鎖定在某種無效率的狀態之下。一旦進入了鎖定狀態，要想從一種無效率的制度中掙脫出來進入有效率的制度會非常困難。諾斯認爲制度變遷過程中存在路徑依賴，其有三種情況：①適應性的自我強化造成制度依賴或路徑依賴，形成制度慣性。在這種情況下，人們不願意去學習、適應新的制度。②既得利益集團強化既定制度的作用，他們會利用手中的權力、資源直接干預或間接遊說以阻礙新制度的推行。③在既定制度之下發育出來的非正式制度的作用，這也強化了原有制度的慣性。當上述力量匯合起來，力量比較強大時，新制度是難以生存的，既定的制度就進入了鎖定狀態，一旦這樣，要想改變既定的制度就非常困難了。

我國城市化的制度變遷：1950－1957 年爲工業化起步的正常發展時期，這期間大量農民進入城鎮和工礦就業，初步推動了我國的城市化進程；1958－1960 年，大躍進時期大辦工業，以鋼爲綱，農村勞動力流向城鎮；1961－1965 年爲逆城市化時期，精簡工業和城市人口，城市化進程進入低谷；1966－1977 年，十年“文革”導致城市化停滯；1978－1983 年，農村體制改革初期城市化進入高漲；1984 年以後城市化進入穩步發展。在中國的城市化進程中，城市化政策在不斷變化，由於制度安排的不同城市發展速度也呈現不同程度的波動（如圖 6-6），20 世紀 50 年代中期，毛澤東根據當時中國工業佈局和城市分佈現狀，提出了正確處理沿海與內地發展的關係，對我國沿海與內地城市佈局作出戰略調整。“一五”時期，城市數量與城市化水平同步增長，同時城市化和工業化發展協調。 "二五" 時期，由於經濟發展的反復和曲折，城市發展也受到波折， "三線建設" 時期以重工業為核心的投資體制，決定了一系列不利於城市化的相關制度安排，同時將沿海城市的許多骨幹企業未經科學論證就紛紛遷往內地，制約了城市發展。 "三五" 到 "五五" 時期是不講城市佈局規律的特殊時期，城市化進程受阻。

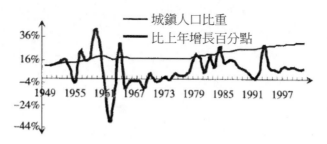

圖 6-6　1949 年以來中國城市化水平變化

　　鄧小平 1978 年重新主持中央工作後，繼承了毛澤東均衡佈局城市思想的合理內核，同時提出了 "兩步走" 制度安排。繼而國家出臺了一系列與非均衡城市佈局思想相關的制度安排，包括：① "以經濟發達的中心城市為中心，以廣大農村為基礎，逐步實行市領導縣體制，使城市和農村結合" ；②支援有經濟能力和技術專長的農民進入集鎮經營工商業和落戶，在一定程度上放開了戶籍制度的限制。20 世紀 90 年代以後，中央政府提出了東中西三大地帶城市協調發展的指導思想，堅持 "區域經濟協調發展，逐步縮小地區之間差距" 的政策，出臺了 "市管縣" 的制度安排，城市的分層更加明顯並且在區域經濟發展中的中心作用逐漸顯示出來。從圖 6-7 可以看出，雖然我國城市化的政策在不斷變化，但就業在城鄉之間分布狀況並沒有明顯的變化，我國城市化過程中的制度約束對城市化進程的損失遠遠大於經濟增長對城市化進程的激勵，制度約束成為城市化進程中的關鍵。

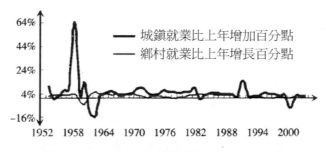

圖 6-7　1949 年以來我國城鄉就業分佈變化

　　城市化進程中制度績效發揮作用的機制可以用如下過程進行理論表述。假設社會存在農業就業選擇和非農業就業選擇兩種極端狀態，根據現有資源，社會在既定制度安排下只能按照一定的社會需求將資源配置在兩種就業選擇狀態下，但是資源配置在市場經濟和計劃經濟兩種不同的制度安排下所得到的制度績效是不同的。圖 6-8 中，C_1、C_2、C_3、C_4、C_5 為五種不同制度績效狀態下就業者在農業和非農產業之間的選擇變化，I_1、I_2、I_3、I_4、I_5 為五種不同的效用水平。在 C_1 時就業者的效用曲線為 I_1，按照市場原則，兩條曲線相切時為最佳選擇，但目前兩條曲線存在 A 和 B 兩個交點，所以無論是在 A 點還是在 B 點均需要通過制度安排的重新調整來實現資源配置強制。如果選擇在 B 點會有較多的勞動力配置在農業產業，但城市化進程就會延緩，這類似於我國計劃經濟時期戶籍約束的制度安排。相反，如果選擇在 A 點則城市化進程就會快一點，但是通過制度安排會損失過多的農業產業效率。為了使得 C_1 與 I_1 相切，只能降低 C_1 水平，即存在一條績效水平更低的曲線與效用曲線 I_1 相切。從而就業者的效用水平表現出下降的彈性，這樣就會存在嚴重的制度損失，經濟發展將向著更加無效率的制度安排進行建設。相反，如果制度安排獲得釋放，由 C_1 上升到 C_2 或 C_3，這時會有更高的效用水平 I_2 和 I_3 與之相切，如圖中的 D 點和 E 點，這時就不會存在制度損失，制度演進過程就會朝向更有效率的制度安排建設。當然 C 曲線變換過程中會出現 C_4 和 C_5 的情況，這時就會出現 I_4 和 I_5 效用曲線與之相切，這時兩種狀態就出現了產業間的非均衡發展。C_4 時過分發展了農業產業而非農產業沒有得到相應發展，C_5 時恰恰相反，這時雖然不存在制度損失，但造成了市場配置資源時的產業損失，應該介入較多的政府干預，使得制度安排有一定的計劃性。筆者認為，計劃經濟時期基於低水平城市化上的制度安排類似於 C_1 或 C_4，制度與城市化進程之間的惡性約束導致城市化進程很慢，所以形成惡性結果的路徑依賴；市場配置資源的機制在很大程度上克服了非良性的制度安排所形成的對城市化進程的束縛，其情形類似於 C_2 或 C_3。

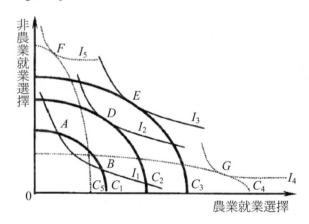

圖 6-8　制度績效分析示意圖

　　所以，人類在城市與農村等不同的聚居方式選擇的過程實際上就是一種制度設計的選擇。從新制度經濟學角度看，城市化進程中的城市是由農村演變而來但又不同於農村的人口聚居及其活動方式的制度安排。從人類聚居形式的發展歷史看，以村落形式為特徵的農村是人類自發形式的傳統社區聚居方式，其以農業為基礎產業、以個體勞動為基本生活方式，以血緣關係為樞紐的相對封閉分散的聚居制度。近

現代城市是在商品經濟條件下，以非農產業為基本產業、以有組織的
集體勞動為主要形式，以業緣關系為樞紐的開放、集中的聚居制度。
人類社會的城市化過程就是人類聚居制度安排由前一種形式逐漸向後
一種形式轉變的過程。但是城市化過程不僅僅表現為城市人口的表面
增長，而且是體現為一種影響及其深刻的社會變遷過程。可以簡單認
為，城市化過程是一個農業人口轉化為非農業人口、農村地域轉化為
城市地域、農業活動轉化為非農業活動、農村價值觀念轉變為非農村
價值觀念、農村生活方式轉化為城市生活方式的多景觀層面的綜合轉
換過程[1]。這一深刻的轉型主要表現在兩個方面：其一是制度轉軌
（Institutional Transition），即從高度集中的計劃經濟體制向市場經濟
體制的轉軌，其二是結構轉軌（Structural Transition），即從農業的、
封閉的傳統社會向工業的、開放的現代社會轉軌。

　　當今普遍認為城市化是 20 世紀、21 世紀最顯著的社會經濟現象
之一，關於城市化的動力機制問題有很多學者從諸多方面進行了探
索。其中一個方面就是以制度安排為基礎的產業結構轉換和經濟要素
流動導致城市化的論述，發展機理可以從圖 6-9 得到說明。城市化作
為伴隨社會經濟增長和結構變遷的一種經濟現象，其效率與制度設計
緊密相關。如果缺乏有效率的社會制度或者是提供不利於生產要素重
新聚集的制度安排，即使發生了要素流動或者產業結構轉換，也不能
導致城市化正常發展。

---

[1]　劉傳江. 中國城市化的制度安排與創新 [M]. 武漢：武漢大學出版社，1999.

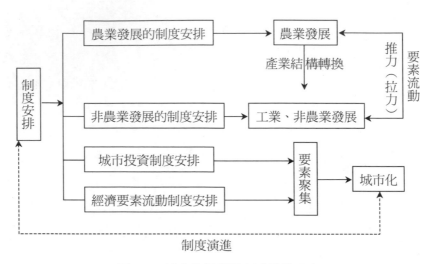

圖 6-9　城市化過程及制度演進示意

6.3　城市化進程的農村剩餘勞動力轉移影響

　　農業剩餘勞動力轉移問題與隱性失業有很大關聯，傳統經濟理論對失業問題已經闡述頗多，其中一個重要的分類就是隱性失業和顯性失業。顯性失業憑人的主觀感覺就可以體會出，重要的是體會隱性失業，當經濟人意識到隱性失業給自己造成的經濟損失時就會出現人力資源在不同地區和不同行業之間的重新配置，進而就會出現行業（部門）進入者與行業（部門）在位者之間的就業競爭。按照發展經濟學的經典解釋，所謂隱性失業就是勞動力邊際生產率（MPPL）為零的就業狀態，這部分勞動力對農業產出沒有形成實際貢獻，如果將這部分勞動力從農業轉移出去，不會減少農業部門的總產出；但是當這些勞動力滯留在農業部門內部時，表面上仍然在田間勞作，然而事實上失業卻已經被隱蔽起來了，這部分勞動力就是農業部門的剩餘勞動力。

如圖 6-10，顯示了生產要素之間相互替代效率的情況，圖中表示的是生產要素的一個最佳組合區域，Q、Q_1 和 Q_2 是三條水平不同的等產量線，位於 OI 和 OM 兩條線之間的生產區域才是最佳的生產要素組合區域。這個區域之外的等產量線部分所對應的生產區域都存在著生產要素的負替代性，即用土地或勞動力中間的任何一個去替代另一個都是沒有效率的，這意味著在土地數量為常數時，如果勞動力投入進一步增加，會使得增加投入的部分勞動力變得多餘；在勞動力為常數時，土地增加投入會出現相同的情況。所以研究生產要素的再配置在生產過程中的效率就成為集約生產方式和粗放生產方式的重要分界，從圖中可以看出，自 A 點向右的任何勞動力增加都是多餘的（自 D 點向左也一樣）。那麼，勞動力在不同產業及不同地域間遷移就成為必然。

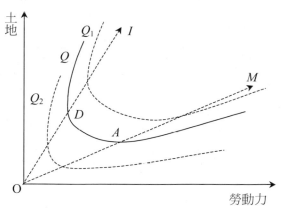

圖 6-10　農業剩餘與剩餘勞動力示意

勞動力遷移對城市化的影響可以從美國 1860－1920 年間人口遷移與城市規模成長之間的數量關係（如表 6-1）得到說明，這期間是美國向城市化社會轉變的關鍵時期，這時期出現了美國歷史上的移民高峰。其間美國城市人口在總人口中的比重由 19.8%增長到 51.2%，

這時入境的外來移民達到 2895 萬，占歷史上在冊移民總數的 48.6%，
這些移民中絕大多數流入城市，到 1920 年已占美國城市人口的
62%。顯然，外來移民作爲美國城市化進程中的一個主要方面，其流
向對區域性城市化水平、城市功能、產業結構和文化構成等方面產生
了較大的影響。

表 6-1　1890 年外來移民在 20 萬人口以上的城市中的比重統計

名稱	總人口（萬）	移民（%）	名稱	總人口（萬）	移民（%）
紐約	250.74	81	辛辛那提	29.90	70
芝加哥	109.98	78	克利夫蘭	26.13	77
費城	104.69	55	布法羅	25.56	76
聖路易	45.17	70	新奧爾良	24.20	42
波士頓	44.84	69	華盛頓	23.03	20
巴爾的摩	43.44	41	底特律	20.58	78
匹茲堡	34.39	70	密爾沃基	20.44	88
舊金山	29.89	78	紐瓦克	18.18	66

資料來源：王旭，黃柯可.城市社會的變遷：中美城市化及其比較 [M]. 北
京：中國社會科學出版社，1998.

　　農業現代化與城市化之間存在著緊密的關係。城市人口的增長與
農業人口的減少是一個問題的兩個方面，這一點從日本近百年來 10
萬人口以上的城市人口同農業就業人口各自占總人口的比率的對照就
可以得到說明（如圖 6-11）。

　　分析新中國成立以來城市化過程中的人口結構可以發現，城市人
口的自然增長對城市發展的影響程度越來越小，而人口遷移對城市化
進程的影響卻起著越來越重要的作用。如圖 6-12，在 1949－2003 年
的曲線圖上，城市人口自然增長除了 1960 年出現過較大規模的負增
長外，其他年份基本呈現緩慢下降趨勢。在我國城市化水平逐漸提高
的情況下，這一事實說明人口的機械增長對城市的擴展起著決定性的

作用，所以，人口遷移在未來城市的發展中將越來越重要。

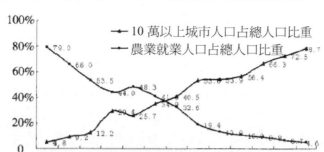

圖 6-11 1880 年以來城市人口比重與農業就業人口比重變化

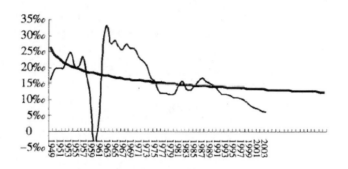

圖 6-12 新中國成立以來城市人口的自然增長

　　國際經驗顯示，人口流遷首先具有規律性：人口由低工資水平地區向高工資水平地區流遷。列寧在研究 19 世紀下半葉俄國的人口遷移時發現：農業移入地區的工資水平較高，而移出地區的工資水平較低，俄國資本主義生產關係最發達的兩個主要區域吸引了大量工人。這兩個區域就是農業資本主義區域（南部與東部邊疆地區）與工業資本主義區域（首都省與工業省）。人口外移區域的中部各農業省的工資是最低的；在人口移入的區域，各種工作的工資都增高了。人口移入最多（工資最高）的區域與人口移入最少（和工資最低）的區域之間的中間區域表現出工人相互代替的現象。其次是人口梯級遷移，即貧困地區向中等發達地區移動。這種梯級是：貧困地區人口→中等發達地區人口→發達地區人口。中等發達地區工人移出的數目過多，以致移出的地區發生工人不足的情況，因而從更"低廉"的省份吸收外來工人。再次是人口遷移的選擇性。人口遷移是有選擇的，但並不是所有人都有同等概率的機會進入這種選擇。遷移的選擇性是指具有某種特徵的人或居住在某種環境的人會比一般的人更容易遷移。人口流遷的選擇性表現在年齡（如表 6-2）、性別、文化程度、職業、經濟地位、家庭結構和婚姻狀況等方面。最後是人口遷移在不同經濟發展階段採取不同形式。人口學家澤林斯基 1971 年在他的《流動轉移的前提》一文中指出：在近代歷史上，人們在時間-空間內流動性的增長具有一定的規律性，這些規律性構成了現代化過程的基本組成部分。他描述了人口流動的五個階段：第一階段是存在著居民流動性和自然增長率都很低的工業化前的、傳統的階段。第二階段是早期轉變時期，在這一階段生育率突然增長，同時伴隨大規模的人口從農村向城市遷移。第三階段是轉變後期，其特徵是人口增長率下降，存在著人口從農村向城市與從農村向農村的遷移。在這一階段，居住循環的形式也增多了，尤其是城市之間的遷移。第四階段是先進的工業社會階段，在這一階段人口自然增長率達到穩定，人口從農村向城市與從農村向農村的遷移進一步減少。第五階段是高度現代化的社會，在這一階段由於交通的發展，工作地點與居住地的距離變得更近一些。澤林斯基的上述觀點被稱之為人口遷移轉變論，它證明了不同的經濟發展階段會有不同的人口遷移形式（如表 6-3）。

表 6-2　不同類型地區分年齡遷移率

單位：‰

年齡組（歲）	特大城市	大城市	中等城市	小城市	鎮
0～4	18.67	12.69	19.25	34.78	65.26
5～9	23.68	13.18	24.11	36.66	88.97
10～14	29.14	42.95	31.02	56.19	89.58
15～19	70.18	60.18	52.51	77.23	115.61
20～24	55.97	123.60	91.37	111.34	109.52
25～29	27.89	40.56	40.57	72.19	76.48
30～34	23.31	29.97	27.99	44.54	70.40
35～39	21.76	27.52	24.53	45.57	64.17
40～44	18.56	23.08	19.65	45.16	54.21
45～49	11.78	16.92	13.35	42.32	30.95
50～54	7.65	11.67	13.96	7.22	26.05
55～59	11.66	8.18	10.61	10.66	36.05
60～64	13.22	39.13	10.90	10.93	22.39
65 以上	13.77	18.42	10.73	13.60	32.82
平均	27.77	43.87	34.54	53.34	72.80

資料來源：馬俠. 中國城鎮人口遷移 [M]. 北京：中國人口出版社，1994.

表 6-3　亞洲人口遷移流向的國際比較

國家和地區	年份	農村－農村遷移比	農村－城鎮遷移比	城鎮－城鎮遷移比	城鎮－農村遷移比
韓國	1970 年	14.7	42.2	34.2	8.9
	1980 年	7.3	33.2	50.6	8.9
泰國	1965－1970 年	71.6	12.0	10.2	6.2
	1975－1980 年	56.0	15.4	18.5	10.1
巴基斯坦	1981 年	43.1	44.5	9.1	3.3
印度	1966－1970 年	33.0	27.0	30.0	10.0

6.3.1　不同勞動力市場對城市化進程的影響方式

市場經濟中存在著兩種不同類型的勞動力市場，它們是指城市勞動力群體和鄉村勞動力群體。中國的勞動力資源無論是城市還是農村都非常豐富，經濟改革以來，城鄉之間的經濟聯繫越來越密切，兩個勞動力群體在獲得就業機會、增加勞動報酬等方面展開了競爭。從理論上來講，城鄉之間勞動力的作用主要是通過以下機制來進行的。

產品市場間接競爭。經濟體制改革以前，城鎮勞動力在城市區域從事工業品生產，農村勞動力在農村區域進行農產品生產。兩類勞動力在產品生產問題上不存在交叉，彼此所需要的生產資料與生活資料由國家集中通過物資、商業部門調撥完成。經濟體制改革以後，農村勞動力有了用工自主權，從而可以有更多的機會從事非農產品的生產和經營。通過鄉鎮企業，農村勞動力生產出工業品，這些產品與城鎮勞動力生產的同類產品一起進入了商品市場。由於鄉鎮企業產品成本低，具有價格優勢，因此對城市勞動力所生產的同類產品形成了挑戰，相對擠佔了城市勞動力所生產工業品的市場份額。這樣農村勞動力獲得了更多的就業機會，農業勞動力過剩的狀況也得到舒緩，另外，城市區域對勞動力需求儘管總體上在增加，但某些行業的產品已經在相當程度上被鄉鎮企業所替代，這些行業的城鎮勞動力群體在就業問題上面臨嚴峻的競爭。

勞動要素市場直接競爭。在城鄉勞動力就業的相互關係中，勞動要素市場直接競爭是與產品市場間接競爭完全不同的一種機制。它是在市場程度相對發達、地區分割不斷弱化的情況下，兩類勞動力群體通過跨地區流動，在勞動力市場上直接的就業競爭。在經濟欠發達地區的農村勞動力在當地不具備發展鄉鎮企業實現勞動力就地轉移的條件下，其通過農民民工團體進行跨區域流動，從而進入城市區域獲得就業機會。這些流動的勞動力以地緣、血緣等人際關係爲樞紐，在農村勞動力流動過程中，勞動力的流向、規模以及其信用關係的維持在很大程度上受到傳統社會人際關係的影響。跨區域流動的人口主體是農村勞動力，在他們沒有獲得持久、穩定收入的情況下不會放棄土地，所以外出打工的時間與規模必然受到農業生產季節性的制約。勞動要素市場的直接競爭在城市就業出現嚴峻形勢時易於誘發城市就業壁壘，20 世紀 90 年代初期，由於國有企業職工下崗等因素的影響，城市就業形勢嚴峻。這時進城的農村勞動力在商業、飲食等服務行業對城鎮勞動力構成一定的影響，部分城市開始清退農民工，出現爲城市下崗職工提供就業機會的狀況。

　　我國勞動力的兩類群體正是通過如上所述的相互作用機制，通過勞動力在城鄉之間的配置影響著城市化進程，圖 6-13 可以表示出兩類勞動力群體之間的競爭－互補－滲透過程。圖中用圓形區域 *U* 與 *R* 分別代表城市和農村，不同的陰影代表不同類型的勞動力，圖中的箭頭表示勞動力從一個區域向另外一個區域遷移滲透的方向。計劃經濟時期，中國城鄉被戶籍制度嚴格隔絕，城鄉之間的主要聯繫是在中央政府控制下的農產品和工業品調撥，勞動力在農村或者城市就業完全是政府行政命令的結果，城鄉勞動力就業方面在地域以及產業分佈上是幾乎不相干，這時兩個區域是完全沒有聯繫的孤立存在著的（如圖 6-13a）。改革初期到 20 世紀 90 年代以前，城鄉勞動力之間的聯繫發生了深刻的變化，逐漸鬆動了勞動力就業在鄉城之間的自主選擇機制，主要表現就是城市區域的大門已經在很大程度上對農村勞動力敞開，這時由於長時期的制度偏好使得城市相對於鄉村有更多的就業機會和更多的比較利益，因此大批民工陸續進城並在城市區域流動就業。城市中的正規部門和非正規部門分別爲兩類勞動力提供就業機會，城市勞動力與農村勞動力在就業中具有了明顯的互補關係，但勞動力的這種流動方向主要表現為農村向城市的流動而不是反過來，所以圖中的箭頭方向是從農村指向城市的單方向的勞動力轉移（如圖 6-13b）。與農民工進城相對應，20 世紀 90 年代後期，我國出現部分城鎮勞動力到農村區域進行農業產業化投資或從事經營活動，顯示出我國城鄉勞動力在就業中的對流趨勢，這實際上說明了隨著經濟市場化程度的提高，兩類勞動力群體不再相互獨立，而是"你中有我，我中有你"。儘管這種情況在勞動力流動中不占主導，但可以從一定程度上反映出勞動力市場發展的一體化傾向，圖中的箭頭方向表現為既有從城市指向農村的也有從農村指向城市的，在區域上表現為兩個類型的勞動力在對方的區域空間內的面積不斷擴大（如圖 6-13c）。圖 6-13d 說明的是我國城市化進程的未來階段，這時城鄉的經濟發展水平已經沒有太大的差異，勞動力在不同區域的流動完全沒有制度上的限制，按照經濟學規律配置勞動力資源的機制已經完全形成，這時勞動力在兩個區域上的分佈差別只是空間上的差別，勞動力在不同區域就業只是出於產業選擇的目的而無更多的收益差別，圖中用完全相同的圖案表示了兩個區域。

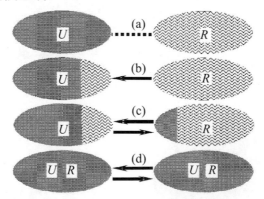

圖 6-13　城鄉勞動力在不同區域間的滲透過程

6.3.2 剩餘勞動力轉移的經濟學解釋

當前農村勞動力就業經濟行爲的選擇基本上還是以家庭經濟利益最大化爲首要目標。農村勞動力在是否外出就業的選擇時，首先考慮的是能否實現家庭收入的最大化，其次才考慮勞動者個人收入的最大化，當然在很多情況下勞動者個人收入最大化與家庭收入最大化是統一的。作爲經濟人，農戶的行爲目標是追求利潤的最大化，在有外出就業機會的情況下，農戶家庭會最大限度地利用現有家庭勞動力資源並且達到整個農戶家庭中各種就業狀態的勞動力的邊際收益相等，所以農民打工的不同收入水平對農民就業決策有著明顯的影響。在圖 6-14、圖 6-15 和圖 6-16 中橫軸表示勞動力的數量，縱軸表示純收入，OF 表示農戶具有的勞動力數量，$MR_{當地}$ 和 $AR_{當地}$ 分別爲在當地就業的勞動力的邊際收益和平均收益，$MR_{外出}$ 和 $AR_{外出}$ 分別爲外出就業勞動力的邊際收益和平均收益，邊際收益和平均收益的遞減符合生產者行爲理論的邊際產量、平均產量和總產量變化的一般規律，TR 爲當地就業勞動者的總收益（圖中曲線的繪製過程由於缺乏大量的資料支援，所以曲線只表示量的變化趨勢，不表示絕對數量關係），其隨著勞動力投入量的增加而增加。根據假設，外出勞動力市場完全競爭，故 $MR_{外出} = AR_{外出}$，在勞動力總量增加的過程中，本地就業以及外地就業的勞動者的總收入都在增加，但是變化過程中表現出的關係卻不同。下面通過分析 $MR_{當地}$、$MR_{外出}$、$AR_{當地}$、$AR_{外出}$ 之間的關係對農村剩餘勞動力本地或外出的就業行爲進行選擇分析，分幾種情況對問題展開論述。

當 $MR_{外出線} = AR_{外出線}$ 且整體位於 $AR_{當地線}$ 和 $MR_{當地線}$ 以上時（圖6-14-1），這時不但外出就業勞動力的平均收益大於當地勞動者，而且邊際收益也表現出相同的情況，二者之間的差就是外地就業相對本地就業所多獲得的收益，這時理性的農村剩餘勞動力會選擇外出就業而不選擇本地就業。改革開放之初,隨著異地就業政策的調整加以不同區域的經濟發展水平的巨大差異,這個差值很大,所以一度出現異地就業的高潮。從圖 6-14 上很容易看出在勞動力供給增加的整個過程中對於全部勞動力而言外出就業的收益水平會大於當地就業的收益水平,所以農業剩餘勞動力會選擇外出就業。當 $MR_{外出} \neq AR_{外出}$ 時,但 $MR_{外出線}$ 與 $AR_{外出線}$ 仍然位於 $MR_{當地線}$ 與 $AR_{當地線}$ 以上時(圖 6-14-2),結論與圖 6-14-1 結論相同。

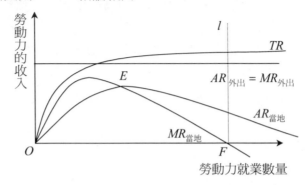

圖 6-14-1　農業剩餘勞動力轉移示意圖

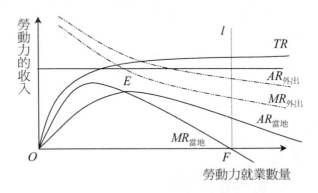

圖 6-14-2　農業剩餘勞動力轉移示意圖

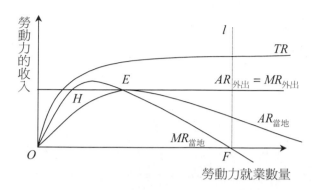

圖 6-15-1　農業剩餘勞動力轉移示意圖

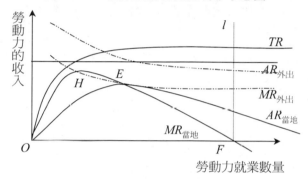

圖 6-15-2　農業剩餘勞動力轉移示意圖

當 $MR_{外出線}$ = $AR_{外出線}$ 與 $AR_{當地線}$ 相切，這時有一部分 $MR_{當地線}$ 位於 $MR_{外出線}$ 以上，$MR_{當地線}$ 位於 $MR_{外出線}$ 以上的部分表示相同投入的情況下當地就業會更容易一些，這時雖然部分外出就業的邊際收益會小於本地就業的邊際收益，但絕大部分外出就業的邊際收益會大於當地就業的邊際收益，且外出就業的平均收益大於等於當地就業的平均收益。從圖 6-15 中可以看到，在 E 點以左的勞動力在當地就業可能收益更容易一些，但是在 E 點以右的勞動力在外出就業就會顯示出更多的優勢，因而 E 點成爲外出就業與本地就業的分界點，E 點以左選擇當地就業，E 點以右選擇外出就業，但從長期比較看，理性的勞動者會從長遠考慮從而選擇外出就業。當 $MR_{外出} \neq AR_{外出}$ 外出時，但 $MR_{外出線}$ 與 $AR_{當地線}$ 相切，這時選擇當地就業的勞動力可能較完全競爭狀態下的當地就業勞動力數量較少，但 E 點以右的勞動力則選擇外出擇業。圖 6-15-2 討論結果與圖 6-15-1 結論相同。

　　當 $MR_{外出線} = AR_{外出線}$ 與 $AR_{當地線}$ 和 $MR_{當地線}$ 分別相交於 S、R 和 H 點（如圖 6-16-1）。這時由於當地就業與外出就業在 MR 和 AR 上存在著很大的差別，所以勞動者在外出就業與當地就業機會上就會作出進一步選擇，進一步分析，勞動者在 H 以左、HR、RS 以及 S 以右的不同區間上會做出不同的選擇：在 H 點以左由於 $MR_{外地} \geq MR_{當地}$ 且 $AR_{外地} \geq AR_{當地}$，所以就業者會選擇外地就業；在 HR 之間，$MR_{外地} \leq MR_{當地}$ 且 $AR_{外地} \leq AR_{當地}$，就業者會發現外出就業不如當地就業賺錢容易；在 RS 之間，$MR_{外地} \leq MR_{當地}$ 而 $AR_{外地} \geq AR_{當地}$，雖然外出就業在邊際收益上不如當地就業，但外出就業的平均收益卻比當地就業要高，所以理性的勞動者從長遠考慮會選擇外出就業；在 S 點以右，就業者的選擇與 H 點以左的情況相似。所以從增加就業數量的角度考慮，只有到了 R 點右邊時才會發現外出就業比當地就業賺錢容易，於是會有部分勞動者選擇 R 點作為外出與本地就業的分界點。但是從圖中可以發現，在 R 點時雖然在賺錢的難易程度上有所表示但在總收益上 RS 之間的就業仍然是當地就業的總收益大於外出就業的總收益，所以外出與本地就業的分界點是 S 點而不是 R 點，如果選擇在 R 點從圖 6-16-1 中可以看出就業者會有 RQ 的就業損失，所以 R 處的理性就業者會選擇回鄉的就業選擇。當 $MR_{外出} \neq AR_{外出}$ 外出時，如圖 6-16-2，這時不考慮 $AR_{外出}$ 線的位置，$AR_{當地}$ 線和 $MR_{當地}$ 線的交點與圖 6-16-1 相同，討論結果也相同。

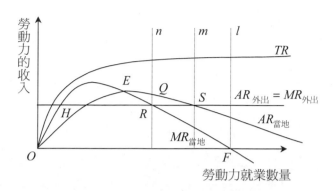

圖 6-16-1　農業剩餘勞動力轉移示意圖

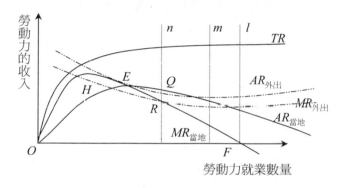

圖 6-16-2　農業剩餘勞動力轉移示意圖

　　統計資料顯示，1978 年以來城鄉收入差距不是在縮小而是在加大，圖 6-17 顯示了 1978－2004 年間城鄉居民人均收入的變化，曲線的發展趨勢表明城鄉居民收入差距正在加速。城鄉居民間的巨大收入差距使得非城鎮居民增加了到城市就業的預期收益，這會在更大程度上促進農村人口的鄉城遷移。

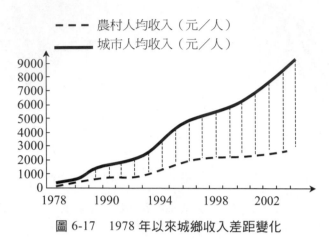

圖 6-17　1978 年以來城鄉收入差距變化

　　但經濟發展狀況顯示農業剩餘勞動力並不能完全消化在城市的非農產業，這可以用產業結構偏離度指標進行說明，產業結構偏離度的計算方法如下：

$$R_i \frac{Y_i/Y}{L_i/L}$$

　　根據如上計算方法對 1952－2002 年的產業結構偏離度的計算如表 6-4。計算結果顯示：①中國歷年第一產業結構偏離度為負值，且偏離零值的幅度越來越大，這說明農業 GDP 的比重下降幅度大於農業就業比重下降幅度，大量的農村剩餘勞動力滯留於農村未能轉移出來，城市化進程中農業剩餘勞動力轉移到非農產業的壓力很大；②中國第二產業結構偏離度為正值且大於 1 說明中國工業 GDP 的比重增幅大大高於工業就業人口比重增幅，技術替代勞動力的趨勢非常明顯；③中國第三產業結構偏離度為正值且越來越小說明第三產業的產業結構與就業結構正在趨向於協調化，第三產業向農業剩餘勞動力提供就業機會是發展趨勢，但由於第三產業本身的發展速度比較緩慢且發展水平較低，因而創造的就業機會有限。

表 6-4　1952－2002 年產業結構偏離度指標

年份	產值比重			從業比重			產業結構偏離度		
	第一產業	第二產業	第三產業	第一產業	第二產業	第三產業	第一產業	第二產業	第三產業
1952	0.5050	0.2088	0.2862	0.8354	0.0739	0.0907	−0.3955	1.8275	2.1535
1954	0.4563	0.2464	0.2972	0.8314	0.0862	0.0824	−0.4511	1.8589	2.6068
1957	0.4026	0.2968	0.3006	0.8126	0.0901	0.0976	−0.5045	2.2926	2.0783
1960	0.2338	0.4449	0.3213	0.6575	0.1589	0.1836	−0.6444	1.8000	0.7497
1963	0.4034	0.3305	0.2661	0.8246	0.0765	0.0989	−0.5108	3.3201	1.6894
1966	0.3759	0.3798	0.2443	0.8152	0.0872	0.0976	−0.5389	3.3540	1.5036
1969	0.3799	0.3556	0.2645	0.8162	0.0912	0.0926	−0.5345	2.8992	1.8552
1972	0.3286	0.4306	0.2409	0.7888	0.1193	0.0919	−0.5835	2.6102	1.6208
1975	0.3240	0.4572	0.2188	0.7717	0.1350	0.0933	−0.5802	2.3874	1.3454
1978	0.3120	0.5347	0.2636	0.7053	0.1730	0.1218	−0.5576	2.0911	1.1651
1981	0.3180	0.4641	0.3295	0.6741	0.1814	0.1344	−0.5282	1.5584	1.4523
1984	0.3185	0.4309	0.2456	0.6405	0.1990	0.1606	−0.5027	1.1658	0.5294
1987	0.2680	0.4393	0.2933	0.5999	0.2222	0.1780	−0.5532	0.9774	0.6482
1990	0.2698	0.4150	0.3126	0.6013	0.2136	0.1851	−0.5514	0.9422	0.6891
1993	0.1991	0.4754	0.3277	0.5640	0.2240	0.2120	−0.6469	1.1221	0.5455
1996	0.2071	0.5028	0.3056	0.5050	0.2350	0.2600	−0.5899	1.1396	0.1753
1999	0.1798	0.5026	0.3362	0.5677	0.2237	0.2084	−0.6833	1.2464	0.6134
2002	0.1881	0.5047	0.3244	0.5604	0.2273	0.2121	−0.6643	1.2204	0.5298

資料來源：根據《中國統計年鑒》的數據資料計算。

6.3.3　剩餘勞動力轉移條件的均衡理論分析

論證剩餘勞動力轉移的條件可以通過多個側面進行，本書採用均衡理論分析方法和貼現期望值方法分別論述。爲通過均衡分析導出農業剩餘勞動力轉移的條件，本書採用傳統的兩部門分析方法。假定土地數量不變、技術水平不變，人口具有持續增長的性質，在土地收益遞減規律的作用下，人平均收入不斷降低，最後就降低到生存費用水平上，農業產業中分析出的勞動力需要在農業產業之外尋找成本以獲得更高收益的途徑，以便在維持其基本生存之外還可以獲得一定水平的剩餘累積。

如圖 6-18 所示，橫軸爲人口數量，縱軸爲總產出，圖中的直線 l 表示最低生存費用下的總產出曲線，其斜率爲最低生存費用，曲線爲一般的總產出曲線，其上各點的曲線的斜率爲勞動力的邊際產出。通過該圖可以說明農業剩餘勞動力向城市遷移並不是無休止進行的，其基本前提條件就是勞動力的邊際生產力要高於居民的最低生活費用，這個最低生活費用也是農業剩餘勞動力從農業產業進入非農產業的基本預期，該點也就是勞動者在不同產業間轉移與不轉移的決策點，即勞動者轉移的均衡條件。當其遷移所得不能補償最低生活需求時就不會有遷移動因，因而城市化進程就不能實現。該曲線上有兩個邊際產出的特殊點，A 點的切線與直線 l 平行，這時二者斜率相等，所以在 A 點的勞動邊際產出等於居民的最低生活費用。B 點的切線與橫軸平行，其斜率爲 0，說明該點的勞動邊際產出爲 0。還有一個特殊點 C，是直線 l 與曲線的交點，在 C 點左側，曲線高於直線，說明總產出水平可以使人平均收入高於最低生活費用；C 點右側表示總產出低於人平均生活費用，所以 C 點表示人平均生活費用的低水平均衡點，這時的人口規模就是經濟體所能供養的最大人口規模。所以整個曲線過程表現出以下規律：OL_1 爲勞動邊際產出大於最低生存費用，邊際產出處於上升階段，所以勞動力的增加不但可以提高總產出而且可以提高平均產出；L_1L_2 表示邊際產出低於人平均生存費用，這時雖然還可以使得總產出提高但人平均產出已經在下降，在 B 點的時候邊際產出爲 0；L_2L_3 的勞動力的邊際產出爲負並繼續降低，總產出減少，人平均產出也繼續下降，在 C 點時是勞動所創造的總產出與基本生存所需要的產出水平相同，這時的產出水平不能再降低，因爲這是勞動所創造的最低水平的產出。這個分析過程顯示：由於邊際生產率遞減規律的作用，傳統部門中存在剩餘勞動力。圖中表現爲 L_1L_3 之間由於勞動者的邊際收益下降甚至爲負數，所以剩餘勞動力會滯留在農業產業中，從而存在勞動力剩餘。要實現經濟的增長，就必須打破低水平的均衡，把過剩的勞動力轉移出去。

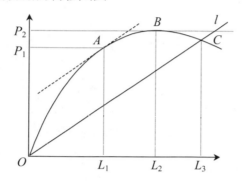

圖 6-18　農業剩餘勞動力轉移的條件

　　以上分析過程沒有包含技術進步的要素，但技術進步是農業生產水平提高不可或缺的因素。現在如果剔除技術水平不變的假定，並且假定在技術水平提高的情況下居民的最低消費水平不變，即最低消費相對於技術提高缺乏彈性。於是總生產曲線就會移動到虛線的位置，兩條曲線相比較，可以發現 A' 點比 A 點會更朝前一些，即技術水平提高的情況下達到最低消費水平所需要的勞動力數量會更少一些。C' 點在 C 點的右上角顯示技術水平提高的情況下可以有更多的產品滿足居民的最低生活需求。從圖 6-19 上可以看到 $L_1'L_3' > L_1L_3$，其差額 $L_1'L_1 + L_3L_3'$ 就是進步狀態下所創造出的更多的勞動者剩餘，這部分剩餘勞動力與 L_1L_3 一樣具有從傳統部門轉移出來的需求。由此可以看出，在技術進步而其他條件不變的情況下勞動者就業均衡點是提前而不是落後了，同時由於人平均最低生活費用點的右移，導致有更多的農業剩餘人口不能融入非農產業，可以得出結論：該過程不但沒有促進反而延緩了城市化進程。

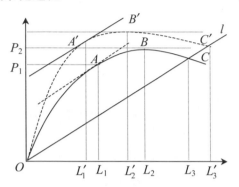

圖 6-19　農業剩餘勞動力轉移條件

考慮勞動力轉移的條件單獨從生活費用的最低需求角度還是不完善的，筆者認為就業歧視也是一個應該考慮的重要因素，存在就業歧視條件下的二元勞動力市場的勞動力轉移均衡可以用圖 6-20 來說明。圖中橫軸 L 表示勞動力的需求量，縱軸 W 表示工資率。在城鄉分隔的二元勞動力市場下，城市戶口勞動力的供給曲線為 S_c，農村剩餘勞動力的供給曲線為 BN，不存在城鄉就業分割時農村的勞動力供給曲線為 $B'N'$。將 S_c 和 BN 兩個勞動力供給曲線橫向疊加得到整個勞動力市場的勞動力供給曲線 $S(BMP)$，這時的均衡工資水平為 W，均衡就業水平為 L。在沒有二元勞動力市場約束條件下城鄉勞動力市場的供給曲線即 S_c 和 $B'N'$ 疊加後的總供給曲線為 $S'(B'M'S')$，均衡工資率為 W'，均衡就業率為 L'。C_1 為 S_c 高出 BN 的部分，可以理解為二元勞動力市場造成的勞動力價格歧視差額，C_2 為 BN 高出 $B'N'$ 的部分，可以理解為城鄉勞動力市場分割狀態下農村勞動力進入就業市場的成本即勞動力進入成本。從圖中可以看出，在不存在城鄉就業歧視情況下的就業水平高於存在歧視情況下的就業水平，即 $L' > L$，雖然

$W > W'$，即歧視狀態下的工資水平稍高，但這需要以就業水平下降（相當於 $L' - L$ 的部分）且農業勞動力需要付出高額的身份轉換成本 C_2，並且在 C_2 之外還存在 C_1，這個工資歧視也成爲農村勞動力進入就業市場的成本。從圖中可以看到，在某一個就業水平如 LC_1 時，城市戶口的工資水平要高出農村戶籍的居民，並且城市戶口的居民只有在高出一定工資水平時（圖中的 A 點以上）才有就業，而在這一工資水平時農村戶口的勞動力就業水平已經達到 L_{C1}。在這種情況下，只有 "身份轉換" 的總收益遠遠大於 "身份轉換" 過程中的付出時，農業勞動力鄉城轉移才能成爲現實。

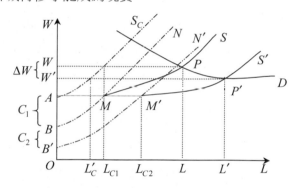

圖 6-20　農業剩餘勞動力轉移的條件

6.3.4　農戶行為方向的農村經濟政策影響

6.3.4.1　市場約束、利益約束與政策損失

經濟政策的頒佈與執行實際上是一個博弈過程，這個過程中容易形成遠期發展與即期發展之間的矛盾。政府政策施行，往往是根據經濟發展趨勢作出的一種抉擇，但是農民天然的 "經濟現實性" 不會以即期收入水平的降低而配合政策的實施，農戶不但注重遠期利益的增加，而且更加注重即期利益的增加，在對同一事物的認識上農戶與政

府之間存在偏差，這樣的偏差會導致政策的頒佈與政策實施之間的資訊阻礙。

政府－市場行為約束分析：農村實行家庭聯產承包責任制以來，農戶擁有了部分經營權和決策權。農戶的經濟預期以及與此相對應的經濟決策不可避免地和政府的宏觀經濟政策發生直接或間接的關係。圖 6-21 顯示了政府的定量收購與農戶預期供給行為的關係。假設農民的實際產出量為 q，政府規定農民必須交售數量為 q_g，圖中 m_c 代表了農戶的邊際成本，p_m 和 p_g 分別代表了市場價格和政府的收購價格。價格為 p_g 時，根據 $MC = MR$ 原則，農戶願意供給 $q_g{}'$ 的數量。但此時政府所要收購的數量是 q_g，為了完成政府的任務，農民可以有三種選擇：①生產 $q_g{}'$ 的數量，通過市場去購買交售不足的差額 $(q_g - q_g{}')$，一併售給政府。該種情況下農民遭受 $aedb$ 的損失。②生產 q_g 的數量售給政府，該種情況下農民遭受 edf 的淨損失。③生產 q 量的產品，q_g 售給政府，$q - q_g$ 在市場上以市場價格出售，該種情況下農民會由於交售給政府 q_g 量而遭受 edf 的損失，但在市場上出售 $(q_g - q_g{}')$ 量產品可獲得 bdc 的利潤，這樣可補償或部分補償交售給政府所遭受的損失。

在上述三種情況下，前兩種會由於農戶承擔較大的損失而會造成程度較大的政策損失，即這兩種情況下如果政府給農戶制定較大的糧食數量供給強制則會促使農戶逆向行為發生[1]。唯獨第三種情況可以保障政策的有效性，因為農戶可以以部分市場收益置換農戶損失，存在

---

[1] 關於這一點，斯特凡娜‧索西嘻認為：考慮到契約是不完全的，並且假設契約當事人可能利用該特徵而採取機會主義行為，契約關係就應該是成本最小化過程的結果。更準確地說，該過程是下面兩方面之間的權衡：一方面，當事人的意願能夠被契約所包含；另一方面，當事人的意願能夠適應那些沒有被預期到的收益。

風險轉嫁機制，所以政策實施的有效性相對較高。由此可以看出政府
政策之所以有效或者無效，判斷的方法很簡單，那就是有沒有讓農民
得到實惠，第三種情況之所以政策有效，是因為農民的預期收益大於
預期損失。

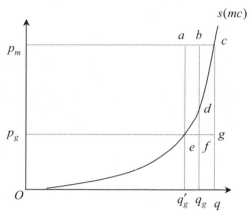

圖 6-21　不同價格水平下的農戶選擇

　　農戶－利益價格約束：農戶的利益關係是透過價格關係來表現
的。農業生產過程中糧食的供給基本處於完全競爭市場狀況下，即農
戶可以根據自己對市場的收益預期按照收益與投入對等原則作出市場
選擇：①價格上升時，生產者有選擇維持或增加生產的自由。按照均
衡價格理論，農戶為了增加收益，價格上升會刺激均衡產量的增加，
但是產量的增加意味著農業生產成本的增加，由於農產品缺乏彈性，
這會使得生產者產生農業收入的負面預期，農戶的生產行為取決於如
上兩種預期的較量，所以農戶具有選擇市場的充分自由。②價格降低
時，一方面可以刺激需求的增加，另一方面可以弱化供給，但農戶對
於收益具有下降的剛性，這時生產者為賺得與價格較高時相同的利
益，被迫不減甚至增加生產。

　　綜合以上兩個方面得出：農戶對價格降低的反應高於價格上升的

反應。爲了更加清楚地說明此問題，這裡筆者將農戶分爲商業農戶和自給農戶兩種類型，其中商業農戶的農產品主要是面對市場的，即主要提供商品性農產品，而自給農戶的產品主要用於自主消費。商業農戶和自給農戶潛在的表現爲兩種不同行爲方式。商業農戶表現爲：當農產品價格上漲時，農戶按生產者一般的行爲模式，即增加農業投入和擴大農業生產，所以農產品的供給相對富有彈性，即由於價格的上升能夠導致農產品供給量有一個較大幅度的增長；當價格下跌時，則農戶往往採取一種逆價格反應，即很少消減甚至擴大農業投入和增加農業產出以便不減少商業農戶自身的收益水平，所以商業農戶的產品供給對價格上升的反應強於對價格下降的反應程度。自給農戶表現爲：當農產品價格開始上漲時，農戶一般傾向於增加投入和擴大產出，但當價格上升到一定程度時，由於自給農戶不存在規模經濟和範圍經濟，價格的提高往往不僅不能相應或進一步刺激農戶的投入與產出，甚至會導致投入下降從而供給減少，供給高度無彈性（或者是負彈性）；當價格下降時，由於自給農戶農業經營的非商業性使其會儘量減少產品供給，供給高度有彈性，所以自給農戶的產品供給對價格下降的反應強於對價格上升的反應。

　　商業農戶和自給農戶存在著上述兩種形式的"逆價格反應"，從農業生產物質增長的角度看，由於商業農戶和自給農戶以不同程度背離了生產者的一般行爲方式，因此在純粹依託市場機制條件下，農業生產將導致農業經濟增長的兩種傾向：即當商業農戶占主導時，由於價格下降時的總供給高度無彈性，因而農業將始終處於一種增長狀態中，最終農產品的供給增加持續超過需求，即使低價格也不會抑制農業供給；當自給農戶占主體時，由於價格上升到一定程度後總供給轉向無彈性或負彈性，因而農業的增長將趨緩，最後農產品供給增加長期落後於需求。前一種狀況代表了社會主義市場經濟條件下農業發展格局，後一種情況表現了傳統經濟狀態下農業發展格局，兩種格局都充分說明了價格失靈，即單純依靠價格因素來調節農業生產已經無法達成政策預期，必須發掘價格政策以外的手段來解決農業發展中的癥結。如上分析顯示，由於價格約束使得農戶在過多考慮自身收益預期的情況下使得政府政策全部或者部分失效，或者說政策激勵沒有達成預期目標，即政府預期與農戶的預期存在不對稱，這種不對稱造成農戶的即期收益與政策的遠期發展產生了衝突，衝突的結果造成社會效益的無謂損失。

6.3.4.2　強制性政策與農戶配合效果

農業經營本身存在諸多局限性，包括產業本身的自然依賴性、農業的弱質性、分散生產和低檔次重覆性等特點，它們導致了農業對非農產業的弱競爭力性。但正是由於農業產業的這些弱勢也導致了該產業的最大特點——農戶具有很強的現實性，即儘量減少沒有收益或者收益可能性很小的投資，所以農戶會將有限的累積投資於最有把握的經營上。隨著經濟體制改革的深入，農業正在由傳統經濟過渡到市場經濟，但是傳統經濟給農業的影響還會在很長一段時間記憶體在，這就是政策對農業發展的客觀強制以及農戶對政府的天然畏懼感。所謂農戶對政府的畏懼感就是政策對農戶的單方面強制：政策推出的假設是政策一定正確，農戶必須執行，農戶只能是既定政策的接受者，如果農戶指出這種政策的不適宜則政策本身會施以強制，不接受這種政策則只能造成自身的收益損失（如罰款）。政策的強制性能夠促使政策的推行，但損害了其有效性。畏懼感驅使農戶執行政策，政策的強制性損害了農戶的切身利益，政策的被動執行損害了政策的有效性。農戶採取"被動配合"的原因在於以往政策執行的經驗累積：其一，在市場經濟以前我國一直是計劃經濟運行機制，下級生產的目標不是為了經濟增長，而是單一的為了完成上級下達的計劃，基層的生產實際最高層決策者並不瞭解，往往計劃的執行過程就是損害農戶利益的過程；其二，政策的執行過程也就是政府信譽的承認過程，由於我國市場經濟的很多方面還有待於完善，經濟運行的市場風險很大，有可能在某些情況下政策主體沒有履行承諾，農業經營風險很大，其生產決策過程往往是根據上一個經營周期結果的預測，因此，政策的履約風險當然會加大農戶的不配合。

6.3.4.3　不確定的產品預期與政策效率

事實顯示，在執行政策時農戶會出現不同程度的逆向反應。政策執行的過程就是市場細分和預期收益比較的過程，有限的農業資源是農戶賴以生存的基礎，在資訊不對稱情況下，如果以政策強制農戶進行農業結構調整，即在農戶缺乏市場信息的情況下，讓農民拿確定收入換取不確定收入，當然政策執行的阻力就會很大。

如圖 6-22 所示，c 曲線表示成本是政策實施程度的減函數，此圖中 c 具有雙重含義，一方面是政府成本，即政府為推行一項新政策而必須承擔的實施費用；另一方面是農戶成本，從理論上看，在還沒有實際收益時，農戶成本的節約等價於政府成本的增加，即替代農戶少投入的只能是政府的多投入，政策實施力度越大說明農戶的參與性和支援性越強，農戶的潛在收入預期越大，農戶對政策實施的配合程度越強，可以更大程度上以未來收益抵補前期投入，所以成本是政策實施程度的減函數，即農戶的預期收益越大則政府政策的實施力度越強。r 曲線表示收益是政策實施程度的增函數，c_1 是強制政策指令農戶接受時的農戶成本。從圖上可以看到，開始時政策是無效的，隨著雙方妥協，農戶成本逐漸減小（政府成本逐漸增大），政策才開始出現正效果，在完全競爭市場條件下，c 曲線與 r 曲線在 b 位置均衡，該點也是農戶收益與政策實施有效性的市場均衡點，在這個均衡位置時農戶受到的損失最小，但是政府成本達到最大，所以雙方在相互妥協的情況下絕對不會均衡於 b 位置，即政府絕對不會願意承擔推出新政策的全部成本，而是均衡於 c_1 和 c_3 之間的 c_2，這時農戶成本爲 ebf，政府成本爲 $aefd$，而 r 曲線也由原來的向右上方傾斜的曲線變爲 $dfebg$ 這樣一條拐折線。由此得出，農戶履行政策總是以一定的成本負擔爲代價的，這就使得政策的實施遇到了很大的阻礙，只有當 c 繼續下降到農戶擔負的成本小於其預期收益時，政策實施的有效性才可以有足夠的保障。所以政策的有效性與農戶的可接受性之間並不矛盾，只有農戶可以接受的政策才是有效的，同時也才是能夠實現經濟增長的，否則，政策的實施過程就是阻礙過程。政策實施過程往往會打折扣，打折扣的過程就是農戶與政府的一個潛在的討價還價過程，這個過程的結果是政策損失和農戶收益損失，是雙虧的結果而不是雙贏的結果。

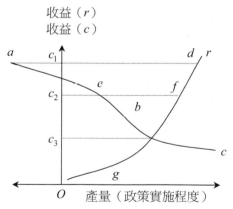

圖 6-22　政策實施的有效性

6.3.5 農戶經濟行為的動態蛛網理論分析

在西方經濟學中，用供求來分析農產品價格與產量波動趨勢的理論是動態蛛網理論，由於農業生產有自己的特殊性：農戶家庭經營規模小、農戶對生產規律不十分熟悉、多數農民文化水平低、缺少類型預期知識等，用動態蛛網理論來分析農產品價格與產量的波動具有一定的現實意義。動態蛛網理論的假定：①本期產品價格由上期產量和本期需求決定，本期產品價格決定下期產量；②產品生產是完全競爭市場。在這兩個假定的條件下，可以得出如下的數學方程：

市場供需模型：

$$Q_t^D = \alpha - \beta P_t; Q_t^s = -\gamma + \delta P_{t-1}; Q_t^D = Q_t^S$$

將上面的公式聯立得到差分方程：

$$\beta P_t + \delta P_{t-1} = \alpha + \gamma$$

解此差分方程：

$$P_t = \left(P_0 - \frac{\alpha + \gamma}{\beta + \delta} \right) \left(-\frac{\delta}{\beta} \right)^t + \frac{\alpha + \gamma}{\beta + \delta}$$

在上面的方程中，Q 表示供給或需求的數量，D 表示需求，S 表示供給，t 表示生產周期。α、β、γ、δ 都是常數，唯有 $(-\delta / \beta)^t$ 隨時間 t 的變動而改變，動態蛛網理論根據 β 與 δ 的比值判斷產品的供給彈性和需求彈性之間的關係，進而確定產品價格與產量的波動趨勢：①當 $\beta > \delta$（即供給彈性小於需求彈性 $E_S < Ed$）從而 $\delta / \beta < 1$ 時，均衡被打破後，隨著時間的延續，P_t 以越來越小的幅度圍繞著均衡值 $(\alpha + \gamma)/(\beta / \delta)$ 波動，產品價格與產量的波動會逐漸減弱，並且向均衡值靠近，形成一個向內收縮的蛛網，最終自動恢復價格與產量的平衡；②當 $\beta < \delta$（即供給彈性大於需求彈性時 $E_S > Ed$）從而 $\delta / \beta > 1$ 時，均衡被打破後，隨著時間的延續，P_t 以越來越大的幅度圍繞著均衡值波動，產品價格與產量的波動會逐漸加劇，形成一個向外擴張的蛛網，從而不能夠自動恢復平衡。

如果農戶從事農業生產，且生產同種產品的農戶數量極多，同種產品在效用上又無多大差別，這會使農產品供給接近於完全競爭市場。在這種市場條件下，單個農戶供給量的增減不影響市場總供給，也影響不了市場價格。因此，單個農戶是市場價格的被動接收者，只能根據市場價格調整自己的產量，而不能通過供給的變動來影響價格，農業生產的物件是生物，生物有自己的生長發育周期，生產計劃付諸實施後，不到下一生產周期不能改變，本期的價格不能影響本期的產量，只能影響下期的產量，本期價格是由上期產量和本期需求來決定的。這說明現階段的農產品生產特點和農產品市場特點符合動態蛛網理論的假設條件，可以用動態蛛網理論來分析農產品價格與產量的內在趨勢。動態蛛網理論以供給彈性和需求彈性分析爲基礎。需求彈性是指在其他條件相同的情況下，需求量對產品白身價格變動的反映程度。爲了保證"其他條件相等"這一基本條件存在，這裡以一個生產周期所需的時間長度爲限來分析農產品的供給（或需求）彈性，因而只考察由農產品自身價格變動引起的農產品供給量（或需求量）的變動。不同種類的農產品的生產機械化程度和專業化程度有很大的差別，轉產的難易程度也有很大的差別，爲此確定了如卜判定農產品供給彈性大小的標準：①轉產的難易程度。在一個新的農產品生產周期開始時，轉產容易者彈性較大，轉產困難者彈性較小。②滿足需要的類別和替代品的情況。就食物需要來說，可以分爲基本需要和非基本需要兩類，滿足基本需要的農產品需求彈性小，滿足非基本需要的農產品需求彈性大。由於受到人平均農業資源數量的約束和傳統消費習慣的影響，在一個較長時期內，糧食將屬於滿足基本需要的產品類別，副食品類將不屬於滿足基本需要的產品類別。在主要根據農產品滿足需要類別判斷其需求彈性大小的基礎上，同時考慮農產品滿足需要上的替代情況。在某農產品自身價格以外其他一切因素都相等的情況下，如果該農產品的替代品種多、可替代性強、替代數量充足，那麼該農產品的需求彈性就大；反之就小。

肉類、禽蛋類畜產品產量與價格相互作用趨勢：①目前牛羊肉的生產主要利用公共放牧地和作物稽稈，利用公共放牧地和作物稽稈進行飼養可以減少飼養過程中的成本費用消耗，雖然草地資源和作物稽稈有數量上的限制，但是存在充分利用稽稈和草地的利益驅動，所以因牛羊肉價格的波動而引起的飼養量的波動一般會小於牛羊肉價格的波動，也就是市場價格的波動會導致牛羊肉供給量較小的變化，最終結果是牛羊肉的供給彈性較小（E_S 較小）。②在豬肉生產當中，土地已經不再起生產工具的作用，只起生產場地的作用，雖然機械化生產轉產困難，但是豬肉生產主要靠農戶家庭生產，飼養生豬的成本費用較大，市場價格的波動會導致飼養生豬成本費用的提高，進而會導致豬肉供給量較大的變化，因而豬肉的供給彈性較大（E_S 較大）。③雞肉、雞蛋的生產在土地利用方式上與豬肉生產相類似，但是我國大中城市及小城鎮的雞肉、雞蛋的供給主要由使用機械設備、具有一定規模的養雞場提供，轉產已經不容易，當市場價格波動時雞蛋、雞肉的供給量並不會發生較大的變化，所以雞肉、雞蛋供給彈性較小（E_S 較小）。從需求來看，肉類、禽蛋不屬於滿足基本需要的產品類別，對大多數居民來說，在這兩大類產品中不僅每一類產品可以相互替代，而且不同類別之間也可以相互替代，這樣使得它們的需求彈性遠比供給彈性大，因而它們屬於蛛網理論中的穩定條件（$E_S < Ed$），供求均衡遭到破壞後容易自動恢復平衡。所以從一個長時期來看，價格不會對肉類和蛋類產品產量產生大幅度的變動。

糧食價格與產量相互作用趨勢：糧食屬於大田作物，對耕地肥力、農藝技術都要求不高，生產糧食一般都使用通用農具和手工工具，在一個新的種植業生產周期開始時轉產較容易，所以供給彈性較大。糧食作爲農產品的一個大類，包括許多糧種，可以大體上分爲主要糧種和非主要糧種，非主要糧種雖然供給彈性較大，但主要用於調劑主食，需求彈性更大。所以總的市場作用結果是供給彈性小於需求彈性（ $E_S < Ed$ ），價格與產量的波動符合動態蛛網理論的穩定性條件，均衡遭到破壞後能自動恢復平衡。

　　綜合以上分析，農戶的收益水平決定其在農業產業和非農產業之間進行選擇，但由於農業生產過程中的資源約束和不同農業部門的生產性質不同，從而造成農業勞動力從農業產業退出的程度也不同。根據前文分析，牛羊肉、雞肉以及糧食生產部門的 $E_S < Ed$ ，而豬肉的 $E_S > Ed$ ，在市場自發狀態下分別會形成縮小或放大的蛛網，在短時期內，牛羊肉、雞肉以及糧食生產部門在勞動力的析出和吸納方面不會產生較大的波動，所以如果已經有較多的勞動力從這些部門析出到非農產業，即使產品價格出現了一定幅度的波動，也不會出現較大幅度的勞動力回流。而豬肉部門則會出現相反的情況，由於其供給彈性較大，所以收益的波動會帶來勞動力的同向波動，該部門的就業人口會在農業產業與非農產業之間出現較大的變化。農業產業中的從業人員結構細分顯示，農業中經營不同行業的農民對城市化進程的勞動力貢獻不同。

6.3.6　城市化進程中土地資源利用方式決策

　　特定地域上對於經濟發展所需要的土地供給總是有限的，城市發展過程中土地的供給更是這樣。土地作爲生產要素之一是一種稀缺的自然資源，其稀缺性就在於它無法同時滿足社會經濟發展的所有需要，而城市發展過程就是使農業地域空間轉化爲城市地域空間的過程，如果這個過程是完全通過政府行爲完成的（我國實質上是這樣），則沒有必要討論土地利用模式的權衡問題。但本書考慮問題的前提是市場機制，一塊土地是否能夠轉化爲城市空間需要土地佔有者在農業作業與非農業作業之間權衡。所以，生產者在對既定的土地資源進行行爲決策的本質就是進行農業經營與非農業經營收益的比較，這個比較過程影響到城市的發展軌跡。

如果假設土地的用途僅僅局限於農業用地和城市用地兩種用途，兩種用途的收益比較影響著農村地域向城市地域的變遷，假設使用範圍內的土地資源總量爲 Q，土地總量 Q 分別被用於農業用途和城市用途的（簡稱農用地和城用地）數量分別爲 Q_1 和 Q_2，不同經營時所獲得的淨收益分別爲 $NR_{農地}$ 和 $NR_{城地}$，邊際淨收益分別爲 MR_1 和 MR_2，平均收益分別爲 AR_1 和 AR_2。根據經濟學中的生產要素的邊際報酬遞減法則，在土地資源還沒有實現充分利用的條件下，如果土地資源可以在兩種用途之間無障礙轉換，則可以通過資源在不同用途之間的數量配置實現邊際收益遞增，這時要素投入總是趨向於邊際收益增加的方向，以便使得資源利用效率最優從而直線總收益最大，爲了說明農用地和城用地的資源配置均衡結果實現過程，本書將兩種用途土地的 MR_1、MR_2、AR_1、AR_2 放在同一個座標圖上來考察。分別用曲線表示遞增（遞減）的農用地和城用地的邊際收益和平均收益水平，這樣兩個部門根據各自的收益水平所確定的資源使用數量的變化過程及均衡態就可以在座標平面內清楚地表示出來。根據均衡的原理，當且僅當 $MR_1 = MR_2$ 時，農用地和城用地的淨收益之和才能達到最大。在這裡首先考慮最簡單的情形，假設 AR_1 和 AR_2 的交點 E' 正好位於 MR_1 與 MR_2 交點 E 的正上方，這時土地資源在兩種用途之間的配置方式可以用圖 6-23 表示，在圖中 E 點表示土地資源配置的均衡點。這時農用地的利用數量爲 Q_1，城用地的利用數量爲 $Q - Q_1$，於是土地的使用量在 $MR_1 = MR_2$ 邊際收益相等時達到了充分利用。如果土地資源是充裕

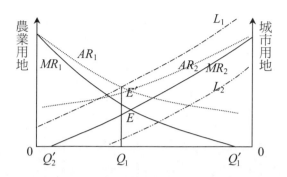

圖 6-23　MR_1 固定時的土地配置

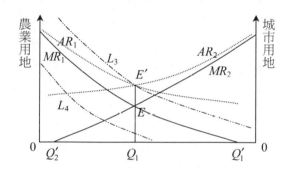

圖 6-24　MR_2 固定時的土地配置

的，則兩種方式的土地利用就不會局限於當前水平，而需要投入量增加到邊際收益爲 0 時爲止。按照這樣的經濟規則，$MR_1 = 0$ 和 $MR_2 = 0$ 所確定的最優農用地和城用地數量分別爲 Q_1' 和 Q_2'，很顯然 $Q < Q_1' + Q_2'$，這時既定土地資源無論對於農用地而言還是對於城用地而言都是不夠用的，在稀缺性規律的作用下，土地利用不能達到 Q_1、Q_2 的位置，農用地和城用地的均衡分配點在 $Q_1(2Q_1 < Q_1' + Q_2')$ 的位置：在 MR_1 既定條件下，如果分配點在 Q_1 之左，則農用地的邊際收益大於現有的城用地的邊際收益，所以 MR_1 會與一個水平更高的 MR_2 相交，如圖中的曲線 L_1；如果分配點在 Q_1 之右，則農用地的邊際收益小於現有的城用地的邊際收益，所以 MR_1 會與一個水平更低的 MR_2 相

交，如圖中的曲線 L_2。既定土地資源在農用地和城用地之間作業數量選擇的同時也就決定了農業和非農業勞動力數量的配置，進而決定了農業剩餘勞動力向非農業轉變的程度，從而影響了區域城市化進程。相反（如圖 6-24），假定 MR_2 既定，如果分配點在 Q_1 之左，則城用地的邊際收益小於現有的農用地的邊際收益，所以 MR_2 會與一個水平更低的 MR_1 相交，如圖中的曲線 L_4；如果分配點在 Q_1 之右，則城用地的邊際收益大於現有的農用地的邊際收益，所以 MR_2 會與一個水平更高的 MR_1 相交，如圖中的曲線 L_3，這個機制從相反的方向決定了農業剩餘勞動力向非農業轉變的程度，從而反方向地影響了區域城市化進程。所以土地資源在農業用途與非農業用途之間的配置與兩種用途的邊際淨收益有關係，邊際淨收益的變化會引起土地資源在不同用途之間（是農村地域還是城市地域）配置數量的變化。

上面只是考慮了 E 和 E' 點正好處在同一條垂直線上的情形，但是在更多情況下 E 和 E' 不在同一條垂直線上，如圖 6-25（E'' 點在 E 點右上方）和圖 6-26（E'' 點在 E 點左上方）。這時考慮問題的出發點就會與前面有所不同。如果不同用途土地的配置數量仍然按照 $MR_1 = MR_2$ 的原則，則問題的結論與前面相同。但往往是經濟人所追求的不一定是邊際收益最大，有時平均收益最大也是需要考慮的，如果是按照這樣的思路考慮問題，則結論就會發生很大變化。圖 6-25 中，由於農用地平均收益遞減的速度很慢而城用地平均收益遞減的速度很快，導致 E'' 點所對應的 Q_1' 較 E 點所對應的 Q_1 更有利於農業的發展（雖然這時城用地的邊際收益遠遠高與農用地的邊際收益，在數量上等於 MR_1 與 MR_2 在 Q_1' E'' 線上截得的線段），這時土地資源的結構傾向於向農業用地方向配置，區域向城市方向轉變的阻力增大，不利於城市化進程。相反，在圖 6-26 中，由於農用地平均收益遞減的速度很快而城用地平均收益遞減的速度很慢，導致 E'' 點所對應的 Q_1' 較 E

點所對應的 Q_1 更有利於城市的發展（雖然這時農用地的邊際收益遠遠高於城用地的邊際收益，在數量上等於 MR_1 與 MR_2 在 Q_1' E'' 線上截得的線段），這時土地資源的結構傾向於向城市用地方向配置，區域向農用地方向轉變的阻力增大，有利於城市化進程。

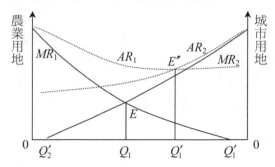

圖 6-25 有利於城地發展土地資源配置

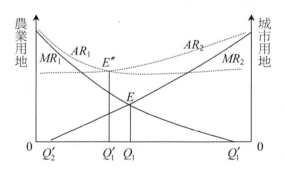

圖 6-26 有利於農地發展的土地資源配置

以上兩種情況是在 E 與 E'' 不在同一條垂直線上的時候發生的，分析顯示，無論是有利於城市化進程還是不利於城市化進程，其間都存在這樣一個問題：土地資源按照 AR 原則配置和按照 MR 原則配置都會出現資源實際使用方式與其按經濟規律導致的理論配置方式不對稱的情形，這本質上是以資源的高浪費為代價的、非理性的資源使用方式，以不對稱的方式促進了農用地和城用地資源使用數量，但這種配置方式並不可取。所以完全按照經濟行為人自己的感覺來確定資源使用結構進而影響城市化進程的方式必須借助外力來進行干預，這個外力就是來自政府的社會抉擇。所以，既定的土地資源最終配置在何種用途上有時並不完全是土地經營者私人的事情，如上考慮的兩種情形只限於土地使用狀況的私人決策，隨著社會進步程度的提高，既定資源稀缺程度更甚，這時社會參與資源配置的可能性更大，社會的參與也在很大程度上決定了土地的農用或非農用的行為。土地資源用途的定位在私人獲得一定收益程度的同時還需要滿足社會收益足夠高的要求，也就是說，當土地利用的個人決策已經嚴重衝擊了社會發展的總方向時，社會力量就要參與到土地資源用途的配置過程中來。由此可以得出結論，如果土地資源配製私人最優決策與社會最優決策不相一致的時候，就會產生土地資源私人利用與社會利用之間的矛盾，從而會在不同程度上影響農業勞動力向非農業的轉化進程。

假設影響土地資源用途配置方式的勞動力數量、資金供給數量、技術進步狀態等的限制都不存在。對私人決策方面影響土地資源配置的主要因素是土地產品的價格、生產成本和轉換成本。對於土地產品的價格，假定農產品市場和非農產品市場都是完全競爭市場，因此對私人決策而言土地產品價格曲線是一條平行於橫軸的直線，土地產品價格的變化會引起邊際淨收益曲線的上下移動，進而引起土地資源用途配置數量的變化。這個問題可以用圖 6-27 來進行說明，在圖 6-27 中，靜態均衡條件下由農用地和城用地的私人邊際淨收益 MR_{P1} 和 MR_{P2} 所確定的均衡點為 E_P，這時各自能夠配置的使用數量均為 Q1。但是在存在價格波動的條件下如果農產品的價格上漲，使得 MR_{P1} 變化為 MR'_{P1}，農用地經營在有更大收益的情況下，均衡點相應的由 E_P 變為 E_{p1}，即農業邊際淨收益的增加使得農戶有增加土地經營數量的趨勢，從而農用地數量增加導致城用地使用數量減小；相反，如果非農產品價格上漲，使得 MR_{P2} 變化爲 MR'_{P2}，則農用地數量減少，均衡點由 E_P 變爲 E_{p2}，即城用地收益的增加有使農用地經營數量減少的趨勢，所以農用地數量與農用地呈同向變動，而與城用地收益呈反向關係。但是無論曲線怎樣變動，最好的情況是 E'' 點和 E' 點在同一垂直線上的情形達到土地資源使用的最佳配置。土地資源在農用地與城用地之間的這種動態配置過程影響著城市化進程的狀態。

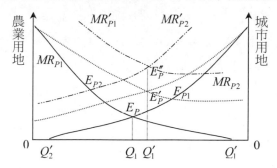

圖 6-27　土地收益水平與其配置的私人決策

前文論及，土地資源用途的決策過程不僅僅是私人的意願，更多時候要介入社會（政府）參與，所以考察土地資源的配置方式需要引入社會參數。在介入社會因素時分析過程較前面的單純私人決策機制複雜，需要將前面的 MR_1 和 MR_2 更爲詳細地區分爲社會（S）和私人（P）兩個方面，各種情況下的邊際收益可以分別記爲：MR_{S1}（農用地社會邊際收益）、MR_{S2}（城用地社會邊際收益）、MR_{P1}（農用地私人邊際收益）、MR_{P2}（城用地私人邊際收益）、AR_{P1}（農用地私人平均收益）、AR_{P2}（城用地私人平均收益）、AR_{S1}（農用地社會平均收益）、AR_{S2}（城用地社會平均收益）。按照排列組合的規則分別會出現以下幾種狀態：$MR_{S1} = MR_{P1}$ 情況下，$MR_{S2} > MR_{P2}$ 或 $MR_{S2} < MR_{P2}$；$MR_{S2} = MR_{P2}$ 情況下，$MR_{S1} > MR_{P1}$ 或 $MR_{S1} < MR_{P1}$；$MR_{S1} > MR_{P1}$ 情況下，$MR_{S2} < MR_{P2}$ 或 $MR_{S2} > MR_{P2}$；$MR_{S1} < MR_{P1}$ 情

況下 $MR_{S2} > MR_{P2}$ 或 $MR_{S2} < MR_{P2}$ ；$MR_{S1} = MR_{P1}$，$MR_{S2} = MR_{P2}$，每種情況下分別考慮 AR_{P1}、AR_{P2}、AR_{S1}、AR_{S2} 相互影響下的 9 種情形（ $AR_{P1} > AR_{P2}$ ， $AR_{S1} > AR_{S2}$ ；$AR_{P1} = AR_{P2}$ ， $AR_{S1} > AR_{S2}$ ；$AR_{P1} > AR_{P2}$ ， $AR_{S1} < AR_{S2}$ ； $AR_{P1} = AR_{P2}$ ， $AR_{S1} > AR_{S2}$ ；$AR_{P1} = AR_{P2}$ ， $AR_{S1} = AR_{S2}$ ； $AR_{P1} = AR_{P2}$ ， $AR_{S1} < AR_{S2}$ ；$AR_{P1} < AR_{P2}$ ， $AR_{S1} > AR_{S2}$ ； $AR_{P1} < AR_{P2}$ ， $AR_{S1} = AR_{S2}$ ；$AR_{P1} < AR_{P2}$，$AR_{S1} < AR_{S2}$ ）共有 81 種情形，在以上 81 種情況下由於農業或非農業用地的私人或社會邊際收益效率不同，進而會分別作出土地資源在不同方向上的數量配置，從而會分別從不同程度上影響農業勞動力的轉化程度和方向。各種情形的土地資源配置方式及其對城市化進程的影響如表 6-5-1、表 6-5-2、表 6-5-3。

表 6-5-1　外部性存在狀態下 $MR_{S1} = MR_{P1}$ 時
土地利用決策對城市化的影響

$MR_{S1}, MR_{P1}, AR_{S1}, AR_{P1}, AR_{S2}, AR_{P2}, MR_{S2}, MR_{P2}$ 關係	AR 正力	MR 正力	正向調整指標	動力
$AR_{S1} = AR_{P1}$; $AR_{S2} > AR_{P2}$; $MR_{S1} = MR_{P1}$; $MR_{S2} > MR_{P2}$	AR_{S2}	MR_{S2}	$MR_{P2}AR_{P2}$	社會
$AR_{S1} = AR_{P1}$; $AR_{S2} > AR_{P2}$; $MR_{S1} = MR_{P1}$; $MR_{S2} < MR_{P2}$	AR_{S2}	MR_{P2}	$MR_{S2}AR_{P2}$	雙向
$AR_{S1} = AR_{P1}$; $AR_{S2} > AR_{P2}$; $MR_{S1} = MR_{P1}$; $MR_{S2} = MR_{P2}$	AR_{S2}	無	AR_{P2}	社會
$AR_{S1} = AR_{P1}$; $AR_{S2} < AR_{P2}$; $MR_{S1} = MR_{P1}$; $MR_{S2} > MR_{P2}$	AR_{P2}	MR_{S2}	$MR_{P2}AR_{S2}$	雙向
$AR_{S1} = AR_{P1}$; $AR_{S2} < AR_{P2}$; $MR_{S1} = MR_{P1}$; $MR_{S2} < MR_{P2}$	AR_{P2}	MR_{P2}	$MR_{S2}AR_{S2}$	私人
$AR_{S1} = AR_{P1}$; $AR_{S2} < AR_{P2}$; $MR_{S1} = MR_{P1}$; $MR_{S2} = MR_{P2}$	AR_{P2}	無	AR_{S2}	私人
$AR_{S1} = AR_{P1}$; $AR_{S2} = AR_{P2}$; $MR_{S1} = MR_{P1}$; $MR_{S2} > MR_{P2}$	無	MR_{S2}	MR_{P2}	社會
$AR_{S1} = AR_{P1}$; $AR_{S2} = AR_{P2}$; $MR_{S1} = MR_{P1}$; $MR_{S2} < MR_{P2}$	無	MR_{P2}	MR_{S2}	私人
$AR_{S1} = AR_{P1}$; $AR_{S2} = AR_{P2}$; $MR_{S1} = MR_{P1}$; $MR_{S2} = MR_{P2}$	無	無	無	無
$AR_{S1} > AR_{P1}$; $AR_{S2} > AR_{P2}$; $MR_{S1} = MR_{P1}$; $MR_{S2} > MR_{P2}$	$AR_{S2}AR_{S2}$	MR_{S2}	$AR_{P1}AR_{P2}MR_{P2}$	社會
$AR_{S1} > AR_{P1}$; $AR_{S2} > AR_{P2}$; $MR_{S1} = MR_{P1}$; $MR_{S2} < MR_{P2}$	$AR_{S1}AR_{S2}$	MR_{P2}	$AR_{P1}AR_{P2}MR_{S2}$	雙向
$AR_{S1} > AR_{P1}$; $AR_{S2} > AR_{P2}$; $MR_{S1} = MR_{P1}$; $MR_{S2} = MR_{P2}$	$AR_{S1}AR_{S2}$	無	$AR_{P1}AR_{P2}$	雙向
$AR_{S1} > AR_{P1}$; $AR_{S2} < AR_{P2}$; $MR_{S1} = MR_{P1}$; $MR_{S2} > MR_{P2}$	$AR_{S1}AR_{P2}$	MR_{S2}	$AR_{P1}AR_{S2}MR_{P2}$	雙向
$AR_{S1} > AR_{P1}$; $ARS_{2} < AR_{P2}$; $MR_{S1} = MR_{P1}$; $MR_{S2} < MR_{P2}$	$AR_{S1}AR_{P2}$;	MR_{P2}	$AR_{P1}ARS_{2}MR_{S2}$	雙向
$AR_{S1} > AR_{P1}$; $AR_{S2} < AR_{P2}$; $MR_{S1} = MR_{P1}$; $MR_{S2} = MR_{P2}$	$AR_{S1}AR_{P2}$	無	$AR_{P1}AR_{S2}$	雙向

表 6-5-1（續）

$MR_{S1}, MR_{P1}, AR_{S1}, AR_{P1}, AR_{S2}, AR_{P2}, MR_{S2}, MR_{P2}$關係	AR 正力	MR 正力	正向調整指標	動力
$AR_{S1} > AR_{P1}$; $AR_{S2} = AR_{P2}$; $MR_{S1} = MR_{P1}$; $MR_{S2} > MR_{P2}$	AR_{S1}	MR_{S2}	$AR_{P1}MR_{P2}$	雙向
$AR_{S1} > AR_{P1}$; $AR_{S2} = AR_{P2}$; $MR_{S1} = MR_{P1}$; $MR_{S2} < MR_{P2}$	$AR_{S1}MR_{P2}$	無	$AR_{P1}MR_{S2}$	雙向
$AR_{S1} > AR_{P1}$; $AR_{S2} = AR_{P2}$; $MR_{S1} = MR_{P1}$; $MR_{S2} = MR_{P2}$	AR_{S1}	無	AR_{P1}	社會
$AR_{S1} < AR_{P1}$; $AR_{S2} > AR_{P2}$; $MR_{S1} = MR_{P1}$; $MR_{S2} > MR_{P2}$	$AR_{P1}AR_{S2}$	MR_{S2}	$AR_{S1}AR_{P2}MR_{P2}$	雙向
$AR_{S1} < AR_{P1}$; $AR_{S2} > AR_{P2}$; $MR_{S1} = MR_{P1}$; $MR_{S2} < MR_{P2}$	$AR_{P1}AR_{S2}MR_{S2}$	MR_{P2}	$AR_{S1}AR_{P2}$	雙向
$AR_{S1} < AR_{P1}$; $AR_{S2} > AR_{P2}$; $MR_{S1} = MR_{P1}$; $MR_{S2} = MR_{P2}$	$AR_{P1}AR_{S2}$	無	$AR_{S1}AR_{P2}$	雙向
$AR_{S1} < AR_{P1}$; $AR_{S2} < AR_{P2}$; $MR_{S1} = MR_{P1}$; $MR_{S2} > MR_{P2}$	$AR_{P1}AR_{P2}$	MR_{S2}	$AR_{S1}AR_{S2}MR_{P2}$	雙向
$AR_{S1} < AR_{P1}$; $AR_{S2} < AR_{P2}$; $MR_{S1} = MR_{P1}$; $MR_{S2} < MR_{P2}$	$AR_{P1}AR_{P2}$	MR_{P2}	$AR_{S1}AR_{S2}MR_{S2}$	私人
$AR_{S1} < AR_{P1}$; $AR_{S2} < AR_{P2}$; $MR_{S1} = MR_{P1}$; $MR_{S2} = MR_{P2}$	$AR_{P1}AR_{P2}$	無	$AR_{S1}AR_{S2}$	私人
$AR_{S1} < AR_{P1}$; $AR_{S2} = AR_{P2}$; $MR_{S1} = MR_{P1}$; $MR_{S2} > MR_{P2}$	AR_{P1}	MR_{S2}	$AR_{S1}MR_{P2}$	雙向
$AR_{S1} < AR_{P1}$; $AR_{S2} = AR_{P2}$; $MR_{S1} = MR_{P1}$; $MR_{S2} < MR_{P2}$	AR_{P1}	MR_{P2}	$AR_{S1}MR_{S2}$	私人
$AR_{S1} < AR_{P1}$; $AR_{S2} = AR_{P2}$; $MR_{S1} = MR_{P1}$; $MR_{S2} = MR_{P2}$	AR_{P1}	無	AR_{S1}	私人

注：AR 正力表示在以 AR 狀態爲決策依據的情況下，私人平均收益與社會平均收益在農用地和城用地決策上的力量對比；MR 正力表示在以 MR 狀態爲決策依據的情況下，私人邊際收益與社會邊際收益在農用地和城用地決策上的力量對比；正向調整指標表示爲促進城市化進程需要向有利於城市化進程方向調整的指標；動力項中的私人表示城市化進程主要靠私人力量推進、社會表示城市化進程主要靠社會力量推進、雙向表示城市化進程的動力由私人和社會雙向推進但城市化的推力取決於這兩個力量的權衡。

表 6-5-2　外部性存在狀態下 $MR_{S1} < MR_{P1}$ 時
土地利用決策對城市化的影響

$MR_{S1}, MR_{P1}, AR_{S1}, AR_{P1}, AR_{S2}, AR_{P2}, MR_{S2}, MR_{P2}$關係	AR 正力	MR 正力	正向調整指標	動力
$AR_{S1} = AR_{P1}$; $AR_{S2} > AR_{P2}$; $MR_{S1} < MR_{P1}$; $MR_{S2} > MR_{P2}$	AR_{S2}	$MR_{S2}MR_{P1}$	$MR_{P2}MR_{S1}AR_{P2}$	雙向
$AR_{S1} = AR_{P1}$; $AR_{S2} > AR_{P2}$; $MR_{S1} < MR_{P1}$; $MR_{S2} < MR_{P2}$	AR_{S2}	$MR_{P2}MR_{P1}$	$MR_{S2}MR_{S1}AR_{P2}$	雙向
$AR_{S1} = AR_{P1}$; $AR_{S2} > AR_{P2}$; $MR_{S1} < MR_{P1}$; $MR_{S2} = MR_{P2}$	AR_{S2}	MR_{P1}	$MR_{S1}AR_{P2}$	雙向
$AR_{S1} = AR_{P1}$; $AR_{S2} < AR_{P2}$; $MR_{S1} < MR_{P1}$; $MR_{S2} > MR_{P2}$	AR_{P2}	$MR_{P1}MR_{S2}$	$MR_{P2}MR_{S1}AR_{S2}$	雙向
$AR_{S1} = AR_{P1}$; $AR_{S2} < AR_{P2}$; $MR_{S1} < MR_{P1}$; $MR_{S2} < MR_{P2}$	AR_{P2}	$MR_{P1}MR_{P2}$	$MR_{S2}MR_{S1}AR_{S2}$	私人
$AR_{S1} = AR_{P1}$; $AR_{S2} < AR_{P2}$; $MR_{S1} < MR_{P1}$; $MR_{S2} = MR_{P2}$	AR_{P2}	MR_{P1}	$MR_{S1}AR_{S2}$	私人
$AR_{S1} = AR_{P1}$; $AR_{S2} = AR_{P2}$; $MR_{S1} < MR_{P1}$; $MR_{S2} > MR_{P2}$	無	$MR_{P1}MR_{S2}$	$MR_{S1}MR_{P2}$	雙向

表 6-5-2（續）

$MR_{S1}, MR_{P1}, AR_{S1}, AR_{P1}, AR_{S2}, AR_{P2}, MR_{S2}, MR_{P2}$ 關係	AR 正力	MR 正力	正向調整指標	動力
$AR_{S1} = AR_{P1}$; $AR_{S2} = AR_{P2}$; $MR_{S1} < MR_{P1}$; $MR_{S2} < MR_{P2}$	無	$MR_{P1}MR_{P2}$	$MR_{S1}MR_{S2}$	私人
$AR_{S1} = AR_{P1}$; $AR_{S2} = AR_{P2}$; $MR_{S1} < MR_{P1}$; $MR_{S2} = MR_{P2}$	無	MR_{P1}	MR_{S1}	私人
$AR_{S1} > AR_{P1}$; $AR_{S2} > AR_{P2}$; $MR_{S1} < MR_{P1}$; $MR_{S2} > MR_{P2}$	$AR_{S2}AR_{S2}$	$MR_{P1}MR_{S2}$	$MR_{S1}AR_{P1}AR_{P2}MR_{P2}$	雙向
$AR_{S1} > AR_{P1}$; $AR_{S2} > AR_{P2}$; $MR_{S1} < MR_{P1}$; $MR_{S2} < MR_{P2}$	$AR_{S1}AR_{S2}$	$MR_{P1}MR_{P2}$	$AR_{P1}AR_{P2}MR_{S1}MR_{S2}$	雙向
$AR_{S1} > AR_{P1}$; $AR_{S2} > AR_{P2}$; $MR_{S1} < MR_{P1}$; $MR_{S2} = MR_{P2}$	$AR_{S1}AR_{S2}$	MR_{P1}	$MR_{S1}AR_{P1}AR_{P2}$	雙向
$AR_{S1} > AR_{P1}$; $AR_{S2} < AR_{P2}$; $MR_{S1} < MR_{P1}$; $MR_{S2} > MR_{P2}$	$AR_{S1}AR_{P2}$	$MR_{P1}MR_{S2}$	$AR_{P1}AR_{S2}MR_{S1}MR_{P2}$	雙向
$AR_{S1} > AR_{P1}$; $AR_{S2} < AR_{P2}$; $MR_{S1} < MR_{P1}$; $MR_{S2} < MR_{P2}$	$AR_{S1}AR_{P2}$	$MR_{P1}MR_{P2}$	$AR_{P1}AR_{S2}MR_{S1}MR_{S2}$	私人
$AR_{S1} > AR_{P1}$; $AR_{S2} < AR_{P2}$; $MR_{S1} < MR_{P1}$; $MR_{S2} = MR_{P2}$	$AR_{S1}AR_{P2}$	MR_{P1}	$AR_{P1}AR_{S2}MR_{S1}$	雙向
$AR_{S1} > AR_{P1}$; $AR_{S2} = AR_{P2}$; $MR_{S1} < MR_{P1}$; $MR_{S2} > MR_{P2}$	AR_{S1}	$MR_{P1}MR_{S2}$	$AR_{P1}MR_{P2}MR_{S1}$	雙向
$AR_{S1} > AR_{P1}$; $AR_{S2} = AR_{P2}$; $MR_{S1} < MR_{P1}$; $MR_{S2} < MR_{P2}$	$AR_{S1}MR_{P2}$	MR_{P1}	$AR_{P1}MR_{S2}MR_{S1}$	雙向
$AR_{S1} > AR_{P1}$; $AR_{S2} = AR_{P2}$; $MR_{S1} < MR_{P1}$; $MR_{S2} = MR_{P2}$	AR_{S1}	MR_{P1}	$AR_{P1}MR_{S1}$	雙向
$AR_{S1} < AR_{P1}$; $AR_{S2} > AR_{P2}$; $MR_{S1} < MR_{P1}$; $MR_{S2} > MR_{P2}$	$AR_{P1}AR_{S2}$	$MR_{P1}MR_{S2}$	$AR_{S1}AR_{P2}MR_{P2}MR_{S1}$	雙向
$AR_{S1} < AR_{P1}$; $AR_{S2} > AR_{P2}$; $MR_{S1} < MR_{P1}$; $MR_{S2} < MR_{P2}$	$AR_{P1}AR_{S2}$ MR_{S2}	$MR_{P1}MR_{P2}$	$AR_{S1}AR_{P2}MR_{S1}$	雙向
$AR_{S1} < AR_{P1}$; $AR_{S2} > AR_{P2}$; $MR_{S1} < MR_{P1}$; $MR_{S2} = MR_{P2}$	$AR_{P1}AR_{S2}$	MR_{P1}	$AR_{S1}AR_{P2}MR_{S1}$	雙向
$AR_{S1} < AR_{P1}$; $AR_{S2} < AR_{P2}$; $MR_{S1} < MR_{P1}$; $MR_{S2} > MR_{P2}$	$AR_{P1}AR_{P2}$	$MR_{P1}MR_{S2}$	$AR_{S1}AR_{S2}MR_{P2}MR_{S1}$	雙向
$AR_{S1} < AR_{P1}$; $AR_{S2} < AR_{P2}$; $MR_{S1} < MR_{P1}$; $MR_{S2} < MR_{P2}$	$AR_{P1}AR_{P2}$	$MR_{P1}MR_{P2}$	$AR_{S1}AR_{S2}MR_{S2}MR_{S1}$	私人
$AR_{S1} < AR_{P1}$; $AR_{S2} < AR_{P2}$; $MR_{S1} < MR_{P1}$; $MR_{S2} = MR_{P2}$	$AR_{P1}AR_{P2}$	MR_{P1}	$AR_{S1}AR_{S2}MR_{S1}$	私人
$AR_{S1} < AR_{P1}$; $AR_{S2} = AR_{P2}$; $MR_{S1} < MR_{P1}$; $MR_{S2} > MR_{P2}$	AR_{P1}	$MR_{P1}MR_{S2}$	$AR_{S1}MR_{P2}MR_{S1}$	雙向
$AR_{S1} < AR_{P1}$; $AR_{S2} = AR_{P2}$; $MR_{S1} < MR_{P1}$; $MR_{S2} < MR_{P2}$	AR_{P1}	$MR_{P1}MR_{P2}$	$AR_{S1}MR_{S2}MR_{S1}$	私人
$AR_{S1} < AR_{P1}$; $AR_{S2} = AR_{P2}$; $MR_{S1} < MR_{P1}$; $MR_{S2} = MR_{P2}$	AR_{P1}	MR_{P1}	$AR_{S1}MR_{S1}$	私人

注：AR 正力表示在以 AR 狀態為決策依據的情況下，私人平均收益與社會平均收益在農用地和城用地決策上的力量對比；MR 正力表示在以 MR 狀態為決策依據的情況下，私人邊際收益與社會邊際收益在農用地和城用地決策上的力量對比；正向調整指標顯示為促進城市化進程需要向有利於城市化進程方向調整的指標；動力項中的私人表示城市化進程主要靠私人力量推進、社會表示城市化進程主要靠社會力量推進、雙向表示城市化進程的動力由私人和社會雙向推進但城市化的推力取決於這兩個力量的權衡。

表 6-5-3　外部性存在狀態下 $MRS_1 > MRP_1$ 時
土地利用決策對城市化的影響

$MR_{S1}, MR_{P1}, AR_{S1}, AR_{P1}, AR_{S2}, AR_{P2}, MR_{S2}, MR_{P2}$關係	AR 正力	MR 正力	正向調整指標	動力
$AR_{S1} = AR_{P1}$; $AR_{S2} > AR_{P2}$; $MR_{S1} > MR_{P1}$; $MR_{S1} > MR_{P2}$	AR_{S2}	$MR_{S2}MR_{S1}$	$MR_{P2}MR_{P1}AR_{P2}$	社會
$AR_{S1} = AR_{P1}$; $AR_{S2} > AR_{P2}$; $MR_{S1} > MR_{P1}$; $MR_{S1} < MR_{P2}$	AR_{S2}	$MR_{P2}MR_{S1}$	$MR_{S2}MR_{P1}AR_{P2}$	雙向
$AR_{S1} = AR_{P1}$; $AR_{S2} > AR_{P2}$; $MR_{S1} > MR_{P1}$; $MR_{S1} = MR_{P2}$	AR_{S2}	MR_{S1}	$AR_{P2}MR_{P1}$	社會
$AR_{S1} = AR_{P1}$; $AR_{S2} < AR_{P2}$; $MR_{S1} > MR_{P1}$; $MR_{S2} > MR_{P2}$	AR_{P2}	$MR_{S2}MR_{S1}$	$MR_{P2}MR_{P1}AR_{S2}$	雙向
$AR_{S1} = AR_{P1}$; $AR_{S2} < AR_{P2}$; $MR_{S1} > MR_{P1}$; $MR_{S2} < MR_{P2}$	AR_{P2}	$MR_{P2}MR_{S1}$	$MR_{S2}MR_{P1}AR_{S2}$	雙向
$AR_{S1} = AR_{P1}$; $AR_{S2} < AR_{P2}$; $MR_{S1} > MR_{P1}$; $MR_{S2} = MR_{P2}$	AR_{P2}	MR_{S1}	$AR_{S2}MR_{P1}$	雙向
$AR_{S1} = AR_{P1}$; $AR_{S2} = AR_{P2}$; $MR_{S1} > MR_{P1}$; $MR_{S2} > MR_{P2}$	無	$MR_{S2}MR_{S1}$	$MR_{P2}MR_{P1}$	社會
$AR_{S1} = AR_{P1}$; $AR_{S2} = AR_{P2}$; $MR_{S1} > MR_{P1}$; $MR_{S2} < MR_{P2}$	無	$MR_{P2}MR_{S1}$	$MR_{S2}MR_{P1}$	雙向
$AR_{S1} = AR_{P1}$; $AR_{S2} = AR_{P2}$; $MR_{S1} > MR_{P1}$; $MR_{S2} = MR_{P2}$	無	MR_{S1}	MR_{P1}	社會
$AR_{S1} > AR_{P1}$; $AR_{S2} > AR_{P2}$; $MR_{S1} > MR_{P1}$; $MR_{S2} > MR_{P2}$	$AR_{S1}AR_{S2}$	$MR_{S2}MR_{S1}$	$AR_{P1}AR_{P2}MR_{P2}MR_{P1}$	社會
$AR_{S1} > AR_{P1}$; $AR_{S2} > AR_{P2}$; $MR_{S1} > MR_{P1}$; $MR_{S2} < MR_{P2}$	$AR_{S1}AR_{S2}$	$MR_{P2}MR_{S1}$	$AR_{P1}AR_{P2}MR_{S2}MR_{P1}$	雙向
$AR_{S1} > AR_{P1}$; $AR_{S2} > AR_{P2}$; $MR_{S1} > MR_{P1}$; $MR_{S2} = MR_{P2}$	$AR_{S1}AR_{S2}$	MR_{S1}	$AR_{P1}AR_{P2}MR_{P1}$	雙向
$AR_{S1} > AR_{P1}$; $AR_{S2} < AR_{P2}$; $MR_{S1} > MR_{P1}$; $MR_{S2} > MR_{P2}$	$AR_{S1}AR_{P2}$	$MR_{S2}MR_{S1}$	$AR_{P1}AR_{S2}MR_{P2}MR_{P1}$	雙向
$AR_{S1} > AR_{P1}$; $AR_{S2} < AR_{P2}$; $MR_{S1} > MR_{P1}$; $MR_{S2} < MR_{P2}$	$AR_{S1}AR_{P2}$	$MR_{P2}MR_{S1}$	$AR_{P1}AR_{S2}MR_{S2}MR_{P1}$	雙向
$AR_{S1} > AR_{P1}$; $AR_{S2} < AR_{P2}$; $MR_{S1} > MR_{P1}$; $MR_{S2} = MR_{P2}$	$AR_{S1}AR_{P2}$	MR_{S1}	$AR_{P1}AR_{S2}MR_{P1}$	雙向
$AR_{S1} > AR_{P1}$; $AR_{S2} = AR_{P2}$; $MR_{S1} > MR_{P1}$; $MR_{S2} > MR_{P2}$	AR_{S1}	$MR_{S2}MR_{S1}$	$AR_{P1}MR_{P2}MR_{P1}$	雙向
$AR_{S1} > AR_{P1}$; $AR_{S2} = AR_{P2}$; $MR_{S1} > MR_{P1}$; $MR_{S2} < MR_{P2}$	$AR_{S1}MR_{P2}$	MR_{S1}	$AR_{P1}MR_{S2}MR_{P1}$	雙向
$AR_{S1} > AR_{P1}$; $AR_{S2} = AR_{P2}$; $MR_{S1} > MR_{P1}$; $MR_{S2} = MR_{P2}$	AR_{S1}	MR_{S1}	$AR_{P1}MR_{P1}$	社會
$AR_{S1} < AR_{P1}$; $AR_{S2} > AR_{P2}$; $MR_{S1} > MR_{P1}$; $MR_{S2} > MR_{P2}$	$AR_{P1}AR_{S2}$	$MR_{S2}MR_{S1}$	$AR_{S1}AR_{P2}MR_{P2}MR_{P1}$	雙向
$AR_{S1} < AR_{P1}$; $AR_{S2} > AR_{P2}$; $MR_{S1} > MR_{P1}$; $MR_{S2} < MR_{P2}$	$AR_{P1}AR_{S2}$ MR_{S2}	$MR_{P2}MR_{S1}$	$AR_{S1}AR_{P2}MR_{P1}$	雙向
$AR_{S1} < AR_{P1}$; $AR_{S2} > AR_{P2}$; $MR_{S1} > MR_{P1}$; $MR_{S2} = MR_{P2}$	$AR_{P1}AR_{S2}$	MR_{S1}	$AR_{S1}AR_{P2}MR_{P1}$	雙向
$AR_{S1} < AR_{P1}$; $AR_{S2} < AR_{P2}$; $MR_{S1} > MR_{P1}$; $MR_{S2} > MR_{P2}$	$AR_{P1}AR_{P2}$	$MR_{S2}MR_{S1}$	$AR_{S1}AR_{S2}MR_{P2}MR_{P1}$	雙向
$AR_{S1} < AR_{P1}$; $AR_{S2} < AR_{P2}$; $MR_{S1} > MR_{P1}$; $MR_{S2} < MR_{P2}$	$AR_{P1}AR_{P2}$	$MR_{P2}MR_{S1}$	$AR_{S1}AR_{S2}MR_{S2}MR_{P1}$	雙向
$AR_{S1} < AR_{P1}$; $AR_{S2} < AR_{P2}$; $MR_{S1} > MR_{P1}$; $MR_{S2} = MR_{P2}$	$AR_{P1}AR_{P2}$	MR_{S1}	$AR_{S1}AR_{S2}MR_{P1}$	雙向
$AR_{S1} < AR_{P1}$; $AR_{S2} = AR_{P2}$; $MR_{S1} > MR_{P1}$; $MR_{S2} > MR_{P2}$	AR_{P1}	$MR_{S2}MR_{S1}$	$AR_{S1}MR_{P2}MR_{P1}$	雙向
$AR_{S1} < AR_{P1}$; $AR_{S2} = AR_{P2}$; $MR_{S1} > MR_{P1}$; $MR_{S2} < MR_{P2}$	AR_{P1}	$MR_{P2}MR_{S1}$	$AR_{S1}MR_{S2}MR_{P1}$	雙向

表 6-5-3（續）

MR_{S1}, MR_{P1}, AR_{S1}, AR_{P1}, AR_{S2}, AR_{P2}, MR_{S2}, MR_{P2}關係	AR 正力	MR 正力	正向調整指標	動力
$AR_{S1} < AR_{P1}$; $AR_{S2} = AR_{P2}$; $MR_{S1} > MR_{P1}$; $MR_{S2} = MR_{P2}$	AR_{P1}	MR_{S1}	$AR_{S1}MR_{P1}$	雙向

注：*AR* 正力表示在以 *AR* 狀態爲決策依據的情況下，私人平均收益與社會平均收益在農用地和城用地決策上的力量對比；*MR* 正力表示在以 *MR* 狀態爲決策依據的情況下，私人邊際收益與社會邊際收益在農用地和城用地決策上的力量對比；正向調整指標表示爲促進城市化進程需要向有利於城市化進程方向調整的指標；動力項中的私人表示城市化進程主要靠私人力量推進、社會表示城市化進程主要靠社會力量推進、雙向表示城市化進程的動力由私人和社會雙向推進但城市化的推力取決於這兩個力量的權衡。

6.4　城市化進程的產業結構變化影響

6.4.1　產業結構演進的理論基礎和過程

6.4.1.1　產業結構演進的理論基礎

配第－克拉克理論：17 世紀英國經濟學家威廉・配第在其名著《政治算術》中描述過這樣的現象：製造業勞動者比農業勞動者進而商業比製造業能夠得到更多的收入。這種不同產業間勞動者收入的相對差異，促進了勞動力向能夠獲得更高收入的部門移動。但那時還不能從理論上精確的論證按人口平均產值的高增長率與產業結構的高變換率之間的內在關係。真正對此關係首先作出經驗性概括的是英國經濟學家克拉克，其在《經濟進步的條件》一書中，搜集和整理了二十幾個國家的勞動力總產出和各部門勞動力的時間資料，通過統計分析提出了經濟進步過程中產業部門結構變化的一般規律，驗證了總量增長與結構變動的歷史關係是：隨著人平均國民收入水平的提高，勞動力首先由第一產業向第二產業轉移，當人平均國民收入水平進一步提

高時勞動力便向第三產業轉移。結果社會勞動力在產業之間的分佈狀
況是：第一產業勞動力減少，第二和第三產業的勞動力將增加。根據
這個理論可以推導出，一個區域的人平均國民收入水平越高，那麼農
業勞動力在全部勞動力中所占比重就越小，而第二產業和第三產業的
勞動力比重就越大。

　　庫茲涅茨理論：美國經濟學家庫茲涅茨在繼克拉克之後，進一步
搜集和整理了二十多個國家的龐大資料，從產業間的分佈入手對伴隨
著經濟增長中的產業結構變化作了深入研究。根據時間序列的歷史資
料，庫茲涅茨對各國國民收入和勞動力在產業間分佈結構的演進經過
綜合分析得出結論：① A（農業）部門的相對國民收入在大多數國家
都低於 1，而 I（工業）部門和 S（服務）部門的相對國民收入則大於
1。A 部門勞動力相對比重和國民收入相對比重都有較大幅下降，但前
者下降程度低於後者。② I 部門國民收入相對比重普遍上升，但勞動
力相對比重是微增或變化不大。因此，I 部門比較勞動生產率呈上升
趨向。進入 20 世紀後，發達國家勞動力份額在 I 部門一直變化不大。
③ S 部門比較勞動生產率是下降的，但勞動力相對比重卻是上升的。
20 世紀 70 年代後，第三產業已經成為三大產業中規模最大者，無論
是勞動力還是國民收入，其相對比重都要占到 50%以上。

　　霍夫曼定理：該定理揭示了一個國家或區域的工業化進程中工業
結構演變的規律，數值上等於消費資料工業的淨產值除以資本資料工
業的淨產值。其核心思想是在工業化的進程中，霍夫曼比例呈現下降
趨勢：第一階段，消費資料工業的生產在製造業中占主導地位，資本
資料工業的生產不發達，此時霍夫曼比例為 5；第二階段，資本資料
工業的發展速度比消費資料工業快，但規模上仍然比消費資料工業小
得多，這時霍夫曼比例為 2.5；第三階段消費資料工業和資本資料工
業的規模大體相當，霍夫曼比例為 1；第四階段資本資料工業的規模

超過了消費資料工業的規模。

6.4.1.2 產業結構演化的一般過程

第一產業、第二產業、第三產業之間的結構變動比例及其動態變化有一定的規律。在不考慮國外提供糧食的情況下。隨著農村生產率水平的提高，農村有可以轉移出去的剩餘勞動力。約束條件是轉移出去的農村人口不能超過兩個限度。一是不能引起城鄉人平均消費口糧的下降，二是不能超過城市根據生產發展所需要增加新人口的數量，其基本條件可以表達為：$P_1' > P_1$，其中 P_1 為農村人平均生產量，P_1' 為農村新增人平均生產量，P_1' 超出 P_1 的部分即可表示為可提供人口轉移的勞動生產率。根據這個思路，可以得出結論，當表示農業所能夠提供的農轉非人口超過城市化過程中對新增人口的需要，這時可以促進城市化過程加速實現。反之 $M_a^{移出} \le M_b^{移入}$ 則說明農業剩餘不能滿足進一步城市化的需求，農業不能提供更多剩餘產品，於是城市化過程受到抑制。

除了人口對產業結構產生影響外，還有資金以及技術，在對經濟發展起主要作用的勞動、資金以及技術要素中，各自累積狀態的不同，其對產業結構變化的影響也不同。如圖 6-28 中，三條曲線分別表示技術、資金和勞動力生產要素的累積，三個區域分別表示經濟發展的不同階段，曲線的不同形狀表示了生產要素累積過程的差異：勞動力增長到一定程度後呈現緩慢下降狀態，資金的增長則呈現直線上升，技術要素的累積呈現二次曲線的變化狀態，反映出技術進步的加速規律。在經濟發展的早期勞動力是最重要的社會資源，其規模隨人口增長不斷擴大，而資金和技術不占優勢，該時期以勞動密集型產業為主，這個階段的產業結構相當於圖中的區域 A。隨著經濟發展的高度化，資本累積規模集聚擴張，資本替代勞動成為最主要的社會資源，技術成分在社會經濟增長中所起的作用顯著增長，資本密集型產業占社會經濟產業結構的主導，雖然企業的規模在顯著增大，但資本替代勞動的現象越來越普遍，這時資金線最高，勞動力線次之，技術線在三條線中位置最低，這個階段的產業結構相當於圖中的區域　*B*。在區域　*C*　階段，技術累積迅速擴張，且呈現不斷加速的趨勢，由於技術的進步出現大規模的資本替代勞動，其累積曲線超過資金線和勞動力線後成爲最主要的生產要素，這時技術密集型產業取代資本密集型產業成爲最主要的產業。

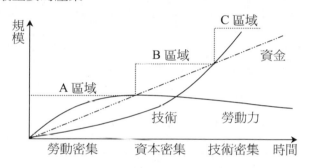

圖 6-28　生產要素累積與產業結構變化

6.4.2　城市化進程的產業轉換動力機制

在一個國家或地區由傳統經濟向現代化邁進的過程中必然會出現產業結構的轉換。早在 17 世紀中葉，英國古典政治經濟學的創始人威廉·配第在分析英國、荷蘭的農業、工業和商業活動時就發現了工業的收益高於農業，而商業的收益又高於工業，並且指出，這種不同產業比較利益的差異會驅使勞動力從農業部門流向非農業部門，後來的許多經濟學家如澳大利亞的 A·費雪爾（A. Fisher），美國的 S·庫茨涅茲（Simon Kuznets），德國的霍夫曼（W. G. Hoffmann）等人都對產業的發展及其產業結構轉換趨勢進行了深入研究，其中最著名的就是英國經濟學家柯林‧克拉克在配第研究的基礎上將產業結構演進規律系統化並以第一產業、第二產業、第三產業分類做基礎形成了配第－克拉克定理。

發達國家和發展中國家的經歷顯示，產業結構變革是城市化的主線之一。城市化過程就是產業結構不斷由低層次向高層次演進伴生發展過程（如表 6-6）。蘇利梵（A. M. Sullivan）認為，從經濟發展的角度，作為一種自發的制度安排，城市的形成與發展與下列三個因素有關：①比較優勢的存在使得不同地區間的貿易有利可圖，而這種貿易會導致商業城市的發展；②生產的內部規模經濟使多個廠商的生產效益高於單個廠商獨立生產的效益，從而導致工業城市的發展；③產品生產和市場營銷的集聚經濟使廠商向城市集中，從而引起城市的發展。

表 6-6　國內生產總值結構、勞動力配置結構與城市化水平對比

單位：%

項目	第一、二、三產業 勞動力配置結構			城市化 水平	第一、二、三產業 國民生產總值結構			年份
	第一 產業	第二 產業	第三 產業		第一 產業	第二 產業	第三 產業	
中國	17.70	49.30	33.00	30.89	50.10	23.00	26.90	1999 年
A	33.00	36.00	32.00	35.00	—	—	—	1998 年
B	22.80	27.60	49.60	49.00	43.80	23.50	32.70	1950－1970 年

資料來源：相關時間的《中國統計年鑑》以及《1990 年世界銀行發展報告》和 H‧錢納里《發展的模式》等有關資料整理。其中 A 表示世界平均水平，是人平均 GNP320 美元時的城市化水平，B 是 H‧錢納里根據 1950－1970 年對 101 個國家進行資料回歸分析而總結出的人平均 GNP400 美元時的結構。

根據錢納里模型，產業結構配置在第三產業＞第二產業＞第一產業的排序時，城市化水平達到最高，比較這個模型，世界產業結構的

平均狀況 1998 年爲第二產業 > 第一產業 > 第三產業,我國目前的狀況是第二產業 > 第三產業 > 第一產業（如表 6-6）。一般認爲,經濟要素的流動與集聚是城市化的實現機制,產業結構轉換雖然爲城市化提供了動力,但只有農業剩餘能夠向非農產業和城鎮地區流動和聚集,城市化才有可能成爲現實。這就要充分考慮國內資源的調動,國內資源的調動包括國民的儲蓄、政府儲蓄和農業剩餘三種途徑,但無論用何種方式調動國內剩餘資源都直接或間接的與農業剩餘發生聯繫。農業爲工業和城市化提供剩餘的方式有以下四種:賦稅、價格（即農業剩餘通過不利的貿易條件由農業流向工業）、儲蓄和財產剝奪（即政府當局憑藉政治力量使農民無償放棄財產向非農業產業和城市提供剩餘）。產業結構調整只有與多方面的要素相配合,才能成爲城市化進程的現實動因。

6.4.3　產業結構演進與城市空間演化

6.4.3.1　城市發展與其腹地產業結構互相影響

城市化是區域產業結構演變及區域社會經濟發展到一定階段的產物。而隨著城市化水平的不斷提高,城市在區域發展中的核心作用日益增強,城市區域化、區域城市化發展格局出現,城市與區域必然在發展要素、產業結構、基礎設施、生態環境等方面形成互補、整合,並進而向一體化方向發展。城市與區域產業結構整合的變化趨勢,使產業結構的調整與優化離不開城市的回應和支撐。一方面,區域產業結構的有序演變必然帶來城市化動力機制、城市化模式及城市化地域形態等城市體系的變化,從而推動區域城市化的歷史進程;另一方面,隨著城市化的發展,必將影響區域的供給、需求和資源要素的空間配置,並以此作用於區域產業結構的有序演變。因此,區域產業結構有序演變與城市化空間形態間存在著相互作用的關係。

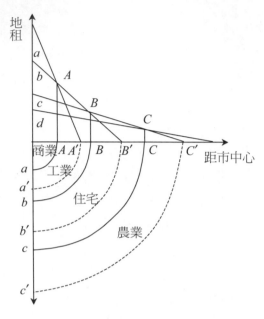

圖 6-29　城市域內用地類型的分佈

　　由此可以認為，空間排斥導致區域內的產業演化。如圖 6-29 所示，距離市中心（CBD）越近，區位越優，所支付的地租越高。在該圖中地租線 a、b、c、d 分別代表商業、工業、住宅和農業的地租變化。商業最注重聚集效應和土地的集約使用，因此往往能夠負擔較高的租金，佔用距離市中心最近的區位，即圖 6-29 中 A 點以內的區域，產業分佈由內到外呈現由高到低的演替是以相應產業收益水平進而其地租承受能力為基礎的。工業佈局為 AB 之間的區域，住宅佈局為 BC 之間的區域，農業佈局為 C 以外的區域。圖中的虛線部分表示在單一產業佈局狀態下某個產業的最大範圍的選擇可能。如商業佈局的最大選擇在 A'，但是在 AA' 之間工業的地租承受較商業的地租承受高（b 線在 a 線的上方），所以商業佈局只能選擇 A 以內的區域，同樣工業只能選擇 B 以內的區域，住宅佈局只能選擇 C 以內的區域。正是不同地租的意願支付水平造成了產業在與市中心不同距離上進行佈點。

6.4.3.2　產業結構升級與城市發展動力

從不同城市的發展歷程看，城市空間結構的演變具有很強的歷史繼承性。隨著生產力水平的提高和經濟實力的增強，城市的空間結構也在不斷適應著經濟發展形式的要求。在農業經濟時期，土地是最基本的生活資料，這時區位條件成爲了城市發展的主要推動力，這一時期以自然資源爲主的物質資源決定著城市的形態和分佈格局。工業化時期瓦解了以庭院經濟、作坊經濟爲主體的傳統城市空間格局，城市空間由分散走向集中，工業文明成爲城市成長的主要推動力量；相反，自然資源對城市發展的約束相對減小，投資成爲推動城市發展的主要約束。知識經濟時代，傳統的生產要素都成爲了城市發展的背景要素，資訊產業突破了資源和能源爲基礎的城市發展指向，資訊資源成爲主要的生產要素，決定城市產業結構和空間佈局的是知識的創新與應用。所以，城市形態的演變及其空間結構特點表現出與時代經濟發展水平相平行的時間序列特點。產業經濟學理論顯示，產業結構存在著三個大的轉變階段：初級產品生產階段、工業化階段、經濟發達階段。城市產業結構的提升與區域經濟的發展總是互爲因果的，它必須與所在區域構成統一的城市群體，在更大的區域範圍內實現合理的城市分工。產業結構的升級要以區域經濟的發展爲前提。區域的協調發展、城市等級結構的趨於成熟，爲中心城市產業結構的積極調整提供了背景和動力。產業結構的調整升級所產生的集聚效應推動著區域城市群體的發展，這種動力表現爲產業結構的轉換和演進，產業結構的轉換主要是指產業的高度化和合理化。如圖 6-30，顯示了我國第一、第二、第三產業結構變化的脈絡與相應時期城市化水平的對應關

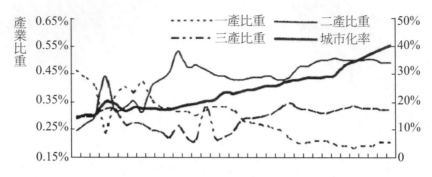

圖 6-30　城市化率與三次產業之間的關係

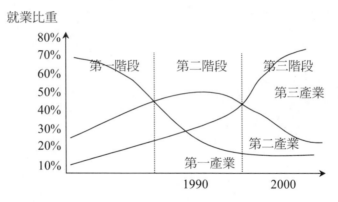

圖 6-31　三次產業結構的變化模式

係。曲線的發展趨勢顯示，城市化水平伴隨第一產業的比重而上升，
與第二產業和第三產業的變化趨勢相同，第二、三產業對城市化進程
提供了重要支撐。所以，城市化進程對產業結構的依賴主要體現在產
業結構的高度化。產業結構的高度化包括三方面的內容：①產業結構
的重化工化，這是產業結構高級化在經濟發展的工業化階段的表現，
重化工化是指在經濟發展和工業化工程中，重化工業比重在輕重工業
結構中不斷增高的過程，這也是生產資料優先發展的表現。②產業結
構高加工度化，它是指加工組裝業的發展大大快於原材料工業的發展
速度，加工業產品加工深度不斷深化。這是工業化進程發展到一定階

段伴隨重化工業化而出現的一種客觀趨勢。高加工度不僅使有限的資源得到了更加有效利用，而且降低了工業發展對能源原材料的依賴程度，從而促進了產業結構向集約化方向發展。③產業結構的軟化，它是指在產業結構發展過程中第三產業比重不斷上升，第一產業和第二產業的比重不斷下降的過程，這種規律曾經被福拉斯蒂埃以圖示的方式得到形象的刻畫（如圖 6-31）。圖中描述了產業結構高級化的三個階段：①第一產業占絕對比例的階段，這時第二、三產業所占比重較小，但第一、二、三產業變化趨勢不同，第一產業比重緩慢下降，第二產業和第三產業比重緩慢上升；②第二產業逐漸上升到三大產業比重的首位元，這時其上升速度開始減弱並且開始出現下降趨勢，同時第三產業繼續上升，第一產業繼續下降；③第一產業在三大產業中比重最低，同時第二產業開始呈下降趨勢，第三產業繼續上升。

6.4.3.3　產業結構調整與城鎮組織體系空間格局

當城市產業結構由第二產業主導型向第三產業主導型發生轉變時，生產方式也會相應地由勞動密集型向資金、技術密集型過渡，這種經濟結構上的根本性轉變一方面使得進一步的聚集發展變得不經濟，另一方面也為“跳出去”提供了可能。因此，市域城鎮體系所承載和賴以發展的是產業結構調整的擴散作用所形成的產業在市域範圍的重新分佈。按照新古典經濟學的觀點，區域經濟增長依賴於資金和勞動力的投入以及全要素勞動生產率的提高，其實質是產業結構的有序演變。由於資金和勞動力投入具有可替代性，所以二者均從同一角度反映了產業結構有序演變的規律。城市化的突出表現在於農業人口向非農業人口的轉移，使城市人口規模擴大。從資金和勞動力的角度看，資金的轉移可使勞動力的轉移出現兩種情況，①資金投入的增加，使投入的產業部門生產規模擴大，可以提供更多的就業崗位，從而吸引農業剩餘勞動力向第二、三產業轉移，而城市作爲第二、三產業的地域載體，勢必造成城市人口規模的擴大，促進城市化的發展；②按照資本的有機構成原理，表現在資金與勞動力的可替換性上，就某一特定產業部門而言，資金投入的增加意味著勞動力需求的減少。此時，城市化主要表現在內涵的發展上，即城鄉融合，城市地域擴展，區域經濟一體化的實現（如圖 6-32）。該圖示意了產業結構變化與城市空間演化之間的關係。圖中的粗實線表示城市藉以相互產生影響的生長軸，城市之間發生相互影響時的經濟要素可以通過腹地進行，但主要是通過城市體系的生長軸來進行的。最早只是在區域中的某個有利的區域產生一個發展成未來城市的生長點，這個生長點在充分富集資源的同時按照杜能環規律逐漸擴展其影響域，生長點聯合影響域逐漸發展成爲規模較大的城市，城市的功能逐漸強大，進而發展爲團塊狀城市。團塊狀城市沿著城市生長軸影響到距離較遠的區域，在合適的位置逐漸有中等城市發展起來，進而結合城市功能的輻射，數量很多的小城鎮也相繼產生。

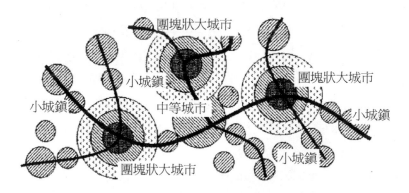

圖 6-32　產業結構變化與城市的空間演化示意圖

6.4.4 產業結構功能變遷作用下的城市成長機理

6.4.4.1 主導產業與城市發展

表 6-7 產業結構變化與城市發展

產業類型	產業特徵	空間特徵	典型城市
重工業	資本密集型	資源依賴、工業城市	魯爾區、匹茲堡
輕工業	勞動密集型	集聚、勞動力轉移	倫敦、曼徹斯特
精密製造	技術密集型	傳統工業城市	伯爾尼、德國南部
商務辦公	知識密集型	城市向分散發展	倫敦、紐約、東京等
高科產業	知識和技術密集型	科研和製造業發展	美國矽谷、英國康橋

城市發展的歷史顯示，一個城市的產生總是基於某個產業的迅猛發展，城市在其產生並逐漸成長的過程中總是存在一個主導產業來代表這個城市，這種情況在中等城市表現尤其明顯，所以主導產業對一個城市的成長具有決定性的影響（如表 6-7）。主導產業對城市的存在和發展主要表現在收入效應、分配效應和輻射作用等諸多方面。

主導產業的收入效應：主導產業的收入效應是指主導產業的形成和發展所引致的區域居民總收入水平的提高，從而產生乘數效應，帶動其他產業的發展和經濟的全面進步。主導產業自身應保持持續高速的增長率，能吸收科技進步和引入新的生產函數，但最終結果應能促進區域居民總體收入水平的提高。

主導產業[1]的分配效應：主導產業的分配效應是指主導產業的形成

---

[1] 主導產業決定了城市的生命力，城市對其腹地經濟產生影響的強弱程度關鍵在於其主導產業的發展狀況，主導產業可以建立起城市與其腹地及不同城市之間的產業關聯度，包括前向關聯和後向關聯。產業關聯強度的比較可以採用影響力係數和感應度係數比較方法，各自的計算方法為：

影響力係數：$\alpha_j = \sum_{i=1}^{n} b_{ij} / \frac{1}{n} \sum_{i=1}^{n} \sum_{j=1}^{n} \overline{b}_{ij}$ ；感應度係數：$\beta_j = \sum_{j=1}^{n} b_{ij} / \frac{1}{n} \sum_{i=1}^{n} \sum_{j=1}^{n} \overline{b}_{ij}$

若產業的 $\alpha_j > 1$ 且 $\beta_j > 1$，顯示產業的前向以及後向關聯較強，反之若 $\alpha_j < 1$

與發展促進了區域內落後地域居民收入水平的提高，從而改變區域社會分配格局，縮小分配的不平衡程度。主導產業的分配效應主要表現為：①產業群的形成，即當某一產業在經濟落後地域配置時會帶動相關產業的發展，通過該產業引發資本、技術向該地域的集聚等使居民的收入水平有相當程度的提高。②產業關聯的拉動作用，即由於某一產業與落後地域的產業存在顯著的關聯性，因而該產業的發展能夠帶動落後地域相關產業的增長，從而促進落後地域的經濟發展，提高居民的收入水平。

主導產業的輻射作用：美國經濟學家羅斯托認為，近代經濟增長本質上是一個部門的增長過程。經濟在成長過程中不同產業部門之間的增長率存在廣泛的差異，整個經濟的增長在一定意義上是某些主導部門的迅速增長所產生的直接或間接效果。主導產業的發展對區域經濟的增長會產生擴散作用，將優勢輻射到其產業鏈上相關的產業中去，進而帶動整個區域經濟的發展。擴散作用主要包括前瞻效應、回顧效應和旁側效應。其中前瞻效應是指主導部門可能引致新材料、新能源、新技術、新工藝的出現；回顧效應是指對那些為主導產業部門提供投入物部門增長的影響；旁側效應則是指主導產業部門對整個地區、對具有正收入彈性的派生產業增長部門的影響。通過以上三種影響，主導產業得以帶動整個區域經濟的發展。

6.4.4.2　產業狀況與城市發展

城市的存在和發展嚴格依託城市及其腹地的產業狀況，城市腹地產業狀況的好壞會影響城市的發展狀況進而決定城市的競爭力。①市人口吸引的影響：區域的城市人口規模主要受到供給和需求兩個方面

且 $\beta_j < 1$，顯示產業的前向以及後向關聯較弱。在城市產業體系中，應該選擇關聯效應強的產業作為城市的主導產業。

的約束。現實城市化水平取決於供給與需求的均衡點，如果城市化供給不足而需求強烈就可能造成 "過度城市化"，從而使許多發展中國家城市過度膨脹、"城市病" 問題突出。如果城市化需求抑制則會形成大量人口滯留農村的 "逆向城市化"。要使城市能夠吸引更多的人口就必須使城市成長中相關產業獲得發展。②市資本要素集散的影響：資金和土地是城市發展和城市化過程中非常重要的生產要素，如果沒有產業集聚城市就缺少了經濟和就業支撐，而產業發展則通過投資的乘數效應帶動要素加倍集聚。投資具有乘數效應，一項優勢產業的確立可以帶來相關產業的聯動發展。城市在產業結構升級的帶動下，功能逐漸提升，就業狀況不斷改善。如果說工業部門的建立是初級城市化的基礎，部門結構升級則是城市再城市化的基礎。城市產業結構的演變可以通過影響資本和土地等要素市場的價格來左右要素的投入方向，使城市的發展可以不斷利用產業更替過程中置換出來的土地和資本，從而使城市化走內涵型的道路，並由此實質性地提升城市的整體功能。

　　表 6-8 中列出了 1950－1970 年間世界主要地區的工業勞動人口比重與城市化率之間的關係，根據統計數據作出的曲線圖（圖 6-33 和圖 6-34）顯示，城市化率與工業勞動人口占勞動總人口的比重間具有相當穩定的正相關關係，工業化水平較高時會帶來更高的城市化水平，反之，工業化水平較低時會出現更低的城市化水平。工業人口的數量對城市化的貢獻度很高，工業人口在總人口中比重的高與低決定了城市水平的高與低。

表 6-8　世界主要地區（1950－1970 年）工業勞動人口
比重占城市化率之間的關係

單位：%

地區	1950 年		1970 年	
	比重	城市化率	比重	城市化率
世界	18.81	34.05	24.17	41.84
大洋洲	31.17	61.24	30.38	70.77
東非	3.66	5.5	6.32	10.69
日本	23.62	50.20	34.48	71.30
拉美	31.06	64.77	31.12	77.87
前蘇聯	21.62	39.30	37.65	56.70
北美	36.54	63.84	34.19	70.45
中國	6.00	12.51	8.15	17.40
西歐	39.74	63.92	44.49	74.38

資料來源：饒會林.城市經濟學 [M].大連：東北財經大學出版社，1999.

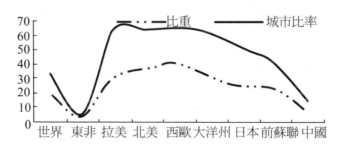

圖 6-33　1950 年世界工業發展與城市化

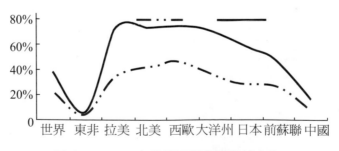

圖 6-34　1970 年世界工業發展與城市化

6.4.4.3　產業創新與城市發展

從產業運行規律的角度看，地區經濟發展過程的實質就是不斷創造或引進新的產業、部門或產品，並在更大範圍內擴散和發展的過程。不斷有新產品或產業被創造和發展是地區產業結構升級和經濟持續增長的關鍵。產業創新是基於合理勞動分工基礎上的廠商在地域上結成網絡、並與本地的勞動力市場密切相連的產業組織在地域空間上的表現形式。產業創新表現爲在結構創新的基礎上建造新產業區。新產業區是由社會分工緊密聯繫在一起的企業所組成的本地化網絡，主要研究企業與其所處的社會經濟環境之間互動關係下的企業集群的空間結構。

初始目標是降低交易成本：城市化進程中，區域內影響經濟發展的區位因子面臨著以複雜多變、非連貫性爲主要特徵的新競爭環境，市場不再處於可預期的、線性的狀態。對城市發展起主要影響作用的就是企業行爲，這時的企業組織結構出現"分散化"且企業間的"勞動社會分工擴大"。當企業各自運作同樣功能的部門時，重復與浪費將不可避免。新產業區內集聚的相關企業的有序運行將有助於減少這些重復，使得創新成果的生成、傳播和大規模的商業化應用整合爲通暢的流程，並且提供必要的經濟規模和市場能力，在連續的交易過程中大大減少總的交易成本。

直接動力是獲取外部經濟：新產業區內企業通過共同使用公共設施減少分散佈局所要增加的額外投資，產業聯繫較強的企業因地理接近而節省相互間物質和資訊的空間轉移費用，透過產業的空間集聚實現同類企業整體規模增大而產生外部規模經濟，透過企業之間專業化分工協作獲得外部經濟。同時，外部經濟又能促進專業化深度發展。新產業區內企業的相似性和互補性使得企業專精屬性更加明顯，從而有利於其專注於自身的優勢領域且能在區內得到其他企業的優勢領域的支援，這顯然能較大幅度地提升區域生產效率和整體競爭力。

根本源泉是產業創新：新產業區的特點決定了其比較優勢在於能促進持續的創新活動。這源於如下兩方面因素：新產業區的集聚體的知識累積與傳遞、擴散以及新企業快速衍生與成長。高度專業化技能、知識和資訊通過其組織載體在經濟地理上的集聚，能產生較強的知識與資訊累積和極化效應，競爭與協作的複雜網絡關係爲企業提供了更多的學習機會，爲企業提供了實現創新的重要知識來源和物質手段。

6.4.4.4　城市成長的產業調整對策

強化城市新產業區成長的制度保障：爲了強化城市新產業區的成長制度就必須加強產業區成長的戰略構想和規劃設計。城市規劃是爲了實現一定時期內城市的經濟和社會發展目標，確定城市性質、規模和發展方向，合理利用城市土地，協調城市空間佈局和各項建設的綜合部署。政府集群規劃的理論基礎就在於彌補市場失靈和制度失效，其目的是加強企業之間的知識網絡和聯繫，滿足企業的各種需要。政府規劃能夠爲企業、公共部門和非政府組織創造一個對話和交流的渠道，這將直接導致新產業區內企業之間的協同，反過來又會促進政府政策的積極變化，提供更爲快捷和全面的資訊服務於企業及整體區域建設。新產業區內規劃的目的是從整體上提高區域內企業的競爭力。與傳統的產業規劃相比較，城市創新群落規劃要求更多地注重企業之間、企業與外部環境間的戰略互動聯繫，要求更多地向內審視自身的基礎條件、區域文化背景和創新優勢。

培育城市產業集聚的微觀基礎：只有培育城市產業集聚的微觀基礎，才能創造持續的城市成長能力。爲此要從三方面著手考慮：①創造有競爭力的區位環境：新產業區成長離不開區位環境建設。硬環境一般已受到政府重視，而軟環境正日益成爲影響區域成長的關鍵因子，故應成爲政府增強競爭優勢的重要彈性措施。②培育本地化的創新網絡：爲促使區域經濟發展，大力吸引外部投資是必需的。因爲在經濟發展的起步階段或起飛階段，外部資金的注入是一個必要條件，但僅僅依賴外部要素的進入而缺乏內部的累積或發展的內在動力，其發展潛力必將受到外部環境的嚴重制約。產業集聚提供了一個通過創新實現區域經濟可持續發展的途徑，完全透過國家投資及政策優惠來推動區域經濟發展的模式存在嚴重的缺陷，這是一種依附型發展模式。創新網絡的重要依託是本地化的行爲主體，只有通過本地化的根植性，才能從本地的創新環境中持續汲取創新源泉。作爲一種創新環境，產業集聚區內由於企業網絡的形成及各行爲主體在多邊交易過程中的不斷學習與學習系統的不斷集聚而使創新不斷發展。③努力消除產業集聚的制度壁壘：世界經濟發展經驗證明，新制度催生新技術，創造新產業，造就新經濟。政府在維持市場秩序、消除產業進退的政策性壁壘的功能是其內在屬性。政府也應當在稅收、政府公共支出等方面對促進產業集聚提供合理的政策扶持，鼓勵資訊技術對製造業的系統集成。

6.5　城市化影響因素的計量經濟學解釋

前文述及，城市化進程受到多種因素影響，但這些影響因素如何對城市化進程產生影響以及影響程度如何，需要通過數學模型方法進行定量解釋。我國城市化進程中城市化水平與三大產業（包括三大產業的產值比重以及三大產業的就業比重）之間的關係在前文已有論述。筆者根據 1955－2002 年的統計數據計算了城市化率與 GDP、城

鎮人口的自然增長率、人口的遷移率、三大產業的就業比重、三大產
業的產值比重之間的相關係數矩陣如表 6-9。

表 6-9　城市化率與影響城市化諸因素的相關係數矩陣

	Y	X_1	X_2	X_3	X_4	X_5	X_6	X_7	X_8	X_9
城市化率（Y）	1.000									
GDP（X_1）	0.910	1.000								
自然增長率（X_2）	−0.582	−0.499	1.000							
遷移率（X_3）	0.309	0.248	−0.366	1.000						
第一產業產值比重（X_4）	−0.878	−0.786	0.749	−0.462	1.000					
第二產業產值比重（X_5）	0.658	0.593	−0.653	0.361	−0.845	1.000				
第三產業產值比重（X_6）	0.627	0.578	−0.419	0.269	−0.545	0.104	1.000			
第一產業就業比重（X_7）	−0.836	−0.745	0.711	−0.544	0.913	−0.718	−0.601	1.000		
第二產業就業比重（X8）	0.747	0.626	−0.709	0.595	−0.861	0.731	0.484	−0.968	1.000	
第三產業就業比重（X9）	0.872	0.820	−0.664	0.454	−0.904	0.651	0.679	−0.964	0.867	1.000

計算結果顯示，產業結構變化與城市化水平之間的關係表現為：
城市化水平與第一產業呈負相關關係、與第二產業和第三產業成正相
關關係。根據前文，第二、第三產業比重與城市化率曲線雖然在一些
年份出現較大的波動，但總體上呈現正相關，而第一產業的比重曲線
與城市化率曲線之間表現為明顯的負相關，各產業的產值構成及就業
構成與城市化水平之間的相關關係如表 6-9。

為了更進一步分析城市化水平與相關影響因素之間的關係，筆者
在此採用計量經濟學模型方法根據 1955－2002 年間的時間序列進行
回歸分析，在研究中只對產業結構、人口以及 GDP 等因素進行了量
化分析，由於制度因素很難量化並且其自身又是其他多要素的函數，
所以本書沒有進一步考慮。從理論上講，用時間序列建立數學模型有

一個基本前提，即要建立模型的這些時間序列都是平穩的，但實踐中平穩的序列很少見，直接對這些非平穩的時間序列進行回歸也可以得出一些結論，由於所得結果不是建立在平穩序列基礎之上的，很可能導致偽回歸。為了避免偽回歸，可以透過數學方法對原始資料用差分等方法進行處理，使這些非平穩序列轉化為平穩序列，如果經過 n 次差分處理後原始序列已經轉化為平穩序列，則轉化後的資料成為 n 階單整，如果待進行回歸處理的兩個序列是同階單整的，則回歸後得到的結果就是所需要的接近現實的回歸結果。為了對城市化水平與相關影響因素之間進行回歸分析，本書首先對模型中的各個變數進行了單位根檢驗，進而判斷時間序列的平穩性以及不同參數之間同階平穩的階數。對變數的時間序列進行 ADF 檢驗結果如表 6-10。

表 6-10　城市化率及相關影響因素單位根檢驗結果 1%的顯著水平

	原始資料		一階差分		檢驗結果	包含項
	ADF 統計量	臨界值	ADF 統計量	臨界值	一階平穩	
城市化率（Y）	1.664128	−3.5778	−3.849617	−3.5814	一階平穩	截距
GDP（X_1）	−2.932059	−3.5778	−2.853348	−2.6132	一階平穩	無項
人口自然增長率（X_2）	−3.381925	−3.5778	−6.643971	−3.5814	一階平穩	截距
人口遷移率（X_3）	−3.261592	−3.5778	−6.202426	−3.5814	一階平穩	截距
第一產業產值比重（X_4）	−1.928965	−3.5778	−5.140956	−3.5814	一階平穩	截距
第二產業產值比重（X_5）	−2.496589	−3.5778	−5.128297	−3.5814	一階平穩	截距
第三產業產值比重（X_6）	−1.634255	−3.5778	−8.161479	−3.5814	一階平穩	截距
第一產業就業比重（X_7）	−1.390716	−3.5778	−4.173348	−3.5814	一階平穩	截距
第二產業就業比重（X_8）	−1.595332	−3.5778	−4.875437	−3.5814	一階平穩	截距
第三產業就業比重（X_9）	−1.388119	−3.5778	−4.177909	−3.5814	一階平穩	截距

在以上結果的基礎上，建立影響因素與城市化水平之間的一元線性回歸數學模型

$$Y = \alpha + \beta X_i$$

在回歸分析中發現，所建立回歸模型都存在不同程度的自相關，

所以還需要繼續對資料進行處理，以消除自相關。本書在資料處理過程中採用疊代法剔除自相關。設模型為：

$$Y_i = \beta_0 + \beta_1 X_i + u_i$$

擾動項的自相關為一階自回歸形式

$$u_i = \rho u_{i-1} + v_i$$

第 $i-1$ 期的模型為：

$$Y_{i-1} = \beta_0 + \beta_1 X_{i-1} + u_{i-1}$$

用原模型減去這個模型的 ρ 倍，得：

$$Y_i - \rho Y_{i-1} = \beta_0(1-\rho)\beta_1(X_i - \rho X_{i-1}) + u_i - \rho u_{i-1}$$

令

$$Y_i^* = Y_i - \rho Y_{i-1}$$
$$X_i^* = X_i - \rho X_{i-1}$$
$$\beta_0^* = \beta_0(1-\rho)$$

上式變化為：

$$Y_i^* = \beta_0^* + \beta_1 X_i^* + v_i$$

用 OLS 估計模型，得：

$$\hat{Y}_i = \hat{\beta}_0 + \hat{\beta}_1 X_i$$

由 $\hat{e}_i = Y_i - \hat{Y}_i$ 計算出第一輪的剩餘，記作：$e_1^{(1)}$、$e_2^{(1)}$……$e_i^{(1)}$。並計算出第一輪的估計值為：

$$\hat{\rho}^{(1)} = \frac{\sum_{i=2}^{n} e_i^{(1)} e_{i-1}^{(1)}}{\sum_{i=1}^{n} (e_{i-1}^{(1)})^2}$$

用 $\hat{\rho}^{(1)}$ 對原始模型進行變換，得到：

$$Y_i - \hat{\rho}^{(1)} Y_{i-1} = (1-\hat{\rho}^{(1)})\beta_0 + \beta_1(X_i - \hat{\rho} X_{i-1}) + v_i^{(1)}$$

其中 $v_i^{(1)} = u_i - \hat{\rho}^{(1)} u_{i-1}$，對新模型再次用 OLS，得到 β_0、β_1 的第二輪的估計值 $\hat{\hat{\beta}}_0$ 及 $\hat{\hat{\beta}}_1$，然後計算出第二輪的剩餘 $e_1^{(2)}$、$e_2^{(2)}$……$e_i^{(2)}$，

用這些剩餘再次計算第二輪的 ρ 的估計值。

$$\hat{\rho}^{(2)} = \frac{\sum_{i=2}^{n} e_i^{(2)} e_{i-1}^{(2)}}{\sum_{i=1}^{n} (e_{i-1}^{(2)})^2}$$

用疊代法剔除自相關後得到城市化率與多個解釋變數之間的各係數參量如表 6-11。

表 6-11　以城市化率為被解釋變數的
相關參數 5%顯著性水平雙尾檢驗

指標	C	$t-sta$	β	$t-sta$	R^2	$D-W$
第一產業產值比重	0.466060	3.689129	-10.98596	-2.554562	0.95	1.71
第二產業產值比重	7.831383	3.224129	78.35398	6.199155	0.96	1.83
第三產業產值比重	1.023645	5.000118	12.93539	2.073649	0.72	1.69
GDP	18.28039	38.52051	0.000219	14.85536	0.83	1.94
人口自然增長率	30.20451	16.69566	-0.499596	-4.851178	0.81	1.72
人口遷移率	20.29641	16.06868	1.481230	2.205266	0.96	1.57
第一產業就業比重	55.67298	16.99010	-48.85935	-10.32764	0.78	1.79
第二產業就業比重	8.533534	4.475146	82.22446	7.620902	0.93	1.88
第三產業就業比重	7.169918	5.396826	101.2889	12.10865	0.81	1.66

根據回歸結果，城市化水平與諸影響因素之間的關係與相關係數矩陣所得結論相同。在表所列出的諸多因素中，除第一產業產值比重、第一產業就業比重以及人口的自然增長率的 β 值為負外，其他均為正，這與現實中觀察到的結果是一致的。值得說明的是，人口自然增長率的 β 值為負，而人口遷移率的 β 為正，顯示我國的城市化進程中城市人口的增長主要是依靠機械增長，即農業人口的非農化，而不單單依靠城市自身人口的增加，這也說明我國的城市化進程已經很大程度上擺脫了制度約束而進入了相對快速發展階段。

第七章

中國城市化趨勢的判斷：
城郊化和小城市的發展選擇

　　城市化是世界的潮流，世界城市化水平呈現加速趨勢。研究城市化問題不進行趨勢分析顯然不完整，所以在研究中外城市化進程狀況和趨勢的基礎上，本章對中國城市化進程的未來發展趨勢進行了判斷。研究認為，由於發達國家的城市化水平已經很高，城市化的速度開始減緩，並且發達國家的城市化開始呈現郊區化趨勢。通過分析上海等大城市的城市人口密度均勻化趨勢也能說明我國大城市郊區化的趨勢非常明顯。研究表明，我國在城市化進程中 20 萬～50 萬人口規模的中小城市發展速度較其他規模城市的發展速度高，美國發展速度最高的城市規模也在 1 萬～10 萬，結合發達國家的經驗得出結論：中小城市的充分發展是未來我國城市化的路徑選擇。在進一步分析中，按照 2.3%年平均增長率和 1.08 個年增加百分點兩種保守的城市化標準對未來我國的城市化水平進行估算，預測我國城市化水平達到 60%的時間大概在 2020－2021 年，城市化水平達到 50%的時間大概在 2010－2012 年。

7.1　世界城市化進程中的問題與發展趨勢

　　交通擁堵、人口過多、環境污染等在中國大城市、特大城市發展中已經成為普遍問題，西方發達國家城市化進程中也曾經遇到過類似問題。研究認為，這些問題的產生源自城市的發展是以單個城市的增長為核心的，城市資源的過度開發以及城市成長規模過大，嚴重制約了城市的可持續發展。為了解決這些問題，紐約、芝加哥、東京、巴黎等國際大都市，都將人口、產業、政府、醫院、文教等機構遷往大城市邊緣地帶。同時，以大城市為中心、以眾多中小城鎮為衛星城的大都市圈的形成，實現了大城市與中小城市的優勢互補和集聚效應，為大都市可持續發展走出了一條成功的道路。所以，在城市化走向成熟的過程中，小城市的充分發展將是城市化的必然選擇，分析西方發達國家小城市發展戰略成功運行的原因，主要有以下幾個方面：通勤方式的多樣化與高效化；多元立體化交通體系，特別是城市快速軌道交通網絡的加速發展；充分發揮市場價格機制調節城市功能分工和人口與產業空間佈局。

在人類發展歷史的長河中大多以農村的生活方式存在、以農耕和狩獵求得生存，有關資料顯示，1800 年世界人口只有 3%居住在城市，1900 年世界人口中居住在城市的大約有 14%，其中只有 12 個城市的人口超過 1 百萬，1950 年世界居民中有 30%居住在城市，城市人口超過 1 百萬的城市數量達到 83 個。現在世界城市正在以前所未有的速度向前發展著，到 2000 年居住在城市的人口已經達到世界總人口的 47%，大約有 28 億，超過 1 百萬人口的城市數量已經有 411 個[1]。

城市化是世界的潮流。回顧歷史，人類的居住環境——聚落的形式和聚落組織經歷了三次大的變革。第一次是漁獵到農業的革命，人類從天然屏障洞穴中走出，出現了半永久性的農牧村舍，最後到定居的鄉村聚落，期間經歷了長達 5000 年的變革，它標誌著舊石器時代的結束，新石器時代的開始。第二次大的變革是城市的出現，由分散的村落向高度組織化的城市經濟發展，期間經歷了長達 1500 年的變

---

[1]　United Nations. World Urbanization Prospects, the 1999 Revision. 該書中對城市區域的定義表述如下：What is an urban area? An urban area may be defined by the number of residents, the population density, the percent of people not dependent upon agriculture, or the provision of such public utilities and services as electricity and education. Some countries define any place with apopulation of 2500 or more as urban; others set aminimum of 20000. There are no universal standards, and generally each country develops its own set of criteria for distinguishing urban areas. The United States defines urban as a city, town, or village with a minimum population of 2500 people.

革，王權制度和宗教神權的融合所產生的各種力量使城市誕生了，這大致發生在西元前 3500 年前後。第三次大的變革是自從工業革命時期開始一直持續到現在的世界性的城市化進程。第二次世界大戰後，世界性的城市化出現了一些新的特點，發達國家已經進入了"後城市化"階段，發展中國家正處在城市化中。城市化水平已經成為國家經濟社會發展水平和現代化程度的重要標誌。表 7-3～表 7-6 的統計數據充分說明了一個問題：雖然世界各個地區的城市化進程有差別，但城市化的總體水平在提高、速度在加快。從世界範圍看，在工業革命後的 200 多年的時間裡，世界人口快速增長的同時，世界城鎮人口以更快的速度增長，人口分佈的城鄉格局也發生逆轉。城市化進程的這種發展狀態與科學技術進步以及相應的產業結構變化不無關係，而這些條件的變化帶來城市規模擴展的同時使規模擴大後的城市擁有了吸納人口的巨大能力，城市人口的增長率就會呈現迅速增大趨勢。

表 7-1　世界總人口與城鎮人口年平均增長率變化

年份	總人口（‰）A	城鎮人口（‰）B	B-A
1800－1850	5.11	9.44	4.33
1850－1900	5.38	20.44	15.06
1900－1950	8.53	24.11	15.58
1950－1990	18.69	28.53	9.84

資料來源：周一星.城市地理學 [M]. 北京：商務印書館.1997.

統計資料顯示（表 7-1），1800－1850 年，世界人口的年平均增長率為 5.11‰，而城鎮人口的年平均增長率為 9.44‰，相應年份內城鎮人口的增長速度高於總人口速度 4.33‰。以後的 200 年間，城鎮人口的增長率始終高於總人口的增長率，其中 20 世紀中葉二者的差值達到最高峰，為 15.58‰，以後又逐漸下降，1950－1990 年間二者的差值為 9.84‰。1801－1851 年間，英國主要城市的人口增長也非常

迅速，這當時對於迅速擴張階段的城市化進程提供了數量證明，城市
人口增長速度高的時期較前一計算周期高出將近 70%，較慢的時期也
在 20%（如表 7-2）。

表 7-2　英國 1801 − 1851 年主要城市人口增長

單位：千人

	1801 年	1811 年	1821 年	1831 年	1841 年	1851 年
大倫敦	1117	1327	1600	1907	2239	2635
格拉斯格	77	101	147	202	275	343
較前增長（%）	—	18.8	20.6	19.2	17.4	17.7
較前增長（%）	—	31.2	45.5	37.4	36.1	24.7
伯明翰	71	83	102	144	183	233
佈雷德福	13	16	26	44	67	104
較前增長（%）	—	16.9	22.9	41.2	27.1	27.3
較前增長（%）	—	23.1	62.5	69.2	52.3	55.2
曼徹斯特	75	89	126	132	235	303
利茲	53	63	84	123	152	172
較前增長（%）	—	18.7	41.6	4.8	78.0	28.9
較前增長（%）	-	18.9	33.3	46.4	23.6	13.2
利物浦	82	104	138	202	285	376
謝菲爾德	46	53	65	92	111	135
較前增長（%）	-	26.8	32.7	46.4	41.1	31.9
較前增長（%）	-	15.2	22.6	41.5	20.7	21.6

資料來源：K.J.巴頓.城市經濟學——理論與政策　[M]. 北京：商務印書
　　　　　館.1984：18.

表 7-3　世界分地區的城市總人口數
及占總人口比例（1960－2000 年）

地區	1960 年		1980 年		2000 年	
	總數（百萬）	占比（%）	總數（百萬）	占比（%）	總數（百萬）	占比（%）
北美	139	69.9	186	73.8	223	74.9
北歐	58	76.7	70	85.0	74	88.3
西歐	96	71.4	121	78.9	127	81.2
南歐	58	49.5	84	60.5	104	68.1
東歐	46	47.5	65	59.4	80	66.7
發達國家合計	571	60.5	798	70.2	950	74.4
東非	5.8	7.3	21.5	15.1	77.5	32.0
中非	5.9	18.0	16.4	31.6	43.9	51.4
北非	20.9	32.0	43.0	39.9	88.8	50.6
南非	8.8	42.3	16.3	49.6	33.2	60.9
西非	11.2	13.8	32.0	22.2	96.7	34.9
東亞	198	25.0	331	28.1	485	32.9
東南亞	40	17.6	87	24.0	184	35.5
南亞	103	17.3	220	23.2	466	33.6
西亞	18	32.9	51	51.6	107	64.0
中美	23	46.7	56	60.4	105	70.6
溫帶南美	22	72.7	35	82.3	49	88.6
熱帶南美	54	46.1	130	66.0	239	79.4
發展中國家合計	460	22.2	966	29.2	1904	39.3

資料來源：U. N. World Urbanization Prospects [J]. the 1999 Revision, 2001.

　　表 7-3 列出了世界範圍內 1960－2000 年間各洲詳細地區的城市化水平發展狀況，無論是發展中國家還是發達國家其城市化水平逐漸上升是一個總體趨勢，但是發展速度有所不同，1960－1980 年間，發達國家較發展中國家城市化水平上升的速度快，發達國家由 60.5%上升到 70.2%，上升 9.7 個百分點，發展中國家由 22.2%上升到 29.2%，上

升 7 個百分點。而 1980－2000 年間城市化水平的發展速度正好相反，發達國家的速度明顯放慢，發展中國家明顯加快，發達國家由70.2%上升到 74.4%，發展中國家由 29.2%上升到 39.3%，上升將近 10個百分點。城市化水平在各洲的分布也有很大差別，在發達國家地區北歐最高，其次是西歐和北美，在發展中國家地區最高的地區是溫帶南美，其次是熱帶南美、中美、西亞和南非，其他發展中國家的城市化率都在 30%～50%之間，雖然如此，較 1960 年而言都有大幅度的上升。

表 7-4　世界的城鎮人口比重

單位：%

地區或大洲	1950 年	1960 年	1970 年	1980 年	2000 年	2030 年（預測）
世界	29.7	33.6	36.7	39.6	47.0	60.3
世界（不含中國）	34.6	38.5	42.3	45.4	51.0	62.5
發達地區	54.9	61.4	67.6	71.5	76.0	83.5
發展中地區	17.8	21.6	25.1	29.3	39.9	56.2
發展中地區（不含中國）	20.3	24.1	28.5	33.4	42.7	57.9
最不發達地區	7.1	9.3	12.7	16.8	26.0	44.5
亞洲	17.4	20.8	23.4	26.9	36.7	53.4
歐洲	52.4	58.0	64.5	69.4	75.8	82.6
非洲	14.7	18.5	23.1	27.3	37.9	54.5
北美	63.9	69.9	73.8	73.9	77.2	84.8
拉美	41.4	49.3	57.4	64.9	75.3	83.3
大洋洲	61.6	66.4	70.8	71.2	70.2	74.4

資料來源：U. N. World Urbanization Prospects [J]. the 1999 Revision, 2001.

表 7-4 分析了各大洲以及發達國家與發展中國家對比情況下 1950－2030 年間城市化水平的狀況。世界總水平將由 1960 年的 29.7%增長到 2030 年的 60.3%。不含中國情況下世界城市化水平稍高，這說明

中國的城 市化水平仍然低於世界平均水平。在 2030 年發達國家的城市化水平將達到 83.5%，這比 1950 年提高近 30 個百分點，發展中國家也將達到 56.2%，比 1950 年提高近 40 個百分點。就各大洲而言，2030 年時北美將是城市化 水平最高的地區，達 84.8%；其次是拉美和歐洲，分別達到 83.3%和 82.6%。從城鎮人口年平均增長率看，世界平均水平在 1950－1960 年間年平均 增長 1.24%，1960 年以後基本保持在年平均增長 0.8%的水平且基本穩定。 其中發達地區 1950－1960 年間年平均增長 1.13%，而後在 1960－2003 年間 年平均增長率由 0.95%降低到 0.31%。從各大洲看，分階段的年平均增長率都 在降低，其中拉美、大洋洲、歐洲降低得最快，非洲和亞洲降低得較慢，城市人口的年平均增長仍然保持在較高的水平，一般保持在 1.2%～1.8%。

世界城市人口的年增長率（如表 7-5）顯示，世界的總體增長速度在下降，已經由 1950－1960 年間的 1.24%下降到 2000－2003 年的 0.83%，發達地區的下降速度更加明顯，已經由 1950－1960 年間的 1.13%下降到 2000－2003 年間的 0.31%，發展中國家的變化幅度不如發達國家明顯，在相同時期內由 1.95%下降到 1.15%，在同一時期內世界最不發達地區的城 市化水平的增長速度不但沒有下降反而有所升高，由 1.73%上升到 1.81%。就各大洲而言，同一時期內歐洲的下降幅度最明顯，由 1.02%下降到 0.33%，其次是北美、拉美和大洋洲，降幅分別爲 0.9%下降到 0.3%、1.76%下降到 0.34%、0.75%下降到 0.19%。而非洲和亞洲的城 市化速度雖然也都呈現下降趨勢，但下降幅度還很小，基本上還維持在高 速度發展狀態。

表 7-5　世界的城鎮人口比重年增長率

單位：%

地區或大洲	1950－1960 年	1960－1970 年	1970－1980 年	1980－2000 年	2000－2003 年
世界	1.24	0.89	0.76	0.86	0.83
世界（不含中國）	1.07	0.95	0.71	0.58	0.68
發達地區	1.13	0.97	0.56	0.31	0.31
發展中地區	1.95	1.51	1.56	1.56	1.15
發展中地區（不含中國）	1.73	1.69	1.60	1.24	1.02
最不發達地區	1.73	3.16	2.84	2.21	1.81
亞洲	1.80	1.18	1.40	1.57	1.26
歐洲	1.02	1.07	0.73	0.38	0.33
非洲	2.33	2.25	1.68	1.65	1.22
北美	0.90	0.54	0.01	0.22	0.30
拉美	1.76	1.53	1.24	0.75	0.34
大洋洲	0.75	0.64	0.06	-0.07	0.19

資料來源：U. N. World Urbanization Prospects [M]. the 1999 Revision, 2001.

表 7-6　世界發達地區和欠發達地區的人口城市化比較

年份	世界			發達地區			欠發達地區		
	T（百萬）	U（百萬）	R（%）	T（百萬）	U（百萬）	R（%）	T（百萬）	U（百萬）	R（%）
1800	978	50	5.1	273	20	7.3	705	30	4.3
1850	1262	80	6.3	352	40	11.4	910	40	4.4
1900	1650	220	13.3	575	150	26.1	1075	70	6.5
1925	1950	400	20.5	715	285	39.9	1235	115	9.3
1950	2501	724	29.0	854	449	52.5	1647	175	16.7
1975	4076	1564	38.4	1095	753	68.6	2981	811	27.2
1990	5246	2234	42.6	1210	877	72.5	4036	1357	33.6
2010	6122	2854	46.6	1277	950	74.4	4845	1904	39.9

資料來源：周一星.城市地理學 [M]. 北京：商務印書館，1997.

如果把時間追溯得更長一點，如表 7-7，表示了 1920－1980 年間各大洲的城市化水平年平均增長率，其中非洲最高 4.4%，其次分別爲拉美 4.2%、亞洲 3.5%、歐洲 1.5%、北美 1.9%、大洋洲 2.2%。若以 10 年爲一個時間段對各洲的城市化進步狀況進行考察，各洲的城市化狀況也表現出很大的差異：亞洲從 2.5%上升到 3.6%，非洲從 4.1%上升到 5.0%，拉美基本保持在 4.1%，歐洲也保持在 1.5%的比較平穩的水平，北美呈下降趨勢，從 2.2%下降到 1.4%。這與表 7-5 中關於 20 世紀 50 年代以後的分析結果表現出一些細微差異，即不但亞洲和非洲的城市化水平呈現快速增長趨勢，而且歐洲、北美、大洋洲的城市化速度下降的幅度也很小，同時拉美基本上沒有下降，一直保持在一個比較高的水平上穩步發展。

表 7-7　1920－1980 年世界各大洲城市人口年平均增長率比較

單位：%

地區	1920－ 1930 年	1930－ 1940 年	1940－ 1950 年	1950－ 1960 年	1960－ 1970 年	1970－ 1980 年	1920－ 1980 年
亞洲	2.5	3.3	3.0	4.7	3.5	3.6	3.5
非洲	4.1	2.9	4.6	4.4	4.9	5.0	4.4
拉丁美洲	4.1	2.9	5.1	4.9	4.2	3.9	4.2
北美洲	2.2	1.3	2.2	2.3	1.8	1.4	1.9
歐洲	1.5	1.3	0.8	2.1	1.8	1.5	1.5
大洋洲	2.2	1.8	2.5	3.0	2.8	2.6	2.2

資料來源：王聖學.城市化與中國城市化分析 [M]. 西安：陝西人民出版社. 1992.

我國城市人口也在快速增加。根據王茂林研究，假定中國人口按照城市一對夫婦只生育一個孩子，農村只生育二個孩子計算，到 2020 年中國人口將達到 14.7 億，到 2050 年將達到 15.8 億，2050 年以後總人口不再繼續增長。假定城市數量不變，規模不變，鄉村人口城市化的結果，到 2020 年城鎮人口將比 1997 年翻兩倍，2050 年城鎮人口將比 1997 年增加 3.74 倍。但根據現有資源狀況，對於北京市、上海市這樣的大城市已經不能容納這樣多的城市人口。如果完全造新城接納城市化人口，到 2020 年小城鎮、小城市、中等城市、大城市和特大城市人口數量將比 1997 年分別增加 1.82 倍、3.00 倍、2.50 倍、2.00 倍、1.50 倍和 1.25 倍，到 2050 年將比 1997 年分別增加 4.11 倍、3.50 倍、3.00 倍、2.5 倍、2.00 倍和 1.5 倍（如表 7-8 和表 7-9）。城市化進程的這種趨勢會對中國經濟增長造成巨大壓力，所以在不合適的時期發展水平不相稱的城市規模不但不會促進區域經濟的進步反而會產生嚴重的阻礙作用。走怎樣的城市化道路是城市化進程中的一個具有現實意義的實踐問題，必須在不同規模的城市、城市的發展速度與人口規模、經濟發展狀況之間尋求一個相對合理的均衡狀態。

表 7-8　未來 50 年中國人口城市化發展趨勢

年份	1997 年	2000 年	2010 年	2020 年	2030 年	2040 年	2050 年
總人口（億）	11.2	12.9	14.0	14.7	15.3	15.7	15.8
城市人口（億）	2.96	4.13	5.60	7.35	8.87	10.21	11.06
為 1997 年倍數	－	1.40	1.89	2.48	3.00	3.45	3.74

資料來源：王茂林. 新中國城市經濟 50 年 [M]. 北京：經濟管理出版社，
　　　　　2000: 52.

表 7-9　未來 50 年中國不同等級城鎮的發展趨勢

城鎮等級	>200 萬	200 萬～100 萬	100 萬～50 萬	50 萬～20 萬	<20 萬	鎮
1997 年規模（億）	0.515	0.440	0.447	0.857	0.331	1.11
2020 年比 1997 年增長（%）	125	150	200	250	300	182
2020 年規模（億）	0.643	0.660	0.894	2.141	0.993	2.02
2050 年比 1997 年增長（%）	150	200	250	300	350	411
2050 年規模（億）	0.772	0.880	1.117	2.570	1.159	4.560

資料來源：王茂林.新中國城市經濟 50 年 [M]. 北京：經濟管理出版社，2000:
　　　　　53.

7.2　城市化進程中的城郊化趨勢[1]

　　城市化的過程表現爲集中和擴散兩個方向，聚集過程導致集中型城市化，擴散過程導致擴散型城市化。在一定歷史時期內總有一種城市化形態占主導地位，從而使城市化過程分爲階段性，集中型城市化一般是城市化前期的主要地理特徵，擴散型城市化是城市化後期的主要地理特徵。在城市化初期發展階段，只有城市人口的增加和密度的提高，以及城區的不斷擴大；在城市化中期階段，一般是集中型城市化與擴散型城市化相結合發展，這時城市範圍在不斷擴大，原有城區人口雖然也有一定增加，但增長速度已經下降；在城市化後期階段，市中心區出現城市人口減少、人口密度降低，城市的空間地域範圍擴大（如圖 7-1）。城市的空間地域範圍擴大表現爲城市化進程的城郊化。圖中有五條曲線分別表示了城市化進程中的五種狀態：原有城市時期城市範圍較小，密度曲線較陡直，城市中心區密度較高；初期發展時期城市範圍開始延展，密度曲線仍然較陡直，城市中心區密度仍然在繼續升高；中前期的城市規模繼續延展，密度曲線仍陡直，城市中心區的密度繼續升高；中後期的城市規模繼續發展，密度曲線較平緩，城市中心區的人口密度上升的速度開始下降但人口密度仍在上升；後期的城市發展過程中城市規模已經很大，密度曲線非常平緩，城市中心區的人口密度開始下降。

　　城市化水平在各國表現有所不同，發達國家包括美國、英國、法國、俄羅斯和日本等在 20 世紀 90 年代已經進入後城市化時期，這些國家從城市化的中後期開始都有“逆城市化”現象產生。“逆城市

---

[1]　顧朝林.集聚與擴散：城市空間結構新論 [M]. 南京：東南大學出版社，2000: 139. 顧朝林認爲，城市郊區化是中心區地租昂貴、人口稠密、交通擁擠、環境惡劣、形成巨大的推力，促使市中心區人口、產業外遷，形成相對中心區而言的城市離心化現象。

化”是指在城市發展演變過程中，由於城市中心地帶生存空間日益狹小、交通條件日益擁擠以及地價日益上漲等原因，中心城區居民遷出城市中心，不斷向城市邊緣及郊區、鄉村地帶遷移的趨勢。主要表現在人口空心化和產業空心化，各國“逆城市化”的特點不盡相同。

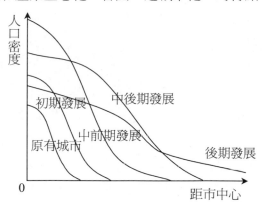

圖 7-1　不同時期城市的擴展曲線對比

美國的城市化開始於 18 世紀末，到 1870 年實現初步城市化後城市化進程開始進入快速發展階段，到 20 世紀 20 年代時進入城市化成熟階段。圖 7-2 顯示了 1860－1920 年間美國部分城市市區面積的快速增長情況。圖中資料說明，波士頓、芝加哥、辛辛那提、底特律、洛杉磯、紐約、西雅圖等城市的市區面積雖然擴展速度不同，但都有上升的趨勢，其中洛杉磯、紐約和芝加哥的發展速度最快。進入 19 世紀初美國有大量人口湧入城市，原來的城市系統已經不能滿足如此多的人口在城市生存，於是城市規模迅速膨脹。19 世紀 80 年代，電車的出現使部分有能力購買這些現代交通設備的富裕階層可以遠離城市而到郊區建設住宅，這時的郊區是在城市滲透的基礎上產生的，這些首先遷移到城市邊緣區的富人成為城市郊區的最初居住者。進入 20 世紀，美國郊區的人口迅速增長，郊區人口的增長率迅速超過城市中心的人口增長率，如表 7-10 是對 1810－1860 年間美國主要城市與郊區人口數量變化的一個統計結果。分析結果顯示，這些城市在此期間郊區人口的增長率是市區人口增長率的 2～3 倍。城市化進程的這種趨勢得力於汽車工業的發展。汽車工業的迅速發展使得美國人渴望居住在低密度的城市週邊區的理想成為現實，這種強烈的願望以及汽車工業的迅速發展要求通向郊區的基礎設施同步發展，於是交通的發展使得郊區擴展到離城市更遠的地方。開發商抓住這樣的機會在郊區投資大量建設住宅，使得郊區人口的增長速度達到有史以來的最高水準，到 20 世紀 60 年代，美國的很多商業中心相繼開始外移，郊區開始出現很多規模較大的購物中心，這時期往返於郊區和城市中心的許多通勤人員也開始選擇郊區為其固定的工作地點。隨著郊區經濟功能的逐步完善，在郊區開始出現具有就業、購物、娛樂等多重性質的新都市中心，於是美國的大都市周圍開始出現邊緣城市。進入 20 世紀八九十年代以後，隨著這些邊緣城市的基礎設施不斷完善，郊區化中心的複合作用越來越強，其也更加獨立和完善。

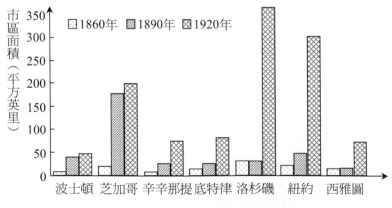

圖 7-2　1860－1920 年美國部分城市市區面積

表 7-10　1810－1860 年美國主要城市及郊區人口變化

單位：%

城市	1810－1820 年		1820－1830 年		1830－1840 年		1840－1850 年		1850－1860 年	
	城市	郊區	城市	郊區	城市	郊區	城市	郊區	城市	郊區
紐約	28.4	63.0	63.8	114.6	54.4	135.4	64.9	167.3	57.8	88.5
波士頓	28.1	25.7	41.8	35.2	38.5	44.8	61.0	84.7	29.9	53.8
費城	18.8	25.3	26.1	47.8	16.4	51.7	29.6	74.8	11.0	48.8
聖路易斯	187.4	33.3	27.3	52.6	181.4	135.9	51.8	309.9	20.0	100.7

資料來源：Kenneth T .Jackson. Crabgrass Frontier: The suburbanization of the United States [M]. New York: Oxford University Press, 1985.

　　美國邊緣城市的形成分為三個階段：城市居住功能郊區化階段，即居民住宅建到城市郊外；郊區購物中心大規模化階段，即大城市的郊外建造了許多方便居民購物的大規模購物中心；邊緣城市階段，即在原有的城市周邊郊區基礎上形成的具備就業場所、購物、娛樂等城市功能的新都市。邊緣城市完全是在市場機制作用下形成的，其表現出如下特點：建築低且分散佈局在廣闊的地域範圍內；建築群之間有便利的廊道相連接；高速公路將郊區城市與大城市連接起來；邊緣城市設有商業中心和健全的健身娛樂設施；無普通城市行政等級區劃。邊緣城市的興起原因在於：起源於郊區城鎮；依託強烈的經濟增長點興起；規劃形成。統計顯示，美國大約有 200 多個邊緣城市，而且有三分之二的寫字樓都建在了邊緣城市。邊緣城市的居民主要是中產階級，規劃理念也是基於小汽車交通。20 世紀 90 年代以來，美國的傳統城市中心及其邊緣城市構成的多中心大都市圈進一步呈現週邊拓展趨勢，這一趨勢在農村集鎮的基礎上激發了農村地區的城市化。

　　德國的城市化進程中表現出兩個非常鮮明的特點：中小城鎮是城市化的主體、城鄉一體化程度高。德國有大中小城市 580 多個，百萬人口以上城市只有柏林、漢堡和慕尼黑，小城市（人口在 2 萬～20

萬）在所有城市中占了 76%。在城鄉一體化中法蘭克福經濟區非常能夠說明問題，它是德國的交通樞紐，對整個歐洲的作用也非常重要，進入 20 世紀 90 年代以來，儘管法蘭克福的經濟地位在增強，但市區人口呈現負增長趨勢，這說明大城市的人口在逐步向郊區和中小城市流動。德國每年有 20 萬人向郊區和小城市流動，城市空心化、城鄉一體化進一步加強。

日本的城市化是伴隨工業化而發展起來的，始於明治維新時期。第二次世界大戰後，日本經濟的騰飛和科學技術的飛速發展使其工業化進程加速，其間城市化進程的特點是先集中後分散而後又集中的模式，這與日本工業化初期財團勢力主要集中於大城市以及日本國土狹小有關係，形成了三灣一海的城市帶。這決定了城市發展必須是空間壓縮式的格局，所以日本採取的是大城市主導型的城市發展道路。高度的工業化帶來了人口在城市的集中，但由於城市容量的限制，城市化又進入郊區化階段。該階段由於大城市地域對外擴張和延伸，形成了近郊工業地帶和住宅區，於是徹底打通了大城市和周圍地區在地理上的間隔，並且文化和生活方式上的差距也在縮小，與大多數國家一樣，其形成了以大都市為核心的大城市圈的地域結構。日本的城市發展模式與歐美城市發展最不同之處在於其形成機制不是商品經濟充分發展的產物，而完全是出於政治行為。早期城市建設的目的在於維護集權統治，後期的城市建設也不是為了城市居民的生活，而是充分發展基本生產建設。日本的農村城市化水平高是政府大量投資的結果，政府通過貸款、財政撥款、地方債券等方式用於公共基礎設施建設，在很大程度上推動了城市化水平在城市及郊區的全面拓展。日本戰敗初期，經濟分佈在空間上呈現二元分佈，城鄉之間收入的巨大差距加速了鄉村資源向城市的快速流動，1955－1970 年間，東京、大阪、名古屋的城市人口增加了 1000 萬，到 20 世紀 70 年代後，日本人口的

75%已經城市化，即使偏僻的山村也都在都市文明的籠罩下，這時城鄉統一的單一都市結構形成。20 世紀 60 年代，日本開始迅速郊區化，每年增長人口的 30%～50%都佈局在郊區。

日本的城市化機制可以概括爲：在充分發展經濟的條件下實現規模經濟和聚集經濟，從而使得農村經濟發展要素逐步轉化爲城市的經濟要素，並逐步發展成爲城市發展的驅動力。同時在工業化推動城市化進程的過程中，政府扮演了重要角色。總體而言，日本的城市化進程的主要特點可以概括爲：①工業化與城市化相互推動：第二次世界大戰後，日本工業發展迅速的時期也是其城市迅速發展的時期，最爲明顯的就是第一次世界大戰後的日本重化工業的發展促進了日本一批新興工業城市的誕生，以這些工業城市爲依託進一步形成了相互依賴的產業鏈進而對其城市體系的發展起到了巨大的促進作用。②小城市發揮著重要的促進功能：日本城市化進程中雖然大城市發揮著重要作用，但小城市的功能也是非常顯著的。這些小城市的功能包括三大產業在內的經濟綜合體，小城市與大城市形成了很好的互補。③政府在城市化進程中發揮著重要的作用：政府設置國土廳發揮著重要的規劃作用，目的是根據國土的自然條件綜合開發和利用國土資源並合理配置產業發展格局；政府採取種種優惠措施促進工業經濟快速增長。日本爲了促進自己的高新技術產業的發展，政府幾乎規定對所有高科技的進口都實行減免稅的稅收優惠制度，從而在很大程度上保障了工業化進程。爲保障城市化進程的順利實施，政府從多個角度制定了相關法律來確保城市化的進程，在制定法律的過程中充分考慮到了不同區域的經濟發展狀況的具體實際，具體周密的法律措施的制定保障了日本城市化進程的效率。

英國的城市化進程特點主要表現在四方面：①中小城市和城鎮在城市化進程中具有重要作用。從總體上看，英國的城市化進程中小城鎮發揮了重要作用，研究顯示，第二次世界大戰以後十多萬人以下的中小城鎮得到迅速發展，有的小城鎮只有幾千人，但這些小城鎮在政府的規劃下得到了有序發展。城市發展中講求單個小城鎮的發展與城鎮體系的綜合功能相結合，在此過程中城市規劃發揮了關鍵作用。在充分發揮由政府出面的城市規劃作用的過程中，也鼓勵市民參與，充分體現城市發展中的人本思想。在城市規劃中不僅注重單個城市的發展，而且十分關注城市體系的空間佈局，將單個城市發展與城市體系的建設結合起來。②不同規模和類型的小城鎮互補發展。英國的城市化進程中，不同規模和類型的小城鎮各具特色，在城市化進程中形成互補發展格局。第二次世界大戰後倫敦等大城市的人口迅速膨脹，在城市病逐漸明朗化的同時大量人口開始向城外遷移，城市發展進程中開始注重衛星城建設，衛星城由此迅速發展起來，小城鎮的地位在經濟發展中逐漸確定。③小城鎮管理政策靈活。第二次世界大戰後大城市的人口開始外移，城市空心化現象明顯，導致城市發展中的內城危機，為解決這種問題，英國政府開始實施內城改造，並專門建設城市開發公司和企業特區，逐步將城市發展政策的重點由地區中心城市轉為中小城市和中心城市的衛星城，逐漸形成大、中、小城市及小城鎮的分層發展格局。城市可以劃分為兩種類型：在某種資源或某個主導產業的依託下發展起來及依託大城市得到發展。④新城建設與舊城改造過程中體現現代文化與傳統文化相協調。城市發展有自己的文化積澱，城市的發展應該體現和保留不同歷史時期的文化，所以這些國家的城市發展進程中使得現代文化與傳統文化形成了完美的契合，體現了建築、景觀文化與旅遊價值的和諧發展。城市化進程中，英國非常注重郊區新城的建設，郊區新城完全是由政府撥款的新城開發公司聯合私有企業在專業規劃指導下建立起來的，新城的實踐完成於對大倫敦的規劃。為了保障質量和進展有序，中央政府組建了新城委員會對

新城開發公司的工作實行指導、監督。到 20 世紀 70 年代中期，英國
建立了 33 座新城，新城內的居住社區由鄰里或村等不同形式的居住
單元構成。20 世紀 70 年代後期，經濟結構的變化造成英國的主要城
市都出現了不同程度的衰敗，為了振興城市經濟，新城的功能開始由
轉移過剩人口和工業轉向協助大城市恢復內城經濟，且新城的開發不
再局限於大城市的都市區週邊地區而是擴充到整個區域範圍，於是城
市郊區化的速度開始大幅增加。這時新城的發展主要著眼於大都市中
心的經濟發展，除了像原有的新城一樣擁有完善的、基本的公共和社
會基礎設施外，其還具備了更加完善的生活服務設施和文化娛樂設
施。20 世紀 90 年代初，英國的城市人口已達 90%，其中的 23%是居
住在政府規劃和建設的各種不同規模的新城內。所以從英國新城的發
展過程可以看出政府的規劃發揮著重要作用，科學的規劃解決了英國
戰後城市人口的擁擠問題和戰爭導致的城市無序發展問題。英、澳兩
國郊區化進程中政府都發揮了重要作用，兩國在這一點上有很大的相
似性，這也是與美國郊區化進程的最大不同。

　　從整個城市化進程來看俄羅斯的城市化水平速度很快，十月革命
以後的 70 年間其城市人口從 0.291 億增加到 1.775 億，是原來的 6
倍。以莫斯科為例，莫斯科市區面積 994 平方公里，在一個多世紀中
發展到了原來的 17.75 倍，主要是沿交通線呈放射狀、走廊式發展。
前蘇聯長期實行低房租政策，城市工人家庭收支構成中，房租、公用
事業費和私人住宅維修費到 20 世紀 70 年代初期僅占 2.7%，經濟發展
的成本長時期以來過多地由政府負擔。為了更好的發展經濟，城市建
設的成本開始轉嫁給市場，地價開始上揚，市區地價攀高使得居民點
佈局呈現新特點：過多的土地需求只能在郊區得到滿足。土地的需求
者主要是城市居民，目的是為了尋找第二住所和輔助消遣，土地的用
途主要分為四類：鄉間別墅、果園、菜地和村舍。從一定意義上來

說，莫斯科市郊的土地利用類型反映了莫斯科市民擁有財富的空間分佈格局。

　　澳大利亞郊區中心城市的形成過程與美國邊緣城市的形成過程沒有區別，郊區與城市之間固有的土地差價使市場行為推動了郊區城市中心的形成。州政府的規劃對郊區中心城市的有序發展起到了關鍵的作用。20 世紀 70 年代以前，在政府沒有限制的情況下大批的辦公樓遷往各大城市的郊區，從而導致了郊區發展的無序化，從 70 年代起，澳大利亞各州政府對這種分散的發展方式作了法律上的限制，由於規劃的限制，郊區的基礎設施建設完全在政府的藍圖下進行，使得郊區城市的發展與景觀設計高度一致，郊區城市的建設和發展由無序變為有序。從郊區城市的形成模式看，澳大利亞與美國還是有一定區別，表現在：①依託跨國集團發展起來的城市體系：澳大利亞的郊區城市不是以高新技術為支柱產業得以形成，其經濟部門是由跨國集團控制的。在澳大利亞境內的多數是外國公司的行政管理分支機構，其城市的擴展速度和規模與其外向型經濟的發展狀況有很大的聯繫。②富裕階層大多居住在城市中心：澳大利亞的富裕基層比較鍾情於傳統的城市中心，許多澳大利亞的富裕階層仍把居住在城市中心區的高檔地段作為身份的標誌，郊區居住的大多是中等收入階層，這一點與目前的中國有些相似。③城市發展在地域上呈現連續性：澳大利亞的中心商務區只是在原有基礎上擴展，即在空間上表現為依託原有商業中心向四周蔓延，在地理上的過渡呈現連續性，不像美國那樣在遠離原來商務區的地方重新興起一個獨立的商務中心，在地理區域上表現出很大的跳躍性。④中心城市與郊區城市依託發展：澳大利亞的郊區城市與中心城市之間是依託發展的，並沒有像美國那樣郊區城市與中心城市之間形成競爭的發展趨勢。⑤城市沿交通幹線擴展：澳大利亞的交通發展非常完善，這也是政府發展鐵路為其主要公共交通工具的思路，由此澳大利亞的城市發展也主要是沿著鐵路交通線而進行的。⑥
政府鼓勵人口郊區化：人口郊區化是澳大利亞的城市發展方向，但在
這個過程中政府對郊區的發展進行了合理的規劃，為防止郊區發展的
無序，政府對郊區經濟發展的產業性質、區域佈局以及程度規模等都
進行了適度限制。為此，政府不主張單純依託市場力量推動城市發
展，而積極強化政府規劃在城市有序發展過程中的重要作用，政府通
過公共設施的投資建設和強化已有的基礎設施的建設使公共基礎設施
運用高效化，由此保障了城市之間以及城市中心地區與郊區的協調發
展。

表 7-11　英德美澳日俄六國的城市化模式比較

		英國和德國	美國	澳大利亞	日本和俄國
1	主導城市	中小城市和城鎮	中小城市為主體	大城市	以大中城市為主體
2	城市關係	各類城鎮互補發展	中小城市等級序列	大城市帶動郊區城市	各級城市間的序列
3	工業基礎	工業化推進城市化	工業化帶動城市化	工業化帶動城市化	與城市化同步推進
4	經濟實體	國際資金投入	國際資金投入	跨國集團充分發展	中小企業起重要作用
5	內外力關係	內力起主導作用	內生作用為主	外力發揮著主導作用	內外力相結合
6	政府作用	保障城市有序發展	多靠市場力量配置	政府規劃起重要作用	發揮巨大的干預作用
7	政府措施	政府撥款和規劃	地方財政支援	法律限制	工業佈局和農村投入
8	農業地位	農業人口遷移	農城發展相互促進	城市化推進農業進步	早期農業出現衰退
9	郊區化模式	郊區新城	邊緣城市	郊區中心城市	城市郊區化

表 7-11（續）

		英國和德國	美國	澳大利亞	日本和俄國
10	富裕階層	城市週邊區	城市週邊區	城市中心區	城市週邊區
11	地域特點	地域上呈現連續性	跳躍性城市化進程	地域上呈現連續性	地域上呈現連續性
12	郊區化政策	鼓勵人口郊區化	鼓勵人口郊區化	鼓勵人口郊區化	鼓勵人口郊區化
13	擴展方式	飛地式建新城	城市週邊衛星城	攤大餅式向週邊擴展	攤大餅式向週邊擴展

對比六個發達國家的城市郊區化過程，我國的城市郊區化表現出：被動色彩濃、企事業單位外遷早於人口外遷、呈現攤大餅方式蔓延、郊區化過程中城市中心區衰落、郊區化還不是一般現象、城際之間缺乏快捷的交通運輸便道，具體比較如表 7-12。我國在郊區城市化的初期就已經表現出這些問題，這將會使我國進一步城市化過程中付出更多成本，為儘量避免以上缺陷，就需要更多借鑒發達國家郊區城市化過程中已經取得的成功經驗。

表 7-12　中外城市郊區化的差異比較

	發達國家的城市化	中國的城市化
動力	迫於環境的壓力：逃避惡劣的居住、交通和工作環境，追求寬敞、寧靜工作和生活空間	帶有明顯被動色彩，政府指令下使商業和工業企業外遷向城市邊緣、大城市周圍建設衛星城
過程	人口外遷與就業職位的減少不同步，一般人口外遷時間早於就業衰落時間	企、事業單位外遷早於人口外遷，原因在於我國計劃經濟時期的企業辦社會
程度	遷往郊區的人口往往選擇幹道邊，距離市中心遠，郊區化促進了私車普及，延伸距離遠	城市空間呈攤大餅蔓延，私車及住房購買力不足及公共捷運系統不完善使郊區化距離有限

表 7-12（續）

		發達國家的城市化	中國的城市化
郊區化的結果	中心城區	城市中心的商業、製造業及人口外遷產生城市"空心化"；郊區出現土地浪費	在製造業外遷的同時中心商業區並沒有衰落，出現中心商業區與郊區化並存的局面
	郊－城關係	衛星城鎮開始由單一功能向綜合功能方向發展，獨立程度加強	郊區城不是獨立的新城，職能上與中心城之間存在很大的依附關係
	空間結構	單個的城市空間走向分散，區域內城市走向集中，各城市間相互依賴、相互補償	個別城市出現郊區化，有一定的輻射力；城市郊區化慢；郊區不連續，無法形成集合城市
交通設施		以小汽車的普及和高速公路道路網的建設爲前提，郊區化與郊區交通網絡相互促進	缺乏市域或域際軌道交通系統、城市私人汽車擁有率低，交通網絡向城市郊區擴展的速度慢

　　以郊區中心鎮爲重點發揮政府規劃作用：發達國家郊區化的實踐顯示，城市化進程中大城市爲分散職能而在其周圍形成相對獨立的邊緣城市，以便減輕中心城市的壓力，同時城市體系也向多核心方向發展。就我國目前的城市郊區化水平而言，大城市郊區的小城鎮大多規模小且功能不完善，與發達國家相對獨立的邊緣城市相比較還存在很大差距，同時由於經濟發展水平的原因導致職工即使在郊區工作也要到城市生活，由此從根本上不能解決大城市職能分散的問題。爲儘快解決這些問題，就需要政府介入對郊區中心鎮的建設進行重點規劃，將目前功能比較單一的郊區鎮建設成爲集娛樂、購物、居住、生產等功能於一體的綜合性城市單元。日本、英國的郊區城市化進程中政府就發揮了很好的規劃作用，無論最初目的是政治性的還是經濟分散性的，最終都通過合理規劃使得郊區與中心城市的經濟得到了合理發展。

　　避免中心城市由於產業外移造成經濟衰退：發達國家城市郊區化

過程大多也是中心城市經濟衰落的過程，四個國家郊區城市化過程中都不同程度的發生了中心城市經濟衰退的問題，主要原因在於城市發展中的聚集不經濟導致產業外移進而城市中心空心化，政府爲了維持中心城市的經濟實力，以至花費不少經歷再重新建設中心城市，這使得城市化進程走了很多彎路。郊區的城市化過程從外觀上看也是城市空間的拓展過程，這實質上是城市成長要素在更大範圍內的重新分配，這就要求郊區與中心城市之間建立密切的經濟聯繫。所以在我國城市郊區化的進程中要走"分散中心城市職能－調整中心城市功能－充分改造舊城市職能"的路線，在發展城郊經濟推動郊區城市化的同時維護城市中心經濟的穩定發展，實踐中國的城市郊區化格局，實現中心城市功能強化與郊區中心鎮功能完善同步發展。

遏制建成區攤大餅模式蔓延造成的衛星城鎮功能虛化：發達國家城市郊區化的經驗顯示，城市郊區化過程中要在郊區建立具有相對獨立職能的城市次中心，城市發展呈跳躍方式，而不採用攤大餅蔓延方式，該方式的弊端很明顯：中心城區並沒有減輕負擔，功能仍然複雜，而周邊區域仍仰賴中心區域，商業、交通、娛樂等仍脫離不了單一中心區域，這些弊端歸結到一點就是郊區衛星城鎮功能虛化。目前公認的城市擴展方式就是建設衛星城，其與中心城通過快捷的交通方式相連接。在核心區與周邊區的功能分擔上核心區承擔辦公、娛樂和購物職能；周邊區承擔居住職能，成爲中心城市的副城市。目前我國特大城市的周邊一般都具有一些准衛星城存在，但在功能分擔上還缺乏與中心主城的緊密聯繫。

依託市場動因在合理區位培養副城市成長的經濟核：個體城市發展的一般規律認爲，域內首先產生經濟核，經濟核在大城市經濟波的輻射下逐漸發育其經濟域，經濟核依託經濟域逐漸發展爲次級城市。郊區城市化過程中依託郊區域主城之間的地緣關係更加符合這樣的發展規律。美國的郊區城市化進程主要是在市場機制下完成的，在政府適當疏導的基礎上表現出高效率，雖然日、美、澳等國的政府行爲的郊區化過程也很有成效，但這需要政府巨大的財力支援，這對於目前的我國來說還是一個沈重的負擔，所以適當借鑒美國模式是我國郊區城市化的一個理性選擇。

7.2.1　國外人口城郊化狀況

米爾斯[1]（EdwinS.Mills）提供證據說明，城郊化早在 1880 年就已經開始，並爲四大城市地區（巴爾的摩、密爾沃基、費城、羅切斯特）估計了 1880－1963 年間的人口密度函數：$D(u) = Ae^{-gu}$，其中 $D(u)$ 爲距離市中心 u 處的人口密度，A 爲固定參數，e 爲自然對數底，g 爲用於估計數據的參數。米爾斯進一步計算出 1880－1963 年間居住在 3 英里以內的城市人口百分比（如表 7-13，圖 7-3）。研究顯示，1880－1963 年間四大城市的人口密度以及距離市中心 3 英里的人口百分比都明顯趨緩。米爾斯認爲，密度函數由於時間而趨於平緩是一個世界性現象。1801－1961 年間倫敦的密度梯度從 1.26 下降到 0.34，這意味著倫敦居住在市中心 3 英里處的人口百分比從 80%下降到 28%；在巴黎從 1817 年的 2.35 下降到 1946 年的 0.34。全世界許多城市中人口已遠離市中心向外轉移。

A. L.Beier 的研究顯示，倫敦 1560－1700 年間在其不同的郊區方向上雖然人口變化的狀況（如表 7-14）不同，但有一點是相同的，即郊區的人口比重在增加，這一結果也再次論證了米爾斯結論的正確性，即人口的城郊化或城市域際範圍內人口的密度函數趨於平緩是一個世界趨勢。通過對美國八個大都市城郊化狀況的研究也可以證明同

---

[1]　參考：Edwin S. Mills. Urban Economics (fifthedition) [M]. Harper Collins: College Publishers, 1994.

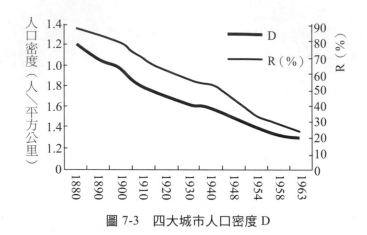

圖 7-3　四大城市人口密度 D

表 7-13　四大城市的 D 和距市中心 3 英里的人口百分比 R

年份	D	R（%）	年份	D	R（%）
1880	1.22	88	1940	0.59	53
1890	1.06	83	1948	0.50	44
1900	0.96	78	1954	0.40	34
1910	0.80	69	1958	0.35	28
1920	0.69	61	1963	0.31	24
1930	0.63	56			

資料來源：Edwin S. Mills. Studies in the structure of the Urban economy [M]. Baltimore: Johns Hopkins, 1972.

樣的問題。如表 7-14 顯示了美國八個都市的城郊化狀況，分析結果顯示，雖然八個城市的城郊化的速度存在不同，但在城市人口向城市郊區快速轉移這一點上是一致的。城市人口的城郊化推進城市規模的擴展是一種趨勢。

　　英格蘭 1520－1750 年間舊城、傳統港口和新工業城市的人口分佈變化也充分說明了城市地域擴展的過程（如表 7-15）。統計顯示，三個區域的人口增長速度相比較，新工業城市的人口增長速度最高，1600 年比 1520 年增長 83%，1700 年比 1600 年增長 145%，1750 年比 1700 年增長 159%，三個時間段中呈現逐漸增加的趨勢。這顯示英格蘭的城市發展過程中傾向於新城區人口佈局模式，城市人口的這種佈局模式推動了城市地域空間的擴展。

表 7-14　1560－1700 年倫敦人口增長

單位：千人

年份	牆內外市區		東部郊區		北部郊區		西部郊區		南部郊區		郊區總人口		總人口
	人口	%	人口	%	人口	%	人口	%	人口	%	人口	%	
1560	80	73	10	9	5	4.5	5	4.5	10	9	30	27	110
1600	100	54	30	16	20	11	10	5.5	25	13.5	85	46	185
1640	135	38	90	25	50	14	35	10	45	13	220	62	355
1680	105	24	140	32	60	14	65	15	65	15	330	76	435
1700	85	17	—	—	—	—	—	—	60	12.2	405	83	490

資料來源：A. L. Beier London 1500－1700 年：The Making of The Metropolis, London: Longman, 1985: 42-45. 表中%指該地區人口占倫敦總人口的百分數。

表 7-15　英格蘭城市人口增長的模式

單位：千人

年份	1520 年	1600 年	比 1520 年增長 (%)	1700 年	比 1600 年增長 (%)	1750 年	比 1700 年增長 (%)
英格蘭	2400	4110	71	5060	23	5770	14
10 個舊地區中心	62	73	18	107	47	126	18
8 個傳統港口	38	53	39	81	53	128	58
4 個新工業城市	6	11	83	27	145	70	159

資料來源：Wrigley E A. Urban Growth and Agricultural Change: England and the Comtinent in the Early Modern Period [J]. Journal of Inter disciplinary History, 1986(4).

注：表中的 10 個舊地區中心指：諾里奇、約克、索爾茲伯里、切斯特、伍斯特、埃克塞特、康橋、考文垂、什魯斯伯里、格洛斯特；8 個傳統港口指：布里斯托爾、赫爾、科爾切斯特、紐卡斯爾、伊普斯威齊、大牙茅斯、金斯林、南安普頓；4 個新工業城市指：伯明罕、曼徹斯特、利茲、謝菲爾德。

表 7-16　1900－2000 年美國人口城鄉分佈

單位：%

年份		1900	1950	1960	1970	1980	1990	2000
都市區	合計	41.9	56.1	63.0	68.6	71.8	73.5	75.0
	中心城市	26.0	32.9	32.4	31.4	30.0	31.3	29.0
	郊區	15.9	23.2	30.6	37.2	41.8	42.2	46.0
非都市區		58.1	43.9	37.0	31.4	28.2	26.5	25.0

　　美國 1900－2000 年的人口城鄉分佈格局也顯示了城市郊區化發展的趨勢（如表 7-16）。近百年的美國城市發展中，城市人口總量呈現加速趨勢，但中心城市地區與郊區的人口增長速度有很大的差異，郊區的城鎮人口占到城鎮總人口的 46%，而中心城市人口只占到城市總人口的 29%。這顯示美國大都市區的人口分佈正在呈現郊區型發展趨勢。美國 1900－1980 年分階段城郊化狀況（如表 7-17）也顯示了城市化進程中的城郊化趨勢，在城郊化發展中經歷了快－慢－快的發展軌跡。

表 7-17　1900－1980 年間分階段考察的美國
大都市區、中心城、郊區人口增長率

單位：%

年份	中心城市 A	大都市區 B	郊區 C	C-A	C-B
1900－1910	35.5	32.6	27.6	-7.9	-5.0
1910－1920	26.7	25.2	22.4	-4.3	-2.8
1920－1930	23.3	27.0	34.2	10.9	7.2
1930－1940	5.1	8.3	13.8	8.7	5.5
1940－1950	13.9	21.8	34.7	20.8	12.9
1950－1960	10.7	26.4	48.6	37.9	22.2
1960－1970	6.4	16.6	26.8	20.4	10.2
1970－1980	0.6	9.4	17.4	16.8	8.0

資料來源：Donald N. Roth, Daniel Garr. Suburbia: An International Assessment [M]. London: Groom Helm, 1986.

　　分析倫敦、巴黎、紐約和東京四個世界性大都市的城市空間形態變化及人口分佈狀態也可以得出與前文相同的結論（如表 7-18）。表中的統計結果顯示，四個城市的面積比例在 CBD、內城區、外城區、郊區以及周邊地區的五個圈層中的分佈有很大的差異，其排列順序依次爲：周邊區＞郊區＞外城區＞內城區＞CBD；人口的分佈也呈現同樣的結構狀態。就面積而言，四個城市的 CBD、內城區以及外城區的總和不超過 7%；就人口而言，四個城市在三個指標上所占的比例不超過 30%。因此，四個城市的城市面積在向郊區擴展，人口也正在從城市中心區向週邊地區擴展。城市化進程中城市郊區化趨勢非常明顯。

表 7-18　倫敦、巴黎、紐約、東京的城市空間形態與人口分佈

單位：%

城市	面積比例					人口比例				
	CBD	內城區	外城區	郊區	周邊區	CBD	內城區	外城區	郊區	周邊區
倫敦	0.10	1.08	4.62	35.45	58.75	1.01	12.94	24.12	32.82	29.11
巴黎	0.01	0.05	0.41	7.14	92.38	1.14	9.98	18.49	20.96	49.43
紐約	0.08	0.56	2.15	32.34	64.88	2.70	13.41	23.08	40.76	20.05
東京	0.12	1.56	4.52	26.45	67.35	1.10	28.55	13.41	29.35	27.59

資料來源：Lewelyu Davies. Four World Cities: A Comparative Study of London, Paris, New York and Tokyo [M]. London: London University College, 1996.

7.2.2　中國人口城郊化狀況

　　根據前文，城市化進程中人口城郊化趨勢可通過多種方式得到說明，但用城市人口密度隨時間變化趨勢可得到最好的說明。在個體城市發展過程中，如果城區的人口密度表現爲中心地區越來越高，邊緣地區相對降低，中心地區與邊緣地區的差異越來越大，則說明個體城市正在處於集中發展階段；反之，若城市中心區的人口密度與邊緣區

的差異越來越小，人口密度表現爲在整個城市區域內均勻化分佈，則說明城市正處於規模擴展發展階段，商業選址和居民戶分佈有向郊區發展的傾向。我國的特大城市的發展過程從 20 世紀 80 年代以來都表現爲後一種情況，本書以上海市人口密度變化進行說明。

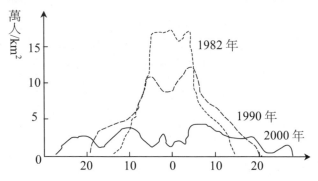

圖 7-4　上海市人口密度分佈曲線（南北向）

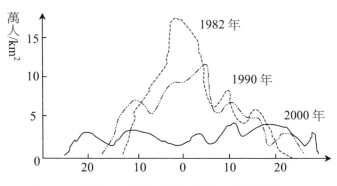

圖 7-5　上海市人口密度分佈曲線（東西向）

　　如圖 7-4 和圖 7-5[1]是上海市人口 1981 年、1990 年和 2000 年三年分別沿東西和南北向的密度曲線。研究顯示，三年的人口密度曲線依次降低，2000 年的人口密度曲線已近乎直線。這顯示上海市在擴展過

---

[1] 陳蔚鎭，等. 城市空間形態演化的一種效應分析——以上海爲例 [J]. 城市規劃研究，2005(3): 15-21.

程中人口有平均化分佈趨勢。人口的這種平均化分佈趨勢使城市在擴
展過程中加速了城郊化進程。

表 7-19　我國部分大城市人口居住郊區化人口增長率狀況

單位：%

城市	1982－1990 年				1990－2000 年			
	中心區	近郊區	遠郊區	全市	中心區	近郊區	遠郊區	全市
北京	−3.38	40.46	13.12	17.20	−8.16	45.52	10.25	27.73
上海	−2.46	52.12	−1.02	6.50	−9.36	47.25	−1.20	25.47
瀋陽	−6.73	31.04	3.10	16.60	−8.21	42.21	2.56	26.65
大連	−11.82	56.00	11.58	18.34	−12.25	58.22	10.05	28.31
杭州	−11.80	38.55	6.84	10.08	−15.92	38.51	5.12	28.32
蘇州	−8.92	75.13	13.27	17.48	−8.02	38.66	3.65	20.55

資料來源：張文新. 中國大城市人口居住郊區化現狀、問題與對策 [J]. 人口
　　　　　學刊，2003(3): 15-20.

　　我國北京、上海、瀋陽、大連、杭州、蘇州、廣州等大城市已經
進入了人口居住郊區化過程，統計結果見表 7-19。表中資料顯示，各
大城市中心區人口均有不同程度下降，出現負增長，而郊區人口則大
幅度增長，各城市遠郊區的人口也有不同程度增長，但增長幅度遠低
於近郊區。由於同期內各城市遷往其他城市或省區的人口數量較小，
這說明各城市的人口下降主要是遷向了近郊區。1990－2000 年期間各
城市中心區人口仍然在下降，並且下降幅度均超過 1982－1990 年各
城市中心區人口的下降幅度，說明各大城市人口居住郊區化在進一步
發展，強度有進一步提高趨勢（如表 7-19、表 7-20、表 7-21）。這些
分析顯示，我國的主要大城市自 20 世紀 80 年代起已經開始了人口居
住郊區化的過程，而進入 90 年代以來，這種過程仍然在加速進行。
就各個大城市內部而言，中心區人口均有不同程度的下降，遠郊區均
有少量增長，但遠遠低於各城市人口的平均增長率，且人口增長率遠

遠高於各城市平均人口增長率，這意味著我國各大城市中心區人口外遷的目的地主要是近郊區而不是遠郊區。

表 7-20　1949 年以來中國城市的數量變化

城市規模	1952年	1964年	1980年	1985年	1990年	1994年	1999年	年平均增長（%）
大於 100 萬人口	9	13	15	21	31	32	37	3.12
50 萬～100 萬人口	10	18	30	31	28	41	49	3.47
20 萬～50 萬人口	23	43	72	93	119	117	216	4.48
小於 20 萬人口	115	95	106	179	289	372	365	2.62
合計	157	169	223	324	467	622	667	3.20

表 7-21　中國人口城市化水平與世界城市化水平比較

年份	世界		發達國家		發展中國家		中國	
	城市人口（百萬）	城市化水平（%）	城市人口（百萬）	城市化水平（%）	城市人口（百萬）	城市化水平（%）	城市人口（百萬）	城市化水平（%）
1950	734	29.2	477	53.8	287	17.0	62	11.2
1960	1032	34.2	571	60.5	460	22.2	131	19.8
1970	1371	37.1	698	66.6	673	25.4	144	17.4
1980	1764	39.6	798	70.2	966	29.2	191	19.4
1990	2234	42.6	877	72.5	1357	33.6	302	26.4
2000	2854	46.6	950	74.4	1904	39.3	450	35.0

資料來源：許學強.城市地理學 [M]. 北京：高等教育出版社，1996.

我國城市的佈局與國外有所不同，但從新城區的發展佈局上看已經明顯表現出不同於計劃經濟的特點。我國原有的城市特別是大城市都是傳統經濟體制較爲深厚的地方，所以在城市的發展上受政府的干預程度也較高。因此在城市新區發展的時候，政府往往在市郊或者離市中心較遠的地方進行城市新區的佈局，這樣也使得城市的輻射範圍迅速擴展。改革開放以來，大中城市的發展在很大程度上是由這些新區帶動起來的。比較典型的就是開發區的設立與發展（如表 7-22）。

表 7-22　我國部分城市開發區的區位分佈

單位：千米

城市	大連	天津	煙臺	青島	連雲港	上海	寧波	溫州	廣州
開發區位置	金州	塘沽	福來山	薛家島	中雲	閔行	小巷	龍灣	黃浦
距離市內	35	50	10	4.2	20	30	25	15	35

7.2.3　城市郊區化與郊區城市化依存互動推進城市化進程

　　根據前文，城市郊區化是由於城市中心區地租昂貴、人口稠密、交通擁擠、環境惡劣，因而促使城市中心區人口、產業外遷，形成城市離心化現象。郊區城市化是指城市中心城區以外的郊區鄉村區域的城市化過程，其以鄉鎮企業和小城鎮爲依託，實現農村人口的工作領域由第一產業向第二、第三產業變化的職業轉換過程和居住地由農村區域向城鎮區域遷移的空間聚集過程。郊區城市化與城市郊區化是依存互動的。

　　郊區城市化是城市郊區化的動力來源：郊區城市化的水平越高，郊區的吸引力越強，郊區對城市人口及產業等拉力作用的增強將有力地推進城市郊區化進程。隨著大城市郊區城市化進程的加快，郊區成爲大城市新的發展空間。一方面，隨著郊區城市化水平的不斷提高，郊區逐步走向社區化管理的軌道，郊區公共配套設施不斷完善，郊區商業、教育、醫療、社區服務業與城市市區的差距逐步縮小，郊區的獨立性日益增強，這些使得城市居民遷到郊區居住可以像在城裡居住一樣方便；另一方面，郊區城市化水平的提高有利於擴張消費需求、刺激投資增長，郊區消費需求和投資需求的增加爲城市工業的進一步發展開闢了更爲廣闊的市場空間，這必將吸引城市工業向郊區遷移，從而有力地推進工業郊區化進程。郊區城市化有利於推進第三產業郊區化進程，從而使郊區化進入新的發展階段。

城市郊區化的促成要素：城市郊區化從一般意義上講是城市人口以及工商業中心在離心擴散力量大於向心聚集力量的作用下向郊區遷移的過程，首先產生在 20 世紀 20 年代的發達工業國家，這些國家由於交通運輸條件的改善，沿著鐵路線在城市週邊建立了城郊型社區，一些富裕的居民首先從城市中心遷移到這些城郊型社區，於是改變了城市地區的空間形態，城市得以向郊區發展。城市郊區化發展的形成機制在於：影響郊區化的首要因素是高速公路網絡的建成和私人汽車的普及。高速公路網絡的發展和汽車的普及使得運貨能達到的距離和範圍充分擴大，經濟活動的區位指向原則發生變化，居民住宅佈局以及工商企業的佈局呈現以距離換空間的經濟行為，經濟行為個體在城市郊區的佈局產生的聚集效應帶來了成本節約，激化了城市郊區化的過程。影響郊區化的因素很多，但歸納起來主要包括交通、通訊技術、工業化進程、基礎設施的建設以及制度影響等幾個方面：①交通條件。城市是伴隨生產力的發展為節省交易成本而形成的，交通手段的發展為進一步節省交易成本提供了可能，從而使得交易成本節約的同時，居民戶和廠商在距離市中心的不同距離處的選址有了更大的自由，所以最初城市的選址都是位於交通便利的地區。隨著分工程度的加深，居住位置與服務點之間交通的通達性程度很重要，高速公路的建設使經濟活動可以延伸到城市邊緣，於是帶來城市中心的經濟要素向城市邊緣的遷移，郊區的城市化水平得以提高。小汽車的普及使城市在更大的區域內發展成為可能，促使城市佈局發生分散化，並且沿著汽車幹道蔓延，發達國家的高速公路、通勤列車等交通設施將郊區與中心城區聯繫在一起，為人口向郊區的遷移創造了條件。②工業化進程。城市的規模與城市化進程有密切關係，工業發展速度快，城市經濟對農村發展的拉動就大。城市經濟的迅速發展，為農村剩餘勞動力提供了就業崗位，其發展方向表現在兩個方面：經濟資源向城市的聚集和城市資源向郊區的擴散，當經濟資源向城市聚集所獲得的收益不能抵補獲得這些收益所支付的成本或在支付同樣成本的條件下在郊區佈局比在城市區域佈局帶來更多的純收益時就會促進郊區化發展。在工業化進程加快的條件下，工業在郊區佈局會得到優勢的區位資源從而佈局在郊區會有更大的獲利潛力，由此促進了城市發展的郊區化進程。③通訊技術。通訊技術的發展可以使人們聯繫的頻率加快，人們不用面對面的接觸就可以完成許多事情。資訊化技術的發展加強了城市聚集作用，促進了城市競爭能力的提高，打破了城市邊緣的城市地租與農業地租持平的局面，於是城市伴隨邊緣的擴展而尋求更低的地租水平，城市的經濟行為約束導致了郊區規模的迅速擴張。通過將城市行為向郊區的延伸，城市居民有了更大的選擇餘地。可以在住宅的價位、基礎設施以及住房面積等多方面進行比較，這在很大程度上更加刺激了城市的郊區化發展。④郊區基礎設施。隨著城市的發展，城市的基礎設施呈現"攤大餅"的發展過程，這種發展模式導致城市的發展過程是城市基礎設施"中間厚，邊緣薄"。在城市經濟發展的觸角還不能延伸到城市的邊緣時，儘管郊區的地價低，但開發商也沒有在郊區投資經營的願望。隨著城市經濟的發展，加以政府的財政扶持，郊區的基礎設施開始完善，有眼光的投資者開始看好郊區的投資前景，從而促進了城市的郊區化發展。⑤規劃政策。19世紀英國社會空想家與烏托邦主義者 E·霍華德的"花園城市"的思想為解決世界許多發達國家城市發展中出現的過度擁擠的城市病提供了新思路，並成為當時很多國家進行城市規劃的政策手段。他們主張將擁擠的城市人口分散到城市邊緣建立新的社區，在這一思想的實施過程中政府在諸多方面發揮了主導作用，包括鼓勵郊區開發的政策制定、郊區新開發產業的減免稅收、提供在衛星城的充足就業、較完善的郊區服務設施等。這些都在不同程度上促進了城市郊區化進程。

城市郊區化是郊區城市化的推動力：生產活動在郊區的日益聚集所產生的規模效應與經濟效益，擴散到郊區的城市要素與郊區內生驅動力的有機結合，都必將有力地推動了郊區城市化進程。大城市的郊區化實際上對應著郊區次中心的加速城市化。①城市郊區化對郊區城鎮化的推動作用。一方面，城市中心城區的擴散，使得郊區與中心城區的結合部不僅成爲中心城區人口外遷的主要接受地域，而且是中心城區一些工業外移的最佳區位選擇，郊區地域也逐漸實現了向城市地域的轉化；另一方面，城市大工業在郊區佈點及與郊區鄉鎮工業聯營，帶動了鄉鎮工業的發展，使其成爲郊區城鎮化的主導動力。郊區鄉鎮工業生產與擴散而來的城市工業以及產業鏈條的相關部門之間在生產和加工等方面的緊密聯繫都有力地推動了郊區農業現代化和產業非農化，這爲郊區城市化奠定了堅實的經濟基礎。②城市郊區化有也利於推動農業生產的發展和農業現代化進程。城市工業向郊區的擴散，無論是整個生產工藝還是生產工藝的部分環節向城市週邊搬遷的有形擴散和通過企業制度或企業文化等方式的無形擴散，都可以通過各種方式實現市區企業的資本、技術與郊區生產要素的結合，這種結合對於郊區農村地域而言，就是利用土地資源吸引城市資本與技術投入，實現產業非農化的過程。郊區化使得城市人口、經濟活動不斷擴散到郊區，人口與經濟活動在郊區的集聚程度不斷提高。城市郊區化的這種集聚效應必將改變郊區的社會經濟結構和人們的生產方式、生活方式，提高郊區人民的生活水平，從而最終實現城鄉一體化。

7.3　中小城鎮發展的戰略選擇

　　從 1760 年產業革命導致城市化的興起，人們就不斷從理論和實踐兩個方面對城市化進程進行探索，直到目前學界對城市化的概念還未達成一致意見。一些專家從物質要素轉化的角度來定義，認為城市化即非農化、城鎮化；另外一些學者則從精神要素轉化的角度來定義，認為城市化是一個由鄉村文明逐步變為現代城市社會和城市文明的自然歷史過程。無論如何，城市化過程均表現為地域內人文和經濟景觀狀態的變化。由於對城市化概念理解的分歧導致了對區域內城市化進程路徑選擇的看法不一致。觀點並不能掩蓋事實，表 7-23 對新中國成立以來不同規模等級的城市進行了數量結構變化分析，統計結果顯示，不同規模的城市發展速度不同，根據各自的發展速度可以計算出其發展趨勢，根據對數函數分別計算各自 10 年內的發展趨勢線（如圖 7-6）。按照表中四個等級的劃分方法，大於 100 萬人口的城市和 50 萬～100 萬人口規模的城市成長數量變化不大，其趨勢線是一條近似平行於橫軸的直線。小於 20 萬人口的城市將呈現減小趨勢。未來發展勢頭最為樂觀的是規模在 20 萬～50 萬人口的中等城市。

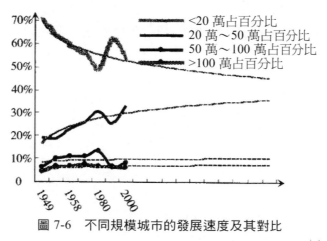

圖 7-6　不同規模城市的發展速度及其對比

表 7-23　中國城市數量及其占百分比變化比較
（按城區非農人口分組）

年份	>100萬	占百分比（%）	50萬～100萬	占百分比（%）	20萬～50萬	占百分比（%）	<20萬	占百分比（%）
1949	5	4.5	7	6.4	21	19.1	77	70
1954	11	6.7	17	10.3	31	18.8	106	64.2
1958	11	6.5	19	11.2	39	22.9	101	59.4
1964	13	7.8	18	10.8	43	25.7	93	55.7
1980	15	6.7	30	13.5	69	30.9	109	48.9
1990	31	6.6	28	6.0	119	25.5	289	61.9
2000	40	6.0	53	8.0	218	32.9	352	53.1

　　中國的城市化發展趨勢如此，發達國家的城市化進程也呈現相似的規律。為了從美國不同規模的城市的發展狀況導出城市化進程與城市規模之間的關係，本書將美國的城市分成 9 個層次，1880－1980 年間不同規模城市數量的發展狀況見表 7-24，根據統計結果繪製如圖 7-7。分析顯示，美國不同等級的城市中，大於 100 萬人口的城市比重在下降，尤其從 20 世紀中葉以來下降的速度很快。規模在 50 萬～100 萬人口的城市的比重也穩中有降，規模小於 1 萬、1 萬～10 萬以及 10 萬～50 萬人口的城市有不同速度的上升，但上升的速度很緩慢。增長速度最明顯的是規模 1 萬～10 萬人口的城市，自 1880 年以來一直呈現上升的趨勢，尤其自 20 世紀中葉以來增長速度有明顯加快的趨勢。由此可以得出結論，美國近百年的城市化進程中雖然大城市發揮著非常重要的作用，但小城市尤其是 10 萬人口規模的城市在整個過程中發揮著越來越重要的作用，所以表現在城市規模的結果上即為小城市的比重出現明顯增加的趨勢。

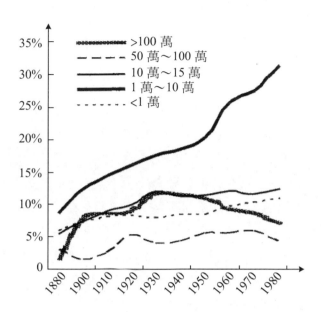

圖 7-7 美國不同規模城市人口占比發展

表 7-24 美國不同規模城市人口占全國總人口百分比的變化

單位：%

	1880年	1900年	1910年	1920年	1930年	1940年	1950年	1960年	1970年	1980年
>100 萬	2.4	8.5	9.2	9.6	12.3	12.1	11.5	9.8	9.2	7.7
50 萬～100 萬	3.8	2.2	3.3	5.9	4.7	4.9	6.1	6.2	6.4	4.8
25 萬～50 萬	2.6	3.8	4.3	4.3	6.5	5.9	5.5	6.0	5.1	5.4
10 萬～25 萬	3.6	4.3	5.3	6.2	6.1	5.9	6.4	6.5	7.0	7.5
5 萬～10 萬	1.9	3.6	4.5	5.0	5.3	5.6	6.0	7.7	8.2	8.7
2.5 萬～5 萬	2.9	3.7	4.4	4.8	5.2	5.6	6.3	8.3	8.8	10.3
1 萬～2.5 萬	4.4	5.7	6.0	6.7	7.4	7.6	8.3	9.8	10.5	12.2
0.5 萬～1 萬	3.4	4.2	4.6	4.7	4.8	5.1	5.2	5.5	6.4	6.7
<0.5 萬	3.2	3.8	4.1	4.1	3.8	3.8	3.7	4.6	4.4	4.7

資料來源：葉維鈞.中國城市化道路初探 [M]. 北京：中國展望出版社，1988: 427.

7.3.1 小城鎮發展的必要性、一般規律與理論依據

7.3.1.1 小城鎮發展的必要性分析

伴隨經濟的發展，小城鎮已經獲得了很大程度的發展，但從目前小城鎮的發展水平看還存在很多問題，要改變現狀，增強小城鎮的功能，就十分有必要充分發展小城鎮，對分散發展的小城鎮進行空間整合。目前小城鎮發展存在的問題有：①小城鎮不能充分發揮其中心功能。經濟發達地區小城鎮數量衆多，但普遍存在城鎮密集和佈局分散的雙重特點，難以形成一個地區的經濟中心和商貿集散地。小城鎮分佈過於密集，使其對周圍地區的吸引力減弱，不利於要素集中，同時距離過近，拉不開檔次，使城鎮等級不明顯，中心鎮的功能難以發揮，中心鎮對外的輻射力減弱。②初步形成了以縣城爲中心的小城鎮群體。在地區發展中，單個小城鎮的影響減弱，而小城鎮之間的橫向聯繫不斷加強，城鎮與城鎮間的分工合作越來越緊密，小城鎮的群體效應在地區中日益突出。城市與週邊鄉村地區在經濟實力和基礎設施條件上已具有相當大的競爭力，使城鄉之間逐漸有相近的競爭基礎。小城鎮發展的重點已不再是數量的增多、經濟的累積，而是內涵式提高。③規模過小，要素集聚強度不夠。由於發展的需要，很多小城鎮都力圖發展成 "小而全" 的綜合城鎮，造成了人口與生產要素的平均化配置。④小城鎮發展各自爲政，普遍存在結構趨同問題。呈現出 "小而全、小而散、小而亂" 的特徵。重覆建設造成了資源浪費，且造成土地資源的短缺，制約了小城鎮的進一步發展。小城鎮在經歷了量的發展後，正在面臨質的提升，完善區域性基礎設施，合理佈局關鍵產業，加強城鎮之間的聯繫，加強空間整合是小城鎮進一步發展的關鍵所在。

充分發展小城鎮可以實現很多分散建設下所不能體現的新功能。

①集聚功能。小城鎮依靠其腹地可以不斷集聚以下各種要素：人口、生產、產業、資金，通過資源集聚實現小城鎮規模的膨脹。②集散功能。以小城鎮一定量的消費規模、潛在的商業利潤為吸引力，或以小城鎮地方特色的產品加工水平為凝聚力，或以小城鎮較強的經銷水平為向心力，使腹地農村廣闊範圍內多類工農產品不斷向小城鎮集中，經過小城鎮內部精加工或包裝等形成特色產品和優勢產品，不斷向更大的市場擴散。③接納功能。小城鎮能夠接納來自周圍能量極高的城市和廣闊市場中的能量。在接納城市能量時，通過發展城市大工業的配套產業和輔助產業；或參與城市分工，參與部分生產能力，全面實現產業、設備、資金、技術的接納。接納外部能量的多少，不但取決於小城鎮各層次的努力程度，也取決於經濟基礎。④輻射功能。小城鎮向腹地實行經濟輻射具有以下幾種形式：賦予性輻射，即資金的無償供給，用於緩解農村再生產過程中資金不足的矛盾；協作性輻射，即採取聯營等方式，實行科技服務，提高農村產業技術升級；吸收性輻射，即吸收腹地中的農村剩餘勞動力進入小城鎮從事第二、第三產業，減輕農村剩餘勞動力的壓力；帶動型輻射，即小城鎮以 “公司+農戶或總廠+分廠” 的形式，將生產空間擴大到腹地農村，帶動農村家庭工業和家庭農業的發展。

　　城市化進程中選擇小城鎮充分發展是適合我國國情的一種過渡性制度安排。這主要表現在：①農村剩餘勞動力可以作為一個過渡性群體轉變為小城鎮的居民，為將城鎮整合為城市提供跳板。中國的城市化進程中，農民轉化為市民需要經過兩個階段。第一階段為農民準市民化階段，即保留土地、進城務工但未取得城市身份階段。第二階段為農民市民化階段，即，完全放棄土地、取得城市身份並定居城市階段。②小城鎮的特色設施和功能為農民的市民化提供了過渡空間。從區域經濟發展的角度看，城鎮內的居民大多還沒有擺脫農民身份，小城鎮是城鄉互動的過渡性空間，它實質上成爲了新的農村人口的聚集點。小城鎮中非農產業也主要是與農產品緊密相關的農產品加工型的產業，是在空間和產業上將農業與非農產業聯繫起來的仲介。③在小城鎮發展過程中國家可以提供過渡性的制度安排。在保障農民生活水平提高的情況下有限制地徵地，促進小城鎮建設，同時將小城鎮戶籍制度放開。2001 年國務院批准了公安部《關於推進小城鎮戶籍管理制度改革的意見》，降低了農民進城的門檻，這在很大程度上促進了小城鎮的發展。

7.3.1.2　小城鎮發展的一般規律分析

從發達國家小城鎮成長機制的分析可以看出，雖然發展道路各不相同，但其長期成長和發展無不受到大城市發展和輻射的影響。荷蘭城市地理學家溫頓・拜根等曾經按照經濟結構的不同將城市發展分爲三個階段，即由農業經濟向工業經濟轉移的階段、由工業經濟主導向第三產業主導的轉移階段以及由第三產業主導向更加成熟的經濟結構轉移的階段。與此相對應，城市的發展形態分爲城市集中化階段、城市郊區化階段和逆城市化階段。根據大城市的發展階段，邊緣區小城鎮的發展也相應分爲三個時期。

第一，絕對集中化時期。這一時期大城市的人口和資金向地區集中。受交通條件的限制，集中的人口、產業在城市較小的地域上高密度地進行著各種經濟活動，城市發展所需要的勞動力等資源大部分只能從城市邊緣區吸收，這時城鄉差別巨大，整個大城市圈人口在增加。該時期邊緣區小城鎮產業結構以農業商貿型爲主。城市集中發展階段的後期進入相對集中化時期，城市人口仍然在增加，城市經濟活動多樣化，產業的集中帶來的規模收益對邊緣區的發展起到一定的促進作用。邊緣區的人口也在增加，但相對城區而言還很緩慢。內邊緣區小城鎮的發展明顯快於外邊緣區小城鎮，城鎮的產業結構中工業比重上升。

　　第二，絕對郊區化時期。這一時期城市迅速膨脹起來，城市化達到了較高的水平，城區已容納不下過多的產業和人口，城市的迅速發展造成了交通擁擠、環境惡化等生產和生活環境上的一系列負效益，並使得城市土地價格飛漲，迫使許多新企業紛紛在城區週邊選址，於是便開始了城區向邊緣區延伸擴大的傾向。城區的經濟、產業擴散，推動了邊緣區的發展，在邊緣區產生了大量的新城，整個小城鎮水平都得到了提高，許多城鎮職能衛星化。郊區化後期是相對郊區化時期，城區的產業更加趨於分散，外邊緣區的人口增長率最高的地方逐步向離城區更遠的地方轉移。人口增長的轉移也導致了邊緣區小城鎮的發展從內邊緣區轉移到外邊緣區，城鎮工業的比重日趨增大，城鎮也逐漸衛星化、專業化。

　　第三，逆城市化時期。隨著中心城市產業趨於分散，人口分散化便在廣大的地域擴展開來。整個大都市圈的人口在減少，城市的發展進入了逆城市化階段。城區人口大幅度減少，城市邊緣區人口仍然有小幅度增加，整個大都市圈人口小幅度減少。逆城市化後期城區人口大幅度減少，城市邊緣區人口也向其周圍地區擴散，人口小幅度減少，整個大都市圈人口大幅度減少。隨著大城市邊緣區城市化的發展，城區人口、產業大量擴散，邊緣區內各城鎮之間的聯繫進一步加強，形成了分工明確、彼此促進、彼此制約的城鎮族群。

7.3.1.3　小城鎮發展的理論依據

　　充分發展小城鎮，可以從多個方面找到其理論依據，這些依據中占首要地位的就是"配第·克拉克定理"，其次是"增長極理論"，該理論前文已經有述，這裡不再重覆，除此而外還有很多其他的理論：①規模經濟理論。規模經濟是指由於生產經營規模擴大而導致企業經濟收益增加的現象。規模經濟可來自生產規模的擴大，也可來自經營規模的擴大，從而形成規模經濟優勢。這些優勢主要產生於先進技術工藝的採用、生產專業化、輔助生產自動化等形成的成本節約以及建設費用的經濟性。要素聚集到一定程度時出現規模不經濟，導致要素向其他地方擴散，這對於城市而言就是郊區化過程。②集聚－擴散理論。該理論是對城鄉動態關係，特別是小城鎮形成機制的描述。其中集聚是因爲在工業佈局的技術因素影響下，最高的經濟利益通過最大限度的空間集中而獲得，工業由農村疏散布局方式集中到鄉村中心；擴散是區域中心城市效應的發揮，由集聚－擴散產生的地域結構變化推進了鄉村城市化的進程。小城鎮之間的相互影響是經濟發展水平和現代化進程較高的城市或地區的技術、資金、人才、思想觀念、思維習慣和生活習慣通過一定的媒介向經濟發展水平和現代化進程較低的城市或地區擴散，並對輻射區域形成的強有力的影響。③反磁力理論。爲了削弱從大城市邊緣區到核心區的回波效應，最終使得區域獲得相對均衡發展，學界提出了“反磁力理論”。（其理論先驅是霍華德的田園城市）該理論主要是透過在城市週邊建立若干反磁力中心（城鎮）分散中心城市的壓力，實際上這些反磁力中心同時也是鄉村增長的中心，它們將中心城市的擴散效應傳輸到周圍腹地，讓廣大的鄉村地域受益，成爲城鄉共同發展的主要形式。④三元結構理論。該理論對社會區域劃分存在著兩種方式。其一是將社會區域劃分爲鄉村、小城鎮、城市；其二是將社會區域劃分爲城、郊、鄉三部分。城市的膨脹力不斷將城市周圍的鄉村包圍進去，使得城市的周邊地域成爲複雜的城市和鄉村兩種因素的地域。這實質上是在傳統的城市與鄉村之間形成了一個新的獨立的地域實體，該實體具有城市和鄉村的二重性。國內有學者對這個地域有不同的稱謂，包括城鄉結合部、城市邊緣區、城鄉交錯帶等。在城市化理論的發展中，實際上農村應該包括鄉村、鄉村城市、城市邊緣區等，城市也包括城市、城市邊緣區和鄉村城市等。

7.3.2　西方國家城市化進程中小城鎮建設的特色與成功經驗

7.3.2.1　發達國家城市化進程中的特色分析

西方發達國家的城市化進程先於我國。在城市化進程中小城鎮的發展起到了重要的作用。西方發達國家管理小城鎮的一些成功做法很值得我國借鑒，本書中筆者只以美、日以及歐洲的一些國家爲例進行論述。

(1)英國、法國和德國城市化的發展特點主要表現在以下兩個方面：①中小城市和小城鎮在城市化過程中發揮重要作用。第二次世界大戰後，歐洲那些人口在十幾萬以下的小城市發展迅猛，有的城市甚至只有幾千人。在德國，百萬人口以上的大城市只有柏林、漢堡和慕尼黑。在柏林市的周邊地區，分佈著衆多的小城鎮。②不同規模、不同類型的城市和小城鎮各具特色，形成功能互補的城鎮體系。倫敦、巴黎等大城市隨著人口的迅速膨脹，形成了日趨嚴重的“城市病”，導致大量人口和經濟活動向外遷移到中小城市、小城鎮或城郊。爲適應這種趨勢，這些國家日益重視衛星城的建設，並將其作爲緩解大城市人口壓力，解決經濟社會環境問題的重要手段加以統籌考慮，由此推動了中小城市和小城鎮的發展。這些新發展起來的小城市主要有兩種類型，即依託某種主導產業或資源得以建立的城市或依託大城市而存在的衛星城。爲了使大城市和小城市在相互促進中發展，歐洲國家在推進城市化、改善小城鎮管理方面採取了諸多得力措施：①將單個城市和小城鎮的發展與推進城鎮化、增強城鎮體系的綜合功能結合起來，切實加強規劃，貫徹以人爲本的發展思想。②透過良好的運行機制和協調統一的管理，推動大中小城市和小城鎮的有序發展。歐洲三國的城市化和小城鎮建設基本上是由統一的機構負責進行，良好的運行機制和協調有序的管理，爲提高城市化和小城鎮管理的效率提供了重要保證。③把城市和小城鎮的發展作爲發展經濟的手段，因地制宜地實現城鎮發展與企業發展、區域發展的協調結合。歐洲三國在推進城市化、改善小城鎮管理的過程中，對於城市和小城鎮的發展，往往不是就事論事，而是把它作爲發展經濟的手段，將城鎮發展與企業發展、區域發展協調結合起來。

(2)美國小城鎮建設主要是靠社會經濟發展推動的，政府對此沒有強制性的行政干預。確定小城鎮的直接因素在於一個地方的人口聚居數量、交通建設條件、私人資本投資狀況以及地方稅收水平。小城鎮要成立一個法定的行政社區單位，需要符合四個方面的基本條件：①必須有社區範圍內半數以上的居民同意；②原所屬縣或市同意它脫離單獨建市或鎮；③地方財政能夠自理市鎮開支；④本社區的居民不得少於 500 戶。美國的小城鎮從類型上可大致分爲三種情況：①城市郊區的小城鎮。這些小城市具有明顯的城市擴散特徵，分佈於大都市周圍，主要功能是作爲大都市上班族的居住地。市鎮設施以環境幽雅的住宅建設和配套的生活服務行業爲主體。②城鄉之間的小城鎮。這類城鎮在地理位置上介於城市與鄉村之間，是溝通城鄉經濟與社會關係的樞紐，一般都有自身的特色產業和經濟發展優勢，這些小城鎮的房地產價格遠遠低於大都市。③農村腹地的小城鎮。分佈在與城市相距較遠的廣闊農村地帶，居住著兩部分人群，一部分是以農副產品加工、儲運和地方特色產業爲職業的工人；另一部分是以農畜牧業爲職業的農民。美國小城鎮的規劃早在 19 世紀末就已經開始，它是與美國城市建設相伴而行的。美國政府在考慮大城市佈局的同時，注意城市之間的樞紐關係和對農村腹地的輻射問題，早期的一些小城鎮就是在這樣的背景下進入城市體系的。公路交通的網絡化是小城鎮發展的重要基礎。19 世紀末美國政府就把市際公路建設作爲城市規劃的重點，繼而拓展到州際公路系統和一級、二級公路系統。高度的地方自治是美國政府管理體制的一個顯著特點，市鎮代表會議是小城鎮自治的最高權力機構。美國小城鎮的管理費用靠自身財政收入解決，小城鎮的財政收入來源主要是居民財產稅。

　　(3)日本自明治維新時代以後，人口開始有集聚地增長，但這時的大部分人口還是居住在農村地區。明治 18 年時全國只有 4.8%的人口居住在 10 萬人以上的大城市。根據 1920 年日本第一次國情調查統計，當時絕大部分人口還是居住在城市以外的地區，居住在城市的人口約 1000 萬人，占總人口數的 18%。1930 年以後，城市人口開始有所增加，但由於第二次世界大戰導致很多城市淪爲廢墟，加上大量工人失業，鄉村人口開始增加。1955 年，日本的都市人口超過 5000 萬人，占全國人口的 56.1%，第一次出現城市人口超過農村人口的現象。隨著城市化水平的提高，城鄉間的收入差距開始增大，許多年輕的農村勞動力開始向大城市遷移。城市人口的增加和農村人口的減少使得日本農村開始出現人口過疏現象，據統計。日本人口過疏地區的面積約占日本國土面積的 46%，而人口卻只占全國人口的 6%，並且小城鎮人口的數量也開始在減少。1985 年以後，人口在 10 萬左右的城市人口也開始減少；與此相對，日本東京的人口占到全國人口的10%以上。東京周圍的神奈川縣、千葉縣、埼玉縣的人口加上東京人口可以占到全國人口的四分之一，人口分佈的不平衡影響了經濟的發展。近些年來，由於採取城市向農村擴散的政策，日本開始在農村地區發展工業，使得人口過渡聚集在大城市的現象有所減緩。在大城市發展的同時，農村中小城鎮也得到了發展，促進了農村城鎮化水平的提高。

7.3.2.2 國外城市化進程中的制度選擇經驗

城市化水平的提高不僅依託經濟發展的水平，還要依託高效的管理制度，制度效率的高低對城市化進程也會產生非常重要的影響。前蘇聯推行財政補貼的城市管理政策，這意味著食品、藥物、兒童玩具、交通費用、房租補貼等均由國家承擔。城市工人家庭收支構成中，房租、公用事業費用和私人住宅維修費用以及水、電、暖氣等到 20 世紀 70 年代中期只占 2.7%，而相同類別的支出在美英國家可以占到居民收入的 25%。但隨著城市的發展，這種管理體制越來越暴露出其弊端，原因在於隨著居民區福利事業的改善、新建地區居民點的增加，公用事業收費不變而經營費用卻在增加，在資金供給嚴重制約城市發展的同時，沒有成本負擔的城市設施消費更加助長了城市居民的粗放型消費方式，使得城市的發展負擔了沈重的包袱。

日本在城市化過程中提供了有利於人口遷移的制度基礎。20 世紀 60 年代人口以向城市轉移爲主，農村向都市的人口轉移占人口轉移總量的三分之一以上。1958－1960 年，到非農產業就業的農業勞動力每年接近 70 萬人，其中 59.5%流入城市，其餘的 40.1%流入農村非農產業。爲了解決農村地區人口過疏問題，日本作出了適應城市化發展的調整措施，提高農業機械化程度。爲此日本政府加大了對農業基礎設施建設的投入，農業生產能力的提高進一步促進了城市化水平，並且城鄉差別逐漸縮小。日本在城市化進程中其產業政策調整和制度安排是一個良性循環過程，政府推出的政策是促進勞動力從農業部門向非農部門轉移，同時制定了保護農業發展法律政策，從而使得產業間的發展在相互促進中進行。

德國城市化發展的制度安排特點表現在以中小城市爲主的高度城

市化、城鄉一體化發展以及完善城市功能等方面。爲了實現在城鄉一體化過程中經濟的發展，德國建立了區域經濟協會，負責協調區域經濟發展戰略規劃。區域經濟協會有效地彌補了地方政府在城鎮規劃、建設和發展中的功能缺陷，促進了全國不同地區間城市化建設的協調發展。自 20 世紀 50 年代起，德國先後採用投資補貼、撥款、農產品價格支援、信貸擔保及低息貸款等措施，加大對農業的支援，提高農民收入水平，爲城市化發展奠定了雄厚的物質基礎。在這個過程中，德國政府充分認識到完善的社會保障制度是推動城市化建設的動力，所以德國這方面的相關制度安排解除了人們的後顧之憂，提高了農村建設檔次，對農村城市化建設起到了良好的推動作用。

美國政府推出城市基礎設施建設民營化的制度安排。政府和市場合作的方式有四種：①政府出錢，企業建設。城市發展中的一些基礎設施通過政府出資、公開招標進行建設，政府對質量進行監督管理。②政府委託企業經營。市政設施建設完成後，爲了做好日常維護，政府委託公司管理，保證公共利益不受損害。③政府出政策，企業經營。政府授予企業特許經營權，保證企業按市場原則進行經營管理而獲得必要的經營效益，政府對企業嚴格監督。④爲了提高城市管理的效率，政府吸引利益相關者包括中央政府、城市政府、市民以及流動人口等積極參與城市建設，聽證會是一種經常採用的典型方式。所有這些都已經制度化、法律化，城市建設以及管理的效率極高。

7.3.3　我國城市化進程的歷史趨勢與小城鎮發展的策略選擇

7.3.3.1　我國城市化進程的歷史趨勢

新中國成立後，我國的城市建設飛速發展（如圖 7-8），城市化進程幾乎呈現直線上升的發展趨勢，我國的城市化水平從 1949 年的低水平發展到 2003 年的近 40%，城市（城鎮）規模和數量都在大幅度增加。總體來看表現出以下幾個方面的特點：①大城市和城市帶、城市群發展迅速。大城市是工業、商業和服務業的主要聚集地，基礎設施齊全、交通便利、信息靈通，同時中國的大城市往往既是經濟中心又是政治、文化中心。1949 年大城市數目僅有 12 個，至 1999 年底大城市數目已達 88 個，其中 100 萬人口以上的特大城市有 37 個，50萬～100 萬人口的城市有 51 個。20 世紀 90 年代中國城市發展的重要特點是城市群的出現，在珠江三角洲、長江三角洲、京津冀、遼中南形成了四個以特大城市爲中心、大中小城市和小城鎮協調發展的城市群，在山東半島、閩南沿海、豫中、成渝、湘中、關中、武漢等經濟較爲發達地區也分別出現了較爲密集的城市連綿區。②中小城市迅速發展。改革開放以前由於存在人爲抑制發展的問題，中小城市增長緩慢，改革開放以後政府十分重視城市在國家建設中的作用，採取各種措施促進城市的發展和建設。③小城鎮大量湧現。隨著鄉鎮企業的興起，小城鎮的發展速度明顯加快。小城鎮是中國城鎮體系的重要組成部分。改革開放以來，小城鎮發展速度之快、規模之大是中國歷史上前所未有的（如表 7-25）。據建設部公佈的《2001 年城市建設統計公報》顯示，至 2001 年末，我國有建制鎮 20374 個，建制鎮的數量較改革開放之初增長近 10 倍，而鄉的數量則下降了近一半，爲 19341個，建制鎮的數量首次超過鄉。這代表著我國城鎮化進入嶄新階段。據統計，1992 年以後，我國城鎮化發展進入高速增長期，最近 10 年間平均每年新增小城鎮 800 個左右；2002 年，我國城鎮人口超過 4.8億人，城鎮化率上升到 39.1%以上。

按照表 7-25 的城市化速度，可以計算出 1978－2003 年、1990－2003 年、1995－2003 年、2000－2003 年城市化率平均每年比上年增長分別爲 3.30%、3.34%、4.30%、3.82%。考慮到經濟發展中干擾因

素的存在，城市化進程會由於不同的經濟狀態、技術進步水平和人員
素質提高的程度等多因素的影響而導致發展水平有差異。為充分估計
未來我國的城市化水平狀態，本書將城市化水平較上年增長速度區分
為 2.3%、3.0%、3.3%、3.6%、3.9%五個水平，根據這樣的城市化水
平發展速度分別設定城市化水平增長係數，對未來 25 年的城市化水
平估計如表 7-26。按照國際劃分方法，對城市化過程的發展階段一般
分為：城市化水平低於 30%為低速增長階段，30%～60%為高速增長
階段，大於 60%為城市化階段。

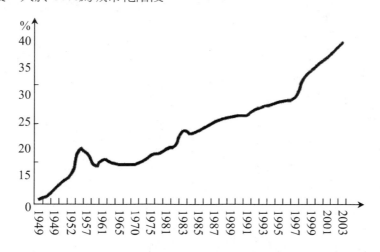

圖 7-8　新中國成立以來我國城市化發展狀況

表 7-25　改革開放以來我國人口城市化發展基本狀況

年份	全國（萬人）	市鎮（萬人）	城市化率（%）	比上年增長百分點（%）	總數	比上年增加數（%）
1978	96259	17245	17.92	0.36	193	5
1979	97542	18495	18.96	1.05	216	23
1980	98705	19140	19.39	0.43	223	7
1981	100072	20171	20.16	0.77	223	0

表 7-25（續）

年份	全國 （萬人）	市鎮 （萬人）	城市化率 （%）	比上年增長 百分點（%）	總數	比上年增加 數（%）
1982	101541	21154	20.83	0.68	245	22
1983	102495	24126	23.54	2.71	289	44
1984	104357	24017	23.01	-0.52	300	11
1985	105851	25094	23.71	0.69	324	24
1986	107507	26366	24.52	0.82	353	29
1987	109300	27674	25.32	0.79	381	28
1988	111026	28661	25.81	0.50	434	53
1989	112709	29540	26.21	0.39	450	16
1990	114333	30191	26.41	0.20	467	17
1991	115823	30543	26.37	-0.04	476	9
1992	117171	32372	27.63	1.26	517	41
1993	118517	33351	28.14	0.51	570	53
1994	119850	34301	28.62	0.48	622	52
1995	121121	35174	29.04	0.42	640	18
1996	122389	35950	29.37	0.33	666	26
1997	123626	36989	29.92	0.55	668	2
1998	124761	41608	33.35	3.43	668	0
1999	125786	43748	34.78	1.43	667	-1
2000	126743	45906	36.22	1.44	663	-4
2001	127627	48064	37.66	1.44	662	-1
2002	128453	50212	39.09	1.43	660	-2
2003	129227	52376	40.53	1.44	660	0

表 7-26　按照不同水平的城市化係數計算的我國未來城市化水平

年份	城市化水平比上年增長率 R（以上一年爲基數）				
	2.3%	3.0%	3.3%	3.6%	3.9%
2010	47.52	49.85	50.87	51.91	52.98
2015	53.25	57.79	59.84	61.96	64.15
2020	59.68	66.99	70.39	73.94	77.67

表 7-26（續）

年份	城市化水平比上年增長率 R（以上一年爲基數）				
	2.3%	3.0%	3.3%	3.6%	3.9%
2025	66.84	77.66	80.80	88.25	94.04
2025－2030	74.89（2030）	90.03（2030）	97.38（2030）	98.12（2028）	97.71（2026）

注：第 N 年的城市化水平 = 2003 年的城市化水平 $\times (1 + R)^N$

　　根據上述計算方法得出以下結果：五個城市發展水平下我國進入城市化的年份分別爲：2021 年（61.03%）、2017 年（61.31%）、2016 年（61.81%）、2015 年（61.96%）、2014 年（61.74%）。而在目前的文獻中認爲，2030 年我國的城市化水平將爲 75%。筆者認爲這種水平只能在城市化水平年增長率 2.3%的時候可以達到，但實際測算的城市化水平年增長率至少爲 3%，所以 75%的測算結果偏低。

表 7-27　按照不同水平的城市化係數計算的我國未來城市化水平

年份	城市化水平比上年增長率 R（以上一年爲基數）				
	0.8	0.9	1.08	1.43	1.5
2010	46.13	46.83	48.09	50.54	51.03
2015	50.13	51.33	53.49	57.69	58.53
2020	54.13	55.83	58.89	64.84	66.03
2025	58.13	60.33	64.29	71.99	73.53
2030	62.13	64.83	69.69	79.14	81.03

注：第 N 年的城市化水平 = 2003 年的城市化水平 $+ N \times R$

　　不過，筆者認爲按照表 7-26 的方法計算出來的結果確實偏高。爲方便對比，本書再次按照城市化水平年增加百分點方法進行估算。根據統計結果 1978－2003 年、1990－2003 年、1995－2003 年、2000－2003 年的城市化水平年遞增百分點分別爲：0.90、1.08、1.43、1.44，按照這樣的城市化增長百分點分五個等級對未來 25 年的城市化水平估算結果如表 7-27。根據計算結果我國進入城市化社會的時間分別爲

2028 年（60.53%）、2025 年（60.33%）、2022 年（61.05%）、2017
年（60.55%）、2016 年（60.03%）。對兩種計算方法比較後發現，
我國進入城市化社會的時間，第一種方法較第二種方法較超前。爲了
使得測算結果更加具有說服力，筆者按照保守標準進行估算，第一種
方法按 2.3%年平均增長率、第二種方法按照 1.08 個百分點年增加百
分點，我國城市化水平達到 60%的時間在 2020－2021 年左右，城市
化水平達到 50%的時間在 2010－2012 年左右。其他城市化水平下相
應年份對照如表 7-28。計算結果顯示，城市化水平超過 60%時兩種估
算方法得出的時間差距逐漸增大，在城市化水平達到 60%以前時兩種
估算方法得出的時間大體相當。

表 7-28　兩種保守估計水平下我國實現
一定城市化水平年份對照（基於 2003 年）

城市化率	45%	48%	51%	54%	57%	60%	63%	66%	69%	72%	75%
比上年增長 2.3%	2008年	2010年	2013年	2016年	2018年	2020年	2022年	2024年	2026年	2028年	2030年
年遞增 1.08 個百分點	2007年	2010年	2013年	2015年	2018年	2021年	2024年	2027年	2029年	2032年	2035年

　　無論根據哪種計算結果都可以斷言，我國在 2020 年以後城市化
水平將步入高速增長的城市化階段，但城市化水平的提高需要以適合
中國經濟發展的城市化模式爲基礎。事實顯示，我國的城市化模式雖
然具有中國特色，但存在著很多問題：首先表現爲城鎮體系失衡，它
使得大城市急劇超前擴張，並且在發展過程中釀成了諸多城市病，這
會加大城市化進程中的城市建設成本，並在一定程度上延緩城市化速
度，這在我國的城市化進程中已經有表現。首先：大中小城市發展結
構不合理，大城市和特大城市超常規發展的同時中小城市發展不夠，
不同規模的城市沒有形成合理的城市體系。雖然國家一直在推行小城

鎮充分發展的方針，但由於多種因素的影響導致 2 億多農村剩餘勞動力只有 10%流入小城鎮。其次表現在大城市的惡性擴張帶來了嚴重的城市環境破壞，致使經濟發展與資源供給之間的矛盾突出。最後表現為嚴重的城鄉關係不協調，城市發展造成的"圈地運動"以及大城市對周圍經濟的枯竭性吸納造成城鄉經濟發展的巨大落差再次放大了城鄉二元經濟特點。所以選擇合適的城市化模式對於促進中國經濟的發展非常重要。筆者認為，這需要大中小城市協調發展，以小城市（城鎮）為發展重點；以工業主導和服務主導相結合促進域內經濟增長；通過單中心與多中心相結合的城鎮空間擴展結構奠基城市體系的發展基礎。在合理的城市化模式選擇的過程中，建設"專業化鎮"是非常重要的實踐方法。

7.3.3.2　專業城鎮為依託的小城鎮發展模式

國內關於城市化道路有六種模式：①大城市論。該理論認為大城市對於帶動區域經濟發展有重要作用，以此帶動城市化進程，進而解決"三農"問題。②中等城市論。該理論認為我國大城市已過度膨脹，中等城市已有一定基礎且在擴張，具有較強的吸引力，其對消化農村剩餘勞動力、緩解大城市壓力有很大潛力。③小城市論或城鎮化論。該理論認為我國現有城市無力接納為數眾多的農村剩餘勞動力，大力發展小城鎮符合經濟現實。④大中小城市並舉論。該理論認為孤立發展哪一個層次的城市都不可取，應形成以特大城市為依託、大中小城市和小城鎮並舉、層次遞進、結構合理、功能互補的網絡式、金字塔形的城市結構體系。⑤郊區城市化論。該理論認為城市的發展應該向分散化、郊區化方向發展。⑥多元模式論。該理論認為城市化的途徑和方法應是多元化、多層次、多途徑的，不能"一刀切"，各地區應根據當地的經濟、社會、自然、人文實際制定切實可行的方針和措施。

　　筆者認爲這幾種觀點過於理論化，根據中國城市化進程的實際，小城鎮充分發展是切合實際的戰略決策的。就目前我國小城鎮的發展模式而言已經成型的有以下幾種發展模式：①衛星城鎮。它分擔大中城市的功能、接受大中城市的技術和產業的輻射。②貿易中心鎮。它依託高密度的商貿活動得以發展。③交通樞紐鎮。它由於密集的交通幹線交彙而在區域經濟發展中扮演著重要的資訊集散和經濟交流作用；④資源依託鎮，由於區域內富集某種資源使其在發展中成爲其主導產業，該種情況下主要發展工礦鎮、旅遊鎮或歷史原因形成的名勝古蹟鎮等。⑤行政中心鎮。它是由於區域發展的需要而在區域內相對中心的位置在政府干預下所設置的鎮。以上五種形式的鎮發展模式中除了第五種外，其他四種鎮發展模式都是依託其資源優勢而發展起來的，在鎮經濟發展的過程中帶動了相關產業的發展，從而拉動了就業。由於鎮經濟充分結合了本地特點而得以持續發展，對吸納潛在的農村剩餘勞動力非農就業也是持續的，所以鎮經濟發展的關鍵在於突出特色，專業鎮是小城鎮得以充分發展的理性選擇。

　　專業鎮是廣東經濟理論學界在 2000 年根據廣東鎮域社會經濟發展的創新現實，在學術界最早提出來的概念。建制鎮（鄉鎮）發展有三種可能：一般鄉鎮、中心鎮、專業鎮。專業鎮都是中心鎮，主導產業突出，成爲國際勞動地域分工的區域。專業鎮是中心鎮產業經濟發展的高級形態，在縣域經濟發展中發揮著重要的作用。原因在於：①縣域是我國最穩定的基本行政區域：縣建制在我國已有 2700 多年歷史，它有深厚的地理區域基礎，形成向心力牢固的社會經濟和文化網絡，隨著農業產業化、農村城鎮化、城鎮工業化發展進程，一部分縣改爲城市轄區，或改爲縣級市。縣域（包括縣級市，下同）工作重心是農村、農業、農民，即“三農”問題。縣域經濟的充分發展對城市化進程具有直接的促進作用。②城鎮是縣域社會經濟發展的核心區域：縣域經濟是以縣城爲中心、鄉鎮爲樞紐、農村爲腹地（構成城鄉系統），展開具有地方特色的區域經濟，其主要內容是以城鎮化解決農村發展和人口轉移問題。城鎮聚集了生產、交換、分配、消費等各種經濟活動，成爲縣域運行的支點。城鎮通過其輻射和吸引示範作用，帶動週邊地區的經濟發展，從而改善城市化進程的路徑。③中心鎮是縣域的中心：中心鎮是縣域內一片地區中周圍若干個鄉鎮的中心建制鎮。它在歷史發展過程中具有良好自然和區位優勢，經濟社會發展較快，綜合經濟實力較強，範圍經濟較大，對周邊農村和鄉鎮具有較大吸引力和輻射力。中心鎮是建制鎮在社會經濟發展達到一定規模、層次和水平的基礎上，爲均衡縣域發展而設立的縣域次中心。但是，中心鎮雖兼顧了區域發展的均衡性，可它卻忽視了市場經濟條件下區域和城鎮發展的特殊性，不利於促進具備條件的地區和城鎮率先發展起來。把中心鎮發展爲專業鎮更能發揮其強有力的聚集功能。

　　專業鎮的這些功能使其在吸納農村剩餘勞動力過程中具有大中城市無法替代的作用。據前文分析，在未來十年內如果我國城市化的速度提高 1.5 個百分點，我國的城市人口將會增加 2.2 億，可以吸收 1.1 億左右的農村剩餘勞動力。1997 年對 668 個城市的調查結果顯示，90%的城市人口在 15 萬人以下。根據農業部的預測，在城市化率每年提高 0.65 個百分點的情況下，"十五"期間，城市化的推進大致可以吸納 3000 萬～3500 萬農村人口，平均每年可以吸納剩餘勞動力 600 萬～700 萬，這個水平與 1.5 億的農村剩餘勞動力還有一個很大的差距。預計 2010 年仍會有至少 1.3 億的農村剩餘勞動力。這些剩餘勞動力需要通過建設專業鎮的方法解決。根據 2002 年的統計數據，我國有鄉 18705 個、鎮 19361 個、城關鎮 1915 個，總計 39981 個。考慮到西部城鎮吸納能力差，僅考慮中部和東部地區，城鎮總數爲 22807

個（如表 7-29），如果每個鎮按能夠安排 4000 個就業崗位計算，可以吸納 0.91 億個農業剩餘勞動力。

表 7-29　各類小城鎮數量分佈（2002 年）

	東部	中部	東部+中部	西部	全國	東部占百分比（%）	東部+中部占百分比（%）	西部占百分比（%）
城關鎮	559	552	1111	804	1915	29.19	58.02	41.98
其他建制鎮	7437	5627	13064	6297	19361	38.41	67.48	32.52
鄉	2941	5691	8632	10073	18705	15.72	46.15	53.85
總計	10937	11870	22807	17174	39981	27.36	57.04	42.96

我國在農村經濟改革之前一直偏重於糧食生產，如果以 1978 年為參照，1978－1996 年的 18 年間這一比重下降了 5.83 個百分點，平均每年下降 0.32 個百分點，考慮到經濟結構調整速度的加快，假設 2000－2005 年平均每年下降 0.5 個百分點，2006－2010 年平均每年下降 1 個百分點，根據我國實際情況，對農業勞動生產率的估計取 9.9～15 畝/勞動力和 19～23 畝／勞動力的平均值，即估計目前農業勞動生產率介於 15～20 畝之間。分別用 $L_農$ 表示農業勞動力，$L_種$ 表示種植業勞動力，S 表示農作物播種面積，V 表示農業勞動生產率，$L_剩$ 表示農業剩餘，可以得到表 7-30 中的數量關係。

表 7-30　農業剩餘勞動力的測算

單位：畝/勞動力、%

年份	$L_農$	$L_種$	$L_農$ 比重	S	V高	V低	$L_剩$（高）	$L_剩$（低）
	萬人	萬人	%	萬畝	畝/勞動力	畝/勞動力	萬人	萬人
1996	32264	30380	94.16	228571	17	12	16935	11333
1998	32626	30533	93.57	233559	18.5	13.5	17908	13232
2000	33000	30674	92.97	236559	20	15	18846	14903

表 7-30（續）

年份	L農	L種	L農 比重	S	V高	V低	L剩（高）	L剩（低）
	萬人	萬人	%	萬畝	畝/勞動力	畝/勞動力	萬人	萬人
2005	32000	28952	90.47	244059	23	18	18341	15393
2010	30000	25639	85.47	251559	26	21	15963	13660

資料來源：程鳳榮.農業剩餘勞動力轉移的實證分析 [J]. 新疆財經，2001(3): 37-39.

　　表 7-30 顯示目前農業勞動力至少剩餘 1.5 億，考慮到經濟發展速度的變化，勞動力轉移的力度會進一步加大。吸納這些勞動力的途徑可以從兩個方面著手，其一是農業產業內部，即通過農業內部產業結構的調整來進行；其二是從農業外部尋找農業剩餘勞動力的就業出路，即通過加快第二產業和第三產業發展來進行。在上述剩餘勞動力的狀態下，通過第一種方法可以解決一部分勞動力的就業問題，經過進一步計算，林牧漁業的就業吸納力約為 122 萬人，到 2010 年預計為 263 萬人，林牧漁業在農業中勞動力比重估計為 14.53%，而其產值比重已達到 60%左右，所以靠農業內部結構調整實現剩餘勞動力轉移的潛力不大。為此需要將這些農業剩餘勞動力轉移到與其原來從事的產業緊密相關的非農產業上去，專業鎮的充分發展可以完成這個戰略目標，可以使農業人口在不改變文化背景以及很少改變其空間背景的前提下實現跨產業就業，從而解決農業剩餘勞動力邊際勞動生產率為 0 且滯留在農業產業中的隱性失業問題。

參考文獻

[1]阿爾弗雷德·韋伯. 工業區位論[M]. 李剛劍，等，譯. 北京：商務印書館，1997.

[2]奧古斯特·勒施. 經濟空間秩序——經濟財貨與地理間的關係[M]. 王守禮，譯. 北京：商務印書館，1995.

[3]沃爾特·克裏斯塔勒. 德國南部中心地原理[M]. 常正文，等，譯. 北京 ：商務印書館，1998.

[4]約翰·馮·杜能. 孤立國同農業和國民經濟的關係[M]. 吳衡康，譯. 北京：商務印書館，1986.

[5]K. J. 阿羅，M. D. 英特裏蓋特. 區域和城市經濟學手冊[M]. 安虎森，劉海軍，譯. 北京：經濟科學出版社. 2001：12.

[6]阿瑟·奧利沙文. 城市經濟學[M]. 蘇曉燕，常荊莎，朱雅麗，譯. 北京：中信出版社，2003.

[7]埃德加·M·胡佛. 區域經濟學導論[M]. 王翼龍，譯. 北京：商務印書館，1990.

[8]艾薩德. 區域學[M]. 徐繼成，譯. 瀋陽：遼寧科學技術出版社，1992.

[9]保羅・貝羅克. 城市與經濟發展[M]. 肖勤福，等，譯. 江西：江西人民出版社，1991.

[10]費景漢，古斯塔夫・拉尼斯. 勞力剩餘經濟的發展[M]. 王月，等，譯. 北京 ：華夏出版社，1989.

[11]費景漢，古斯塔夫・拉尼斯. 增長和發展：演進觀點[M]. 洪銀興，鄭江淮，等，譯. 北京：商務印書館，2004.

[12]胡佛，傑萊塔尼. 區域經濟學導論[M]. 郭萬清，等，譯. 上海 ：上海遠東出版社，1992.

[13]沃納・赫希. 城市經濟學[M]. 劉世慶，等，譯. 北京：中國社會科學出版社，1990.

[14]藤田昌久，雅克・弗朗科斯・蒂斯. 聚集經濟學——城市產業區位元與區域增長[M]. 劉峰，張雁，陳海威，譯. 成都：西南財經大學出版社. 2004.

[15]K．J．巴頓. 城市經濟學——理論與政策[M]. 上海社會科學院部門經濟研究所城市經濟研究室，譯. 北京：商務印書館. 1984.

[16]N．A．伊利英. 城市經濟學[M]. 桂力生，等，譯. 北京：中國建築工業出版社. 2000.

[17]艾倫・W・伊文斯. 城市經濟學[M]. 甘士傑，唐雄俊，譯. 上海：上海遠東出版社. 1992.

[18]穆勒. 政治經濟學原理及其在社會哲學上的若干應用[M]. 趙榮潛，等，譯. 北京：商務印書館，1991：9.

[19]H・錢納里. 工業化和經濟增長的比較研究[M]. 王松寶，等，譯. 上海：上海三聯書店，上海人民出版社.

[20]R・科斯. 財產權利制度變遷[M]. 陳昕，譯. 上海：上海三

聯書店. 1991.

　　[21]阿羅. 區域經濟學手冊[M]. 安虎森，等，譯. 北京：經濟科學出版社. 2003.

　　[22]愛德加‧M‧胡佛. 區域經濟學導論[M]. 萬譯龍，等，譯. 北京：商務印書館. 1990.

　　[23]白暴力. 社會財富的基本性質、實體與分類[J]. 中國人民大學學報，2003(5)：43-48.

　　[24]包宗華. 中國城市化道路與城市建設[M]. 北京：中國城市出版社，1995.

　　[25]彼德‧尼茨坎普. 區域和城市經濟學手冊（第一卷）[M]. 安虎森，等，譯. 北京：經濟科學出版社，2001：12.

　　[26]蔡昉，都陽. 轉型中的中國城市發展——城市級層結構、融資能力與遷移政策[J]. 經濟研究，2003(6)：64-71.

　　[27]陳賢壽，等. 武漢市流動人口家庭化分析及對策思考[J]. 中國人口科學，1996(5).

　　[28]陳彥光，周一星. 城市化 Logistic 過程的階段劃分及其空間解釋——對 Northam 曲線的修正與發展[J]. 經濟地理，2005(6)：817-822.

　　[29]仇為之. 對建國以來人口遷移的初步研究[J]. 人口與經濟，1981(4).

　　[30]崔功豪，馬潤潮. 中國自上而下城市化的發展及其機制[J]. 地理學報，1999，54(2)：106-105.

　　[31]崔功豪，武進. 中國城市邊緣區空間結構特徵及發展[J]. 地理學報，1990(4).

　　[32]代合治. 中國城市規模分佈類型及其形成機制研究[J]. 人文地理. 2001（10）：40-44.

[33]戴園晨. 中國勞動力市場培育與工資改革[M]. 北京：中國勞動出版社，1999.

[34]董黎明，顧文選. 2000 年我國城鎮體系空間戰略設想[M]. 北京：中國展望出版社，1988.

[35]樊剛. 兩種改革成本與兩種改革方式[J]. 經濟研究，1993(1).

[36]范劍勇，王立軍，沈林潔. 產業集聚與農村勞動力的跨區流動[J]. 管理世界，2004(4)：22-28.

[37]費孝通. 小城鎮大問題[M]. 南京：江蘇人民出版社，2003.

[38]費孝通. 小城鎮建設的深入及西部開發——第二屆"小城鎮大戰略高級研討會"小輯[J]. 小城鎮建設，2000(5).

[39]馮蔚東，賀國光，馬壽峰. 一種新的城市人口規模演化模型——分支模型研究[J]. 系統工程理論與實踐，1997(9)：71-79.

[40]馮雲廷. 城市化過程中的城市聚集機制[J]. 經濟地理，2005（11）：814-816.

[41]高珮義. 中外城市化比較研究[M]. 天津：南開大學出版社出版，1992.

[42]辜勝阻，劉傳江. 人口流動與農村城鎮化戰略管理[M]. 武漢：華中理工大學出版社，2000.

[43]辜勝阻. 當代中國人口流動與城鎮化：跨世紀的社會經濟工程[M]. 武漢：武漢大學出版社，1994.

[44]辜勝阻 . 非農化與城鎮化研究[M]. 浙江：浙江人民出版社，1991.

[45]辜勝阻. 論中國人口城鎮化的十大關係[J]. 人口研究，1993(1).

[46]辜勝阻. 中國城鎮化的發展特點及其戰略思路[J]. 經濟地

理，1991，11(3)：22-27.

[47]辜勝阻. 中國自下而上的城鎮化發展研究[J]. 中國人口科學，1998(3).

[48]顧朝林，甄峰，張京祥. 集聚與擴散——城市空間結構新論[M]. 南京：東南大學出版社，2001.

[49]顧朝林. 經濟全球化與中國城市發展[M]. 北京：商務印書館，1999.

[50]顧朝林. 中國城鎮體系[M]. 北京：商務印書館，1994.

[51]顧朝林. 中國城鎮體系——歷史、現狀、展望[M]. 北京：商務印書館，1996.

[52]郭鴻懋，江曼琦. 城市空間經濟學[M]. 北京：經濟科學出版社，2002.

[53]郭換成. 關於我國農村勞動力剩餘與轉移問題研究[J]. 經濟地理，1990，10(3)：15-19.

[54]郭克莎. 中國：改革中的經濟增長與結構變動[M]. 上海：上海三聯書店，上海人民出版社，1993.

[55]國家統計局. 中國城市統計年鑒[M]. 北京：中國統計出版社，2003.

[56]胡煥庸，張善餘. 中國人口地理（上、下）[M]. 上海：華東師范大學出版社，1984.

[57]胡俊. 中國城市：模式與演進[M]. 北京：中國建築工業出版社，1995.

[58]胡序威. 區域與城市研究[M]. 北京：科學出版社. 1998.

[59]胡序威. 中國沿海城鎮密集地區空間集聚與擴散研究[M]. 北京：科學出版社，2000.

[60]黃祖輝. 論城市化與我國農業剩餘勞動力轉移[J]. 浙江社會

科學，2000(5).

[61]黃祖輝，等. 非農化和城市化：浙江現代化重點[J]. 浙江社會科學，2000(5).

[62]吉昱華，蔡躍洲，楊克泉. 中國城市集聚效益實證分析[J]. 管理世界，2004(3)：67-74.

[63]吉昱華、馬松. 集聚效應條件下的均衡城市規模及政策工具比較研究——一個總量生產函數框架及其類比分析[J]. 財經研究，2004（11）：94-105.

[64]江曼琦. 聚集效應與城市空間結構的形成與演變[J]. 天津社會科學，2001(4).

[65]金相鬱. 最佳城市規模理論與實證分析：以中國三大直轄市為例[J]. 上海經濟研究，2004(7)：35-43.

[66]金祥榮，柯榮住，等. 轉型期農村經濟制度的演化與創新——以沿海省份為例的研究[M]. 杭州：浙江大學出版社，2005.

[67]勒施. 經濟空間秩序——經濟財貨與地理間的關係[M]. 北京：商務印書館，1995.

[68]李娟文，劉耀彬. 湖北省城市規模分佈及其擴展分析[J]. 城市問題，2002(4)：18-21.

[69]李樹基. "三農" 問題研究綜述[J]. 甘肅社會科學，2003(4)：68.

[70]梁進社. 城市化與國民經濟發展之關係的理論分析[J]. 自然資源學報，1999(4)：351-354.

[71]梁琦. 產業聚集論[M]. 北京：商務印書館，2004.

[72]林玲. 城市與經濟發展[M]. 武漢：湖北人民出版社，1995.

[73]林善浪. 中國農村土地制度與效率研究[M]. 北京 ：經濟科學出版社，1999.

[74]劉傳江. 中國城市化的制度安排與創新[M]. 武漢：武漢大學出版社，1999.

[75]劉君德，汪宇明. 制度與創新—中國城市制度的發展與改革新論[M]. 南京：東南大學出版社，2000.

[76]劉盛和. 中國非農化與城市化關係的省際差異[J]. 地理學報，2003(1).

[77]劉易斯. 二元經濟論[M]. 施煒，謝兵，蘇玉宏，譯. 北京：北京經濟學院出版社，1989.

[78]劉幼慈，詹詩華，余培國，王秀梅. 我國城市地價評估模型及其空間分佈規律研究[J]. 中國人口資源與環境，1998(1)：20-25.

[79]陸大道. 區位論及區位研究方法[M]. 北京：科學出版社，1998.

[80]陸希剛. 基於區域觀點的穩定態城市人口規模模型研究[J]. 城市規劃彙刊，2005(2)：86-91.

[81]陸益龍. 戶籍制度：控制與社會差別[M]. 北京：商務印書館，2003.

[82]陸躍祥. 國有企業的內部治理與外部控制[J]. 管理世界，2000(5)：201-203.

[83]馬俠. 當代中國農村人口向城鎮的大遷移[M]. 北京：北京大學出版社，1992.

[84]馬俠. 三十多年來我國的國內人口遷移及今後的展望[J]. 人口與經濟，1987(2).

[85]馬俠. 中國城鄉劃分標準與城鎮發展水平[J]. 人口與經濟，1988(6)：29-33.

[86]馬俠. 中國城鎮人口宏觀分析[J]. 人口學刊. 1992(1)：1-9.

[87]毛育剛. 中國農業演變之探索[M]. 北京：社會科學文獻出

版社，2001.

[88]孟曉晨. 西方城市經濟學——理論與方法[M]. 北京：北京大學出版社，1992.

[89]南開大學經濟研究所，美國賓夕法尼亞大學區域科學系. 空間平等與總體經濟效率[J]. 經濟研究，1994(8).

[90]南亮三郎. 人口論史[M]. 張毓寶，譯. 北京：中國人民大學出版社，1984.

[91]寧越敏，施倩，查志強. 長江三角洲都市連綿區形成機制與跨區域規劃研究[J]. 城市規劃，1998(1).

[92]寧越敏. 從勞動分工到城市形態——評艾倫・科斯特的區位論[J]. 城市問題，1995(2)：18-21.

[93]寧越敏. 上海城市持續發展與地域空間結構優化研究[J]. 城市規劃彙刊，1998(2).

[94]彭勳，等. 人口遷移與社會發展[M]. 濟南：山東大學出版社，1992.

[95]錢忠好. 中國農地保護：理論與政策分析[J]. 管理世界，2003（10）：60-70.

[96]饒會林. 城市經濟學[M]. 大連：東北財經大學出版社. 1999.

[97]沈越. 經濟全球化與中國經濟發展的長期趨勢[J]. 經濟與管理研究，2005(2)：9-12.

[98]沈越. 三農問題的根本出路在於城市化[J]. 當代經濟研究，2002(2)：36-40.

[99]沈越. 推進城鎮化戰略的理論思考[J]. 求是雜誌，2001（16）：36-39.

[100]沈越. 現代社會主義經濟理論[M]. 北京：經濟科學出版社，2005.

[101]沈越. 走有中國特色的城市化道路——新世紀我國城市化戰略芻議[J]. 中國特色社會主義研究，2001(3)：36-40.

[102]史育龍，周一星. 關於大都市帶（都市連綿區）研究的論爭及近今進展述評[J]. 國外城市規劃，1997(2).

[103]帥江平. 供求平衡狀態下城市自組織過程[J]. 地理學報，1996(4).

[104]孫敬之. 20世紀80年代中國人口變動分析——中國人口續篇[M]. 北京 ：中國財政經濟出版社，1996.

[105]孫群郎. 美國城市郊區化研究[M]. 北京：商務印書館，2005.

[106]孫胤社. 城市空間結構的擴散演變：理論與實證研究[J]. 城市規劃，1994(5).

[107]覃成林. 區域經濟空間組織原理[M]. 武漢：湖北教育出版社，1996.

[108]田方，林發棠. 中國人口遷移[M]. 北京：知識出版社，1986.

[109]托達羅. 第三世界的經濟發展[M]. 于同申，等，譯. 北京：中國人民大學出版社，1988.

[110]王茂林. 新中國城市經濟 50 年[M]. 北京：經濟管理出版社，2000.

[111]王嗣均. 中國城市化區域發展問題研究[M]. 北京：高等教育出版社. 1996.

[112]王小魯，夏小林. 優化城市規模，推進經濟增長[J]. 經濟研究，1999(9).

[113]王雅莉. 城市化經濟運行分析[M]. 上海：上海三聯書店，2004.

[114]王育琨. 中國：世紀之交的城市發展[M]. 瀋陽：遼寧人民出版社，1992.

[115]魏後凱. 中國地區發展——經濟增長、制度變遷與地區差異[M]. 北京：經濟管理出版社，1997.

[116]溫鐵軍. 農村勞動力和過剩人口向小城鎮轉移的產權問題[J]. 產業論壇，1998(12).

[117]我國大城市吸收農村勞動力課題組. 經濟轉軌、勞動力市場發育與民工流動[J]. 中國農村觀察，1996(5).

[118]吳啟焰，朱喜鋼. 城市空間結構研究的回顧與展望[J]. 地理學與國土研究，2001(2)：46-50.

[119]吳忠民. 轉型與城市失業[J]. 經濟學（季刊），2003(4)：857-874.

[120]武進. 中國城市形態結構特徵及其演化[M]. 南京：江蘇科技出版社，1990.

[121]西蒙·庫茲涅茲. 現代經濟增長[M]. 戴睿，易誠，譯. 北京：北京經濟學院出版社. 1989.

[122]夏小林，王小魯. 中國城市化進程分析[J]. 改革，2002(2).

[123]謝文蕙，鄧衛. 城市經濟學[M]. 北京：清華大學出版社，1996.

[124]許經勇. 解決"三農"問題的新思路[J]. 財經問題研究，2003(7)：64.

[125]許學強，伍宗唐. 中國城鎮發展[M]. 廣州：中山大學出版社，1989.

[126]薛德升，鄭莘. 中國鄉村城市化研究：起源、概念、進展與展望[J]. 人文地理，2001(5)：24-28.

[127]亞當·斯密. 國民財富的性質和原因的研究[M]. 楊敬年，

譯. 北京：商務印書館，1979.

[128]閻小培，許學強. 廣州城市基本——非基本經濟活動的變化分析——兼釋城市發展的經濟基本理論[J]. 地理學報，1999(4).

[129]楊開忠. 中國地區工業結構變化與區際增長和分工[J]. 地理學報，1993(6).

[130]楊吾揚，梁進社. 高等經濟地理學[M]. 北京：北京大學出版社出版，1997.

[131]楊吾揚. 區位論原理：產業、城市和區域的區位經濟分析[M]. 蘭州：甘肅人民出版社，1989.

[132]楊曉維. 農民收入與市場維護[J]. 北京師範大學學報（社會科學版），2005(5)：88-94.

[133]楊雲彥. 改革開放以來中國人口"非正式遷移"的狀況[J]. 中國社會科學，1996(6).

[134]楊雲彥. 中國人口遷移與發展的長期戰略[M]. 武漢：武漢出版社，1994.

[135]楊重光，崔芬芳. 世界城市化過程、現狀及預測[J]. 經濟研究參考資料，1988（161）.

[136]姚士謀，朱英明，陳振出. 中國城市群[M]. 合肥：中國科學技術大學出版社，1992.

[137]姚洋. 中國農地制度——一個分析框架[J]. 中國社會科學，2000(2).

[138]葉裕民. 中國城市化之路——經濟支援與制度創新[M]. 北京：商務印書館，2002.

[139]袁志剛，範劍勇. 1978 年以來中國的工業化進程及其地區差異分析[J]. 2003(7)：59-66.

[140]袁志剛. 中國就業制度的變遷（1978—1998 年）[M]. 太

原：山西經濟出版社，1998.

[141]約瑟夫·阿羅斯·熊彼特. 經濟發展理論[M]. 何畏，等，譯. 商務印書館. 1990.

[142]曾毅. 試論人口城鎮化對控制我國人口增長的影響[J]. 人口與經濟，1987(6).

[143]張鴻雁. 論中國 21 世紀初城市與城市化戰略選擇[J]. 南京社會科學，2000（10）.

[144]張鴻雁. 邁向 21 世紀的長江三角洲城市發展戰略定位分析[J]. 城市發展研究，2001(1).

[145]張君輝. 積極發展小城鎮是一件具有戰略意義的大事[J]. 理論與改革，1995(6).

[146]張立勇. "三農" 問題求解分析與城市化[J]. 財經問題研究，2002（11）：74.

[147]張善餘. 世界人口地理[M]. 上海：華東師範大學出版社，2002：10.

[148]張孝德. 中國城市化的陷阱：政府主導下的城市規模擴大化[J]. 改革，2001(6)：5-8.

[149]趙民，陶小馬. 城市發展和城市規劃的經濟學原理[M]. 北京：高等教育出版社. 2001：8.

[150]中國農業剩餘勞動力轉移課題組. 中國農業剩餘勞動力轉移道路選擇[J]. 中國農村經濟，1990（10）：22-27.

[151]周幹峙. 高密集、高城市化地區城鎮間的強相互作用[J]. 城市發展研究，1997(1).

[152]周茂叔. 點軸開發理論的淵源與發展[J]. 經濟地理，1992，12(2)：49-52.

[153]周天勇，李春林. 論中國集中性城市化之必然[J]. 人口研

究，1989(2).

[154]周天勇. 土地制度的供求衝突與其改革的框架性安排[J]. 管理世界，2003(10)：40-49.

[155]周一星. 曹廣忠. 改革開放 20 年來的中國城市化進程[J]. 城市規劃，1999，23(12)：8-13.

[156]周一星. 中國城鎮的概念和城鎮人口的統計口徑[J]. 人口與經濟，1989(1)：9-13.

[157]周一星. 城市化與國民生產總值關係的規律性探討[J]. 人口與經濟，1982(1)：28-33.

[158]朱慕唐. 西方城市經濟學[M]. 北京：中國財政經濟出版社，1988.

[159]朱錫金. 城市結構的活性[J]. 城市規劃江刊. 1987(5).

[160]Ackerman W V. Growth Control Versus the Growth Machine in Redlands, California: Conflict in Urban Land Use [J]. Urban Geography, 1999, 20(2): 146-167.

[161]Ad van der Woude, Akira Hayami, Jan de Vries. Urbanization in history: A Process of Dynamic Interactions[M]. Oxford: Clarendon Press, New York: Oxford University Press, 1990.

[162]Alchan, Armen A. Demsetz Harold. "Production, Information Costs, and Economic Organization" [J]. American Economic Review, 1972, 62 (5): 77-95.

[163]Alonso, William. Location and Land Use: Toward A General Theory of Land Rent [M]. Cambridge: Harvard University Press, 1964.

[164]Alsono W. Location and Land Use [M]. Cambridge, MA: Harvard University Press. 1964.

[165]Alonso. The economic of Urban Size [J]. Papers and

Proceedings of the Regional Science Association. 1971 (26): 67-83.

[166]Arther M. Sullivan. Urban Economies [M]. Homewood, IL and Boston: Richard D. Irwin Inc. , 1990: 13.

[167]Ashok K. Dutt. Challenges to Asian Urbanization in the 21st Century [M]. Boston, MA: Kluwer Academic Publishers, 2003.

[168]B S. Yadav, Sudha Sharma. Urbanization and Rural Development [M]. New Delhi: Shree Publishers & Distributors, 2004.

[169]Beckmann M J. The Economic Activity Equilitrium Approach in Location Theory, in Bertuglia, C. S. , Leonardi, G. , Occelli, S. etc. Urban System: Cotemporary Approaches [M]. New York: Croom Helm, 1987.

[170]Beckmann M J, Puu T. Spatial Economics, Density, Potential, and Flow [M]. New York: North-Holland; New York, N. Y. , U. S. A. : Sole distributors for the U. S. A. , Canada: Elsevier Science Pub. Co. , 1985.

[171]Beckmann M J. Location Theory [M]. New York: Random House, 1968.

[172]Beckmann M J, Mc Pherson J C. City Size Distribution in A central Place Hierarchy: An alternative approach [J]. Journal of Regional Science, 1970(10): 25-33.

[173]Beckmann M J. City Hierarchies and the Distribution of City Size [J]. Economic Development and Cultural Changes. 1957(6): 243-248.

[174]Berry B J L, Garrison W L. A Note on Central Place Theory and the Range of A Good [J]. Economic Geography, 1958(34): 304-311.

[175]Berry B J L, Garrison W L. Recent Development of Central

Place Theory [J]. Papers and Proceedings of Regional Sciecce Association, 1958(4): 107-120.

[176]Berry B J L, Garrison W L. The Functional Bases of Places of the Central Place Hierarchy [J]. Economic Geography, 1958(34): 145-154.

[177]Black D, Henderson V. A Theory of Urban Growth [J]. Journal of Political Economy, 1999(2): 252-284.

[178]Blumenfeld H. Metropolis extended: Secular Changes in Settlement Patterns[J]. APA Journal, 1956(summer): 346-348.

[179]Bourne L S. Reurbanization, Uneven Urban Development And the Debate on New Urban Forms [J]. Urban Geography, 1996(8).

[180]Bourne L S. Urban Systems: Strategies For Regulation [M]. Oxford: Clarend on Press, 1975.

[181]Brain J L, Berry. Internal Structure of the City [M]. New York: Oxford University Press, 1971.

[182]Burgess E W. The Growth of the City. [M]. Chicago: Chicago University Press. 1925.

[183]Carruthers J, Ulfarsson G F. Fragmentation and Sprawl: Evidence from Interregional Analysis [J]. Growth and Cange, 2002(33): 312-340.

[184]Carruthers, John I. The Impacts of State Growth Management Programmes: A Comparative Analysis [J]. Urban Studies, 2002, 39 (11): 1959-1982.

[185]Castells M. The Information City: Information Technology, Economic Restructuring and the Urban – Regional Process [M]. Oxford: Blackwell, 1989.

[186]Chapin F S, Weiss SF. Factors Influencing Land Development [M]. Chapel Hill: Institute for Research in Social Science, University of North Carolina, 1962.

[187]Chapin F S. Urban Planning Theory [M]. Stroudsbarg: Dowden, Hutchiuson & Ross, 1975: 144.

[188]Chapin F S. , Kaiser E J. Urban Land Use Planning [M]. Cambridge: University of Illinois Press, 1979: 43-44.

[189]Clark C. Urban Population Densities [J]. Journal of the Royal Statistical Society. 1989 A, Vol. 114: 490-496.

[190]Deakin E. Growth Control: A Summmary Review of Empirical Research [J]. Urban Land, 1989 (48).

[191]Department of Economic and Social Information and Policy Analysis. World Urbanization Prospects: the 1992 Revision, Estimates and Projections of Urban and Rural Populations and of Urban Agglomerations [M]. NewYork: United Nations, 1993.

[192]Diamond H, Noonan P. Land Use in America [M]. Washington DC: The Lincoln Institute, 1996.

[193]Evans A W. The Economics of Residential Location [M]. New York: St. Martion's Press, 1974.

[194]Evelin Hust, Michael Mann. Urbanization and Governance in India [M]. New Delhi: Distributed in South Asia by Foundation Books, 2005.

[195]Ewing R. Characteristics. Cause and the Effectso f Sprawl: A literature Review[J]. Environmental and Urban Issues, 1994(21).

[196]Fei JCH, G. Ranis. A Theory of Economic Development [J]. American Economic Review, 1961(51): 533-565.

[197]Fields, Gary S. Income Inequality In Urban Colombia: A Decomposition Analysis [J]. The Review of Income and Wealth, 1979(3): 327-341.

[198]Fischel W A. The Urbanization of Agricultural Land: A Review of the National Agricultural Lands Study [J]. Land Economics, 1982(58).

[199]Fischel W A. A Property Rights Approach to Municipal Zoning [J]. Land Economics, 1978(54): 64-81.

[200]Fogarty, Michael, G. Garofalo. Urban Spatial Structure and Productivity Growth in the Manufacturing Sector of Cities [J]. Journal of Urban Economics, 1988(23): 60-70.

[201]Foloy L D. An Approach to Metropolitan Spatial Structure, in Webber M. M. et al. (eds.) Exploration into Urban Structure [M]. Philadelphia: University of Pennsylvania Press, 1964.

[202]Form W H. The Place of Social Structure in the Determination of Land Use [J]. Social Forces, 1954(32): 317-323.

[203]Fujita Masahisa, Jacques Fran Thisse. Economics of agglomeration: Cities, Industrial Location, and Regional Growth [M]. New York: Cambridge University Press, 2002.

[204]Fujita Masahisa, Paul Krugman, Tomoya Mori. On The Evolution of Hierarchical Urban Systems [J]. European Economic Review, 1999(43): 209-251.

[205]Fujita Masahisa, Paul Krugman, Anthony J. Venables. The Spatial Economy: Cities, Regions and International Trade [M]. Cambridge Mass: MIT Press, 1999.

[206]Fujita Masahisa. Spatial Development Planning: A Dynamic Convex Programming Approach [M]. Amsterdam: North-Holland Pub,

New York: distributors for the U. S. , Canada: Elsevier North-Holland, 1978.

[207]Fujita Masahisa. Spatial economics. Northampton [M]. Mass: Edward Elgar Pub, 2005.

[208]Fujita Masahisa. Urban Economic Theory: Land Use and City Size [M]. Cambridge: Cambridge University Press, 1989.

[209]Fujita M, Krugman P. . The Spatial Economy [M]. Cambridge: the MIT Press, 1999.

[210]Fulton W R, Pendall M. Nguyen, A Harrison. Who Spraws most？ How Growth Patterns Differ Across the US [M]. Washington D C: Brookings In stitution, 2001: 5-11.

[211]Gavin W. Jones, Pravin Visaria. Urbanization in Large Developing Countries: China, Indonesia, Brazil, and India [M]. Oxford: Clarendon Press, 1997.

[212]George Chadwick. Models of Urban and Regional Systems in Developing Countries: Some Theories and Their application in Physical Planning [M]. NewYork: Pergamon Press. 1987.

[213]Hall P. The Future of the Metropolis and its Form [J]. Regional Studies, 1997(3).

[214]Harris John R, Micheal P. Todaro. Migration, Unemployment and Development: A Two-sector Analysis [J]. America Economic Review, 1970(60): 126-142.

[215]Harvey D. The Urban Process under Capitalism [J]. International Journal of Urban and Regional Research, 1978(1).

[216]Healey M J, B W. Ilbery. Location and Change [M]. New York: Oxford University Press. 1990.

[217]Henderson J V, Abdel-Rahman H M. Efficiency Through Decentralization with Product Diversity [J]. Regional Science and Urban Economics, 1991(1).

[218]Henderson J V, Becker. Political Economic of City Size and Formation [R]. Working Paper at Brown University, 1998.

[219]Henderson J V. The Size and Types of Cities [J]. American Economic Review, 1974(64): 640-656.

[220]Henderson J. V. Urban Development: Theory, Fact, and Illusion [M]. New York: Oxford University Press, 1988.

[221]Hoyt H. The Structure and Growth of Residential Neighborhoods in American Cities [M]. Washington D C: Government Printing Office, 1939.

[222]James W. Simmons. Descriptive Models for Urban Land Use [M]. New York: Oxford University Press, 1971.

[223]John M. Levy. Urban and Metropolitan Economics [M]. MC: GrawHill book company. 1985.

[224]Johnson E. The Organization of Space in Developing Countries [M]. Cambridge: Harvard University Press. 1970.

[225]Jorgensen D W. The Development of Dual economiy [J]. Economic Journal, 1961(71): 309-334.

[226]Kline J, Wichelns D. Public Preference regarding the Goals of Farmland Preservation Programs [J]. Land Economics, 1996(72).

[227]Krugman P R. On the Number and Location of Cities [J]. European Economic Review, 1993(37): 293-298.

[228]Krugman Paul. A Dynamic Spatial Model [M]. Cambridge: MA, 1992.

[229]Krugman Paul. Complex Landscapes in Economic Geography [J]. Coplexity In Economic Theory, 2001: (84).

[230]Kuznets S. Economic Growth and Income Inequality [J]. American economic Review, 1955(45): 1-28.

[231]Larkin, Peters. Dictionary of Concepts in Human Geography [M]. London: Greenwood Press, 1983.

[232]Leslie Aileen Duram. A Pragmatic Study of Conventional and Alternative Farmers in Colorado [J]. The Professional Geographer, 1997, Vol. 49(2): 202-213.

[233]Longcore T R, Rees P W. Information Technology and Downtown Restructuring: The Case of New York City Financial District [J]. Urban Geography, 1996(4).

[234]Lopez R, H P. Hynes. Sprawl in the 1990s: Measurement, Distribution and Trends [J]. Urban Affairs Review, 2003(38): 325-355.

[235]Mann P. The Socially Balanced Neighbourhood Unit [J]. Town Planning Review, 1958(29): 91-98.

[236]Mc Cann P. Urban and Regional Economics [M]. New York: Oxford University press. 2004.

[237]Mcgee T G. The Urbanization Process in The Third World [M]. New York: Syracuse University Press, 1971.

[238]Mills E. S. , Hamillton B. W. Urban Economics (fifth edition) [M]. Harper Collins: College Publishers, 1994.

[239]Moses L. N. Location and the Theory of Production [J]. Quarterly Journal of Economics. 1958(78): 259-272.

[240]Myrdal G. M. Economic Theory and UnderDeveloped Regions [M]. London: Gerald Duchworth & Co Ltd, 1957.

[241]Newling B. E. The Spatial Variation of Urban Population Densities [J]. Geographic Review, 1998, Vol. 59: 242-259.

[242]Niedercorn J A. A Negative Exponential Model of Urban Land Use Densities and its Implications for Metropolitian Development [J]. Journal of Regional Science, 2001, Vol. 2: 371-376.

[243]Northam R M. Urban Geography [M]. New York: John Wiley & Sons, 1975.

[244]Peter B. Nelson. Migration, Sources of Income, and Community Change in the Nonmetropolitan Northwest [J]. The Professional Geographer, 1997, Vol. 49(4): 418-430.

[245]Philip Mc Cann. Urban and Regional Economics [M]. New York: Oxford Oress, 2001.

[246]Pred Allen. The Spatial Dynamics of U. S. Urban Growth [M]. Cambridge, M A: MIT Press. 1966.

[247]Renaud B. Economic Fluctuations and Speed of Urbanization: A Case Study of Korea [J]. Word Bank Staff Working Paper, 1975(270).

[248]Rosen K T, Resnick M. The Size Distribution of Cities: An Examination of the Pareto Lawand Primacy [J]. Journal of Urban Economics, 1980(2): 165-186.

[249]Rostow W W. The Stages of Economic Development: A Noncommunist Menifesto [M]. Cambridge: Cambridge University Press, 1971.

[250]Sidney Goldstein. Urbanization in China: New Insights from the 1982 Census [M]. Washington D C: Congressional Information Service, Inc. , 1986.

[251]Stern P C, Young O R, Druckman D. Global Environmental

Change: Understanding the Human Dimensions [M]. Washington D C: National Resear, 1992.

[252]Stewart J Q, Warntz W. Physics of Population Distribution [J]. Journal of Regional Science, 1991, Vol. 1: 99-123.

[253]Stone P A. The Structure Size and Costs of Urban Settlements [J]. Economic and Social Studies, 1973(1).

[254]Suttles G D. The Social Construction of Communities [M]. Chicago: University of Chicago Press, 1972.

[255]Todaro, Mecheal P. A Model of Labor Migration and Urban Unemployment in Less Developed Countries [J]. America Economic Review, 1969(59): 138-148.

[256]Todaro M P. Urbanization, Unemployment, and Migration in Africa: Theory and Policy [M]. New York: Population Council, 1997.

[257]Tony Champion, Graeme Hugo. New forms of urbanization: Beyond the Urban-rural Dichotomy [M]. Burlington: Ashgate, 2004.

[258]Webber M M. The Urban Place and Nonplace Urban Realm [M]. Philadelphia: University of Pennsylvania Press, 1964.

[259]Webber A. Uber den Standort der Industruction, Trans [M]. Chicago: University of Chicago Press, 1909.

[260]Wheaton W C. Urban Residential Growth under Perfect Foresight [J]. Journal of Urban Economics, 1982(1).

[261]Wheaton William. Income and Urban Residence: An Analysis of Consumer demand for Location [J]. American Economic Review, 1977(1).

[262]William J. Baumol. The Economics of Mutual Fund Markets: Competition Versus Regulation [M]. Boston: Kluwer Academic, 1990.

[263]William J. Baumol. Microtheory: Applications and Origins [M]. Cambridge, Mass. : MIT Press, 1986.

[264]William J. Baumol. The Free-market Innovation Machine: Analyzing the Growth Miracle of Capitalism [M]. Princeton: Princeton University Press, 2002.

後　記

　　本書是我在博士論文的基礎上完成的，在修改書稿的過程中我眼前不時地再現在北京師範大學學習的情景，那是緊張而又充實的三年。三年的博士生活在緊張中過去了，三年來經濟學院的老師們嚴謹治學的作風無時無刻不在督促我努力、努力、再努力。經濟學的殿堂很神聖，我深深感覺到要想攀登上高一級的學術殿堂需要付出更多的艱辛。

　　我的博士論文付諸出版，首先感謝我的導師沈越先生。沈先生對我的成長起到了重要的作用，他給我創造了很多增長學識的機會，給我創造條件接觸學術前沿、當面聆聽學界前輩們的學術思想和感受學界前輩們的治學作風，並且毫不保留地將自己的知識和治學經驗傳授給我，這使我在學習和論文寫作過程中少走了很多彎路，並使我在學術上有了很大提高。沈先生不僅在學術思想上給我以啟迪、擴展我的視野、啟發我的思維，而且其嚴謹認真的學術作風和科研態度使我受益匪淺。沈先生在我的論文選題、搜集資料、編寫提綱、初稿到定稿等諸環節都進行了耐心輔導，提出了許多重要的建議。在本書的寫作過程中，大至佈局謀篇，小至文字標點，都得到了沈先生的具體指導，並且許多主要思想觀點的形成又直接受到沈先生的啟發。本人的博士論文是在沈先生的精心指導下經過多次修改和仔細推敲才得以定稿，文章的字裡行間都凝聚力了沈先生對我的關懷和體貼，這使我在以後的學習和工作中將永遠會以沈先生的教導為鞭策。恩師之情，無以回報，謹致最衷心的謝意！

　　沈先生既是我的良師，更是我的益友。在平時學習和生活中，沈先生無微不至地關心和幫助，使我能夠順利地完成學業，再次表示誠摯的謝意。沈先生前沿的制度經濟學思想以及談話間每每道出的閃光的學術觀點使我感覺到作為沈先生的學生真是無比榮耀。正是由於這樣的原因，我在學習過程中時時感覺到沈先生在身邊的激勵，使我在學術生涯上不敢有絲毫的懈怠，我的每一點成績都是沈先生無私教誨以及其博大精深的學術思想感染所致，所有這些都將激勵我在未來的工作中繼續探索。

　　在此，我謹對教育和關心我的沈先生致以最誠摯的謝意！

　　我還要感謝我的夫人曹建華女士，在我求學的過程中，是她默默地承擔起了全部家務、贍養老人以及撫養兒子的重擔。忙碌的學習期間，對於這些我很少顧及，現在想起來如果沒有這樣一個堅強的後盾，我的學業很難順利完成，應該說，書稿中凝結了我的夫人的辛勤汗水。

　　謹對三年來所有關心和幫助我的老師、朋友和同學們致以最衷心的謝意！

　　　　　　　　　　　　　　　　　　　　　　　　　孟祥林

國家圖書館出版品預行編目(CIP)資料

城市化進程的經濟學分析 / 孟祥林著. -- 初版.
-- 臺北市 ： 崧燁文化，2018.04

　面 ；　 公分

978-957-9339-91-9(平裝)

1.都市化 2.都市經濟學 3.中國

545.1　　　　　107006726

作者：孟祥林
發行人：黃振庭
出版者：崧燁出版事業有限公司
發行者：崧燁文化事業有限公司
E-mail：sonbookservice@gmail.com
粉絲頁　　　　　　網址：http://sonbook.net
地址：台北市中正區重慶南路一段六十一號八樓815室
8F.-815, No.61, Sec. 1, Chongqing S. Rd., Zhongzheng
Dist., Taipei City 100, Taiwan (R.O.C.)
電　話：(02)2370-3310 傳　真：(02) 2370-3210
總經銷：紅螞蟻圖書有限公司
地址：台北市內湖區舊宗路二段 121 巷 19 號
電話:02-2795-3656　　傳真:02-2795-4100　網址：
印　刷：京峯彩色印刷有限公司（京峰數位）
定價：400 元
發行日期：2018 年 4月第一版